诚信为本
坚持准则

操守为重
不做假账

——与学习会计的同学共勉

坚持准则
诚信为本

不做假账
操守为重

——与会计专业同学共勉

“十三五”职业教育国家规划教材

业财一体信息化应用
1+X 证书制度系列教材

业财一体信息化应用

（初级）

新道科技
股份有限公司 编

高等教育出版社·北京

内容提要

本书是“十三五”职业教育国家规划教材，也是业财一体信息化应用 1+X 证书制度系列教材之一。

本书以职业技能等级标准为依据，以典型案例为驱动，将新技术、新知识、新流程、新业务以案例形式引入教学。全书内容对标《业财一体信息化应用职业技能等级标准（初级）》，包含 6 大工作领域、22 项工作任务、93 个职业技能。本书依托最新用友 U8+ 信息系统，将基础设置与维护、期初数据录入、典型财务及业务处理、增值税业务处理、月末处理及会计档案管理等最新业务内容和行业最新、产业主流技术融入教材及实验实训中，为胜任企业相关财务业务岗位最新技能要求提供支撑。

本书配套建设了相关操作视频、微课、PPT 课件、实训操作等资源，并精选部分资源，在书中嵌入二维码链接，读者可通过移动终端随扫随学，完成线下和线上学习的自由转换。资源具体获取方式请见书后“郑重声明”页的资源服务提示。

本书既可以作为业财一体信息化应用职业技能等级证书（初级）配套培训用书，也可以作为应用型本科、高等职业院校、中等职业学校、成人高校及本科院校举办的二级职业技术学院会计及相关专业业财一体信息化教学用书，还可以用作会计信息系统学习的拓展及企业岗前培训用书。

图书在版编目（CIP）数据

业财一体信息化应用 ：初级 / 新道科技股份有限公司编. -- 北京 ：高等教育出版社，2020.7（2021.12重印）
ISBN 978-7-04-054307-0

Ⅰ. ①业… Ⅱ. ①新… Ⅲ. ①会计信息－财务管理系统－高等职业教育－教材 Ⅳ. ①F232

中国版本图书馆CIP数据核字(2020)第102586号

业财一体信息化应用（初级）
YECAI YITI XINXIHUA YINGYONG（CHUJI）

策划编辑 梁 木　　责任编辑 张雅楠　　封面设计 赵 阳　　版式设计 张 杰
责任校对 刁丽丽　　责任印制 刘思涵

出版发行	高等教育出版社	咨询电话	400-810-0598
社　　址	北京市西城区德外大街 4 号	网　　址	http://www.hep.edu.cn
邮政编码	100120		http://www.hep.com.cn
印　　刷	廊坊市文峰档案印务有限公司	网上订购	http://www.hepmall.com.cn
开　　本	787mm×1092mm 1/16		http://www.hepmall.com
印　　张	21		http://www.hepmall.cn
字　　数	450 千字	版　　次	2020 年 7 月第 1 版
插　　页	1	印　　次	2021 年12月第 3 次印刷
购书热线	010-58581118	定　　价	76.00 元

本书如有缺页、倒页、脱页等质量问题，请到所购图书销售部门联系调换

物 料 号　54307-A0

业财一体信息化应用 1+X 证书制度系列教材

编写委员会

河南财政金融学院
河南经贸职业学院
湖南财经工业职业技术学院
黄河水利职业技术学院
吉林电子信息职业技术学院
江苏财经职业技术学院
江苏经贸职业技术学院
江西财经职业学院
江西现代职业技术学院
兰州资源环境职业技术学院
昆明冶金高等专科学校
辽宁经济职业技术学院
辽宁农业职业技术学院
内蒙古化工职业学院
宁夏财经职业技术学院
日照职业技术学院
三明医学科技职业学院
山西省财政税务专科学校
山西水利职业技术学院
山西职业技术学院
四川商务职业学院
天津交通职业学院
武汉船舶职业技术学院
武汉市财政学校
西安外事学院
咸阳职业技术学院
信阳职业技术学院
烟台职业学院
浙江金融职业学院
浙江商业职业技术学院
浙江师范大学行知学院
淄博职业学院

前　言

2019年4月，教育部、国家发展改革委、财政部、市场监管总局四部门联合印发了《关于在院校实施“学历证书+若干职业技能等级证书”制度试点方案》，部署启动“学历证书+若干职业技能等级证书”（简称1+X证书）制度试点工作。目标任务是从2019年起，重点围绕服务国家需要、市场需求、学生就业能力提升，从10个左右职业技能领域做起，启动1+X证书制度试点工作。2020年1月，《关于确认参与1+X证书制度试点的第三批职业教育培训评价组织及职业技能等级证书的通知》发布。新道科技股份有限公司组织开发的《业财一体信息化应用职业技能等级证书》获得批准成为第三批职业技能等级证书，参与1+X证书制度第三批试点工作。

随着数字技术、业财一体化技术向各个行业全面渗透，并实现跨界融合和倍增创新，数字化转型、业财一体信息化应用已经推动企业在业务、流程、人才等方面进行全面变革。数字经济时代，企业规模已不是优势所在，而是要用数字化工具来发掘新模式、新价值、新商机，利用业财一体信息化技术增加营业收入，提高企业效率和竞争力。

《业财一体信息化应用职业技能等级证书》从“业财一体”和“信息化应用”两个层面，体现了1+X证书制度要求的“新技术、新技能”特点：其一，针对企业财务会计类岗位技术技能人才培养而开发。其将行业企业财务会计类岗位工作新业务、新技能、新案例引入课堂，实现教学内容与职业技能标准对接、教学过程与生产过程对接。其二，强调业财一体信息化应用技术技能的培养。基于业财一体信息化应用平台，将贴近行业前沿的先进组织模式、优化业务流程下的财务工作置于教材案例中，旨在培养一批能够服务行业、推动企业数字化转型发展的业财一体信息化应用专业人才。

依据教育部《职业技能等级标准开发指南（征求意见稿）》的相关要求，新道科技股份有限公司依托母公司用友网络科技股份有限公司（以下简称“用友”）的财务数字化平台，承载当今企业数字化转型、业财一体化升级的先进理念、先进技术、先进企业实践，以客观反映现阶段行业水平和从业人员的要求为目标，联合众多院校开发了《业财一体信息化应用职业技能等级标准》。标准的开发紧紧围绕中国产业企业数字化及业财一体信息化创新发展所带来的业财融合技术技能需求，以主要工作领域、典型工作任务和真实工作场景为导向，以职业技能为核心，将培养服务市场紧缺的业财一体信息化应用技术技能人才作为核心的职业技能要素，并依此开发了业财一体信息化应用 1+X 证书制度系列教材。

《业财一体信息化应用（初级）》教材依据《业财一体信息化应用职业技能等级标准（初级）》编写，以业财一体信息化应用平台为依托，以企业的业（业务）、财（财务）、税（税务）三大板块业财协同应用工作及信息系统管理与实施工作为依据，面向独立核算模式和集中核算模式的企业，以真实的案例展现企业业财一体化信息技术。本书共分为 6 大工作领域、22 项工作任务、93 个职业技能，书中典型案例选取自企业财务会计核算岗位群，基于业财一体信息化平台的基础设置与维护、期初数据录入、典型财务处理、典型业务处理、增值税业务处理、月末处理及会计档案管理等基础应用工作进行了全面讲解及实操。本书既是可作为业财一体信息化应用技术的入门学习教材，也可作为业财一体信息化应用平台操作的指导手册。通过学习和实践操作，可使读者对业财一体信息化应用基础理论及系统应用有一个清晰的认识，从而使读者具备业财一体信息化平台基础应用及系统维护能力、业财协同基础业务处理能力和职业理解判断能力。

本书具有以下特点：

1. 以技能标准为依据，以典型案例为驱动，实现教学做一体化

本书以职业技能等级标准为依据设计教材框架和内容，将新技术、新知识、新流程、新业务以案例形式引入教学，边讲解边操作。同时教材设置了职业技能目标、任务情境、必备知识、任务要求、业务操作、重要提示、任务总结等栏目，以真实案例贯穿整个职业技能训练，实现了教学做一体化。

2. 以最新技术为起点，以补充拓展为手段，实现书证融通

本书设计本着在技术上“够得着、学得会”，在内容上与原有课程衔接紧密，不给学生增加更多负担，确保未来可以进行学分置换的目的，实现书证融通。教材采用的软件系统既体现了时代的先进性，同时也充分考虑了职业院校学生的素质能力现状特点，确保学生经过自己的努力，可以快速掌握先进的技术技能。

3. 以岗位需求为目标，以就业需求为导向，实现职业技能提升

本书在职业技能培养上以“急用先行、适用先行”为原则，将需求最迫切的岗位职业需要融入有限的教材章节中，在职业技能颗粒度范围选择上进行合理取舍。新道科技股份有限公司与多家产业用人企业的专家一起，经过广泛的调研和意见征询，依据产业企业用人技能要求的紧迫程度，以及新道科技股份有限公司开发的 1+X 职业技能等级证书的分级策略和就

业面向，确定教材各个案例所涵盖的职业技能等级工作范围和工作任务。

4. 以新型活页式教材为载体，以丰富的数字化资源为辅助，实现线上线下互动教学

本书采用新型活页式教材形式，方便教师进行模块化教学、个性化授课。同时，本书配套建设了在线开放课程及相关操作视频、微课、课件、实训操作等资源，并精选部分资源，将其以二维码的形式嵌入书中，读者可通过移动终端随扫随学，完成线下和线上学习的自由转换。

本书在业财一体信息化应用 1+X 职业技能等级证书项目建设委员会的指导下，由新道科技股份有限公司主持编写。高等教育出版社张雅楠编辑为本书的出版做了大量的组织管理及审读工作，本书的编写还得到了很多高校老师及企业专业人士的大力支持和帮助，在此一并表示感谢。由于时间及编者水平所限，书中如有不当之处，恳请广大读者批评指正并提出宝贵意见，以使本书日臻完善。

新道科技股份有限公司

2020 年 5 月

目　录

案例企业背景

1. 企业基本信息

1.1 公司简介

北京美庭商贸有限公司是一家销售家居用品的商贸公司，公司成立于 2016 年 1 月。主要经营范围：枕头、床罩、被品、床垫类家居用品销售服务等。本案例主要销售商品为枕头、床罩、被品、床垫。

1.2 企业基本信息

企业名称：北京美庭商贸有限公司

企业负责人：李伟

企业注册地址：北京市海淀区回龙观路 15 号

企业经营范围：枕头、床罩、被品、床垫类家居用品销售服务等。

企业注册登记日期：2016 年 1 月

注册登记地点：北京市海淀区回龙观路 15 号

办公地址：北京市海淀区回龙观路 15 号

纳税人识别号：91110300708461188Y

邮政编码：100045

电话：010–28285858

基本户开户银行：中国工商银行北京海淀支行

基本户开户银行账号：110022999888899588

缴纳税局：国家税务总局北京市海淀区税务局

1.3 企业组织结构

北京美庭商贸有限公司的组织结构设置如图 1 所示。

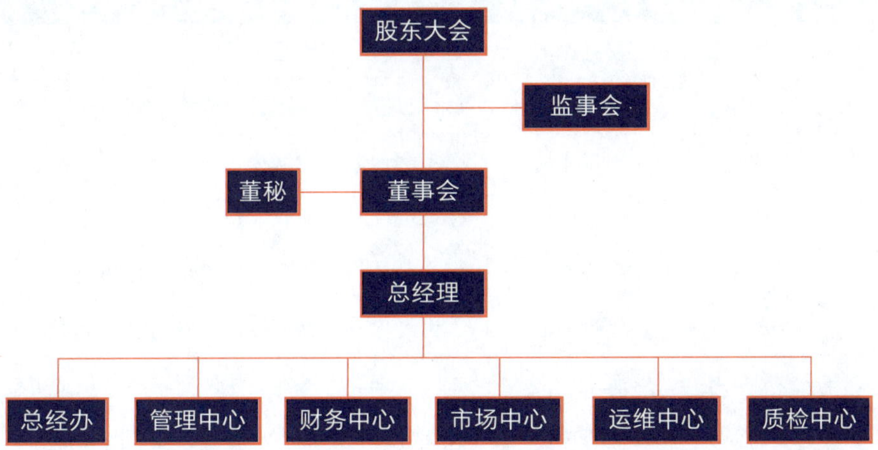

图 1　北京美庭商贸有限公司组织结构图

2. 企业会计政策

会计制度：本公司执行《企业会计准则》和《企业会计制度》及其补充规定。

会计年度：本公司会计年度采用公历年度，即每年自 1 月 1 日起至 12 月 31 日止。

营业周期：本公司以 12 个月作为一个营业周期，并以其作为资产和负债的流动性划分标准。

记账本位币：本公司记账本位币为人民币。

记账基础和计价原则：本公司采用借贷记账法，以权责发生制为记账基础，以历史成本为计价原则。

应收款项：应收款项包括应收账款、其他应收账款等。

存货：存货包括库存商品、低值易耗品。存货取得时按实际成本计价，发出时按先进先出法计价；低值易耗品的核算采用“一次摊销法”核算。

固定资产折旧方法：本企业固定资产折旧采用平均年限法，按月计提折旧。

收入确认原则：公司在履行了合同中的履约义务，即在客户取得相关商品或服务控制权时，按照分摊至该项履约义务的交易价格确认收入。

税项：公司主要适用增值税和企业所得税。增值税按应税收入的 13% 计算销项税额，并按扣除当期允许抵扣的进项税额后的差额缴纳增值税；企业所得税按应纳税所得额的 25% 计算缴纳。

3. 账套信息

3.1 操作员及权限分工

北京美庭商贸有限公司业财一体信息化系统的操作员权限分工详见表 1。

表 1　操作员及权限分工

操作员编号	操作员姓名	隶属部门	职务	操作分工
001	吴　波	财务中心	财务总监	账套主管
002	金光荣	财务中心	资金管理员	出纳管理模块全部功能
003	黄玉玲	财务中心	财务会计	总账模块所有功能
004	柳　源	财务中心	往来会计	应收应付模块所有功能
005	孙　秀	财务中心	资产会计	固定资产模块所有功能
006	黄　成	管理中心	人力经理	薪资模块所有功能，负责审核
007	刘　艳	管理中心	采购经理	采购模块所有功能，负责审核
008	刘　明	管理中心	仓储经理	库存、存货模块所有功能，负责审核
009	张新盼	管理中心	人力专员	薪资模块所有功能
010	于长胜	管理中心	采购专员	采购模块所有功能
011	张远东	管理中心	仓储专员	库存、存货模块所有功能

续表

操作员编号	操作员姓名	隶属部门	职务	操作分工
012	姜　刚	市场中心	市场总监	销售模块所有功能，负责审核
013	崔　磊	市场中心	销售经理	销售模块所有功能
014	何红艳	市场中心	电商经理	销售模块所有功能
注：所有操作员均有基本信息所有权限。				

3.2 账套基本信息

账套号：001

账套名称：北京美庭商贸有限公司

启用会计期：2020 年 3 月

账套单位名称：北京美庭商贸有限公司

单位简称：美庭商贸

单位地址：北京市海淀区回龙观路 15 号

法人代表：李伟

邮政编码：100045

电话 / 传真：010-28285858

纳税人识别号：91110300708461188Y

行业性质：2007 年新会计制度科目

企业性质：商业企业

企业类型：商品流通企业

账套主管：吴波

按行业预置科目：选中

存货是否分类：选中

客户是否分类：选中

供应商是否分类：选中

是否有外币核算：选中

编码方案如下：

会计科目编码级次：4-2-2-2

存货分类编码级次：2-2

结算方式编码级次：2-2

其余：默认

系统启用：总账、出纳管理、销售管理、采购管理、存货管理、库存管理、应收管理、应付管理、固定资产、薪资管理、报表

启用日期：2020 年 3 月 1 日

3.3 基础档案信息

部门档案信息详见表 2。

表 2　部门档案

部门编码	部门名称
1	总经办
2	管理中心
3	财务中心
4	市场中心
5	运维中心
6	质检中心

人员类别信息详见表 3。

表 3　人员类别

类别	档案编码	名称
正式工	10101	管理人员
	10102	财务人员
	10103	销售人员
合同工	102	合同工
实习生	103	实习生

职员档案信息详见表 4。

表 4　职员档案

人员编码	姓名	行政部门名称	部门	人员类别	岗位	性别	手机
1001	李　伟	总经办	1	管理人员	董事长、总经理	男	138****1903
2001	姜玉刚	管理中心	2	管理人员	管理总监	男	158****2888
2002	刘　依	管理中心	2	管理人员	行政经理	女	134****8888
2003	黄　成	管理中心	2	管理人员	人力经理	男	151****7888
2004	刘　艳	管理中心	2	管理人员	采购经理	女	135****3228
2005	刘　明	管理中心	2	管理人员	仓储经理	男	139****8488

续表

人员编码	姓名	行政部门名称	部门	人员类别	岗位	性别	手机
2006	孙庆忠	管理中心	2	管理人员	行政专员	男	150****1648
2007	张新盼	管理中心	2	管理人员	人力专员	女	138****1252
2008	于长胜	管理中心	2	管理人员	采购专员	男	159****4188
2009	张远东	管理中心	2	管理人员	仓储专员	男	135****2894
3001	吴　波	财务中心	3	财务人员	财务总监	男	158****7888
3002	金光荣	财务中心	3	财务人员	资金管理员	女	135****8793
3003	黄玉玲	财务中心	3	财务人员	财务会计	女	158****1334
3004	柳　源	财务中心	3	财务人员	往来会计	女	135****5588
3005	孙　秀	财务中心	3	财务人员	资产会计	女	135****6031
4001	姜　刚	市场中心	4	销售人员	市场总监	男	133****7543
4002	崔　磊	市场中心	4	销售人员	销售经理	男	159****5543
4003	何红艳	市场中心	4	销售人员	电商经理	女	133****5604
5001	郭　峰	运维中心	5	管理人员	运维总监	男	159****7747
5002	闫　岳	运维中心	5	管理人员	维修经理	男	137****6388
5003	盖成宇	运维中心	5	管理人员	网管经理	男	135****8880
5004	张德禄	管理中心	2	管理人员	质量经理	男	137****4998
5005	旭　东	运维中心	5	管理人员	维修经理	男	135****3898
5006	刘　松	运维中心	5	管理人员	物流经理	男	135****9179
5007	黄健亚	运维中心	5	管理人员	动力经理	女	136****9627
5008	刘亚振	运维中心	5	管理人员	数据经理	男	152****3849
5009	刘　彪	运维中心	5	管理人员	维修专员	男	132****7284
5010	荣　明	运维中心	5	管理人员	网管专员	女	136****9598
5011	高志爽	管理中心	2	管理人员	质量专员	男	135****9357
5012	孙　松	运维中心	5	管理人员	维修专员	男	130****7528
5013	刘　昭	运维中心	5	管理人员	物流专员	女	132****6818
5014	吴天亚	运维中心	5	管理人员	动力专员	女	135****8374
5015	吴　刚	运维中心	5	管理人员	数据专员	男	152****8648

注：雇佣状态均为在职，业务部门为所在行政部门。

会计科目及余额信息详见表5。

表5　会计科目余额表

金额单位：元

科目编码	科目名称	辅助账类型	期初余额	余额方向	受控系统
1001	库存现金	日记	50 000	借	
1002	银行存款	银行、日记	5 540 600	借	
100201	工行存款	银行、日记	5 540 600	借	
1003	存放中央银行款项			借	
1011	存放同业			借	
1012	其他货币资金			借	
1021	结算备付金			借	
1031	存出保证金			借	
1101	交易性金融资产			借	
1111	买入返售金融资产			借	
1121	应收票据	客户往来		借	应收系统
1122	应收账款	客户往来	863 044	借	应收系统
1123	预付账款	供应商往来		借	应付系统
1131	应收股利			借	
1132	应收利息			借	
1201	应收代位追偿款			借	
1211	应收分保账款			借	
1212	应收分保合同准备金			借	
1221	其他应收款			借	
122101	单位	客户往来		借	
122102	个人	个人往来		借	
122103	其他			借	
1231	坏账准备			贷	
1301	贴现资产			借	
1302	拆出资金			借	
1303	贷款			借	
1304	贷款损失准备			贷	
1311	代理兑付证券			借	

续表

科目编码	科目名称	辅助账类型	期初余额	余额方向	受控系统
1321	代理业务资产			借	
1401	材料采购			借	
1402	在途物资			借	
1403	原材料			借	
1404	材料成本差异			借	
1405	库存商品	数量（8 272）	3 723 860.5	借	
1406	发出商品			借	
1407	商品进销差价			贷	
1408	委托加工物资			借	
1411	周转材料			借	
1421	消耗性生物资产			借	
1431	贵金属			借	
1441	抵债资产			借	
1451	损余物资			借	
1461	融资租赁资产			借	
1471	存货跌价准备			贷	
1481	持有待售资产			借	
1482	持有待售资产减值准备			借	
1501	债权投资			借	
1502	债券投资减值准备			贷	
1503	其他债券投资			借	
1504	其他权益工具投资			借	
1511	长期股权投资			借	
1512	长期股权投资减值准备			贷	
1521	投资性房地产			借	
1531	长期应收款			借	
1532	未实现融资收益			贷	
1541	存出资本保证金			借	
1601	固定资产		17 040 000	借	

续表

科目编码	科目名称	辅助账类型	期初余额	余额方向	受控系统
1602	累计折旧		3 924 555.56	贷	
1603	固定资产减值准备			贷	
1604	在建工程			借	
1605	工程物资			借	
1606	固定资产清理			借	
1611	未担保余值			借	
1621	生产性生物资产			借	
1622	生产性生物资产累计折旧			贷	
1623	公益性生物资产			借	
1631	油气资产			借	
1632	累计折耗			贷	
1701	无形资产			借	
1702	累计摊销			贷	
1703	无形资产减值准备			贷	
1711	商誉			借	
1801	长期待摊费用			借	
1811	递延所得税资产			借	
1821	独立账户资产			借	
1901	待处理财产损溢			借	
2001	短期借款			贷	
2002	存入保证金			贷	
2003	拆入资金			贷	
2004	向中央银行借款			贷	
2011	吸收存款			贷	
2012	同业存放			贷	
2021	贴现负债			贷	
2101	交易性金融负债			贷	
2111	卖出回购金融资产款			借	
2201	应付票据	供应商往来		贷	应付系统

续表

科目编码	科目名称	辅助账类型	期初余额	余额方向	受控系统
2202	应付账款		1 720 570	贷	
220201	一般应付款	供应商往来	862 570	贷	应付系统
220202	暂估应付款	供应商往来	858 000	贷	
2203	预收账款	客户往来		贷	应收系统
2211	应付职工薪酬		941 104.5	贷	
221101	工资		774 941.3	贷	
221102	职工福利			贷	
221103	社会保险费		121 655.2	贷	
221104	住房公积金		44 508	贷	
221105	工会经费			贷	
221106	职工教育经费			贷	
221107	住房补贴			贷	
221108	其他			贷	
2221	应交税费		360 121.63	贷	
222101	应交增值税			贷	
22210101	销项税额			贷	
22210102	进项税额			贷	
222102	未交增值税		313 308.84	贷	
222103	应交所得税			贷	
222104	应交城市维护建设税		21 931.62	贷	
222105	应交教育费附加		9 399.27	贷	
222106	应交地方教育费附加		6 266.17	贷	
222107	应交个人所得税		9 215.73	贷	
2231	应付利息			贷	
2232	应付股利			贷	
2241	其他应付款			贷	
224101	单位	供应商往来		贷	
224102	个人	个人往来		贷	
224103	其他			贷	

续表

科目编码	科目名称	辅助账类型	期初余额	余额方向	受控系统
2242	持有待售负债			贷	
2251	应付保单红利			贷	
2261	应付分保账款			贷	
2311	代理买卖证券款			贷	
2312	代理承销证券款			贷	
2313	代理兑付证券款			贷	
2314	代理业务负债			贷	
2401	递延收益			贷	
2501	长期借款			贷	
2502	应付债券			贷	
2601	未到期责任准备金			贷	
2602	保险责任准备金			贷	
2611	保户储金			贷	
2621	独立账户负债			借	
2701	长期应付款		2 000 000	贷	
2702	未确认融资费用			借	
2711	专项应付款			贷	
2731	租赁负债			贷	
2801	预计负债			贷	
2901	递延所得税负债			贷	
3001	清算资金往来			借	
3002	货币兑换			借	
3101	衍生工具			借	
3201	套期工具			借	
3202	被套期项目			借	
4001	实收资本		8 000 000	贷	
4002	资本公积			贷	
4003	其他综合收益			贷	
4101	盈余公积			贷	

续表

科目编码	科目名称	辅助账类型	期初余额	余额方向	受控系统
410101	法定盈余公积			贷	
410102	任意盈余公积			贷	
4102	一般风险准备			贷	
4103	本年利润		3 645 629.5	贷	
4104	利润分配		6 625 523.31	贷	
410401	未分配利润		6 625 523.31	贷	
4201	库存股			借	
5001	生产成本			借	
5101	制造费用			借	
5201	劳务成本			借	
5301	研发支出			借	
5401	工程施工			借	
5402	工程结算			贷	
5403	机械作业			借	
6001	主营业务收入			贷	
6011	利息收入			贷	
6021	手续费及佣金收入			贷	
6031	保费收入			贷	
6041	租赁收入			贷	
6051	其他业务收入			贷	
6061	汇兑损益			贷	
6101	公允价值变动损益			贷	
6102	其他收益			贷	
6111	投资收益			贷	
6112	资产处置损益			贷	
6201	摊回保险责任准备金			贷	
6202	摊回赔付支出			贷	
6203	摊回分保费用			贷	
6301	营业外收入			贷	

续表

科目编码	科目名称	辅助账类型	期初余额	余额方向	受控系统
6401	主营业务成本			借	
6402	其他业务成本			借	
6403	税金及附加			借	
6411	利息支出			借	
6421	手续费及佣金支出			借	
6501	提取未到期责任准备金			借	
6502	提取保险责任准备金			借	
6511	赔付支出			借	
6521	保单红利支出			借	
6531	退保金			借	
6541	分出保费			借	
6542	分保费用			借	
6601	销售费用			借	
660101	职工薪酬	部门核算		借	
660102	折旧费	部门核算		借	
660103	修理费	部门核算		借	
660104	租赁费	部门核算		借	
660105	水费	部门核算		借	
660106	电费	部门核算		借	
660107	取暖费	部门核算		借	
660108	办公费	部门核算		借	
660109	差旅费	部门核算		借	
660110	会议费	部门核算		借	
660111	通讯费	部门核算		借	
660112	印刷费	部门核算		借	
660113	销货运杂费	部门核算		借	
660114	广告费	部门核算		借	
660115	促销费	部门核算		借	
660116	培训费	部门核算		借	
660117	业务招待费	部门核算		借	
660118	其他			借	

续表

科目编码	科目名称	辅助账类型	期初余额	余额方向	受控系统
6602	管理费用			借	
660201	职工薪酬	部门核算		借	
660202	折旧费	部门核算		借	
660203	修理费	部门核算		借	
660204	租赁费	部门核算		借	
660205	水费	部门核算		借	
660206	电费	部门核算		借	
660207	取暖费	部门核算		借	
660208	办公费	部门核算		借	
660209	差旅费	部门核算		借	
660210	会议费	部门核算		借	
660211	通讯费	部门核算		借	
660212	印刷费	部门核算		借	
660213	图书资料费	部门核算		借	
660214	业务招待费	部门核算		借	
660215	车辆使用费	部门核算		借	
660216	无形资产摊销	部门核算		借	
660217	审计费	部门核算		借	
660218	咨询费	部门核算		借	
660219	警卫消防费	部门核算		借	
660220	环境卫生费	部门核算		借	
660221	行政性收费	部门核算		借	
660222	培训费	部门核算		借	
660223	物业管理费	部门核算		借	
660225	其他	部门核算		借	
6603	财务费用			借	
660301	利息支出			借	
660302	利息收入			借	
660303	其他费用			借	
660304	工本费			借	
6604	勘探费用			借	

续表

科目编码	科目名称	辅助账类型	期初余额	余额方向	受控系统
6701	资产减值损失			借	
6711	营业外支出			借	
6801	所得税费用			借	
6901	以前年度损益调整			借	
注：库存商品期初数量为 8272。					

期初存货明细详见表 6。

表 6　存货明细表

存货分类	存货名称	存货大类名称	分类编码	存货属性	成本（元）	计量单位	销售价格（元）
枕头	养生荞麦枕	枕头	01	内销、外销、外购	78.51	个	120.00
	时尚羽绒枕	枕头	01	内销、外销、外购	122.06	个	200.00
	保健硅胶枕	枕头	01	内销、外销、外购	189.43	个	300.00
床罩	床上四件套	床罩	02	内销、外销、外购	222.83	套	350.00
被品	轻薄空调被	被品	03	内销、外销、外购	297.10	套	450.00
	蚕丝被	被品	03	内销、外销、外购	1 856.90	套	2 888.00
床垫	硅胶床垫	床垫	04	内销、外销、外购	3 342.42	个	5 088.00

期初固定资产明细详见表 7。

表 7　期初固定资产明细

固定资产分类	固定资产名称	单位	数量	原价（元）	累计折旧（元）
房屋及建筑物	办公楼	栋	1	5 000 000.00	686 111.11
房屋及建筑物	门市房	座	2	9 060 000.00	2 522 144.45
房屋及建筑物	仓库	座	1	2 100 000.00	288 166.67
运输设备	轿车	辆	2	480 000.00	197 600.00
运输设备	皮卡	辆	2	240 000.00	98 800.00
电子设备	打印复印一体机	台	1	15 000.00	12 350.00
电子设备	台式计算机	台	29	145 000.00	119 383.33
合计				17 040 000.00	3 924 555.56

期初客户档案信息详见表 8。

表 8　客户档案

客户编码	客户名称	客户简称	客户分类名称	地址	纳税人登记号	开户银行	银行账号	电话
0101	北京天地商业广场	北京天地商业广场	01 市内	北京市朝阳区朝阳路太平庄 176 号	91011010571786958X	华夏银行北京灯市口支行	434839312637	010-65575353
0102	北京东北旺电子商务有限公司	北京东北旺电子商务有限公司	01 市内	北京市北京经济技术开发区科创十一街 18 号 C 座	9111030266052765XB	中国农业银行亦庄开发区支行	134332839312637	010-86065500
0103	北京丰乐源贸易有限公司	北京丰乐源贸易有限公司	01 市内	北京市丰台区方庄芳城园二区 15 号	91110000700003739A	工行方庄支行营业部	0200053809024207280	010-51909588
0201	深圳宝马汇商业中心	深圳宝马汇	02 市外	深圳市福田区农林路 69 号深国投广场二号楼	910440301710936858	中国工商银行深圳市红围支行	4000021219200065217	0755-21512288
0202	无锡宁润信息网络有限公司	无锡宁润信息网络有限公司	02 市外	无锡市新区硕放镇经一路 8 号	81320213560341655Y	中国农业银行无锡硕放支行	635101040013624	0510-85309091

期初供应商档案信息详见表 9。

表 9　供应商档案

供应商编码	供应商名称	供应商分类名称	地址	纳税人登记号	开户银行	银行账号	电话
0101	深圳安美家居有限公司	01 商品供应商	广东省深圳市东风工业园西区 128 号	440778878363548213	工行深圳罗湖支行	42342321001536804688	0755-36377633
0201	北京万达物流有限公司	02 物流供应商	北京市丰台区南马路 33 号	110217800047123555	工行北京人民路支行	6221969918167086072	010-55231019
0301	北京隆达股份有限公司	03 资产供应商	北京市海淀区丰豪东路 20 号	110109012530394000	中国建设银行北京海淀支行	02230034985264	010-62900219
0401	北京绿环世纪有限公司	04 房租供应商	北京市西城区南屯路 47 号	110217800047040111	工行北京南屯分行	0100221199884395039	010-44256784
0501	北京家居用品有限公司	05 办公用品供应商	北京市朝阳区劳动街 501 号	110317800012322222	建行北京朝阳支行	210015368800032	010-55632318
0601	途中商旅有限公司	差旅供应商	北京海淀区软件园东路 32 号	913004829104974391	中国招商银行海淀支行	210393450649238	010-62369402

仓库档案信息详见表10。

表10　仓库档案

仓库编码	仓库名称	计价方式
01	商品库	先进先出法
02	设备库	全月平均法

计量单位信息详见表11。

表11　计量单位

计量单位组编码	计量单位组名称	计量单位组类别	计量单位编码	计量单位名称
01	无换算率	无换算率	0101	个
01	无换算率	无换算率	0102	套

工作领域一

基础设置与维护

“基础设置与维护”工作领域是业财一体信息化系统运行的基础，根据案例企业的组织结构、业务特点和企业会计政策进行系统初始化设置，满足企业财务核算与管理的基本需求。其内容包括：用户角色权限设置与维护、企业基础档案设置与维护、标准单据设置与维护。

基础设置与维护是实施业财一体信息化综合管理的第一步，实施人员对案例企业既往的业务管理流程和管理需求进行梳理，确定系统的业务流程和系统参数，作为配置在业财一体信息化平台运行参数的依据，规范企业经济业务行为，加强企业经营风险管控。

该工作领域的具体工作为：

1. 用户角色权限设置与维护

《中华人民共和国会计法》和《会计人员职权条例》对会计人员的权限有明确规定，企业实施业财一体信息化前，须按企业的实际情况确定操作人员的角色和用户权限，明确包括业务人员和财务人员在内所有岗位的工作流程、职责和相应的权限，并依此对岗位与人员设置角色、用户，并进行功能权限、数据权限与金额权限的配置。

2. 企业基础档案设置与维护

企业基础档案包括部门档案、职员档案、供应商档案、客户档案、客户分类、供应商分类、会计科目、存货档案、收发类别、仓库档案等各类信息，是企业进行精细化管理、财务核算、风险管理和经营决策的基础。根据企业财务制度规定和经营管理需要配置相关信息是基础设置与维护工作领域的主要内容。

3. 标准单据设置与维护

业务单据是企业经营数据的载体，规范、标准的业务单据是财务核算与管理的有力支撑。业财一体信息化平台的业务单据主要包括应收应付类、采购销售类和库存存货类单据等，在业财一体信息化平台正式运行前必须根据企业管理制度规定设置好单据的格式、内容和编号。

工作任务 1　用户角色权限设置与维护

【能力目标】

通过训练，使学生能够在业财一体信息化平台上完成建立账套，角色增加、修改、删除等设置，角色查看、新增、编辑、删除等权限设置，用户权限查看、增加、修改及用户批量权限设置等工作。使学生具备独立完成企业用户角色权限设置与维护的能力，达到胜任基于业财一体信息化平台企业会计基础信息维护工作职责的目标。

【任务情境】

北京美庭商贸有限公司决定于 2020 年 3 月开始启用业财一体信息化平台，对公司财务核算与业务处理进行融合管理。根据公司业务实际情况，同时满足规范化的财务管理要求，现在公司需要对业财一体信息化平台系统管理中的角色、用户、权限等进行相关操作配置。

【知识准备】

完成该任务前，需要了解业财一体信息化平台中用户、角色、权限等相关基础概念。

用户是指可以登录业财一体信息化平台、进行各种业务处理的人员，主要有管理员和普通用户两种。可以在系统管理中进行业务处理的用户为管理员用户，其他均为普通用户，普通用户只能在企业门户中进行业务处理。

角色是指企业中拥有某一类职能的组织，这个角色组织可以是实际的部门，也可以是由拥有同一类职能的人员构成的虚拟组织。

权限是指为保证用户有效履职而必须具备的业财一体信息化平台功能和资源的范围和程度，权限分为功能级权限、数据级权限和金额级权限。

任务 1.1　建立账套

任务要求

根据企业会计制度和管理目标需求，在业财一体信息化平台中建立符合企业要求的账套；2020 年 2 月 26 日，系统管理员按表 1-1 中提供的北京美庭商贸有限公司的全部信息，在业财一体信息化平台建立账套。

表 1–1　建账基本信息表

项目	内容
账套号	001
账套名称	北京美庭商贸有限公司
启用会计期	2020 年 3 月
单位名称	北京美庭商贸有限公司
单位简称	美庭商贸
单位地址	北京市海淀区回龙观路 15 号
法人代表	李伟
邮政编码	100045
电话	010–28285858
传真	010–28285858
纳税人识别号	91110300708461188Y
企业性质	商业
企业类型	商品流通
账套主管	吴波（需建账前增加操作员）
按行业预置科目	是
存货是否分类	是
客户是否分类	是
供应商是否分类	是
有无外币核算	有
科目编码级次	4–2–2–2
存货分类编码级次	2–2
结算方式编码级次	2–2
系统启用	总账、销售管理、采购管理、存货管理、库存管理、应收管理、应付管理、固定资产、薪资管理、报表
系统启用日期	2020 年 3 月 1 日
备注	其他未说明项目取默认值

业务操作

1. 建立账套

（1）系统管理员从【开始】—【用友 U8+】—【系统服务】—【系统管理】进入如图 1-1 所示的“系统管理”登录界面。

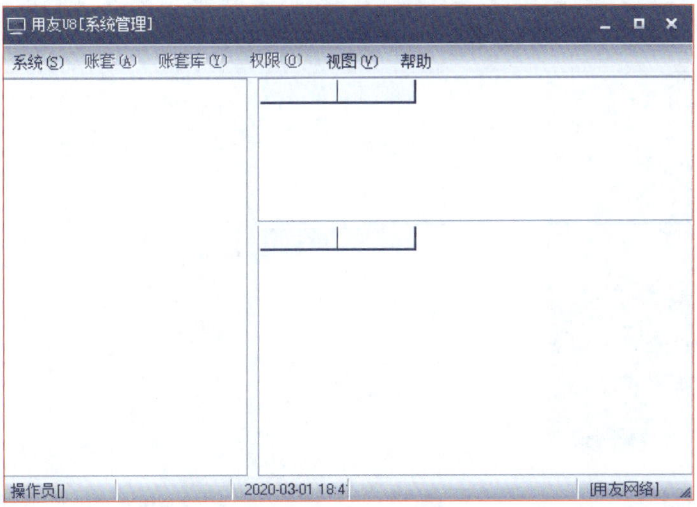

图 1-1　系统管理

（2）单击【系统】菜单下的【注册】，系统将弹出如图 1-2 所示的登录界面。选择服务器，录入操作员名称“admin”，密码为空（实际工作中密码必须设置），以系统管理员身份登录。

图 1-2　登录界面

（3）选择【账套】—【建立】，进入如图 1-3 所示的“创建账套——建账方式”界面。建账方式有“新建空白账套”和“参照已有账套”两种，如果想利用已有账套的相关资料建账，选择“参照已有账套”，这里我们选择“新建空白账套”方式建账。单击〖下一步〗按钮。

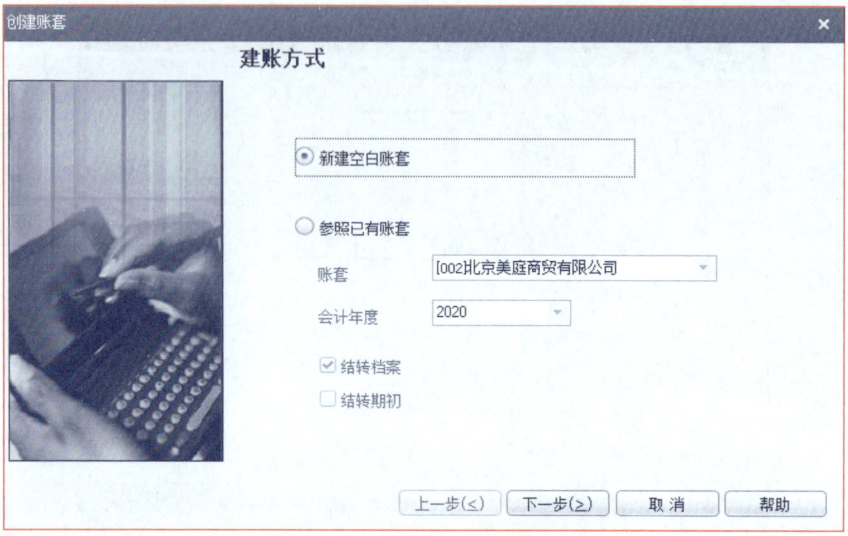

图 1-3　创建账套——建账方式

（4）单击〖下一步〗按钮，进入如图 1-4 所示的“创建账套——账套信息”界面。

（5）系统将已存账套信息以下拉框的形式展示出来，不能修改。其作用是避免账套的重复建立。

（6）账套号是新建账套的编号，必须录入 001～999 之间的数字，而且不能与已存账套号重复。这里我们录入“001”。

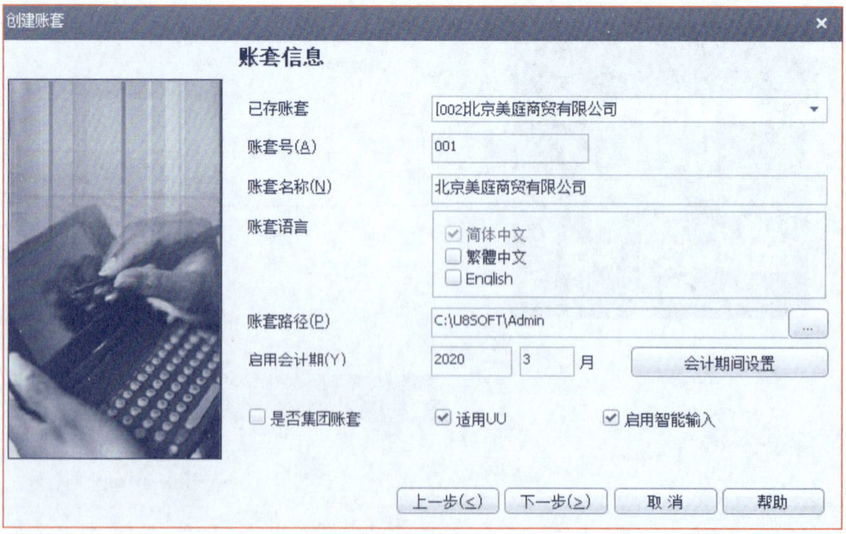

图 1-4　创建账套——账套信息

（7）账套名称录入“北京美庭商贸有限公司”。账套名称是新建账套的名称，通常是公司的名称，最多可以录入 40 个汉字。

（8）账套路径不做修改，选用默认路径，它是新建账套数据的保存路径，只能是本地磁盘路径，不能是网络磁盘的路径。

（9）启用会计期则录入新建账套启用日期，也就是会计核算的第一个月份，本例录入“2020 年 3 月”。

（10）关于“是否集团账套”选项，只有集团财务才允许启用“集团账套”系统，启用“集团账套”后，不允许启用“总账”模块，本例不勾选“是否集团账套”选项。

（11）勾选“启用智能输入”选项后，可启用客户端的智能输入功能，即输入部分字符将会自动提示相关的档案。

（12）所有信息录入完成后，单击〖下一步〗按钮，进入如图 1-5 所示的“创建账套——单位信息”界面，按任务情境中给出的信息分别填写“北京美庭商贸有限公司”“91110300708461188Y”“美庭商贸”等单位名称、机构代码、单位简称等相关信息，这里的信息只有单位名称为必填项，其他信息为选填项。

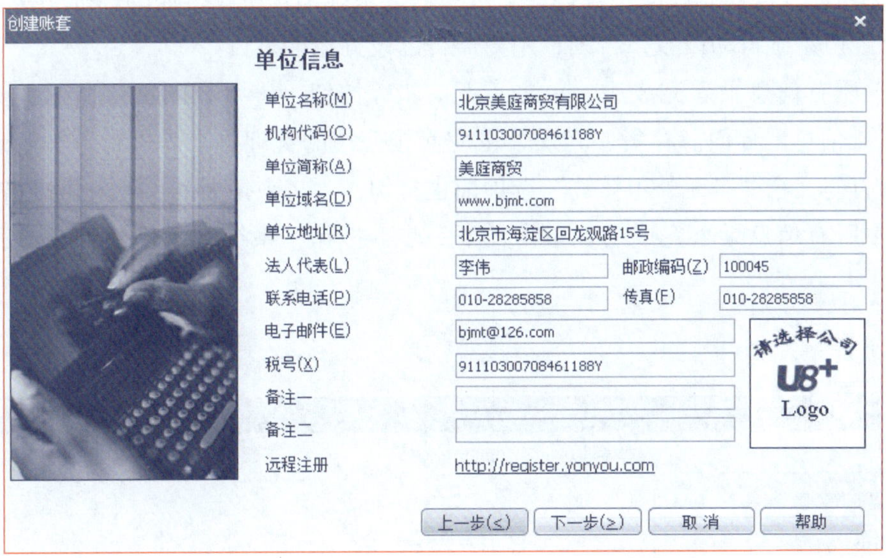

图 1-5 创建账套——单位信息

（13）所有信息录入完成后，单击〖下一步〗按钮，进入如图 1-6 所示的“创建账套——核算类型”界面，录入包括本币代码、本币名称、企业类型、行业性质、账套主管在内的核算信息。

（14）本币代码和名称选择默认的 RMB 和人民币。

（15）行业性质和企业类型按北京美庭商贸有限公司的实际选择商业和商品流通。

（16）账套主管是用以确定新建账套的账套主管，只能从下拉框中选择录入，不能手工录入。

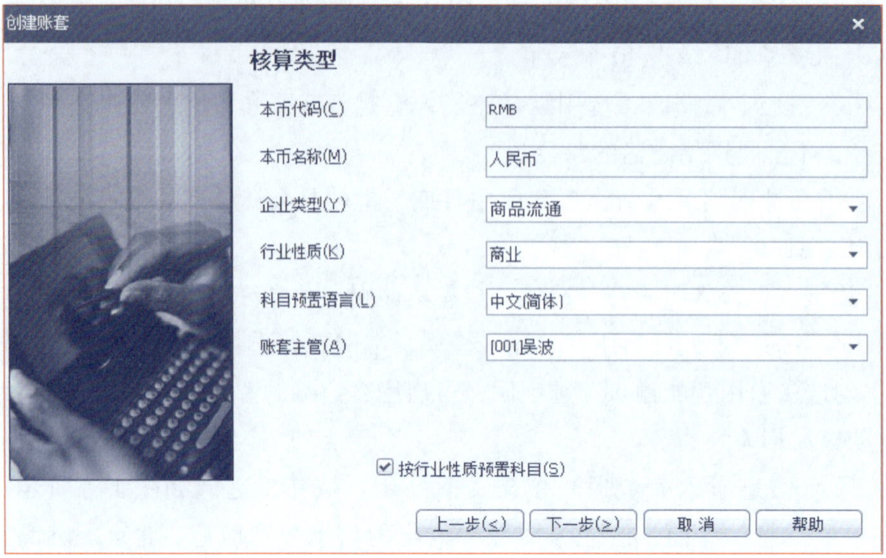

图 1-6　创建账套——核算类型

（17）勾选“按行业性质预置科目”选项后，系统预置所属行业的标准一级科目，会计科目已经由系统自动设置，否则，用户需自己设置会计科目。

（18）所有信息录入完成后，单击〖下一步〗按钮，进入如图 1-7 所示的“创建账套——基础信息”界面。存货、客户、供应商按公司的管理要求需进行分类管理，在各类选项前打勾，在“有无外币核算”选项前也打勾，为将来拓展外币业务做准备。

（19）所有信息录入完成后，单击〖下一步〗按钮，系统进入创建账套过程，如图 1-8 所示。

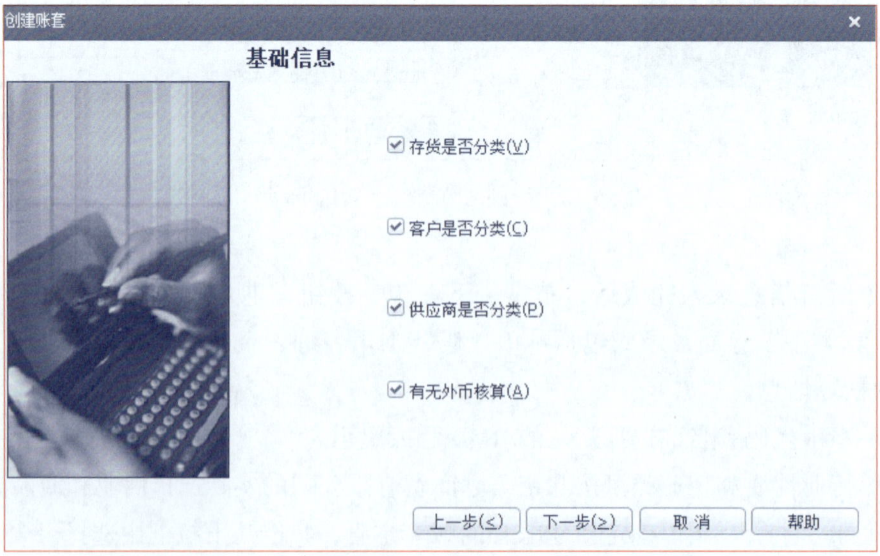

图 1-7　创建账套——基础信息

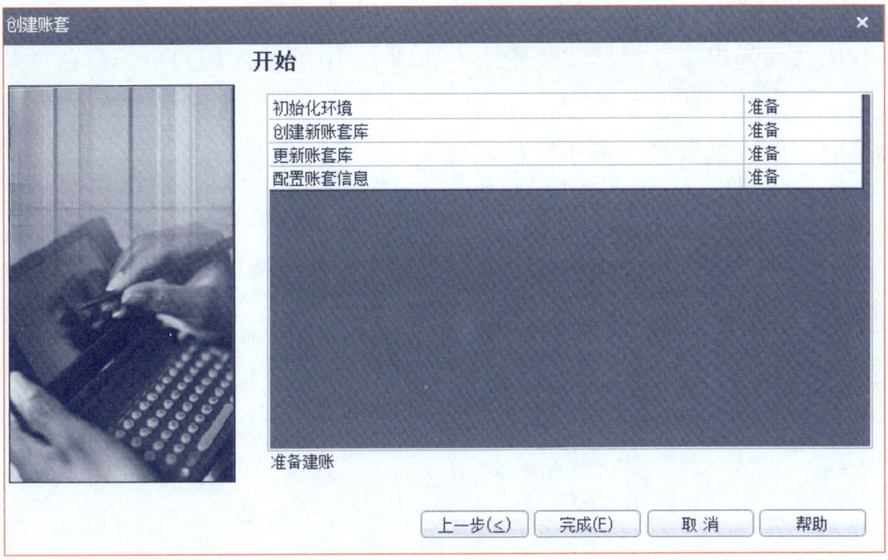

图 1-8　创建账套

2. 编码方案

（1）系统进入创建账套过程，建账完成后，系统弹出“编码方案”界面，如图 1-9 所示。为方便分级核算、统计和管理，系统对基础数据的编码进行分级设置，具体包括科目编码、客户分类编码、供应商分类编码、存货分类编码、部门编码、地区分类编码、结算方式编码、货位编码、收发类别编码等。会计科目编码通常设为 4222，即一级科目编码是四位，二至四级科目编码均为两位，如建账时选择按行业性质预设会计科目，则一级科目编码的四位是不允许修改的。

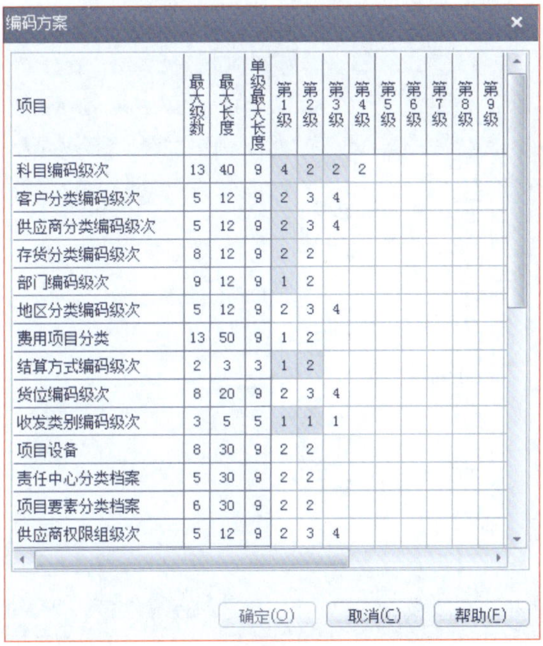
编码方案

项目	最大级数	最大长度	单级最大长度	第1级	第2级	第3级	第4级	第5级	第6级	第7级	第8级	第9级
科目编码级次	13	40	9	4	2	2	2					
客户分类编码级次	5	12	9	2	3	4						
供应商分类编码级次	5	12	9	2	3	4						
存货分类编码级次	8	12	9	2	2							
部门编码级次	9	12	9	1	2							
地区分类编码级次	5	12	9	2	3	4						
费用项目分类	13	50	9	1	2							
结算方式编码级次	2	3	3	1	2							
货位编码级次	8	20	9	2	3	4						
收发类别编码级次	3	5	5	1	1	1						
项目设备	8	30	9	2	2							
责任中心分类档案	5	30	9	2	2							
项目要素分类档案	6	30	9	2	2							
供应商权限组级次	5	12	9	2	3	4						

确定(O)　取消(C)　帮助(F)

图 1-9　编码方案

（2）编码设置完毕，单击〖确定〗按钮保存本次操作。

（3）系统自动弹出“数据精度”界面，如图 1–10 所示。用户可填写存货数量核算、存货单价核算时所要求的小数位数，开票时所要求的单价、件数的小数位数，以及在进行单位换算时所要求的换算率的小数位数等信息。数据精度设置完毕，单击〖确定〗按钮保存本次操作。

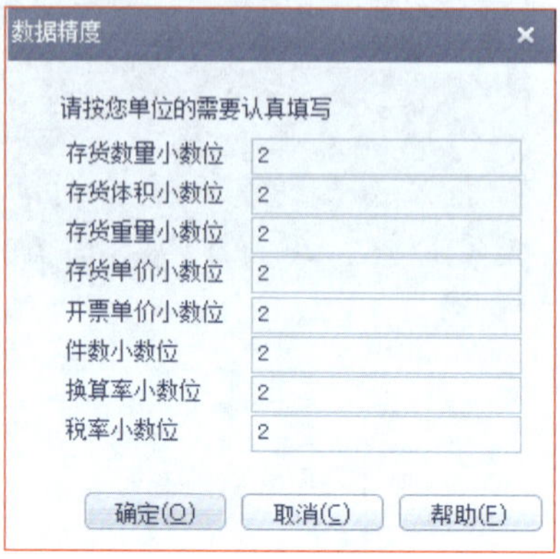

图 1–10　数据精度

3. 系统启用

（1）系统提示现在启动或以后从企业应用平台中启动产品，进入“系统启用”界面，如图 1–11 所示。本例我们启用总账、销售管理、采购管理、存货核算、库存管理、应收款管理、应付款管理、固定资产、薪资管理、报表 10 个系统模块。

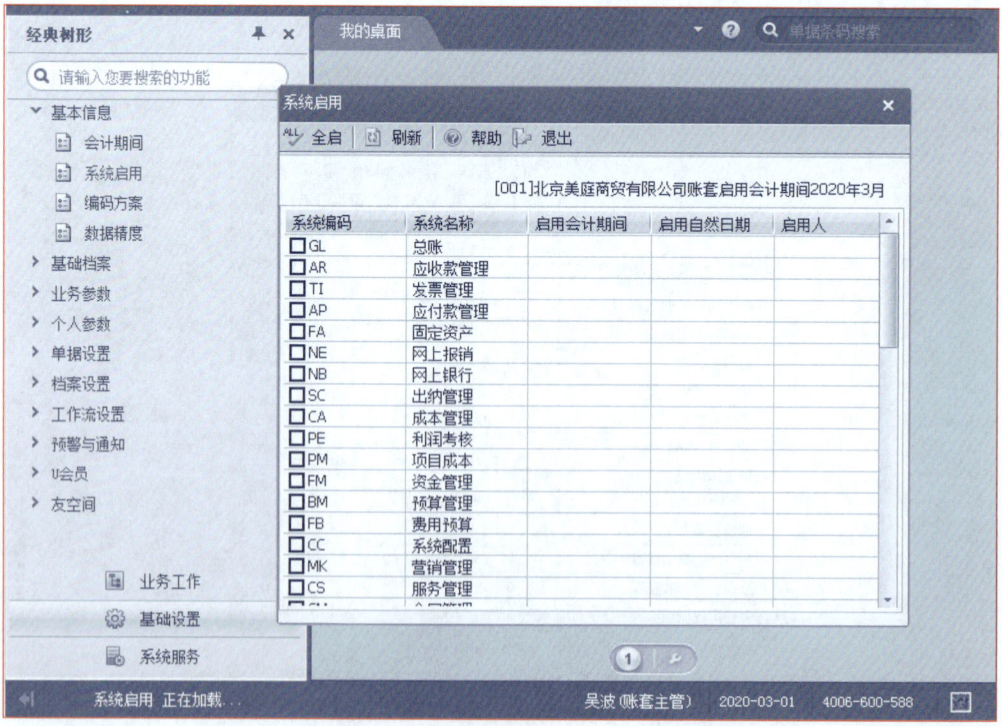

图 1–11　系统启用

（2）选择要启用的系统，在对应的方框内打勾，弹出如图 1–12 所示的“日历”界面，选择启用会计期间的日期为 2020 年 3 月 1 日，单击〖确定〗按钮保存本次操作。

图 1–12 日历

【重要提示】

系统管理功能只有系统管理员和账套主管可以操作，系统管理员可以对系统中所有账套进行管理，而账套主管只能操作有对应权限的账套，账套主管具有该账套的全部操作权限；

系统管理中可能有多个账套，操作前务必确认是自己要操作的账套。

任务 1.2 角色设置

任务要求

依据企业基础档案信息，在业财一体信息化平台中正确进行角色增加、修改、删除等设置。具体要求如下：

（1）根据企业机构人员的工作职责修订情况设置角色，增加“00100 内勤”“GZZG 工资主管”两个角色；

（2）将“内勤”角色改为“销售内勤”角色；

（3）删除“销售内勤”角色。

业务操作

1. 增加角色

（1）以系统管理员身份注册进入系统，在图 1–1 所示的“系统管理”界面，单击【系统】菜单下的【注册】，以系统管理员身份 admin 登录，打开如图 1–13 所示的“系统管理”界面。

（2）在“系统管理”界面，选择功能菜单【权限】—【角色】，进入如图 1–14 所示的“角色管理”功能界面。

（3）单击〖增加〗按钮或按下［F5］功能键，显示如图 1–15 所示的“角色详细情况”界面，录入角色编码“00100”和名称“内勤”，单击〖增加〗按钮保存新增设置。GZZG 工资主管的增加方法相同，这里不再赘述。

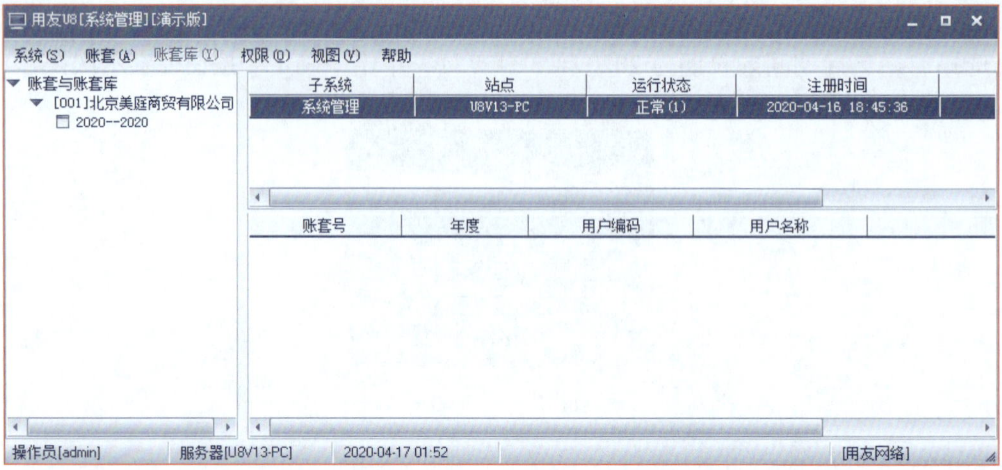

图 1-13　系统管理

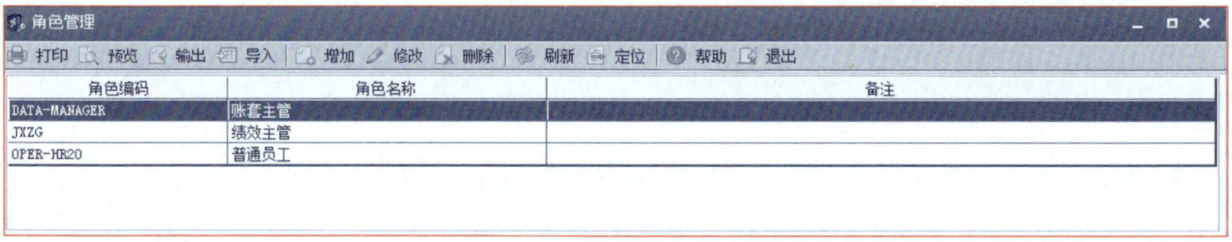

图 1-14　角色管理

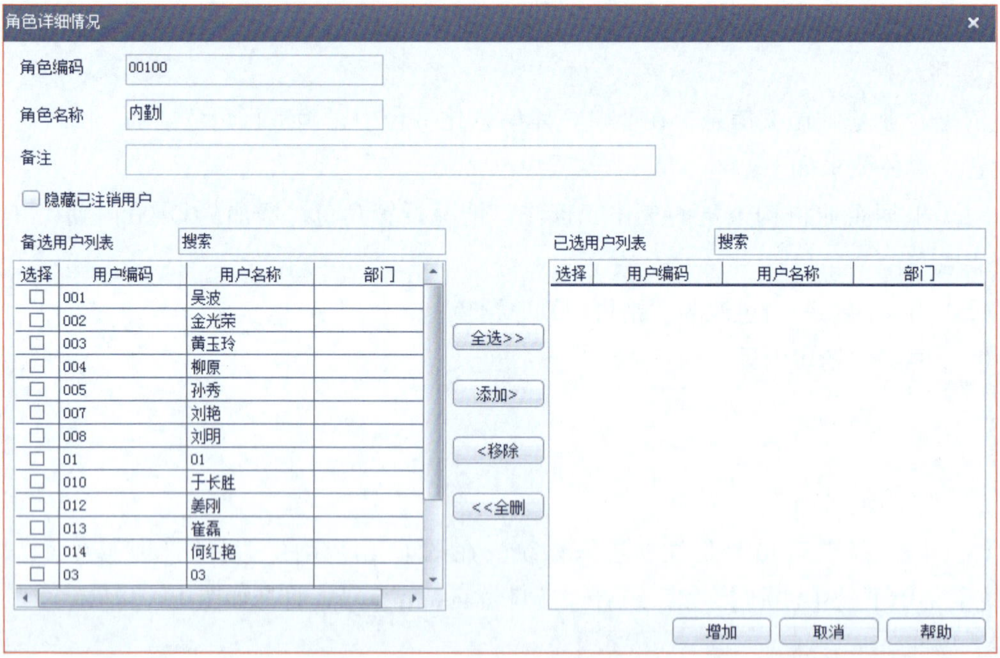

图 1-15　角色详细情况

（4）增加角色还可以使用导入功能导入系统预制的一些角色，在“角色管理”界面，单击〖导入〗按钮，显示账套年度区间的选择界面，随后导入的角色及其包含的权限将导入到所选账套库中，单击〖确定〗按钮后，显示如图 1-16 所示的“系统设置引入工具”界面，选择左侧的预置角色，单击〖导入〗按钮完成角色的导入操作。

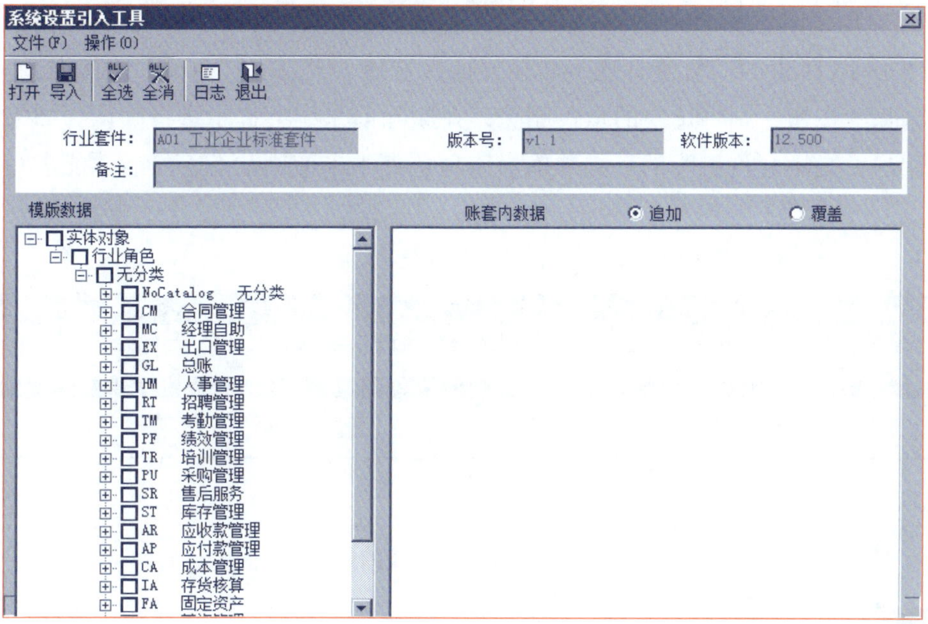

图 1-16　系统设置引入工具

2. 修改角色信息

在图 1-14 所示的“角色管理”界面，选中要修改的“00100 内勤”角色，单击〖修改〗按钮，进入如图 1-17 所示的“角色详细情况”界面，将“内勤”修改为“销售内勤”，单击〖确定〗按钮完成修改。这里只有角色编号不能进行修改，其他的信息均可以修改。

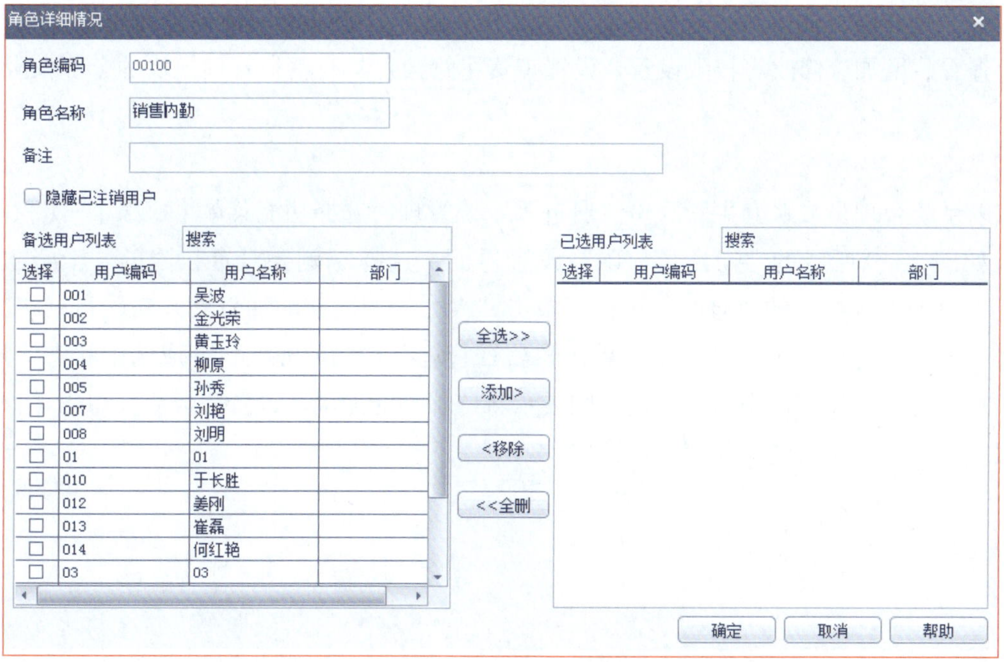

图 1-17　角色详细情况

3. 删除角色信息

在图 1-18 所示的“角色管理”功能界面，选中要删除的“00100 销售内勤”角色，单击〖删除〗按钮，则将选中的角色删除，在删除前系统会提示进行确认。如果该角色有所属用户，是不允许删除的。必须确保该角色处于未使用状态，然后才能进行角色的删除。

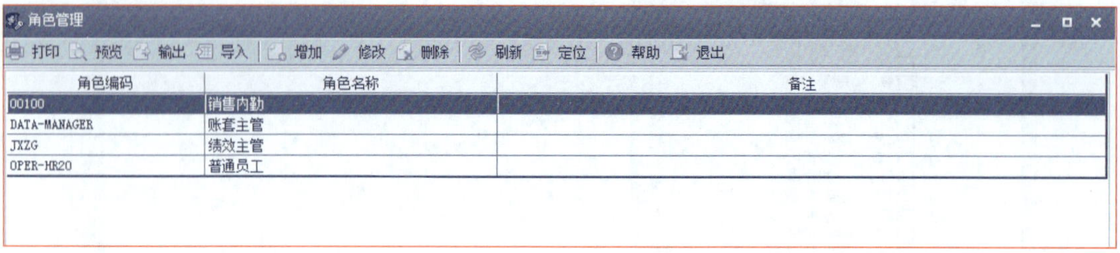

图 1-18　角色管理

【重要提示】

一个用户可以拥有多个角色，一个角色也可以同时分配给多个用户，用户和角色不是一一对应的关系。

任务 1.3　角色权限设置

任务要求

根据企业财务制度与信息系统管理制度相关规定，在业财一体信息化平台中对角色进行查看、增加、修改等权限设置。设置工资主管角色具有薪资管理模块的全部权限。

业务操作

以系统管理员或账套主管身份注册进入系统管理，选择功能菜单【权限】—【权限】，进入如图 1-19 所示的“操作员权限”设置界面，选择左侧要设置权限的“工资主管”角色，单击工具栏上的〖修改〗按钮，单击“人力资源”前的加号展开功能目录树，可以查看人力资源模块的全部权限，单击“薪资管理”左侧的方框，变成选中状态，选中该项具体功能，如将选中状态取消，则表示将该项功能撤消。设置完成后，单击〖保存〗按钮或按下［F6］功能键保存权限设置。

图 1-19 操作员权限

【重要提示】

一个用户拥有角色的同时，便拥有了该角色的权限，若修改了用户的所属角色或该角色的权限，则该用户相应的权限也跟着角色的改变而改变。

任务 1.4 用户权限设置

任务要求

根据企业组织分工情况，在业财一体信息化平台中对用户权限进行查看、增加、修改等维护，确保用户与其权限匹配；具体要求：在系统管理中增加编码为 011 的用户张远东，将 004 “柳原” 改为 “柳源”，删除编号为 03 的用户，注销 04 用户，设置 011 张远东具有库存和存货模块所有功能权限。

业务操作

1. 增加用户信息

（1）选择功能菜单【权限】—【用户】，进入如图 1-20 所示的 “用户管理” 界面。

（2）单击〖增加〗按钮或按下［F5］功能键，显示如图 1-21 所示的 “增加用户” 界面。录入用户编号：011，姓名：张远东，口令、确认口令、所属部门、Email 地址、手机号、默认语言等可以不填写，选择认证方式，并确定所属角色。

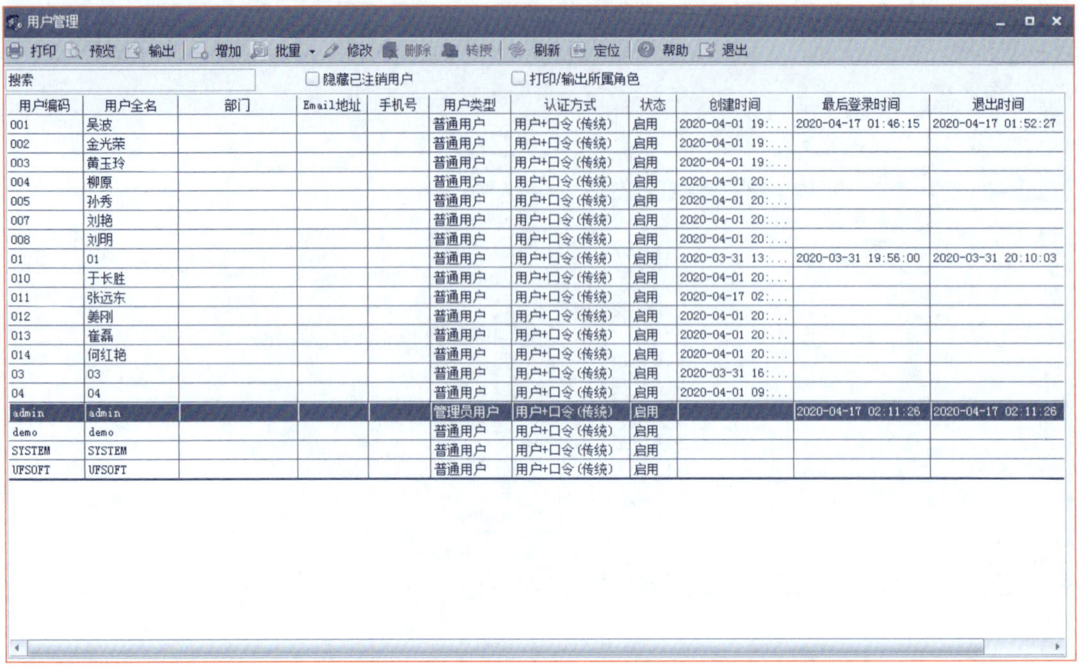

图 1-20　用户管理

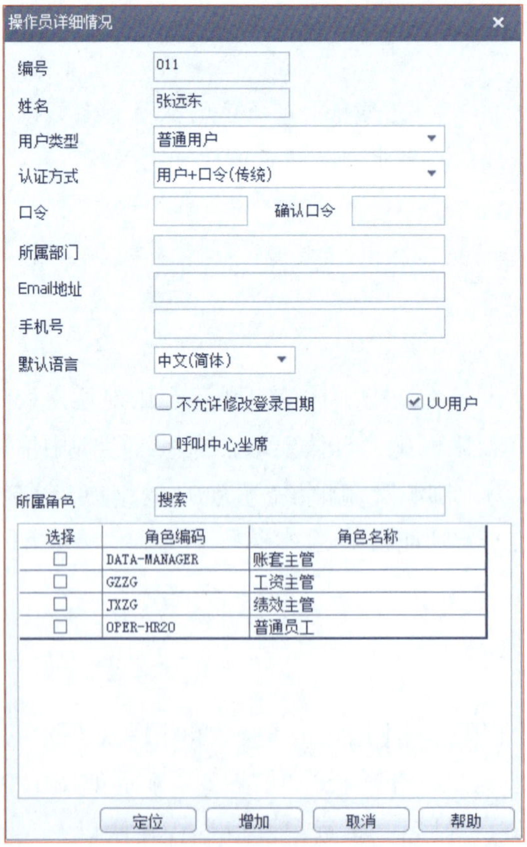

图 1-21　增加用户

2. 修改用户信息

在图 1–20 所示的“用户管理”界面，选中要修改的用户 004 柳原，单击〖修改〗按钮，在图 1–22 所示的“操作员详细情况”界面，将姓名改为“柳源”，单击〖确定〗按钮返回。

3. 删除用户信息

在图 1–20 所示的“用户管理”界面，选中要删除的用户 03，单击〖删除〗按钮，可删除该用户。已定义用户角色或已分配许可的用户必须先取消所属角色与分配的授权信息后才能删除。

4. 注销用户

在图 1–20 所示的“用户管理”界面，选中要注销的用户 04，单击〖修改〗按钮，弹出如图 1–23 所示的“操作员详细情况”界面，单击〖注销当前用户〗按钮。操作后该按钮变为〖启用当前用户〗，如果需要启用该用户，则可以单击继续启用该用户。

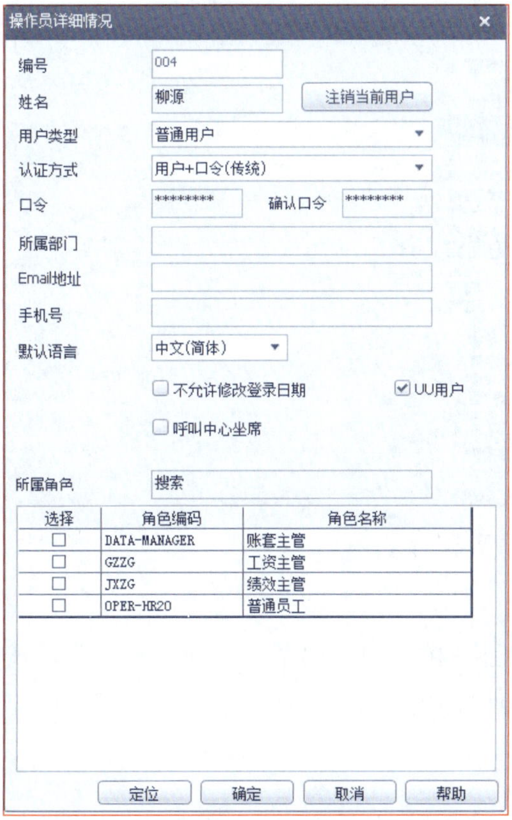

图 1–22 修改用户

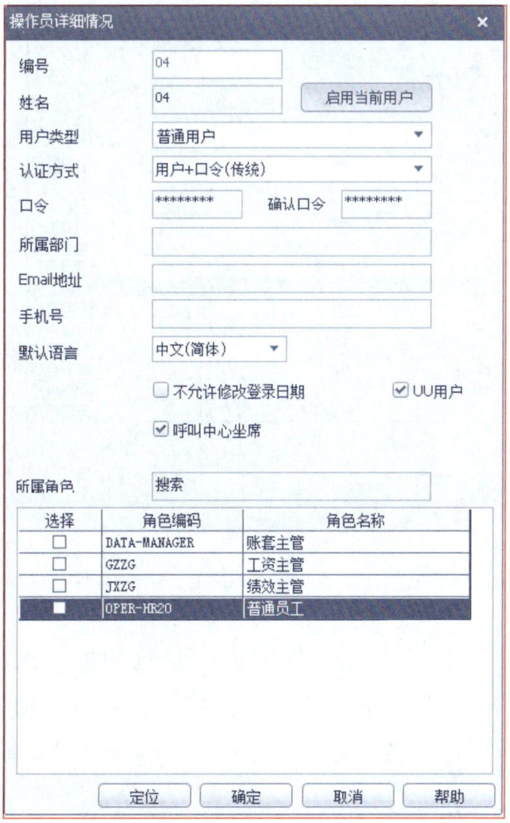

图 1–23 注销用户

5. 用户权限设置

（1）用户权限设置有两种途径，一是在增加用户时为用户设置所属角色，如图 1–21 所示，这样该用户自动拥有所属角色的全部权限；二是通过系统管理的权限设置功能进行设置。

（2）以管理员身份注册进入系统管理，选择功能菜单【权限】—【权限】，进入如图 1–24 所示的“操作员权限”的设置界面。首先选择要分配权限的账套及账套库（对应年度区间），本例选择北京美庭商贸有限公司、2020–2020，在左边显示的本账套库内所有角色和用户名列表中选择要分配权限的操作员 011 张远东，单击工具栏上的〖修改〗按钮，设置用户的权限。

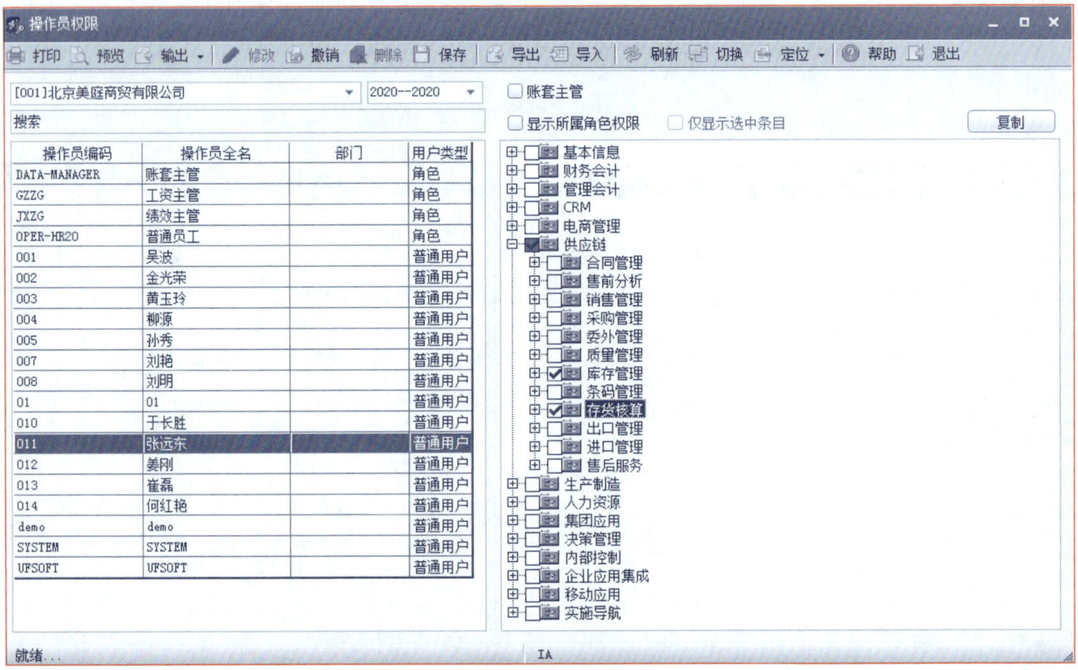

图 1–24　操作员权限

（3）单击“供应链”左侧的加号展开功能目录树，勾选“库存管理”和“存货核算”。如果需要收回用户权限，则将相应功能前面的☑中“√”去掉。设置完成后，单击〖保存〗按钮或按下［F6］功能键保存权限设置。

【重要提示】

用户权限设置可以采用直接授权或分配角色进行，两种方式效果没有差别；

用户权限的设置必须针对具体的账套进行，同一用户在不同的账套中权限不能继承；

企业应用平台中业务列表中只显示该操作员具有权限的产品功能。

任务 1.5　用户批量权限设置

任务要求

根据企业组织分工情况，在业财一体信息化平台中利用角色权限与用户关联、匹配进行用户权限的批量设置；2020 年 2 月 27 日，在系统管理中设置 006 黄成和 009 张新盼具有绩效主管的权限。

业务操作

在图 1-14 所示的“角色管理”功能界面中，选中要设置权限的角色“绩效主管”，单击〖修改〗按钮，或双击该条角色，进入如图 1-25 所示的“角色详细情况”界面。左侧备选用户列表为待授权的用户，通过〖全选〗或〖添加〗按钮将备选用户移至已选用户列表。分别选中 006 黄成和 009 张新盼用户，点击〖添加〗按钮移动到右侧已选用户列表中，单击〖确定〗按钮就实现为所有已选用户列表的用户批量授予绩效主管角色所具有的权限。

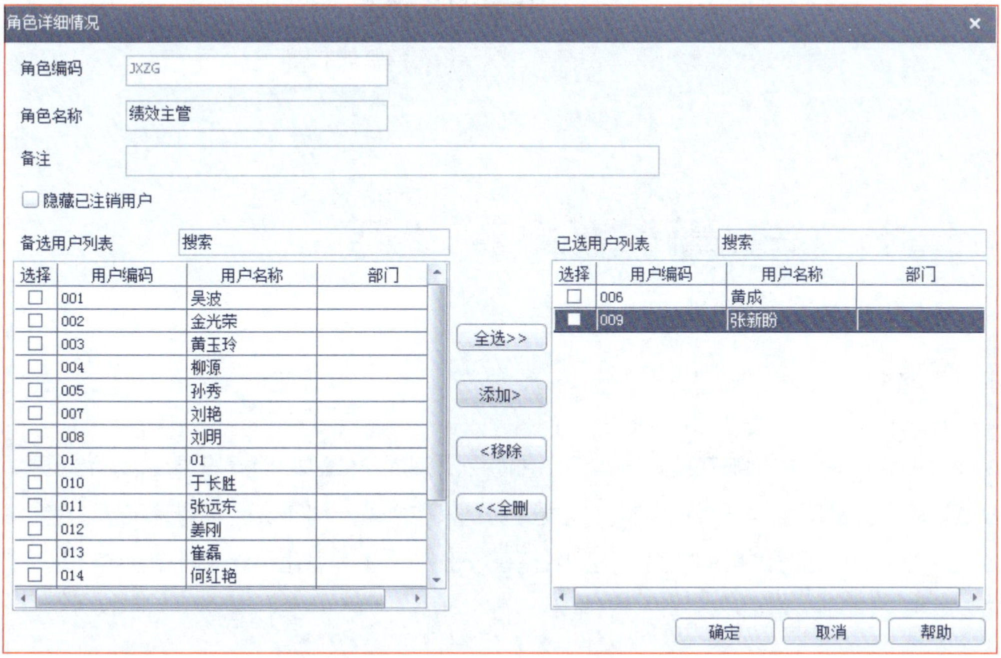

图 1-25　角色详细情况

【重要提示】

一个用户可以拥有多个角色，同时具有多个角色的权限，若修改了用户的所属角色，则该用户对应的权限也跟着角色的改变而相应改变；

企业应用平台业务列表中只显示该操作员具有权限的产品功能。

【任务总结】

本工作任务导图如图 1–26 所示。

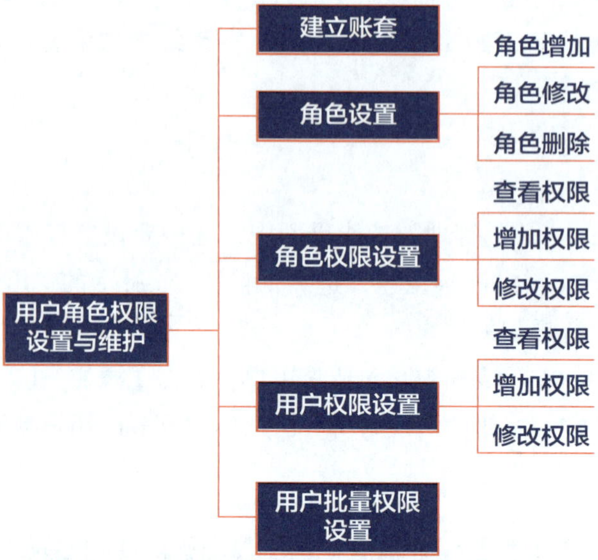

图 1–26　用户角色权限设置与维护导图

工作任务 2　企业基础档案设置与维护

【能力目标】

通过训练，使学生能够在业财一体信息化平台上完成企业基础档案信息维护，给定科目信息设置，辅助核算项及凭证类别设置，收发类别、采购类型及销售类型设置等工作。使学生具备企业基础档案设置与维护的能力，达到胜任基于业财一体信息化平台进行企业会计基础档案设置与维护工作的职责目标。

【任务情境】

北京美庭商贸有限公司业财一体信息化平台的建账工作已顺利完成，现进入企业基础档案设置与维护的工作环节，公司现需要根据实际情况和规范化要求，在业财一体信息化平台中进行基础档案设置，主要包括基础信息设置，会计科目设置，辅助核算项与凭证类别设置，指定科目设置，收发类别及采购销售类型设置。

【知识准备】

完成该任务前，需要了解业财一体信息化平台中基础信息、财务信息和业务信息的含义及主要包括的内容。

1. 基础信息

基础信息主要描述企业经济业务运行情况的基本信息，包括部门和人员等组织机构信息、客商信息、存货及仓库等档案信息。

2. 财务信息

会计科目是依据会计政策对会计对象具体内容分门别类进行核算的项目，是填制会计凭证、登记账簿、编制报表的基础，会计科目是一个完整的体系。

辅助核算也叫辅助账类，用于说明会计科目的其他核算要求，包括部门核算、个人往来核算、客户往来核算、供应商往来核算、项目核算等。

3. 业务信息

收发类别是对存货的出入库情况进行分类汇总统计而设置的，可根据企业实际情况自由灵活地进行设置。

采购类型是根据企业需要自行设定的项目，在填制出（入）库单等单据时，会涉及销售（采购）类型，以便后期进行销售（采购）类型统计管理。

任务 2.1　基础信息设置

任务要求

依据企业基础档案信息，在业财一体信息化平台中对部门档案、职员档案、供应商分类、供应商档案、客户分类、客户档案、存货档案、仓库档案等进行维护，具体要求如下：

（1）公司为控制商品质量新成立质量管理部门。根据表 1–2 资料，在业财一体信息化平台增加部门档案。

表 1–2　部门档案

部门编码	部门名称
6	质检中心

（2）根据表 1–3 所给资料，在业财一体信息化平台增加人员类别。

表 1–3　人员类别

类别	档案编码	名称
正式工	10104	质检人员

（3）根据表 1-4 所给资料，在业财一体信息化平台增加新入质检员的人员档案，并将管理中心员工 5004 张德禄、5011 高志爽调入质检中心。

表 1-4　职员档案

人员编码	姓名	行政部门名称	部门	雇佣状态	人员类别	性别	业务或费用部门名称
6001	王宏斌	质检中心	6	在职	质检人员	男	质检中心

（4）根据表 1-5 所给资料，在业财一体信息化平台增加供应商分类。

表 1-5　供应商分类

分类编码	分类名称
06	差旅供应商

（5）根据表 1-6 所给资料，在业财一体信息化平台增加供应商档案。

表 1-6　供应商档案

供应商编码	供应商名称	简称	供应商分类名称	地址	纳税人登记号	开户银行	银行账号	电话
0601	途中商旅有限公司	途中商旅	差旅供应商	北京海淀区软件园东路 32 号	913004829104974391	中国招商银行海淀支行	210393450649238	010-62369402

（6）根据表 1-7 所给资料，在业财一体信息化平台增加客户分类。

表 1-7　客户分类

分类编码	分类名称
02	市外

（7）根据表 1-8 所给资料，在业财一体信息化平台增加客户档案。

表 1-8　客户档案

客户编码	客户名称	客户简称	客户分类名称	地址	纳税人登记号	开户银行	银行账号	电话
0201	深圳宝马汇商业中心	深圳宝马汇	市外	深圳市福田区农林路 69 号深国投广场二号楼	91044030171093 6858	中国工商银行深圳市红围支行	4000021219200065217	0755-21512288
0202	无锡宁润信息网络有限公司	无锡宁润信息网络有限公司	市外	无锡市新区硕放镇经一路 8 号	81320213560341655Y	中国农业银行无锡硕放支行	635101040013624	0510-85309091

（8）根据表 1-9 所给资料，在业财一体信息化平台增加存货分类。

表 1-9　存货分类

分类编码	分类名称
04	床垫

（9）根据表 1-10 所给资料，在业财一体信息化平台增加存货档案。

表 1-10　存货档案

存货编码	存货名称	存货大类名称	主计量单位名称	存货属性
0303	羽绒被	被品	套	内销、外销、采购

（10）根据表 1-11 所给资料，在业财一体信息化平台增加仓库档案。

表 1-11　仓库档案

仓库编码	仓库名称	计价方式
02	设备库	全月平均法

业务操作

从【开始】—【所有程序】—【用友 U8+】—【企业应用平台】进入如图 1-27 所示的“企业应用平台登录”界面，录入用户名和密码后，单击〖登录〗按钮进入到企业应用平台界面。

1. 部门档案

（1）以账套主管 001 吴波身份注册，从【基础设置】—【基础档案】—【机构人员】—【部门档案】进入如图 1-28 所示的“部门档案”界面。单击〖增加〗按钮或按下［F5］功能键，在编辑区录入部门的编码为 6、部门名称为质检中心。

图 1-27　企业应用平台登录

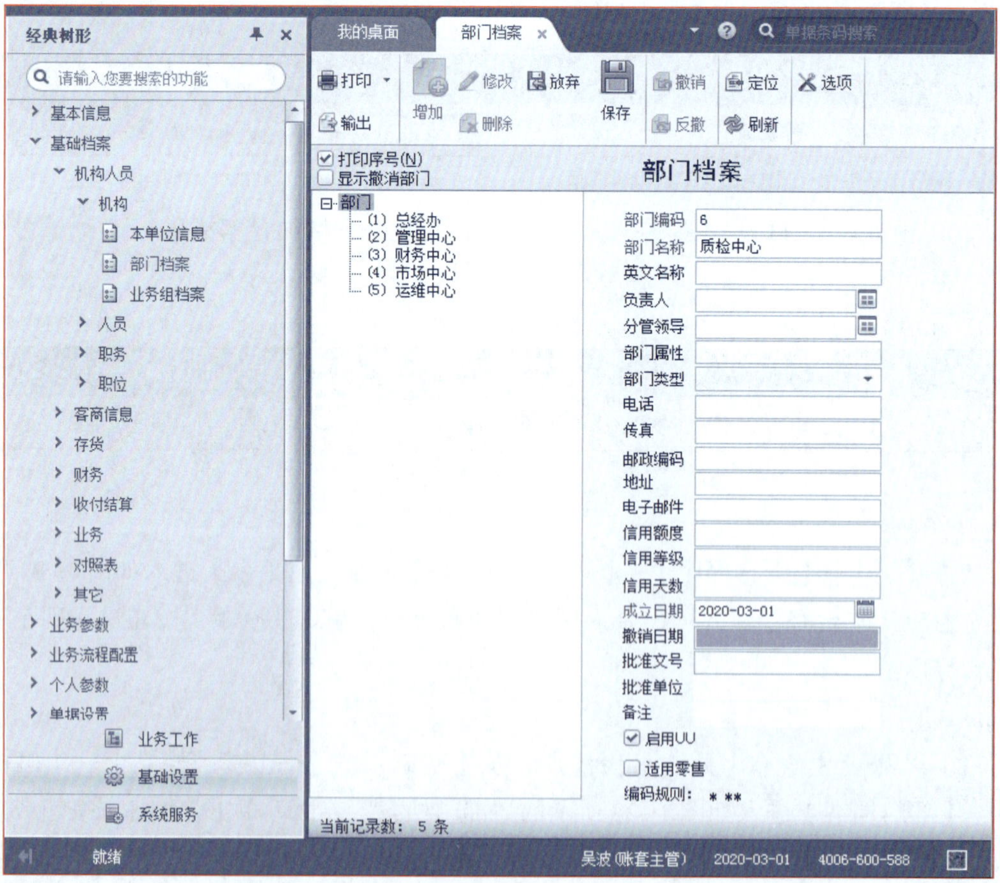

图 1-28　部门档案

（2）单击〖保存〗按钮或按下［F6］功能键确认录入的信息。除部门编码和部门名称为必输项，其他项目均可省略。部门编码须符合部门编码规则要求，部门名称可以重复，但编号不可重复。

2. 人员类别

（1）增加人员档案，首先要设置人员类别，从【基础设置】—【基础档案】—【机构人员】—【人员】—【人员类别】进入如图 1–29 所示的“人员类别”界面。

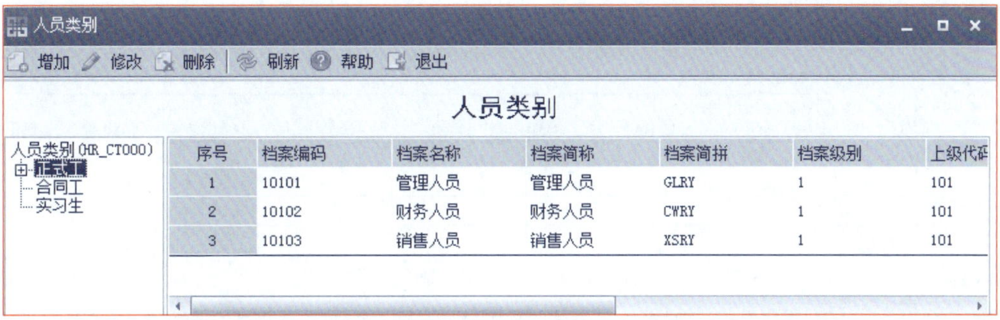

图 1–29　人员类别

（2）在左侧目录区选择要增加的人员类别的上级节点，单击〖增加〗按钮或按下［F5］功能键，显示如图 1–30 所示的“增加档案项”界面。录入人员类别的档案编码 10104，档案名称为质检人员，单击〖确定〗按钮确认录入的信息。系统预置正式工、合同工、实习生三个人员类别，当某类别已有人员引用时，不允许增加其子类别。其中编码、名称必须录入，且编码不可重复。

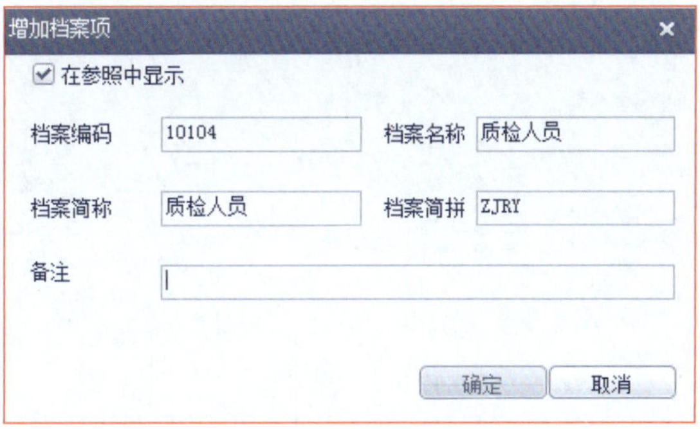

图 1–30　增加档案项

3. 人员档案

（1）从【基础设置】—【基础档案】—【机构人员】—【人员】—【人员档案】进入如图 1–31 所示的“人员列表”界面。

人员档案

图 1-31　人员列表

（2）在左边目录区选择要增加职员的部门，单击〖增加〗按钮或按下［F5］功能键，进入如图 1-32 所示的“人员档案”维护界面，录入职员的人员编码为 6001、姓名为王宏斌、性别为男、雇佣状态为在职、人员类别为质检人员、行政部门为质检中心等。

图 1-32　人员档案维护

（3）单击〖保存〗按钮或按下［F6］功能键确认录入的信息，人员编码、姓名、性别、雇佣状态、人员类别和行政部门为必输项。

（4）在“人员列表”界面双击5004张德禄记录行，弹出如图1-33所示的“人员档案”界面，单击〖修改〗按钮，将人员类别和行政部门分别改为质检人员和质检中心，单击〖保存〗按钮或按下［F6］功能键完成人员档案的修改。5011高志爽的修改方法相同，这里不再赘述。

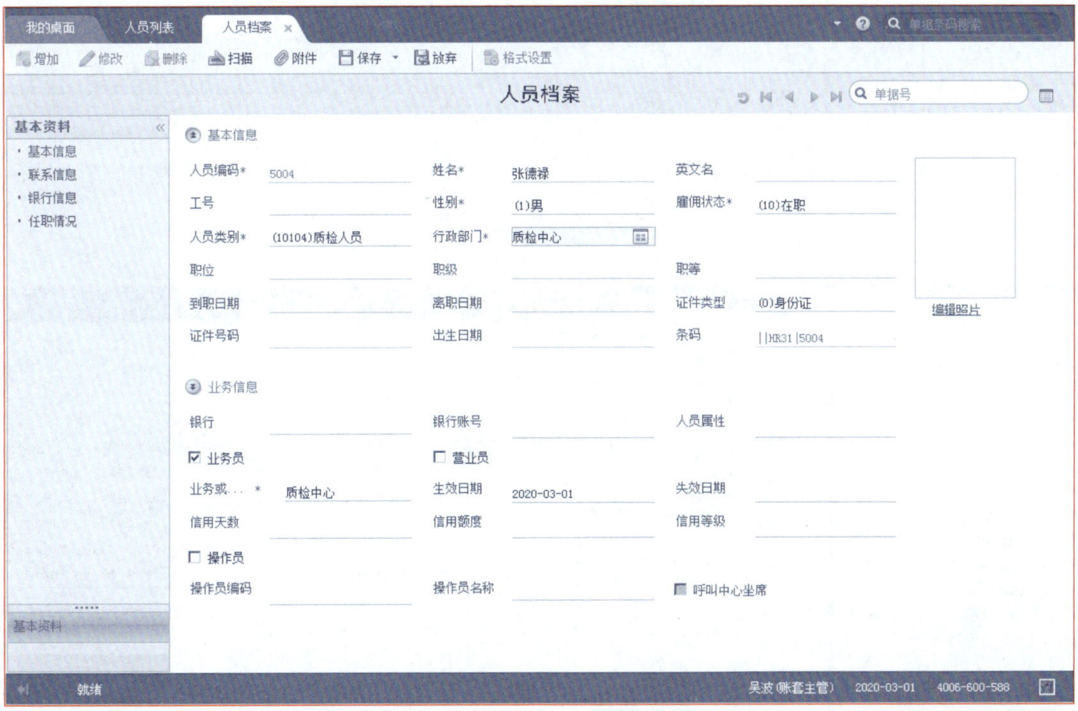

图1-33 人员档案

4. 供应商分类

从【基础设置】—【基础档案】—【客商信息】—【供应商分类】进入如图1-34所示的“供应商分类”界面。单击〖增加〗按钮，在右侧编辑区录入供应商分类编码06、名称为差旅供应商，单击〖保存〗按钮或按下［F6］功能键确认录入的信息，保存此次增加的供应商分类；单击〖放弃〗按钮，放弃此次增加的供应商分类。分类编码、名称为必输项，注意供应商分类必须逐级增加，不能超级增加；供应商分类只能修改类别名称，不能修改类别编码；已经使用的供应商分类和非末级供应商分类均不能删除。

5. 供应商档案

（1）从【基础设置】—【基础档案】—【客商信息】—【供应商档案】进入如图1-35所示的“供应商档案”界面。

供应商档案

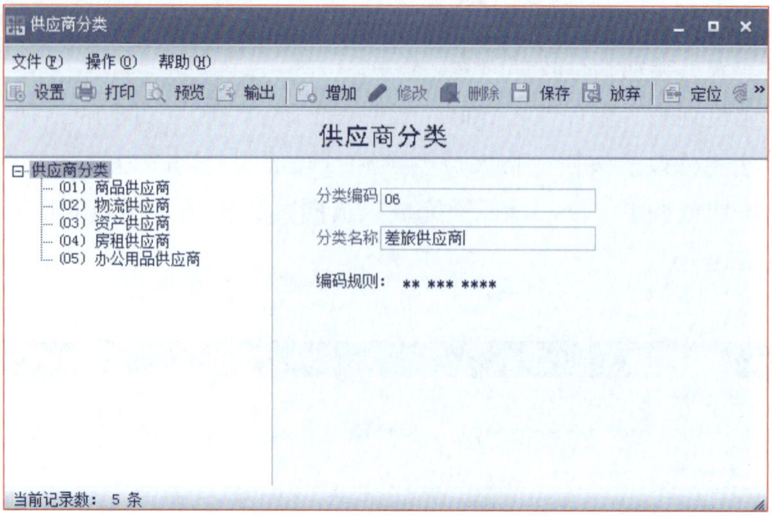

图 1-34　供应商分类

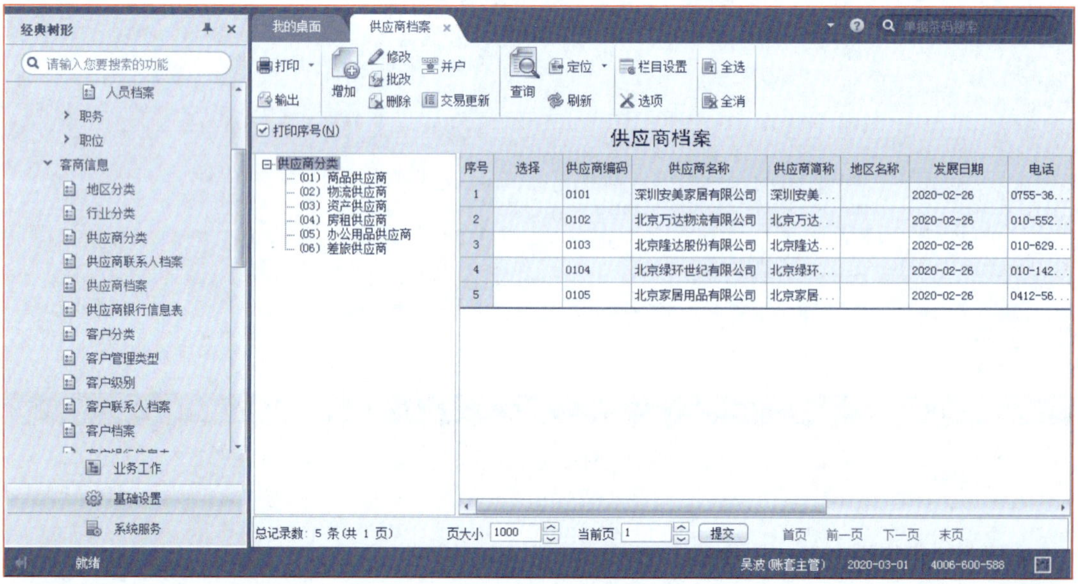

图 1-35　供应商档案

（2）单击屏幕左侧列表中一个末级的供应商分类，单击〖增加〗按钮或按下［F5］功能键，显示如图 1-36 所示“增加供应商档案”界面，分别填写供应商编码为 0601，供应商名称为途中商旅有限公司，供应商分类名称为差旅供应商，供应商简称为途中商旅，地址为北京海淀区软件园东路 32 号，纳税人登记号为 913004829104974391，开户银行为中国招商银行海淀支行，银行账号为 210393450649238，电话为 010-62369402 等信息。

（3）单击〖保存〗按钮或按下［F6］功能键确认录入的信息，保存此次增加的供应商档案，单击〖保存并新增〗按钮，保存此次增加的供应商档案，同时进入新的供应商档案增加界面。供应商编码、供应商名称、供应商简称、所属分类等都是供应商的主要信息，必须录入，即界面上蓝字显示的项目均为必输项。

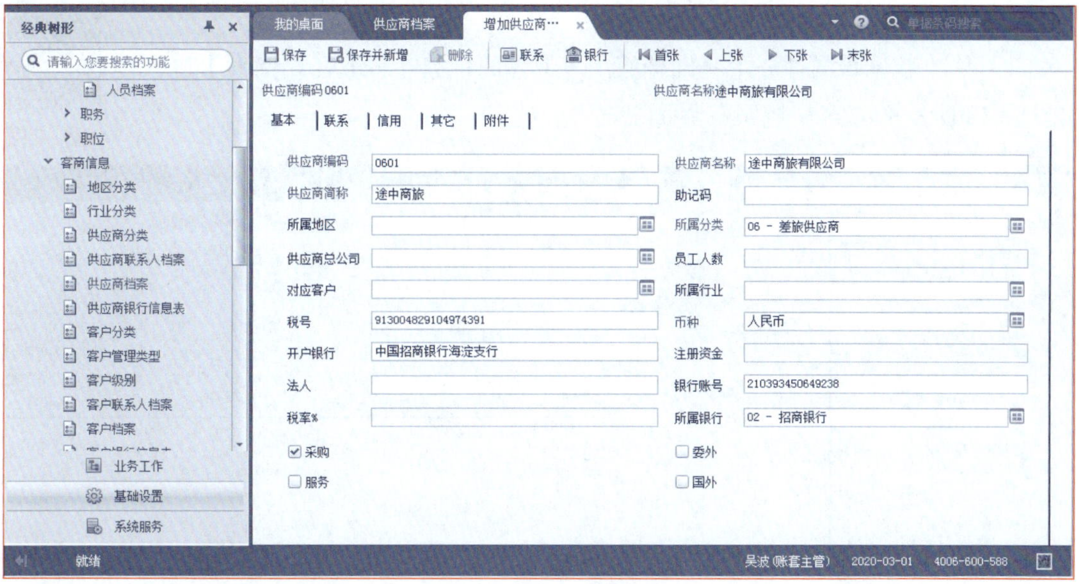

图 1-36　增加供应商档案

6. 客户分类

从【基础设置】—【基础档案】—【客商信息】—【客户分类】进入如图 1-37 所示的“客户分类”界面。单击〖增加〗按钮，在右侧编辑区录入客户分类编码 02、名称为市外，单击〖保存〗按钮或按下［F6］功能键确认录入的信息，保存此次增加的客户分类；单击〖放弃〗按钮，放弃此次增加的客户分类。分类编码、名称为必输项。注意：客户分类必须逐级增加，不能超级增加；客户分类只能修改类别名称，不能修改类别编码；已经使用的客户分类和非末级客户分类均不能删除。

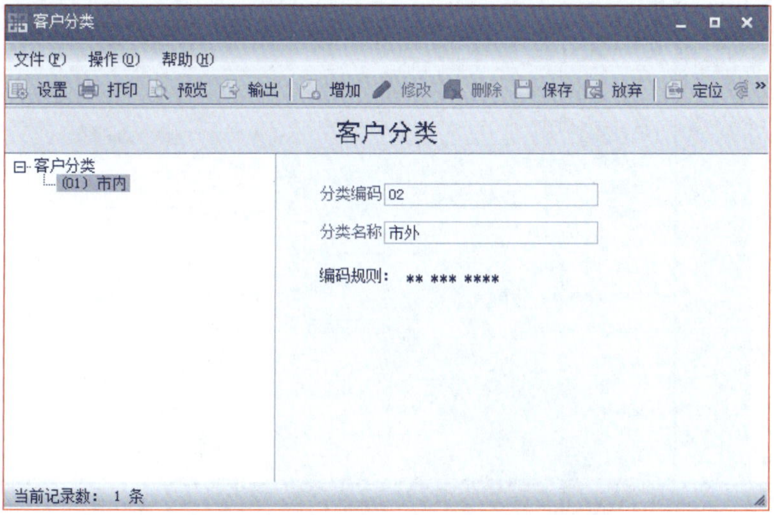

图 1-37　客户分类

7. 客户档案

客户档案

（1）从【基础设置】—【基础档案】—【客商信息】—【客户档案】进入如图 1–38 所示的“客户档案”界面。

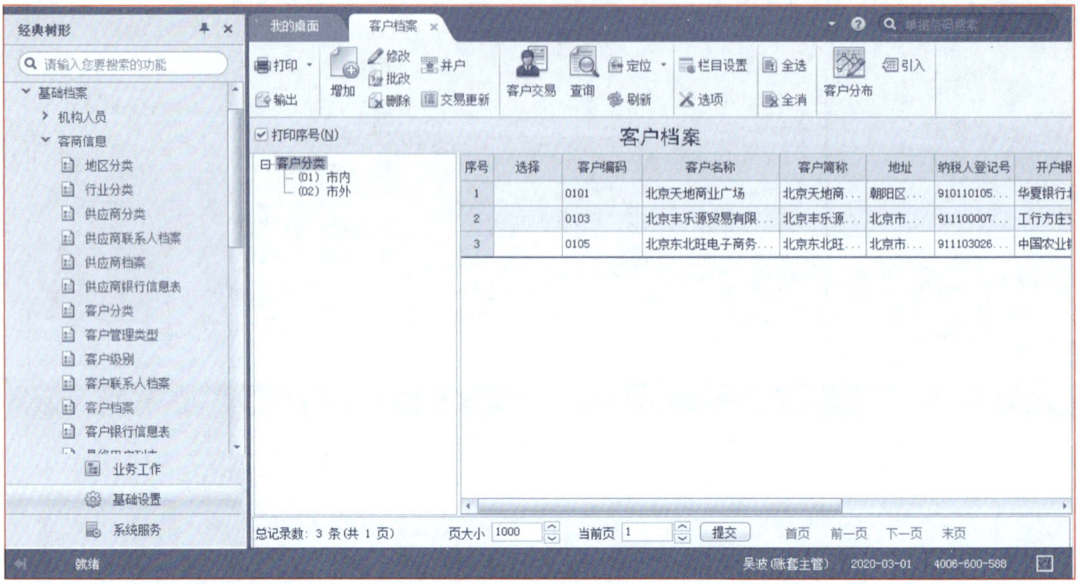

图 1–38　客户档案

（2）在左侧的列表中选择 02 客户分类，单击〖增加〗按钮或按下［F5］功能键，在如图 1–39 所示的“增加客户档案”界面的“基本”页签中填写客户编码为 0201，客户名称为深圳宝马汇商业中心，客户简称为深圳宝马汇，客户分类名称为市外，税号为 910440301710936858，在“联系”页签中填写地址为深圳市福田区农林路 69 号深国投广场二号楼，电话为 0755–21512288。

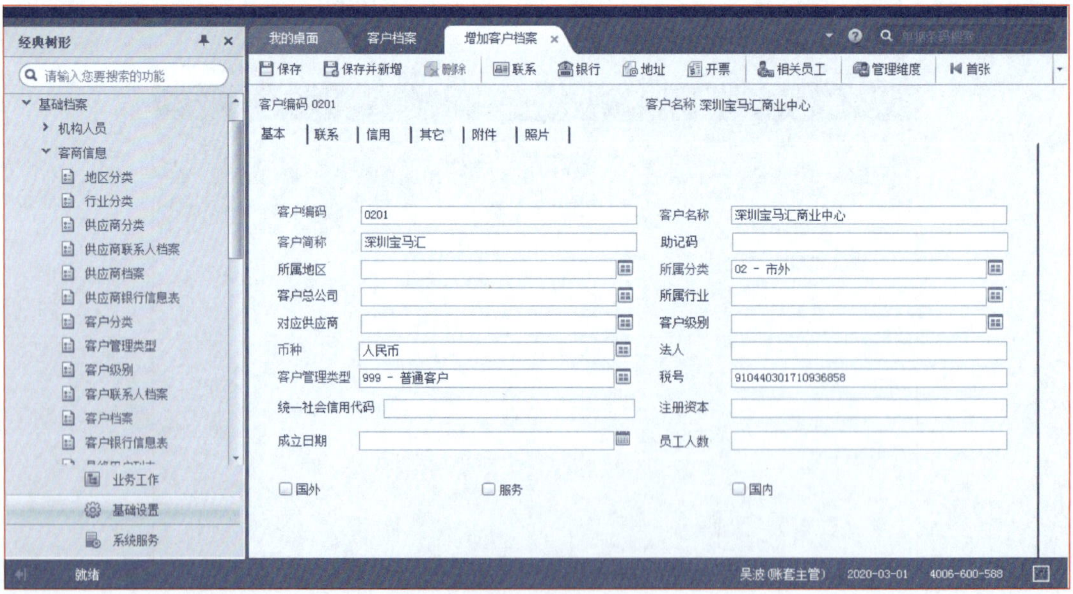

图 1–39　增加客户档案

（3）单击〖银行〗按钮，弹出如图 1-40 所示的“客户银行档案”界面，单击〖增加〗按钮或按下［F5］功能键，在所属银行栏录入 1 或参照选择中国工商银行，在开户银行栏录入中国工商银行深圳市红围支行，银行账号栏录入 4000021219200065217，账户名称栏录入深圳宝马汇商业中心，默认值选是，单击〖保存〗按钮或按下［F6］功能键确认录入的信息后退出该界面。

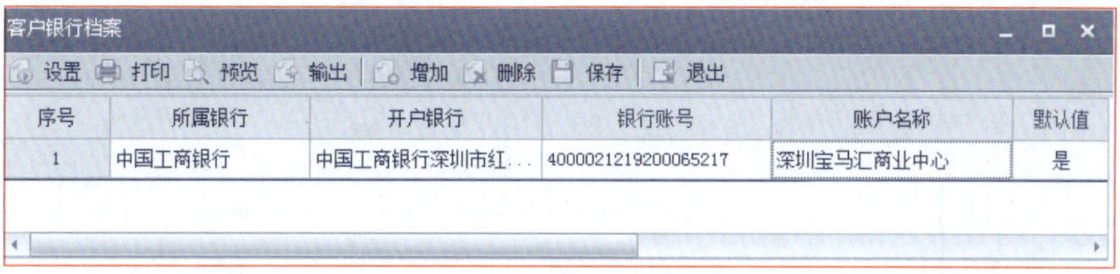

图 1-40 客户银行档案

（4）单击〖保存〗按钮或按下［F6］功能键确认录入的信息。客户编码、客户名称、客户简称、所属分类等都是客户的主要信息，必须录入，即界面上蓝字显示的项目均为必输项。0202 无锡宁润信息网络有限公司的客户档案信息增加方法相同，不再赘述。

8. 存货档案

（1）从【基础设置】—【基础档案】—【存货】—【存货分类】进入如图 1-41 所示的“存货分类”界面。

存货档案

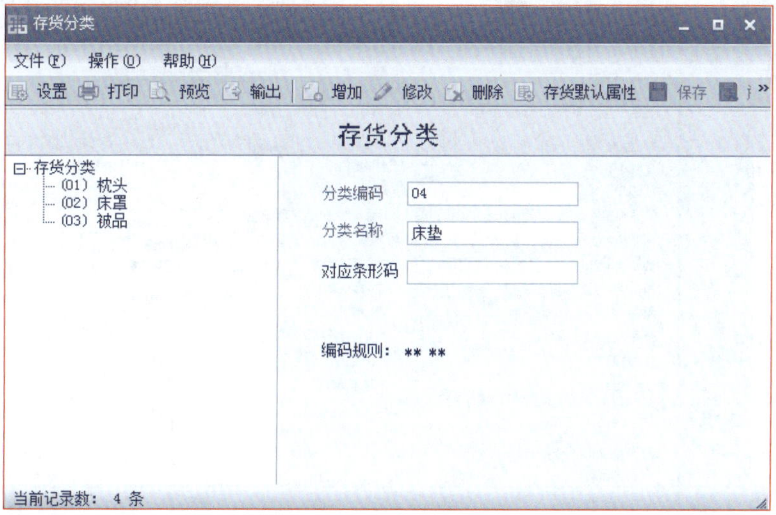

图 1-41 存货分类

（2）单击〖增加〗按钮，在右侧分类编码栏填写 04，分类名称填写床垫，单击〖保存〗按钮或按下［F6］功能键确认录入的信息。

（3）从【基础设置】—【基础档案】—【存货】—【存货档案】进入如图 1-42 所示的“存货档案”界面。

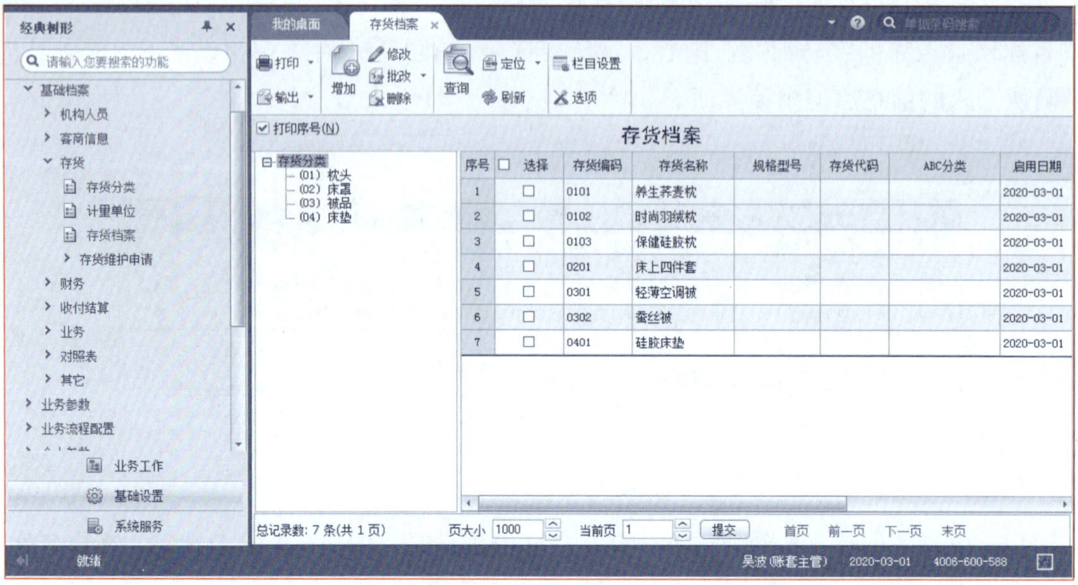

图 1-42　存货档案

（4）单击〖增加〗按钮，弹出如图 1-43 所示的“增加存货档案”界面，分别录入存货编码为 0303，存货名称为羽绒被，存货分类为 03 – 被品，主计量单位为 0102 – 套等信息，存货属性勾选内销、外销、采购三个属性，单击〖保存〗按钮或按下［F6］功能键确认录入的信息。界面上蓝字项目为必输项，存货编码和存货代码均不允许重复。

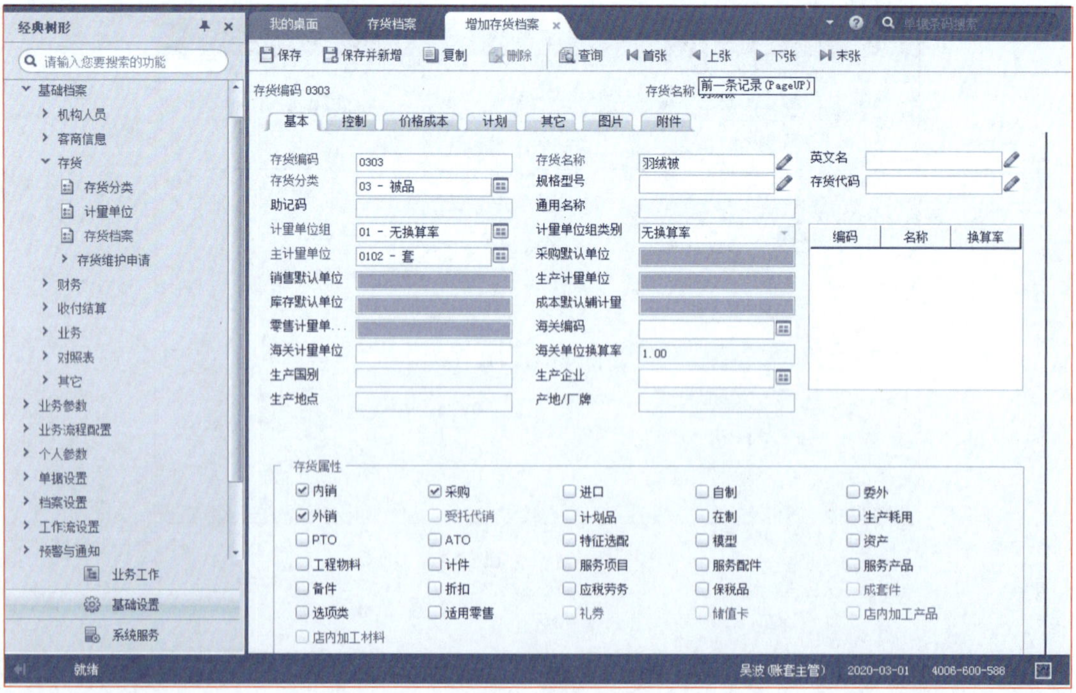

图 1-43　增加存货档案

9. 仓库档案

仓库档案

（1）从【基础设置】—【基础档案】—【业务】—【仓库档案】进入如图 1–44 所示的“仓库档案”界面。

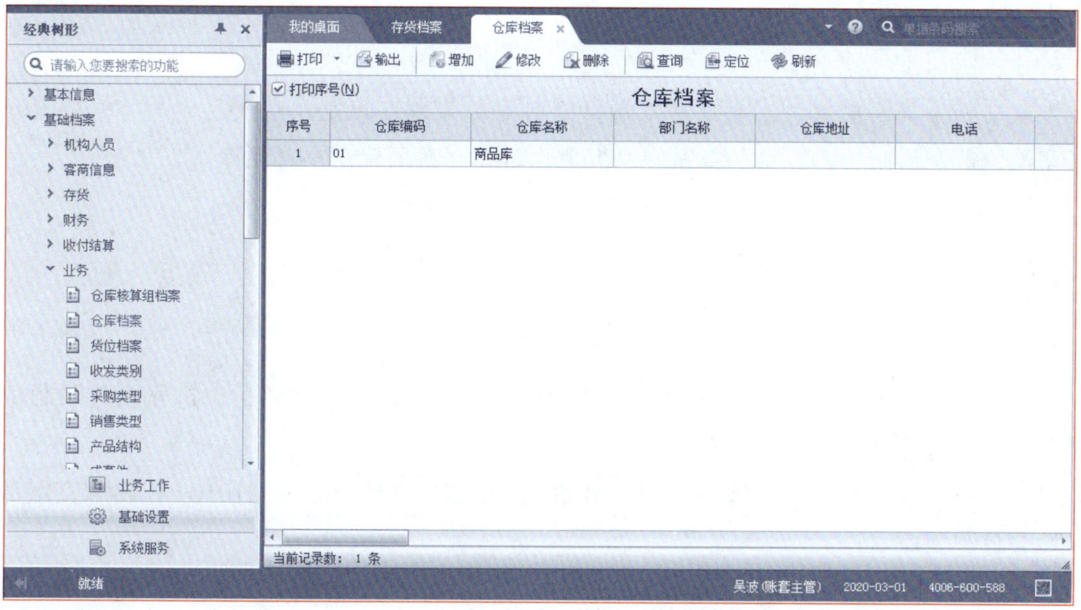

图 1–44　仓库档案

（2）单击〖增加〗按钮或按下［F5］功能键，显示如图 1–45 所示的“增加仓库档案”界面，录入仓库编码为 02、仓库名称为设备库等信息。

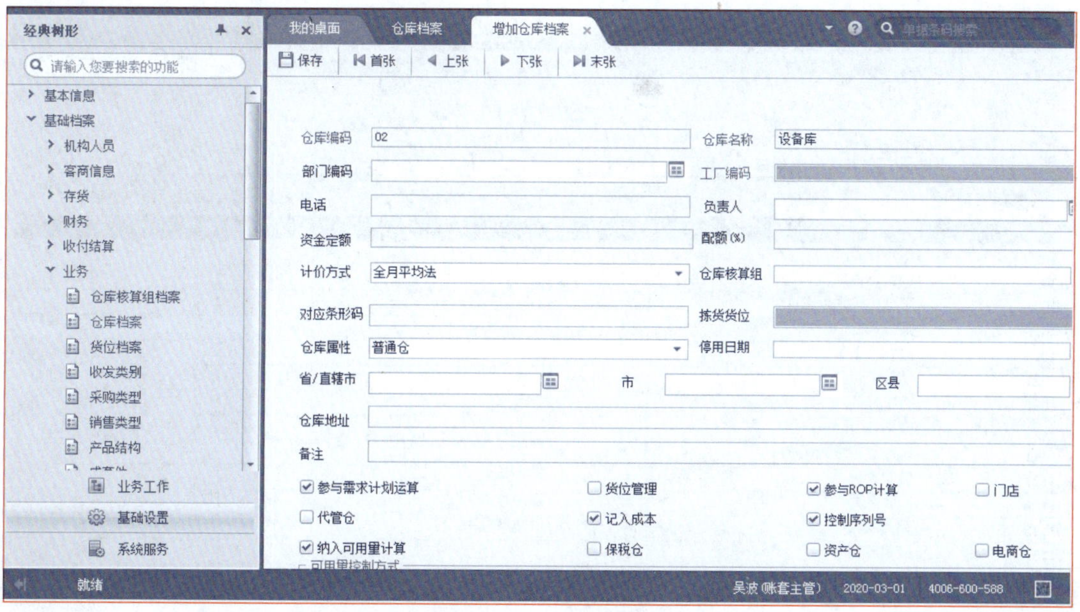

图 1–45　增加仓库档案

（3）单击〖保存〗按钮或按下［F6］功能键确认录入的信息，增加一条仓库档案记录。由于仓库记录在使用后，所属部门不可修改，应先录入部门档案后，再录入仓库档案。如仓库已经使用，则不可删除此仓库。仓库编码、仓库名称为必输项，名称可重复，编码不能重复。每个仓库都必须选择系统预置的六种计价方式中的一个。

【重要提示】

基础档案资料的增加不受任何限制，随时可以增加，但是已经使用过的基础档案不可删除，若需删除，则删除前必须将所有使用过该档案的记录全部删除。

任务 2.2　会计科目设置

任务要求

依据企业基础档案信息，在业财一体信息化平台中设置会计科目，进行会计科目的增加、修改等操作。

在业财一体信息化平台增加“22210103 进项税额转出”和“22210104 转出未交增值税”会计科目；

在业财一体信息化平台修改“100201 工行存款”科目名称为“100201 工行海淀支行 9588”。

业务操作

1. 会计科目的增加

（1）以账套主管 001 吴波身份注册，从【基础设置】—【基础档案】—【财务】—【会计科目】进入如图 1-46 所示的“会计科目”界面。

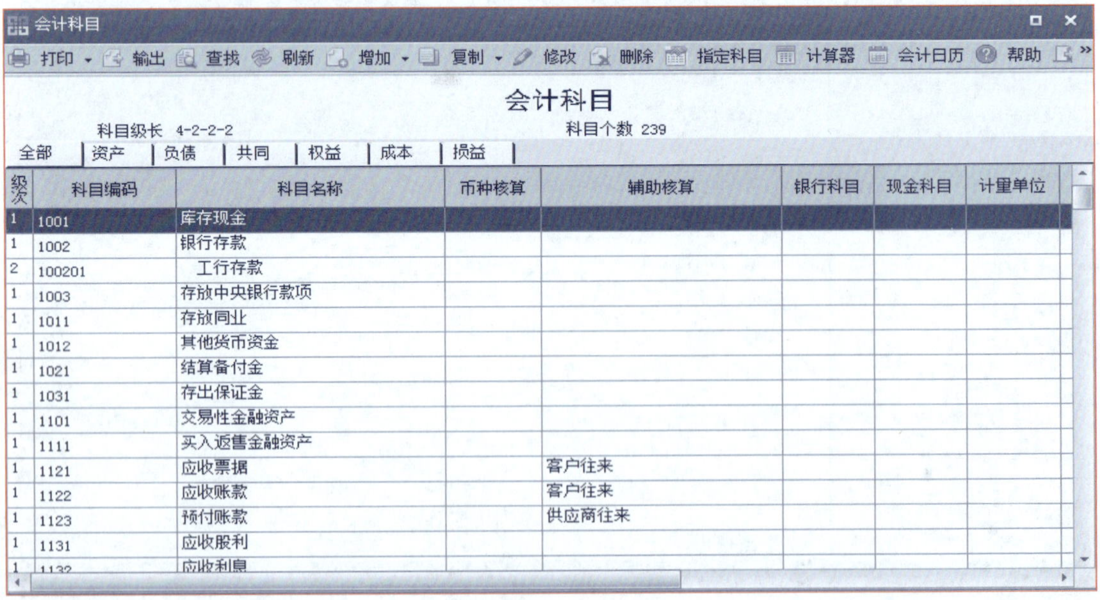

级次	科目编码	科目名称	币种核算	辅助核算	银行科目	现金科目	计量单位
1	1001	库存现金					
1	1002	银行存款					
2	100201	工行存款					
1	1003	存放中央银行款项					
1	1011	存放同业					
1	1012	其他货币资金					
1	1021	结算备付金					
1	1031	存出保证金					
1	1101	交易性金融资产					
1	1111	买入返售金融资产					
1	1121	应收票据		客户往来			
1	1122	应收账款		客户往来			
1	1123	预付账款		供应商往来			
1	1131	应收股利					
1	1132	应收利息					

图 1-46　会计科目

（2）单击〖增加〗按钮或按下［F5］功能键即可进入如图 1-47 所示的“新增会计科目”界面，录入科目编码为 22210103、科目名称为进项税额转出等信息，单击〖确定〗按钮确认录入的信息，增加一条会计科目。22210104 转出未交增值税的增加方法相同，不再赘述。

注意：科目编码必须唯一，科目编码必须按其级次的先后次序建立，且只能由数字组成，长度必须按编码规则填写。

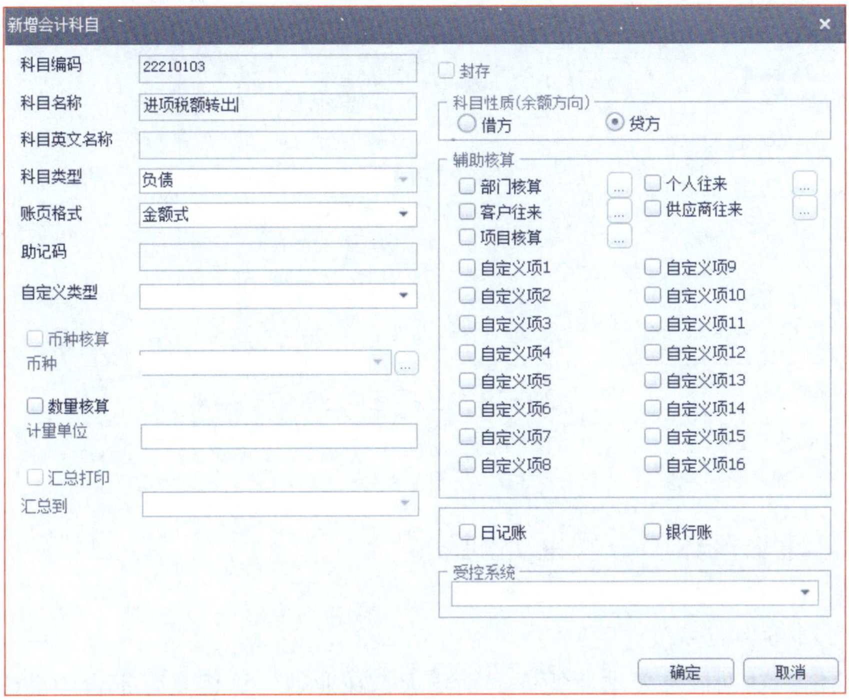

图 1-47　新增会计科目

2. 会计科目的修改

在会计科目界面，选中要修改的“100201 工行存款”会计科目，单击〖修改〗按钮进入如图 1-48 所示的“会计科目 _ 修改”界面，将要修改的科目名称修改为“工行海淀支行 9588”，然后单击〖修改〗按钮即完成会计科目的修改操作。

【重要提示】

会计科目的增加不受限制，随时可以进行，但修改和删除的前提条件是该科目未被使用；

修改会计科目不允许修改科目编码。

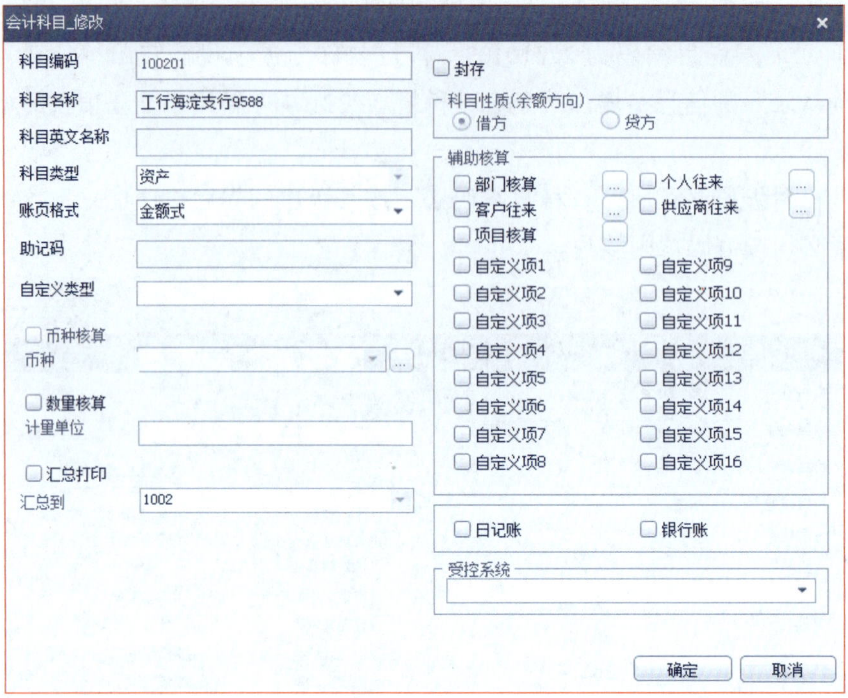

图 1-48　会计科目 _ 修改

任务 2.3　辅助核算项、凭证类别设置

任务要求

根据给定的辅助核算要求及凭证类别要求，在业财一体信息化平台中准确进行辅助核算项设置、凭证类别设置。具体要求：为“660225 管理费用——其他”科目设置部门辅助核算并将凭证类别设置为记账凭证，限制类型为无限制。

业务操作

1. 辅助核算项设置

辅助核算项也叫辅助账类，其为系统提供部门核算、个人往来核算、客户往来核算、供应商往来核算、项目核算等多种专项核算功能，辅助核算项设置可以在增加会计科目时直接勾选相应的选项，也可以在如图 1-49 所示的“会计科目 _ 修改”界面进行。双击“660225 管理费用——其他”科目，或选中该科目，单击〖修改〗按钮，弹出如图 1-49 所示的“会计科目 _ 修改”界面，单击弹出界面上的〖修改〗按钮，勾选“部门核算”辅助核算项，单击〖确定〗按钮完成修改。

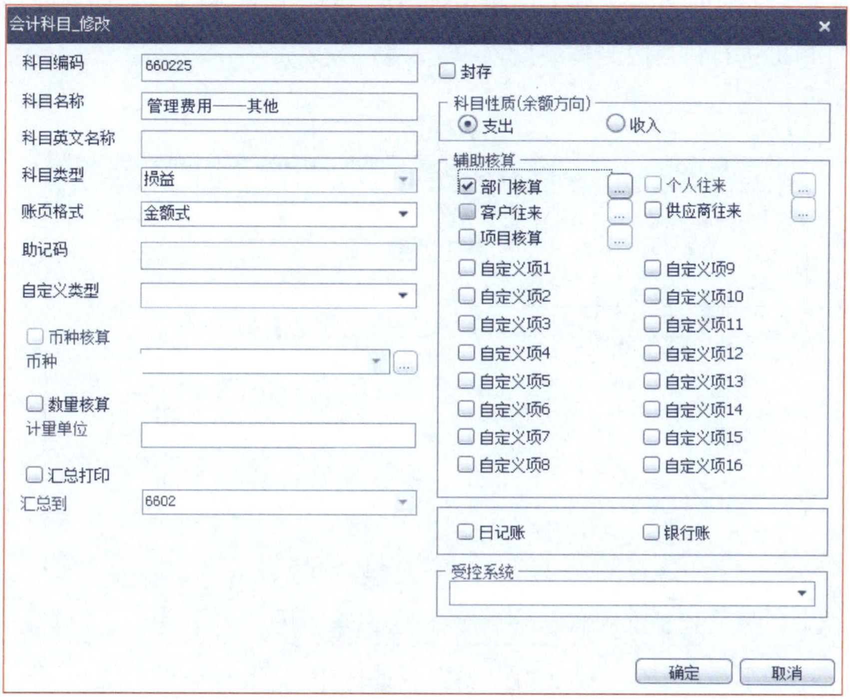

图 1-49　会计科目 _ 修改辅助项

2. 凭证类别设置

从【基础设置】—【基础档案】—【财务】—【凭证类别】进入如图 1-50 所示的“凭证类别预置”界面。系统提供了五种常用的凭证分类方式供选择，选中某一种方式即可。本例选择第一种“记账凭证”，单击〖确定〗按钮，完成凭证类别设置。

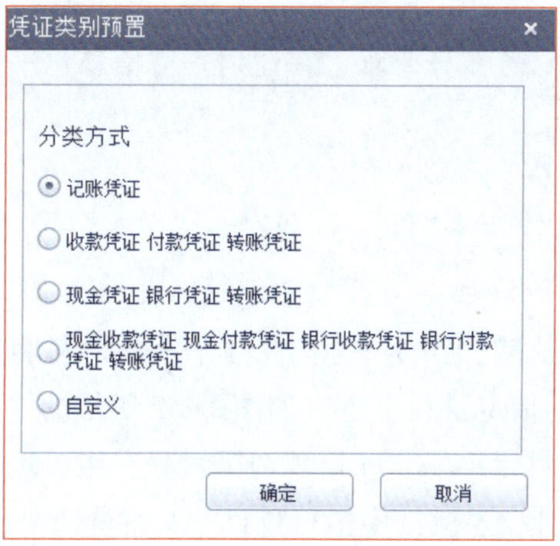

图 1-50　凭证类别预置

再次进入凭证类别功能，显示如图 1-51 所示的“凭证类别”界面，在此界面双击“限制类型”栏可进行科目限制类型设置。

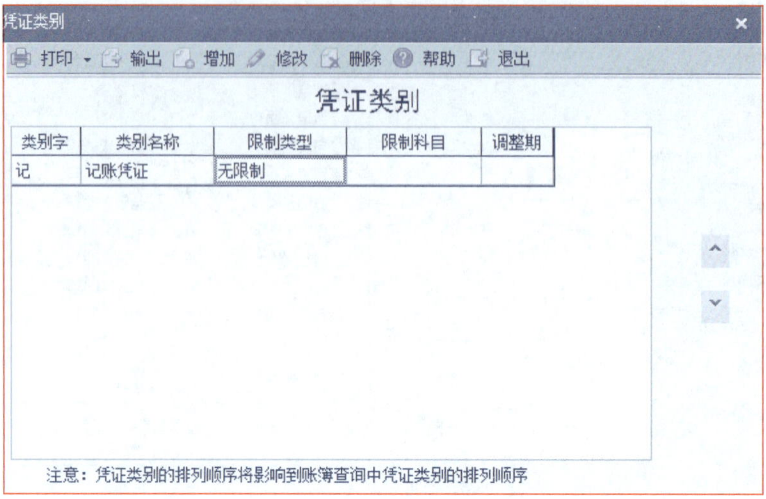

图 1-51　凭证类别

【重要提示】

凭证类别一旦使用，则不可删除；

设置辅助核算项时，建议同时设置受控系统，否则容易出现对账错误。

任务 2.4　指定科目设置

任务要求

依据会计制度及公司财务核算要求，在业财一体信息化平台指定现金科目、银行科目、现金流量科目。

业务操作

1. 指定现金科目、银行科目

从【基础设置】—【基础档案】—【财务】—【会计科目】进入如图 1-46 所示的“会计科目”界面。单击【指定科目】进入如图 1-52 所示的“指定科目”界面，在左侧选中现金科目时，将待选科目中的“库存现金”科目，用单选按钮移到已选科目后，单击〖确定〗按钮即可。同理，左侧选中银行科目时，将待选科目中的“银行存款”科目，用单选按钮移到已选科目后，单击〖确定〗按钮确认即可。

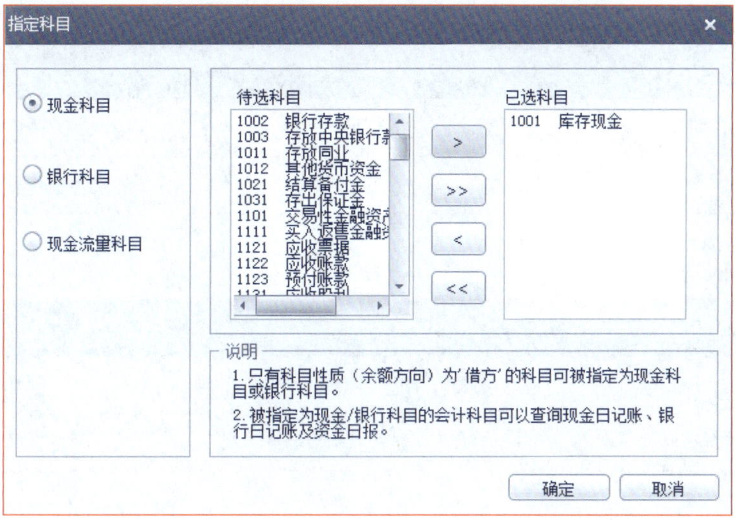

图 1-52　指定科目

2. 指定现金流量科目

在图 1-52 所示的指定科目界面，在左侧选中现金流量科目时，将待选科目中的库存现金和银行存款以及其他货币资金的末级科目，用单选按钮移到已选科目后，单击〖确定〗按钮确认即可。

【重要提示】

指定会计科目是出纳工作的基础，不指定现金科目无法实现现金日记账的功能，不指定银行科目无法进行银行对账，不指定现金流量科目无法生成现金流量表。

任务 2.5　收发类别及采购类型和销售类型设置

任务要求

根据本公司经营需要，在业财一体信息化平台中设置收发类别、采购类型和销售类型。详细信息如表 1-12 至表 1-14 所示。

表 1-12　收发类别

收发类别编码	收发类别名称	收发类别编码	收发类别名称
1	入库	2	出库
11	采购入库	21	销售出库
12	盘盈入库	22	盘亏出库
13	受托代销入库	23	委托代销出库

表 1-13　采购类型

采购类型编码	采购类型名称	入库类别
01	正常采购	采购入库
02	受托采购	受托代销入库

表 1-14　销售类型

销售类型编码	销售类型名称	出库类别
01	正常销售	销售出库
02	委托代销	委托代销出库

业务操作

1. 收发类别

（1）从【基础设置】—【基础档案】—【业务】—【收发类别】进入如图 1-53 所示的“收发类别”界面。单击〖增加〗按钮或按下［F5］功能键，录入收发类别编码 22、类别名称为盘亏出库、收发标志为发，单击〖保存〗按钮或按下［F6］功能键确认录入信息保存。

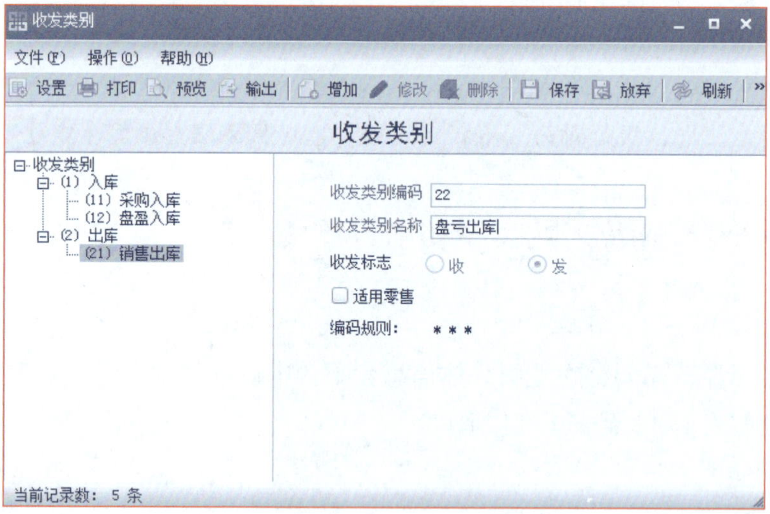

图 1-53　收发类别

（2）其他类别的录入方法相同，不再赘述。类型编码、类型名称、收发标志为必输项，类型编码、类型名称不允许重复，对已存在记录的收发类型，可修改收发类型名称，但不可修改编码，更不可删除。

采购类型

2. 采购类型

（1）从【基础设置】—【基础档案】—【业务】—【采购类型】进入如图 1-54 所示的“采购类型”界面。单击〖增加〗按钮或按下［F5］功能键，在显示区增加一空行，录入采购类型编码02、名称为受托采购、入库类别为采购入库等信息，单击〖保存〗按钮或按下［F6］功能键完成本次增加。

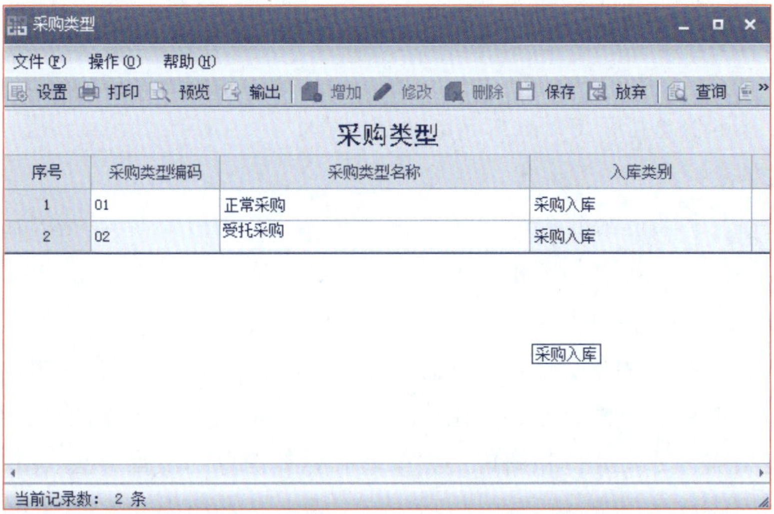

图 1-54　采购类型

（2）其他类型的录入方法相同，不再赘述。类型编码、类型名称、入库类别为必输项，类型编码、类型名称不允许重复，对已存在记录的采购类型，可修改采购类型名称，但不可修改编码，更不可删除。

3. 销售类型

（1）从【基础设置】—【基础档案】—【业务】—【销售类型】进入如图1-55所示的“销售类型”界面。单击〖增加〗按钮或按下［F5］功能键，在显示区增加一空行，录入销售类型编码02、名称为委托代销、出库类别为销售出库等信息，单击〖保存〗按钮或按下［F6］功能键完成本次增加。

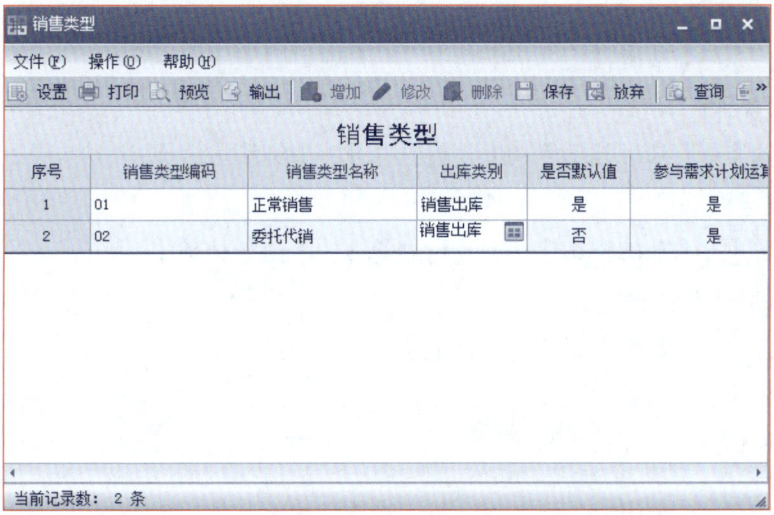

图 1-55　销售类型

（2）其他类型的录入方法相同，不再赘述。类型编码、类型名称、出库类别为必输项，类型编码、类型名称不允许重复，已存在记录的销售类型可修改名称，不可修改编码，更不可删除。

【重要提示】

各类基础档案信息在任何时候都可以设置维护；

所有档案信息的编码一经确定，就无法修改；

所有档案信息的删除操作都必须满足这个档案没有使用的原则，如删除已使用的档案，必须把这个档案恢复到未使用状态。

业财一体信息化平台的基础档案信息非常全，以上已经介绍了部门档案、人员档案、供应商档案、客户档案、客户分类、供应商分类、存货档案、仓库档案、会计科目、凭证类别、收发类别、采购类型和销售类型等基础档案信息的设置方法。基础档案共分为机构人员、客商信息、存货、财务、收付结算、业务、对照表和其他八大类，由于篇幅有限，以下只将计量单位、外币设置、项目大类、项目分类、项目目录、结算方式、银行档案、常用摘要等部分常用的基础档案设置的路径列示出来供操作参考。

计量单位操作路径：

【基础设置】—【基础档案】—【存货】—【计量单位】

外币设置操作路径：

【基础设置】—【基础档案】—【财务】—【外币设置】

项目大类操作路径：

【基础设置】—【基础档案】—【财务】—【项目大类】

项目分类操作路径：

【基础设置】—【基础档案】—【财务】—【项目分类】

项目目录操作路径：

【基础设置】—【基础档案】—【财务】—【项目目录】

结算方式操作路径：

【基础设置】—【基础档案】—【收付结算】—【结算方式】

银行档案操作路径：

【基础设置】—【基础档案】—【收付结算】—【银行档案】

常用摘要操作路径：

【基础设置】—【基础档案】—【其他】—【常用摘要】

【任务总结】

本工作任务导图如图 1–56 所示。

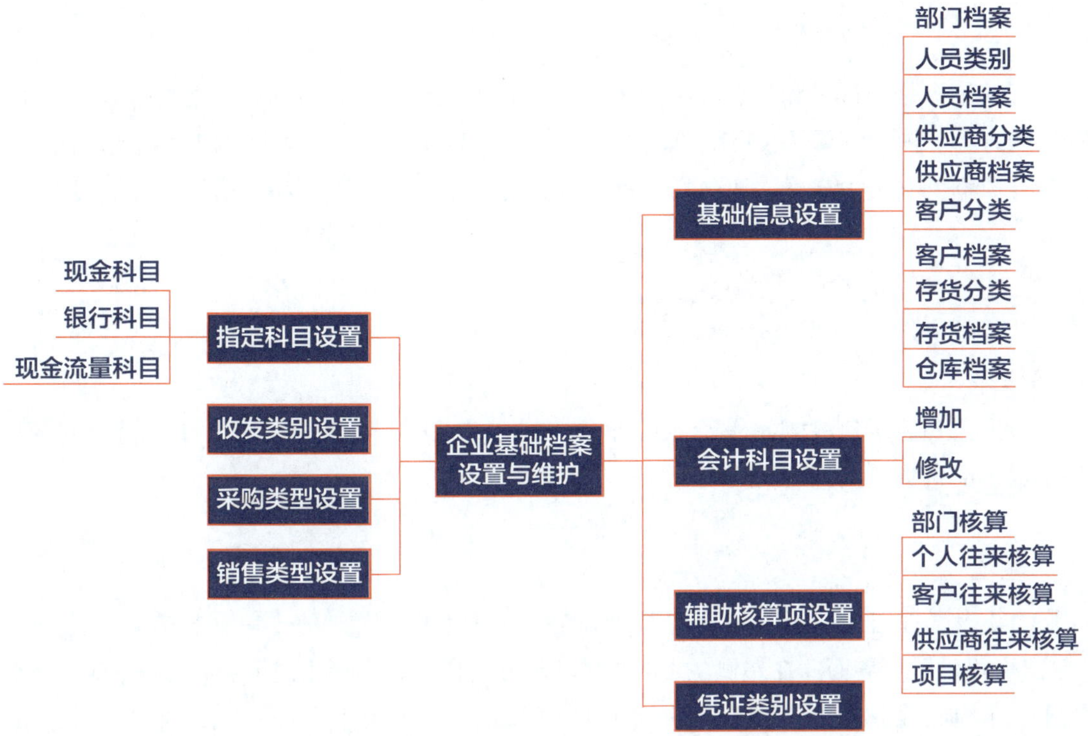

图 1–56 企业基础档案设置与维护导图

工作任务 3 标准单据设置与维护

【能力目标】

通过训练，使学生能够在业财一体信息化平台上完成标准单据设置与维护的工作，主要包括：收付类单据格式设置，购销类单据格式设置，存货相关单据格式设置。使学生具备独立完成企业业务中各标准单据设置和维护的能力，达到胜任基于业财一体信息化平台基础设置岗位工作职责的目标。

【任务情境】

北京美庭商贸有限公司完成上述工作后，需要在业财一体信息化平台上进行标准单据的设置，以确保公司实现高效化、精细化管理和防控经营风险的目标。根据公司实际情况，同时满足规范化管理的需求，对业务单据进行标准化设置，主要包括：收付类单据格式设置，购销类单据格式设置，存货相关单据格式设置。

【知识准备】

标准单据是为记录和处理经济业务，适应管理核算规范要求而设置的标准功能页面，如采购订单、销售订单、收付款单、出入库单等。为规范管理，企业可以根据实际需要自行设计单据的格式内容，主要包括单据格式设计、单据编号设置和单据打印控制设置。

任务 3.1　收付类单据格式设置

任务要求

根据公司管理制度规定及给定的业务资料，在业财一体信息化平台中准确地对应收类单据、应付类单据进行格式设置。

业务操作

（1）从【企业应用平台】—【基础设置】—【单据设置】—【单据格式设置】进入“单据格式设置”界面。在左侧的 U8 单据目录分类栏中，选择【财务会计】—【应收款管理】—【应收收款单】—【显示】—【应收收款单显示模板】，右侧显示“收款单格式设置”的单据模板，如图 1-57 所示。

（2）选择工具栏按钮中的〖表头栏目〗，在弹出如图 1-58 所示的“表头”界面中，设置表头栏目的显示项目、名称和显示顺序等，同样的方法也可以设置表体栏目的显示项目、名称和显示顺序。

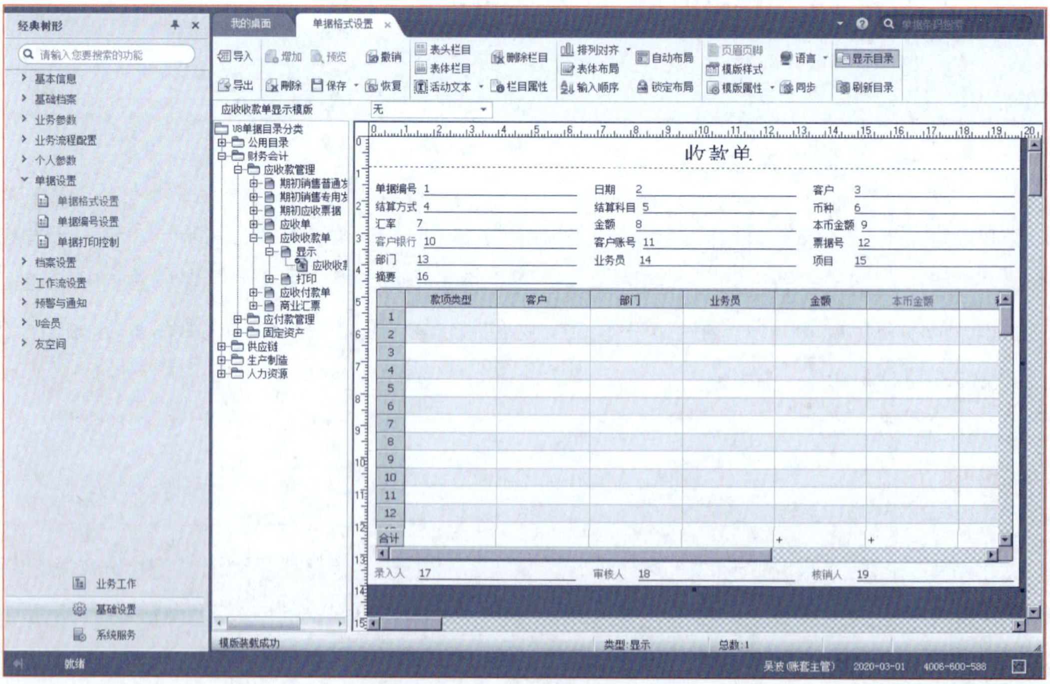

图 1-57　收款单格式设置

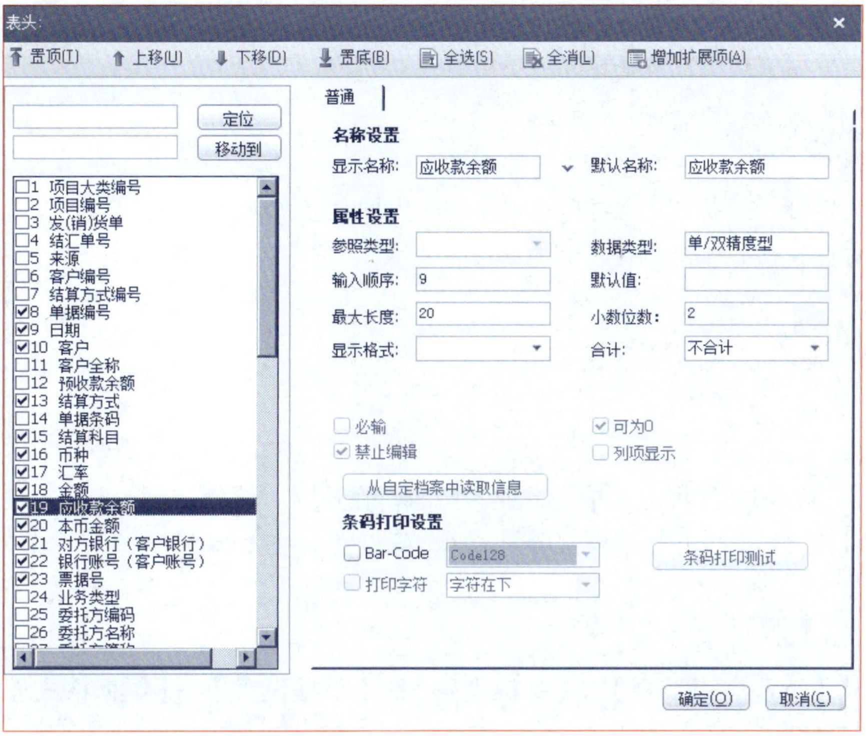

图 1-58 表头

（3）选中左侧表头项目中第 19 项后，单击〖确定〗按钮返回。

（4）在收款单显示模板界面的表头部分多出了应收款余额项目，用鼠标按住该项目拖动到如图 1-59 所示合适的位置。

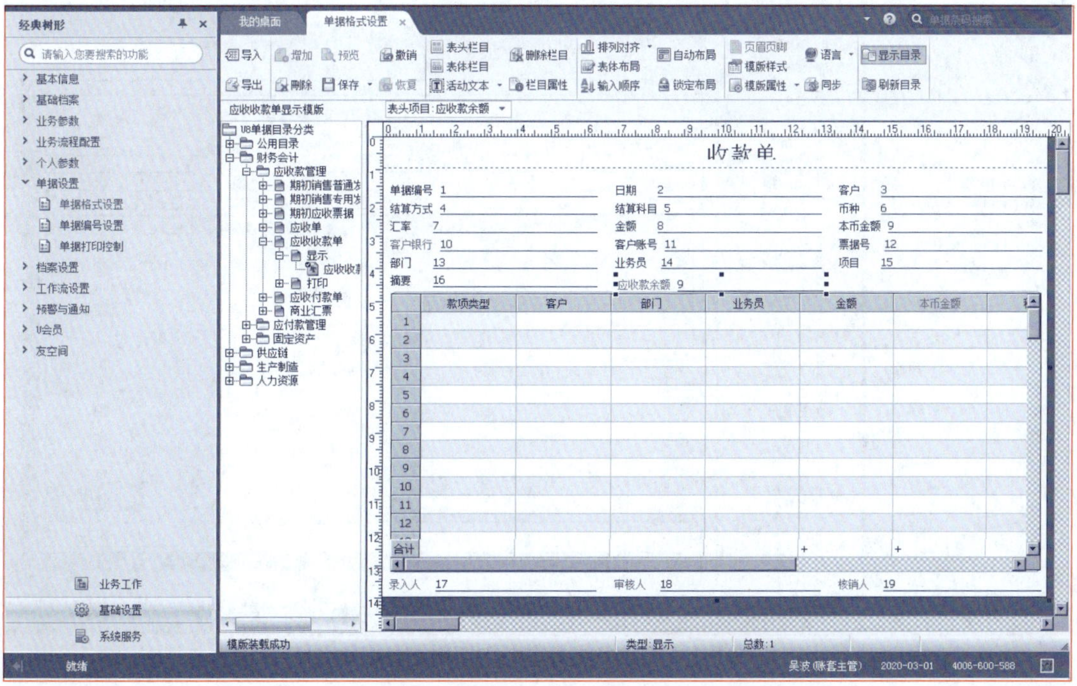

图 1-59 收款单格式

（5）单击〖保存〗按钮，保存收款单模板。

应付类单据格式设置方法相同，不再赘述。

【重要提示】

单据打印时，可以自定义打印模板中的内容，内容多时无须全部打印；用户可以根据管理需要自己定义单据的模板。

任务 3.2　购销类单据格式设置

任务要求

根据公司管理制度规定及给定的业务资料，在业财一体信息化平台中对销售类、采购类单据进行格式设置并将销售订单的标题字体设置为楷体 18 号字。

业务操作

（1）从【企业应用平台】—【基础设置】—【单据设置】—【单据格式设置】进入“单据格式设置”界面。

（2）在左侧的 U8 单据目录分类栏中，选择【供应链】—【销售管理】—【销售订单】—【显示】—【销售订单显示模板】，进入如图 1–60 右侧所示的显示单据模板。

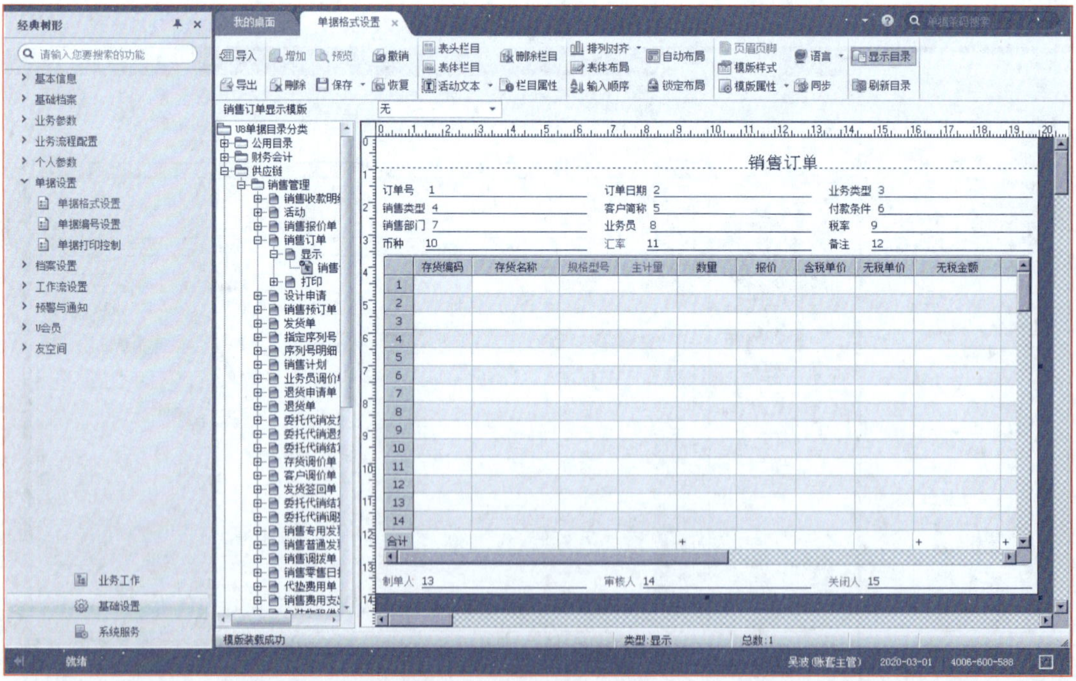

图 1–60　销售订单格式设置

（3）选择单据模板中的标题，单击右键选择〖属性〗，弹出如图 1–61 所示的“属性”界面，修改字体名称为楷体、字号为 18，修改完成后单击〖确定〗按钮确认本次操作。单击〖保存〗按钮，保存销售订单模板。

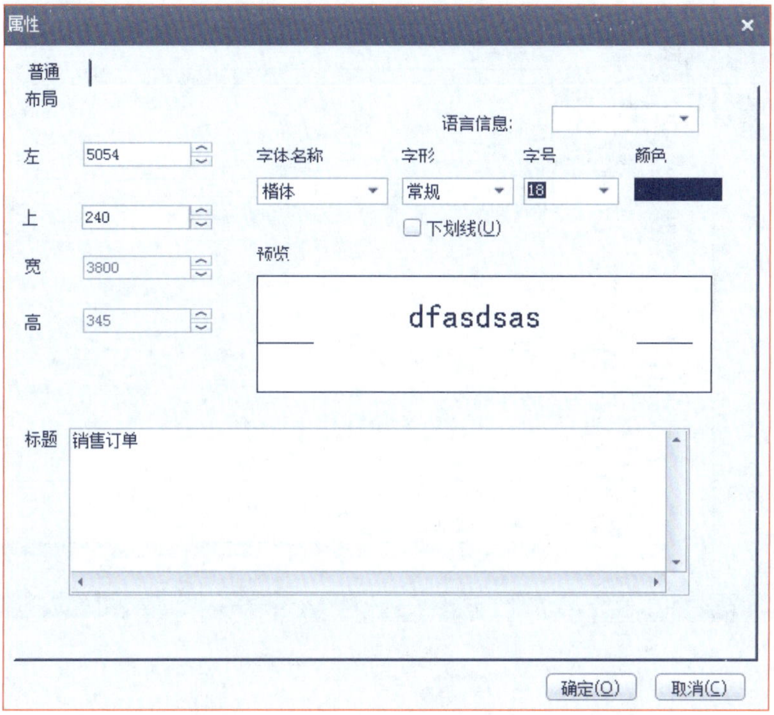

图 1–61　属性

【重要提示】

单据打印时，可以自定义打印模板中的内容，内容多时无须全部打印；
用户可以根据管理需要自己定义单据的模板。

任务 3.3　存货相关单据格式设置

任务要求

根据企业管理制度规定及给定的业务资料，在业财一体信息化平台中准确地对库存类、存货类单据进行格式设置。根据管理要求，将销售出库单的现存量删除。

业务操作

（1）从【企业应用平台】—【基础设置】—【单据设置】—【单据格式设置】进入如图 1–57 所示的“单据格式设置”界面。

（2）在左侧的 U8 单据目录分类栏中，选择【供应链】—【库存管理】—【销售出库单】—【显示】—【销售出库单显示模板】，右侧显示销售出库单模板，如图 1–62 所示。

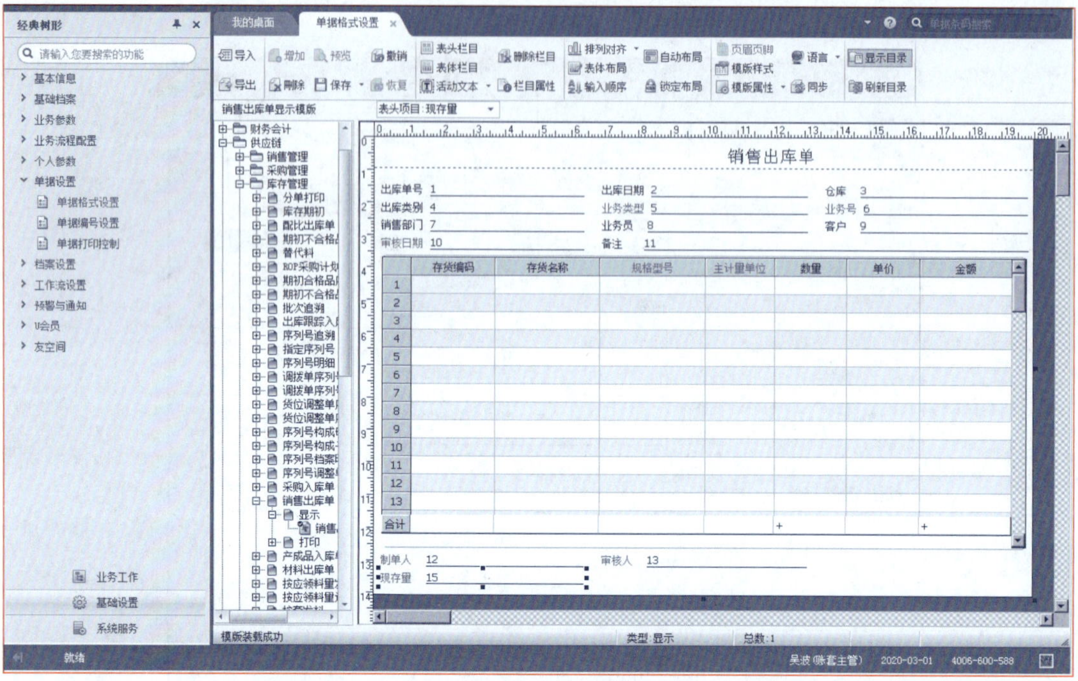

图 1–62　销售出库单格式设置

（3）用鼠标单击编号为 15 的现存量项目并选中该项目，单击工具栏按钮中的〖删除栏目〗按钮，弹出如图 1–63 所示的“删除”界面。

图 1–63　删除

（4）单击〖是（Y）〗按钮确认本次操作。单击〖保存〗按钮，保存销售出库单模板。

单据的格式设置分为公用目录、财务会计、供应链、生产制造和人力资源五类单据，每个大类下的其他单据操作方法同上，这里不重复介绍。

【重要提示】

单据打印时，可以自定义打印模板中的内容，内容多时无需全部打印；

用户可以根据管理需要自己定义单据的模板。

任务 3.4　单据编号设置

单据编号设置

任务要求

根据企业管理制度规定及给定的业务资料，在业财一体信息化平台中将销售专用发票的单据编号设置改为完全手工编号。

业务操作

从【基础设置】—【单据设置】—【单据编号设置】进入如图 1-64 所示的“单据编号设置”界面。在左侧单据类型栏找到销售专用发票，单击〖修改〗按钮，可设置编码规则，取消勾选“手工改动，重号时自动重取”，勾选“完全手工编号”选项后，单击〖保存〗按钮保存对单据类型的编码方案设置。

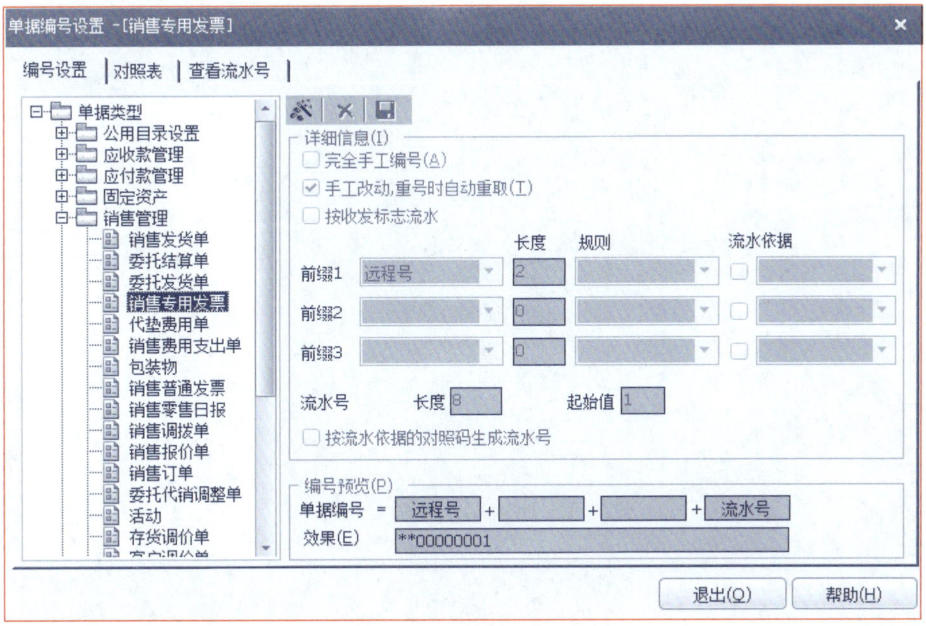

图 1-64　单据编号设置

单据编号设置分为公用目录、财务会计、供应链、生产制造和人力资源五类单据，每个大类下的其他单据设置方法同上，这里不再赘述。

【重要提示】

完全手工编号功能下，有时生单后需填入业务单据号，否则无法保存单据，建议采用“手工改动，重号时自动重取”功能。

【任务总结】

本工作任务导图如图 1–65 所示。

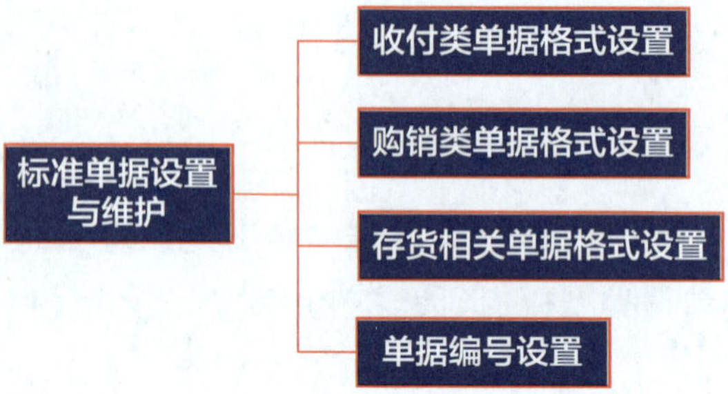

图 1–65　标准单据设置与维护导图

工作领域二
期初数据录入

“期初数据录入”工作领域在业财一体信息化平台运行中起到承上启下的作用，通过对案例企业的历史经营数据进行梳理和优化，录入到系统平台确保企业经营数据的连贯性，满足企业财务核算与管理决策的需求。其内容包括：财务期初数据录入、业务期初数据录入、业财期初数据核对。

期初数据是反映企业经营状况的真实历史数据，是财务核算与管理的基础。对期初数据的梳理不一定完全照搬以往会计期间的期末数据，应遵循国家会计政策的变化，适应企业的财务核算管理控制、长期经营战略规划、管理流程优化和风险防控等多方面需求，需要充分考虑期后事项、会计政策变更、差错更正等因素的影响，对历史数据进行优化梳理。

该工作领域的具体工作为：

1. 财务期初数据录入

业财一体信息化平台财务期初数据主要包括科目余额表数据、固定资产期初数据和应收应付期初数据。由于业财一体信息化平台的数据存在非常慎密的逻辑关系，必须保证科目余额表的数据与相关业务模块的期初数据相符，部分数据应采用引入业务数据的方法录入。

2. 业务期初数据录入

业财一体信息化平台业务期初数据主要包括期初采购数据、期初销售数据和库存存货期初数据，涉及的业务单据有期初采购入库单、期初发货单和期初库存商品的数量及成本数据。

3. 业财期初数据核对

业财一体信息化平台是对企业的业务工作和财务工作进行融合管理的系统平台，业务数据与财务数据有着一一对应的关系，所有业务模块的期初数据必须与科目余额表中的数据严格匹配，重点核对应收应付、固定资产和存货科目期初余额与业务模块的期初数据的一致性。

工作任务1 财务期初数据录入

【能力目标】

通过训练，使学生能够在业财一体信息化平台上完成财务期初数据录入的工作，主要包括：总账期初科目余额表数据录入，总账模块期初对账及试算平衡，固定资产原始卡片信息录入，应收应付款等期初金额及明细信息录入。使学生具备独立完成财务期初数据维护的能力，达到胜任基于业财一体信息化平台信息维护管理岗位工作职责的目标。

【任务情境】

北京美庭商贸有限公司业财一体信息化项目实施顺利，现已经完成了账套的建立和会计制度设计，并初步确定业务流程精细化管理目标和内部控制流程，目前已经将包括机构人员、客商档案、会计科目及业务规范等企业基本信息全部录入系统，现已进入将企业期初财务数据和期初业务数据进行梳理、核对、录入系统的阶段，并进行正确性核查。

【知识准备】

期初数据是对企业历史经营数据的记载，真实反映企业以往的经营状况，是当期财务核算与管理的基础。狭义的期初数据包括企业的财务数据和业务数据，主要是指期初已存在的账户余额，反映了企业以往运营的状态和采用的会计制度和政策。广义的期初数据还包括企业的组织机构人员信息、运营管理流程和内部控制制度。

任务1.1 期初余额录入

任务要求

能依据整理完毕的期初余额表，将期初余额表中各项科目余额正确录入业财一体信息化平台。

（1）在总账模块录入科目期初余额；

（2）录入或引入应收、应付账款期初余额；

（3）期初余额试算平衡。

详细数据见表2-1和表5。

表 2-1　应收账款、应付账款期初余额明细

单据类型	单据日期	客户 / 供应商名称	科目	方向	原币金额（元）
其他应收单	2020/2/29	北京天地商业广场	1122	借	425 014.00
其他应收单	2020/2/29	深圳宝马汇商业中心	1122	借	438 030.00
其他应付单	2020/2/29	深圳安美家居有限公司	220201	贷	314 320.00
其他应付单	2020/2/29	北京万达物流有限公司	220201	贷	232 000.00
其他应付单	2020/2/29	北京绿环世纪有限公司	220201	贷	249 800.00
其他应付单	2020/2/29	北京家居用品有限公司	220201	贷	66 450.00
其他应付单	2020/2/29	深圳安美家居有限公司	220202	贷	858 000.00

业务操作

在进行总账模块财务期初数据录入前，应先进行包括会计科目、外币设置、凭证类别、结算方式、分类定义、编码档案等在内的初始设置，然后登录到企业应用平台进行期初余额的录入工作。以账套主管 001 吴波身份注册，从【开始】—【所有程序】—【用友 U8+】—【企业应用平台】进入如图 2-1 所示的企业应用平台登录界面，录入用户名和密码后，单击〖登录〗按钮进入到企业应用平台界面。

图 2-1　登录界面

在企业应用平台界面，从【业务工作】—【财务会计】—【总账】—【期初】—【期初余额】进入如图 2-2 所示的“期初余额录入”界面。

图 2-2 期初余额录入

期初余额的录入分为三种情况，一是期初余额栏为白、蓝色的，二是期初余额栏为灰色的，三是期初余额栏为黄色的。下面分三种情况介绍期初余额的录入方法。

（1）期初余额栏是白、蓝色的，如 1405 库存商品的期初余额，将光标移到“1405 库存商品”科目期初余额栏，直接录入数据“3 723 860.50”，数量为“8 272”。

（2）期初余额栏是灰色的，这里的期初余额是根科目的期初余额，我们无须录入，只需将下级科目的期初余额全部录入完成，该栏目的期初余额由系统自动汇总。

（3）期初余额栏是黄色的科目都是有辅助核算项目的期初余额，如“1122 应收账款”科目，这类期初余额必须按辅助项录入期初余额，用鼠标双击“1122 应收账款”科目的黄色期初余额栏，弹出如图 2-3 所示的“辅助期初余额”录入界面。

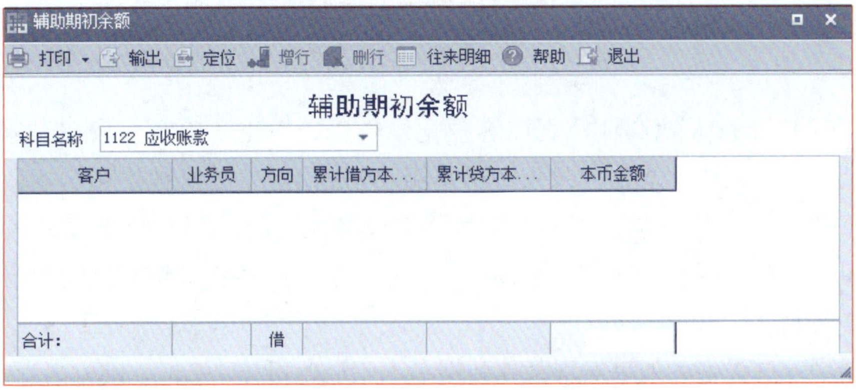

图 2-3 辅助期初余额

单击〖往来明细〗按钮，弹出如图 2-4 所示的“期初往来明细”界面。

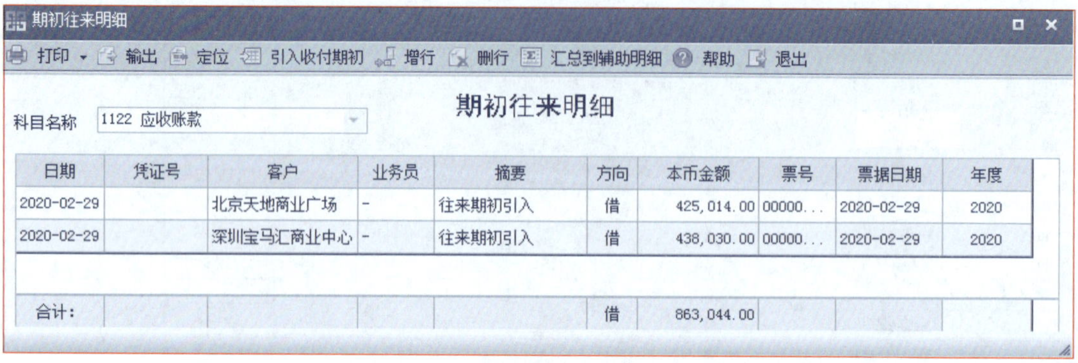

图 2-4　期初往来明细

单击〖增行〗按钮，录入日期 2020-2-29 或参照选择日期，单击客户栏旁边的参照按钮或者按下［F2］功能键，系统弹出如图 2-5 所示的“客户基本参照”界面。

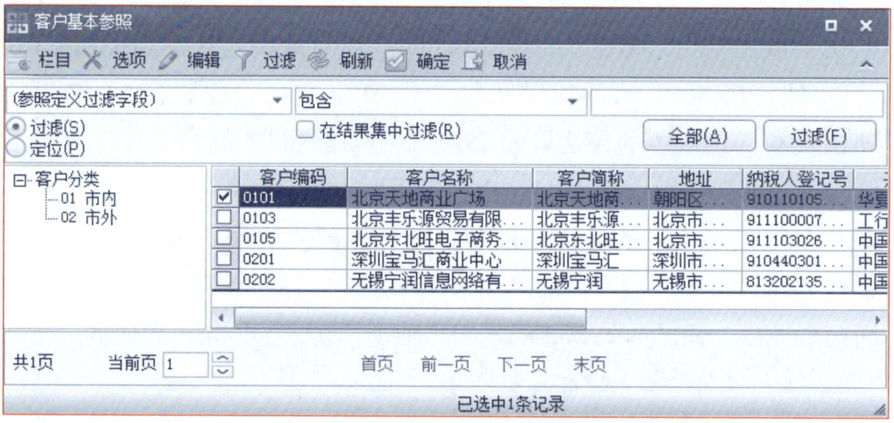

图 2-5　客户基本参照

选择“0101 北京天地商业广场”客户记录行后，单击〖确定〗按钮，返回图 2-4 所示的“期初往来明细”界面。录入本币金额“425 014”，将其他期初余额信息补充完整。在录入最后一栏信息单击回车后系统将自动新增一行记录，可继续录入下一条数据。然后单击〖汇总到辅助明细〗按钮，再单击〖退出〗按钮。该辅助期初余额录入完成，如图 2-6 所示。

在数据录入过程中，如果发现某项数据录入错误，可按［ESC］键取消当前项录入，将光标移到需要修改的编辑项上，直接录入正确的数据即可。如果想放弃整行数据，在取消当前录入后，再按［ESC］键即可。

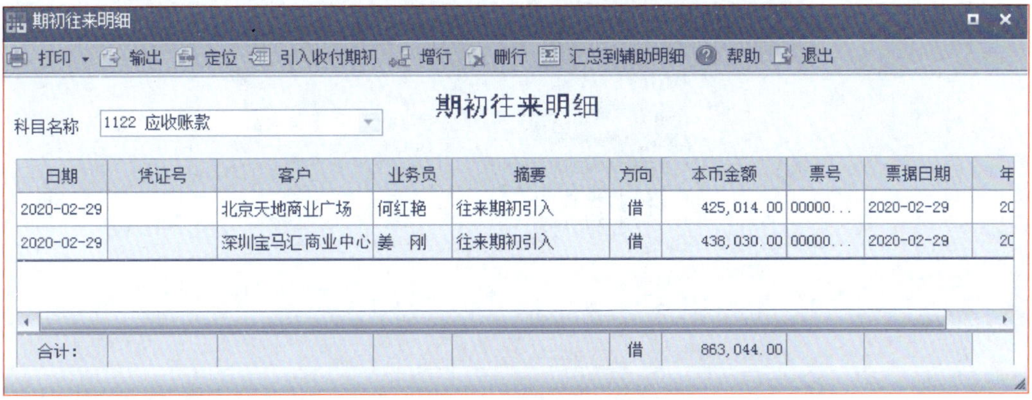
期初往来明细

打印 输出 定位 引入收付期初 增行 删行 汇总到辅助明细 帮助 退出

期初往来明细

科目名称 1122 应收账款

日期	凭证号	客户	业务员	摘要	方向	本币金额	票号	票据日期	年
2020-02-29		北京天地商业广场	何红艳	往来期初引入	借	425,014.00	00000...	2020-02-29	20
2020-02-29		深圳宝马汇商业中心	美 刚	往来期初引入	借	438,030.00	00000...	2020-02-29	20
合计:					借	863,044.00			

图 2-6 辅助期初余额

数据录入完成后，如果需要修改某个数据，将光标移到要进行修改的数据上，直接录入正确数据即可，如果想放弃修改，按［ESC］键即可。

要删除期初明细时，将光标移到要删除的期初明细上，用鼠标单击〖删行〗按钮，经确认后即可删除。如果要删除多条期初明细，将鼠标拖动选中多条期初明细数据，单击〖删行〗按钮即可删除。

【重要提示】

期初余额的录入，只需录入最末级科目的期初余额，根科目的余额系统会根据明细科目余额自动汇总；有外币、数量等辅助核算的科目，录入初期余额时要将外币金额和数量单位同时录入到系统中。

应收账款、应付账款科目期初余额可以通过〖引入收付期初〗功能直接引入到期初余额表中。

任务 1.2 试算平衡

任务要求

能根据财务制度规定，在业财一体信息化平台的总账模块对已经录入完成的总账模块期初数据，进行对账验证，并试算平衡。

业务操作

当所有期初数据录入完成后，须验证数据录入是否正确，总账与明细账是否一致。在如图 2-2 所示的“期初余额录入”界面，单击〖对账〗按钮，系统自动检查总账、明细账、辅助账的期初余额是否一致，检查完成后，系统弹出如图 2-7 所示的“期初对账”界面。

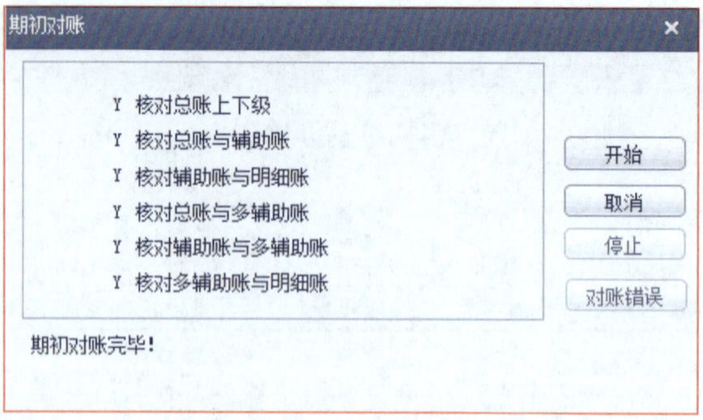

图 2-7　期初对账

如果检查项目前都显示“Y”，则表示对账结果正确，否则，单击〖对账错误〗按钮可以查看具体的错误内容，然后修改录入错误的期初余额，修改方法与本领域任务 1.1 中介绍的录入方法相同。

对账完成且全部对账成功后，在如图 2-2 所示的“期初余额录入”界面，单击〖试算〗按钮，可查看如图 2-8 所示的期初试算平衡表，检查余额是否平衡。

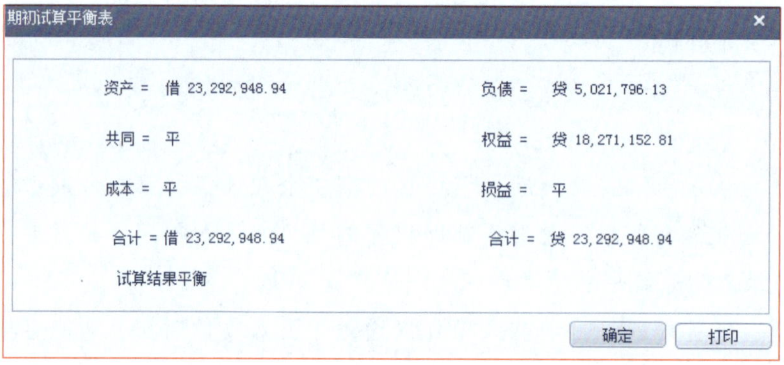

图 2-8　期初试算平衡表

【重要提示】

试算平衡不检验辅助账、明细账的准确性，所以，进行试算平衡操作前，一定要执行对账操作，否则会出现账账不符的情况。

期初余额试算不平衡，系统不允许记账，但可以填制凭证；如系统记过账，则不能再录入、修改期初余额。

任务 1.3　固定资产期初数据录入

任务要求

能依据整理完毕的固定资产原始卡片信息表，在业财一体信息化平台固定资产模块中准确地录入固定资产原始卡片信息。期初固定资产资料见表 2-2。

表 2-2 期初固定资产资料 单位：元

资产编号	资产名称	开始使用日期	原值	净残值率	累计折旧	使用部门
01001	办公楼	2015.10.20	5 000 000.00	5%	686 111.11	见备注
01002	门市房	2015.09.20	9 060 000.00	5%	2 522 144.45	市场中心
01003	仓库	2015.10.20	2 100 000.00	5%	288 166.67	管理中心
02001	轿车	2019.01.20	480 000.00	5%	197 600.00	总经办
02002	皮卡	2019.01.20	240 000.00	5%	98 800.00	运维中心
03001	打印复印一体机	2017.06.20	15 000.00	5%	12 350.00	管理中心
03002	台式计算机	2019.12.20	145 000.00	5%	119 383.33	管理中心

备注：房屋建筑物、交通工具和电子设备的使用年限分别是 30 年、5 年和 3 年；折旧方法均为平均年限法（二）；增加方式均为直接购入；办公楼的使用部门为管理中心、财务中心、运维中心和质检中心四个部门（平均使用）；资产数量在规格栏标注。

业务操作

固定资产期初数据录入工作主要是在业财一体信息化平台录入固定资产原始卡片，原始卡片是指卡片所记录的固定资产开始使用的日期，其早于当前录入系统日期。对固定资产进行财务核算的基础就是要保持资产核算处理的连续性，所以必须将原始卡片资料录入系统。原始卡片录入不限制必须在第一个结账期间前，但资产数据不全，会影响折旧计提数据。

（1）以账套主管 001 吴波身份注册，从【业务工作】—【财务会计】—【固定资产】—【卡片】—【录入原始卡片】进入如图 2-9 所示的“固定资产类别档案”界面。注意：首次进入固定资产模块须经过初始化操作。

（2）选择要录入的卡片所属的资产类别，双击选中“房屋及建筑物”资产类别后单击〖确定〗按钮，弹出如图 2-10 所示的“固定资产卡片”录入界面。

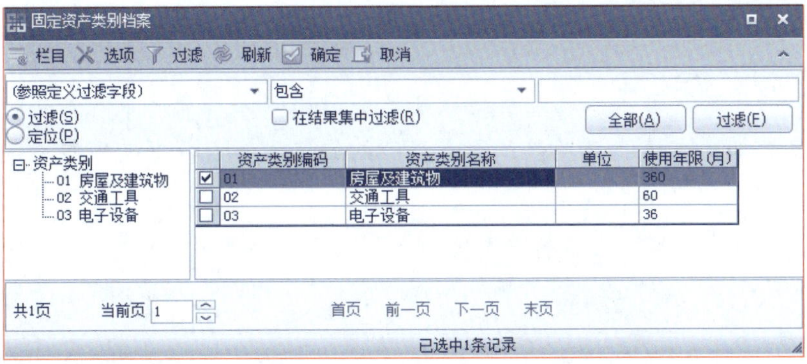

图 2-9 固定资产类别档案

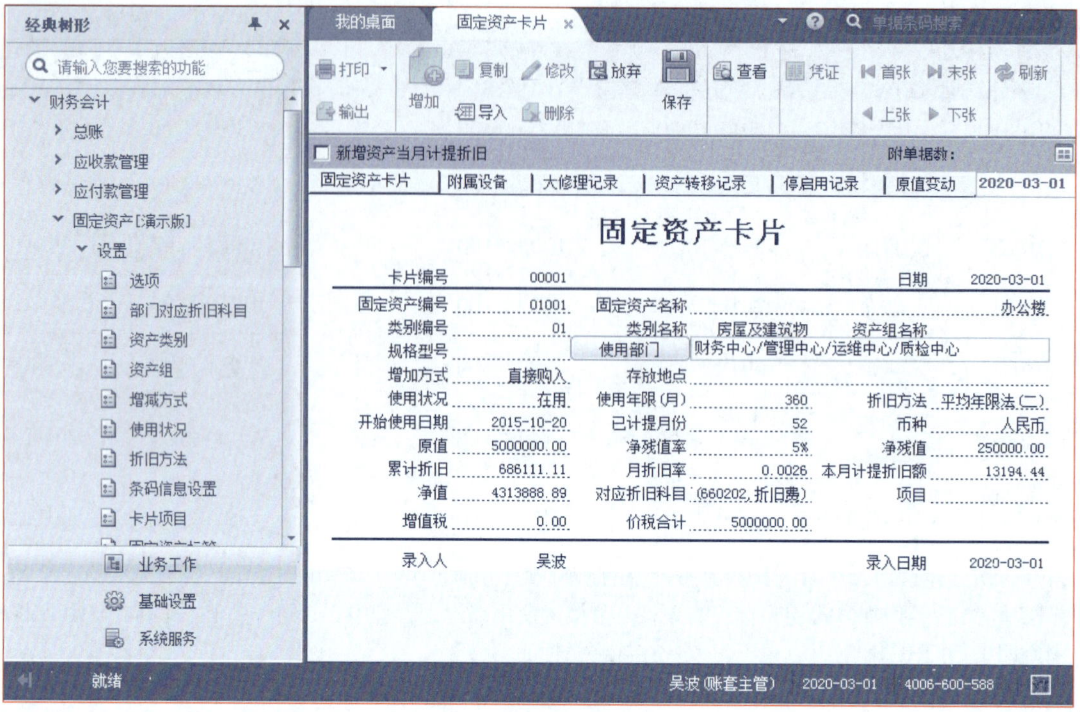

图 2-10　固定资产卡片

（3）固定资产名称录入办公楼，使用部门为四个部门（平均使用），增加方式为直接购入，使用状况为在用，使用年限（月）为 360，折旧方法为平均年限法（二），开始使用日期为 2015-10-20，原值为 5 000 000.00，累计折旧为 686 111.11。其中：类别编号和名称、折旧方法、增加方式、使用状况、币种等内容应参照选择录入，按下［F2］功能键系统自动弹出参照选择界面。固定资产编号初始化设置中的编码方式为自动编码，系统自动生成，无法手工录入。

（4）固定资产的主卡数据录入完成后，可录入附属设备和该固定资产变动情况等其他页签数据，但这些信息只记录历史数据，不参与折旧计算。单击〖保存〗按钮或按下［F6］功能键确认，原始卡片录入成功。

（5）全部期初固定资产录入完成后应与总账进行对账操作，以核查数据的正确性。

【重要提示】

固定资产的期初数据录入就是将建账前已经启用的固定资产录入到系统中，固定资产开始使用日期必须在建账日期前，固定资产的原值和折旧数据必须与总账的固定资产数据相符。

期初数据录入完成后，应执行与总账对账操作，减少数据错误。

任务 1.4 应收应付期初数据录入

任务要求

依据整理完毕的表 2-1，在业财一体信息化平台的应收款管理、应付款管理模块中录入应收、应付期初金额及明细信息。

业务操作

1. 应收期初数据录入

为保证业务数据的连续性、完整性，应将企业建账前的所有应收业务数据录入到系统中，即录入期初建账数据。期初应收数据通常包括建账前未结算完的发票和应收单、预收款单据、未结算完的应收票据，如启用合同管理模块，还包括建账前未结算的应收类合同结算单数据。

（1）以账套主管 001 吴波身份注册，从【业务工作】—【财务会计】—【应收款管理】—【期初余额】—【期初余额】进入如图 2-11 所示的“期初余额——查询”界面。

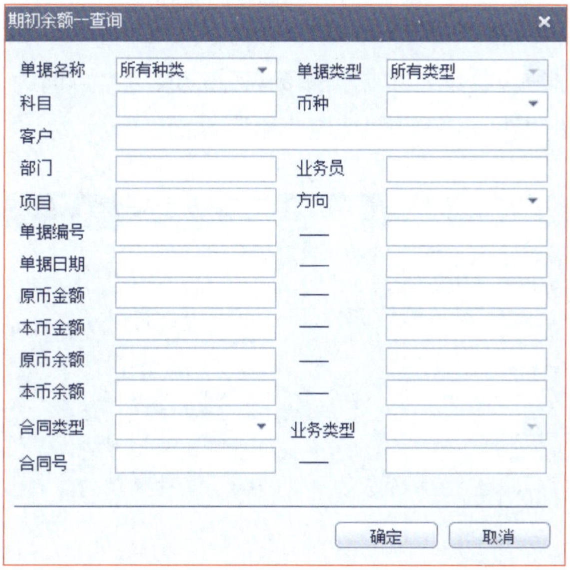

图 2-11 期初余额——查询

（2）单击〖确定〗按钮，进入如图 2-12 所示的“期初余额明细表”界面。单击〖增加〗按钮，系统自动弹出“单据类别”界面。

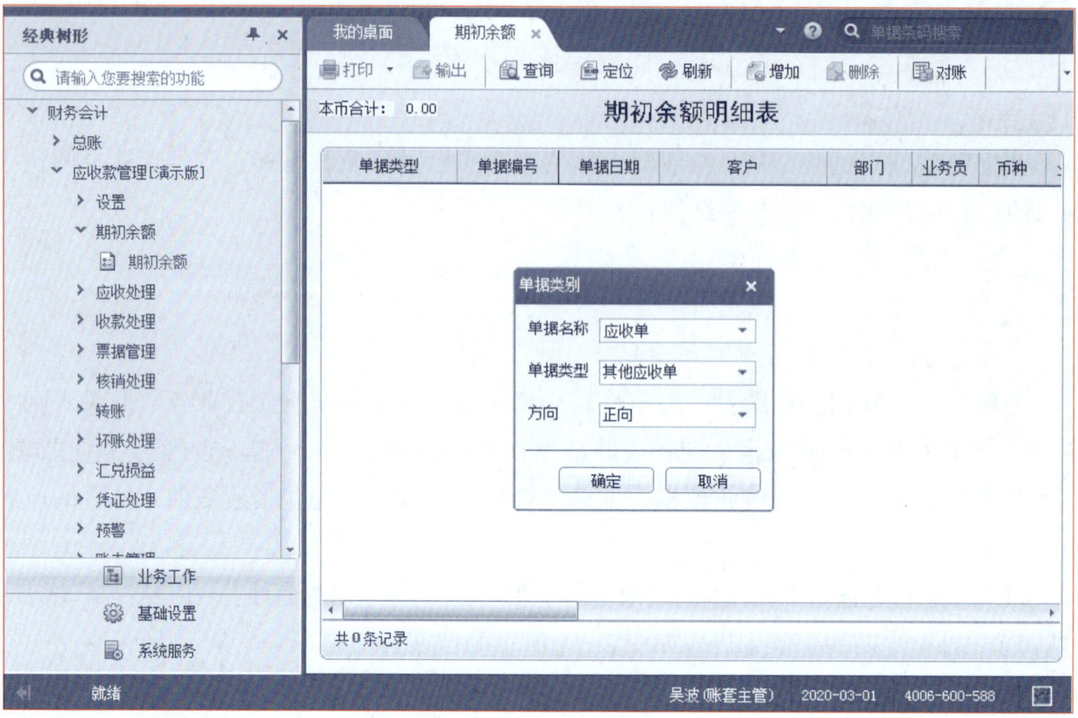

图 2-12　期初余额明细表

（3）选择单据名称为应收单、单据类型为其他应收单、方向为正向后，单击〖确定〗按钮，系统自动弹出如图 2-13 所示的“应收单”界面。

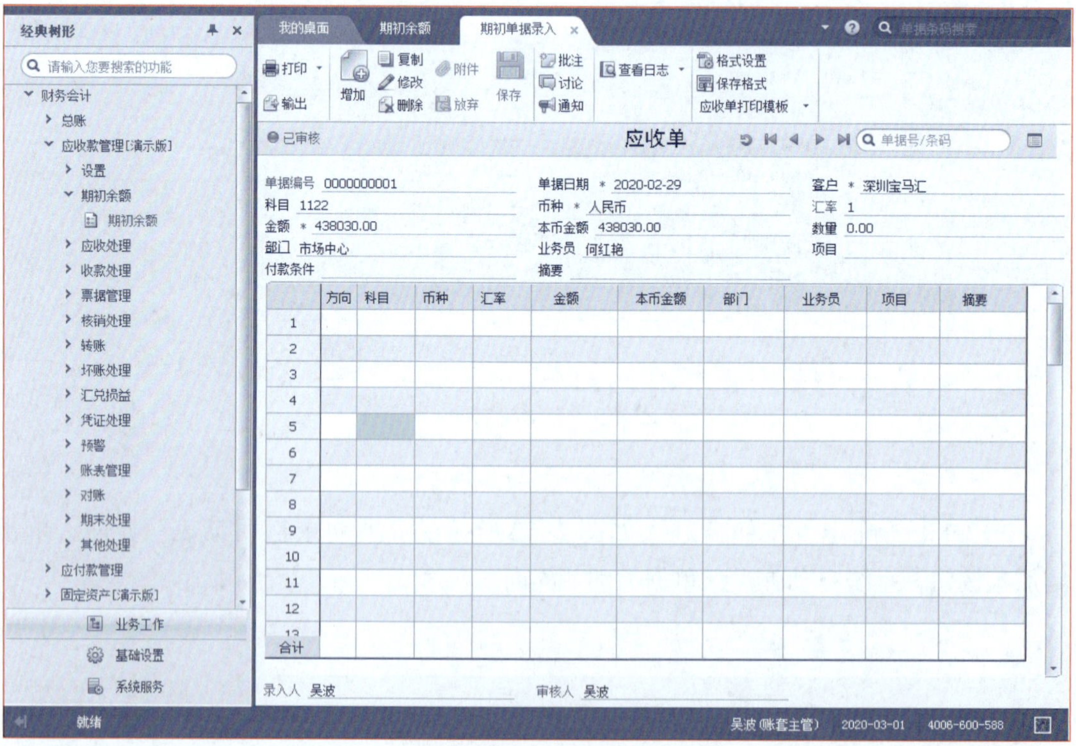

图 2-13　应收单录入

（4）单击〖增加〗按钮或按下［F5］功能键，录入客户为深圳宝马汇，科目为1122、金额为438 030.00等信息，单击〖保存〗按钮或按下［F6］功能键确认录入信息。

单据日期、客户名称、币种和金额为必输项，日期必须为本账套启用期间之前的日期；科目建议填写，如不填写将影响与总账的对账操作。如果在单据编号设置时将编号设置为手工编号，则发票号可以手工录入，否则为系统自动编号。

2. 应付期初数据录入

为保证业务数据的连续性、完整性，应将企业建账前的所有应付业务数据录入到系统中，即录入期初建账数据。期初应付数据通常包括建账前未结算完的发票和应付单、预付款单据、未结算完的应付票据，如启用合同管理模块，还包括建账前未结算的应付类合同结算单数据。

（1）从【业务工作】—【财务会计】—【应付款管理】—【期初余额】—【期初余额】进入期初余额查询界面。单击〖确认〗按钮，进入如图2–14所示的“期初余额明细表”界面。单击〖增加〗按钮，系统自动弹出“单据类别”界面。

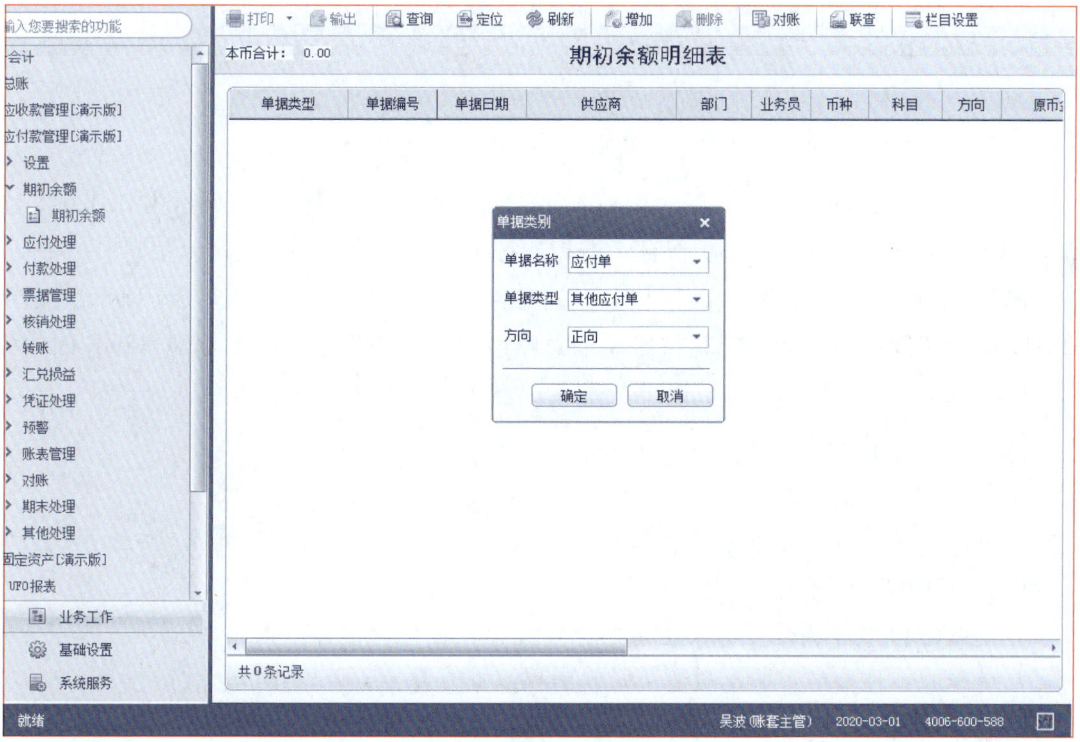

图2–14　期初余额明细表

（2）选择单据名称为应付单、单据类型为其他应付单、方向为正向后，单击〖确定〗按钮，系统自动弹出如图2–15所示的“应付单”界面。

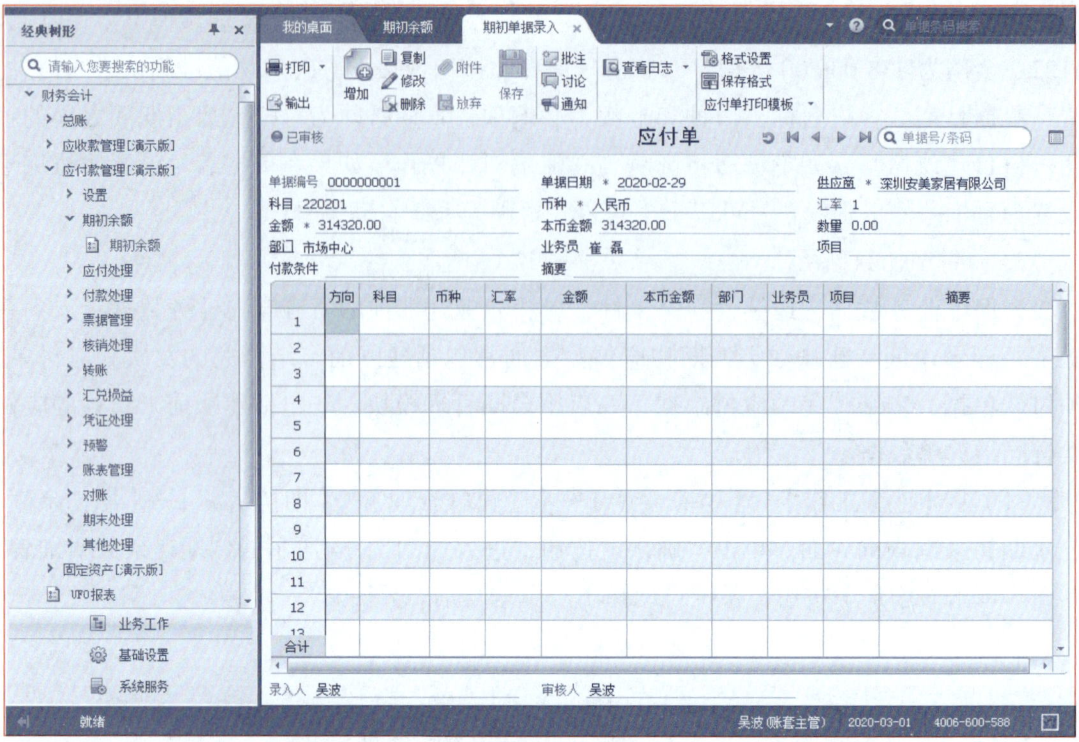

图 2-15　应付单

（3）点击〖增加〗按钮，录入供应商为深圳安美家居有限公司，科目为 220201，金额为 314 320.00 等信息，单击〖保存〗按钮或按下［F6］功能键确认录入信息。

单据日期、供应商名称、币种和金额为必输项，日期必须为本账套启用期间之前的日期；科目建议填写，如不填写将影响与总账的对账操作。如果在单据编号设置时将编号设置为手工编号，则发票号可以手工录入，否则为系统自动编号。

【重要提示】

录入期初单据时，应录入科目信息，以支持执行与总账对账的功能，而且可以查询正确的科目明细账、总账。

各类基础档案信息设置不只在建账时设置，在任何时候都可以维护，录入期初余额时，如发现基础档案信息无法参照，可在对照界面直接单击〖编辑〗按钮增加档案信息。

期初数据录入完成后，应执行与总账对账操作，减少数据错误。

【任务总结】

本工作任务导图如图 2-16 所示。

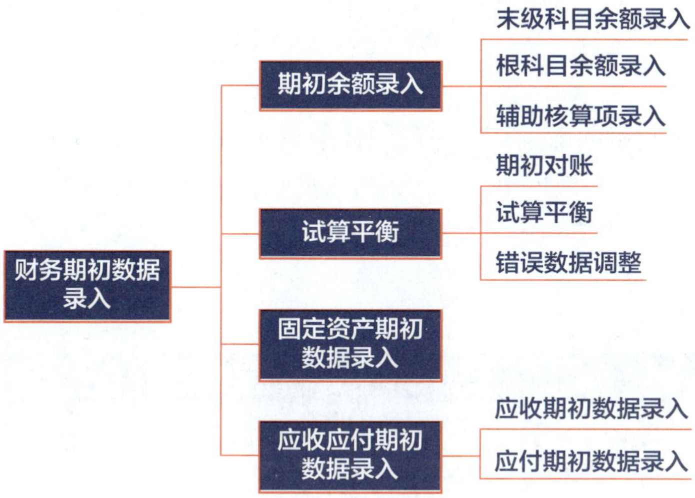

图 2-16 财务期初数据录入导图

工作任务 2 业务期初数据录入

【能力目标】

通过训练，使学生能够在业财一体信息化平台上完成期初采购入库单、期初发货单、库存期初数据及存货期初数据的录入，并完成期初记账的工作。使学生具有独立完成业务期初数据录入的能力，达到胜任基于业财一体信息化平台信息维护管理岗位的工作职责目标。

【任务情境】

北京美庭商贸有限公司业财一体信息化项目实施顺利，现已经完成了期初财务数据的录入工作，为实现精细化管理和防控经营风险的目标，将业务数据和财务数据有效匹配，以运用业财一体信息化平台实现经营全过程的动态管理，将企业期初业务数据进行梳理、核对、录入系统，并与财务数据进行正确性核查。

【知识准备】

期初数据包括财务期初数据和业务期初数据，是企业历史经营状态的记录，在业财一体信息化平台表现为建账时的账户余额，财务数据的变化来源于业务数据的变化，二者之间存在必然的内在联系，这也是业财一体化融合管理的内在逻辑关系。

任务 2.1　采购期初数据录入

任务要求

能依据整理好的采购数据，在业财一体信息化平台采购管理模块中熟练、准确地录入期初采购入库单。期初采购入库单信息表见表 2-3，该表为 2020 年 2 月 29 日深圳安美家居有限公司商品入库清单。

采购期初数据录入

表 2-3　期初采购入库单信息表　　金额单位：元

商品名称	仓库	供货单位	价格（不含税）	数量	金额
硅胶床垫	商品库	深圳安美家居有限公司	3 300.00	260	858 000.00

业务操作

为保证业务数据的连续性、完整性，应将企业建账前的所有应付业务数据录入到系统中，即录入期初建账数据。期初应付数据通常包括期初暂估入库单、期初代管挂账确认单、期初在途存货和期初受托代销商品。

（1）以账套主管 001 吴波身份注册，从【业务工作】—【供应链】—【采购管理】—【采购入库】—【采购入库单】进入如图 2-17 所示的“期初采购入库单”界面。

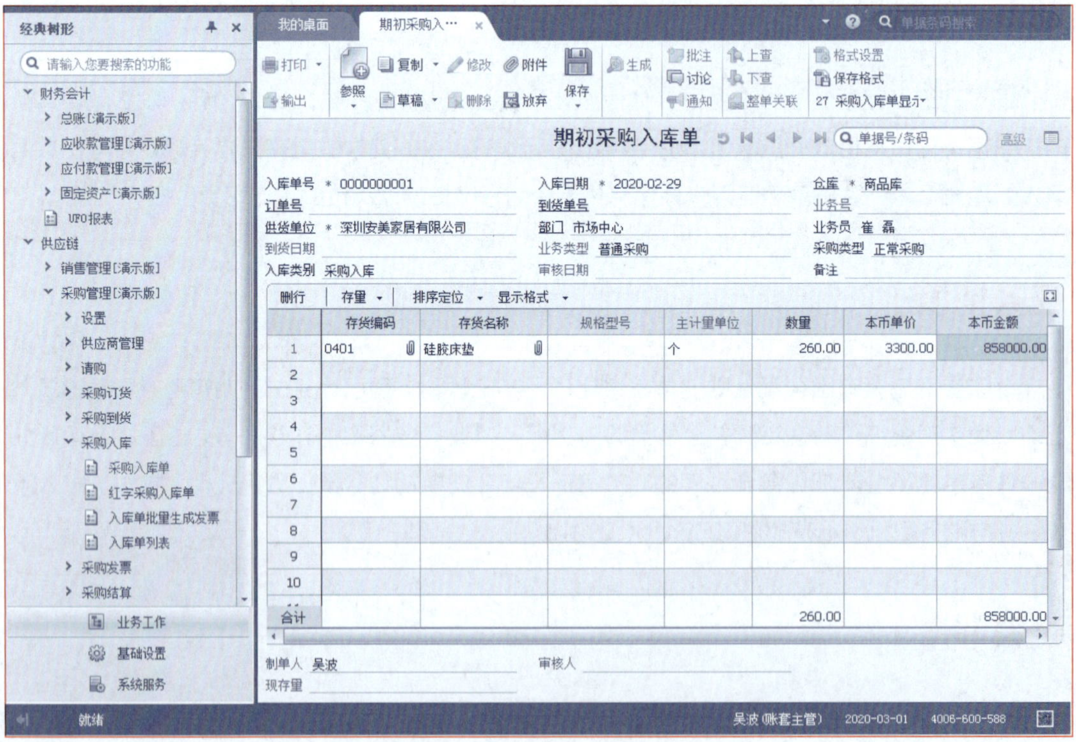

图 2-17　期初采购入库单

（2）单击〖增加〗按钮或按下［F5］功能键，录入仓库为商品库、供货单位为深圳安美家居有限公司、存货编码为0401、数量为260.00、价格为3 300.00等期初票据信息。

（3）单击〖保存〗按钮或按下［F6］功能键确认录入的信息。入库单号、入库日期、仓库和供货单位为必输项。

期初采购发票的录入与采购入库单的录入路径有所不同，但录入的方法基本相同，期初采购发票的操作路径为：

【业务工作】—【供应链】—【采购管理】—【采购发票】—【专用采购发票】；

【业务工作】—【供应链】—【采购管理】—【采购发票】—【普通采购发票】；

【业务工作】—【供应链】—【采购管理】—【采购发票】—【红字专用采购发票】；

【业务工作】—【供应链】—【采购管理】—【采购发票】—【红字普通采购发票】。

如果启用了代管业务和受托代销，采购期初数据还包括期初受托代销入库单和期初代管挂账确认单，其数据录入方法与采购入库单录入的方法基本相同，具体操作路径为：

【业务工作】—【供应链】—【采购管理】—【采购入库】—【受托代销入库单】；

【业务工作】—【供应链】—【采购管理】—【代管业务】—【代管挂账确认单】。

（4）各类票据的所有期初数据录入完成后，从【采购管理】—【设置】—【采购期初记账】进入如图2–18所示的“期初记账”界面。单击〖记账〗按钮，采购系统执行期初记账。

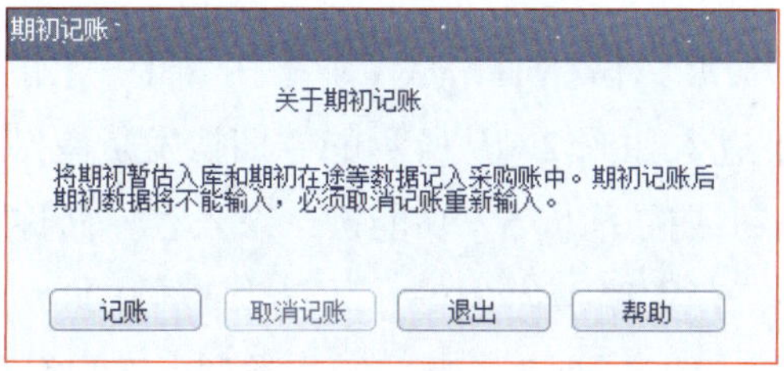
期初记账
关于期初记账
将期初暂估入库和期初在途等数据记入采购账中。期初记账后期初数据将不能输入，必须取消记账重新输入。
记账
取消记账
退出
帮助

图2–18　期初记账

期初记账后，采购期初数据记入采购账，不能增加、修改期初数据，如需修改，须取消期初记账后，方可操作。如采购管理模块已发生了采购结算或已执行月末结账，则不允许取消期初记账，存货核算模块执行期初记账后，采购模块不允许取消期初记账。

【重要提示】

期初数据录入完成后，必须进行期初记账处理，否则无法进行日常业务处理；没有期初数据，同样也可以进行期初记账，输入日常采购单据。

期初采购入库单和本期采购入库单的操作路径完全相同，期初采购入库单只能在采购模块没有记账的情况下录入，记账后，相同操作路径下录入的采购入库单为本期采购入库业务单据。

任务 2.2 销售期初数据录入

任务要求

依据整理好的销售数据，在业财一体信息化平台销售管理模块中熟练、准确地录入期初发货单并完成审核。表 2-4 为 2020 年 2 月 29 日北京丰乐源贸易有限公司商品发货清单。

表 2-4 期初发货单列表

单位：元

发货单号	日期	业务类型	销售类型	客户简称	发票号码	销售部门
系统自动	2020/2/29	普通销售	正常销售	北京丰乐源贸易有限公司	20200228008	市场中心
业务员	税率	仓库名称	存货编码	存货名称	数量	无税单价
姜刚	13%	商品库	0103	保健硅胶枕	1 500	180

业务操作

为保证业务数据的连续性、完整性，应将企业建账前的所有应收业务数据录入到系统中，即录入期初建账数据。期初销售数据通常包括期初发货单、期初分期收款发货单和期初委托代销发货单。

（1）以账套主管 001 吴波身份注册，从【业务工作】—【供应链】—【销售管理】—【设置】—【期初发货单】进入如图 2-19 所示的“期初发货单”界面。

（2）单击〖增加〗按钮或按下［F5］功能键，录入客户简称为北京丰乐源贸易有限公司、销售部门为市场中心、存货编码为 0103、数量为 1 500.00、无税单价为 180.00 等期初票据信息。发货单号、发货日期、业务类型、销售类型、客户简称和销售部门为必输项。

（3）单击〖保存〗按钮或按下［F6］功能键确认录入的信息。

（4）单击〖审核〗按钮。

期初单据录入完成后，必须要审核后才有效，在月末结账时才会记入有关销售账中。单击〖增加〗按钮或按下［F5］功能键，对期初发货单进行审核，审核成功后，期初发货单的状态栏显示已审核状态，〖审核〗按钮变为灰色，〖弃审〗按钮变为实色，如图 2-20 所示。

如果启用了委托代销业务，销售期初数据还包括期初委托代销发货单，其数据录入方法与期初发货单录入的方法基本相同，唯一的差别是发货数量要填写系统启用日期前剩余的未结算数量，期初委托代销发货单一旦被存货核算模块取数以后，将不允许取消审核。具体操作路径为：

【业务工作】—【供应链】—【销售管理】—【设置】—【期初委托代销发货单】。

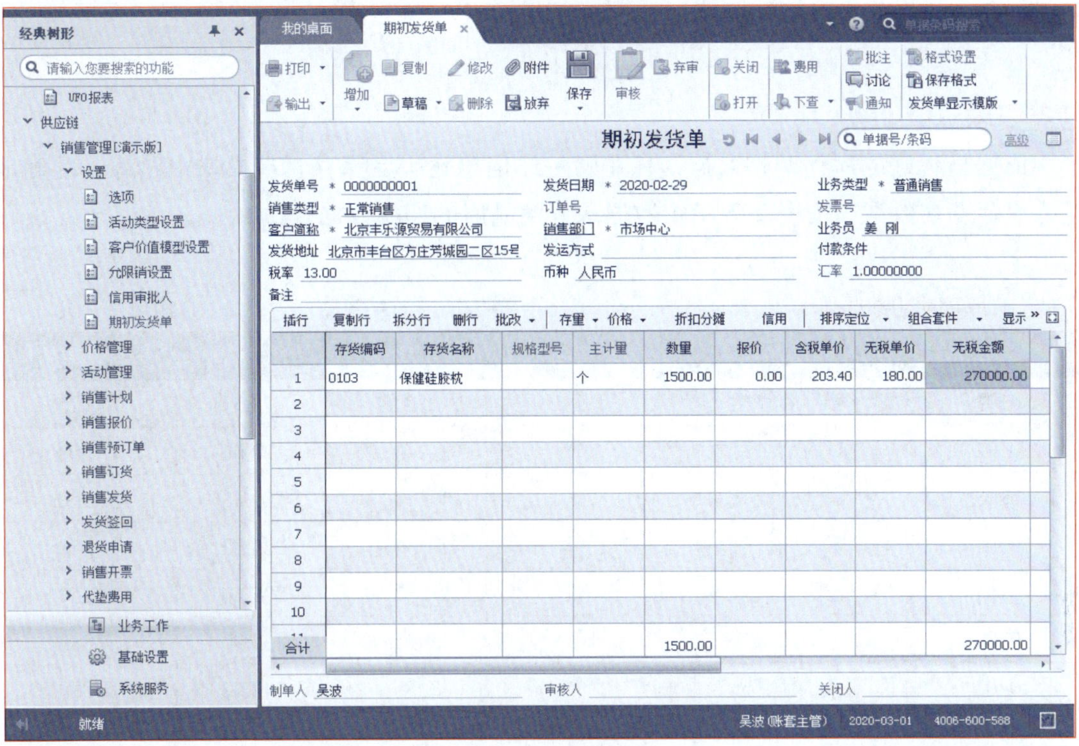

图 2-19　期初发货单

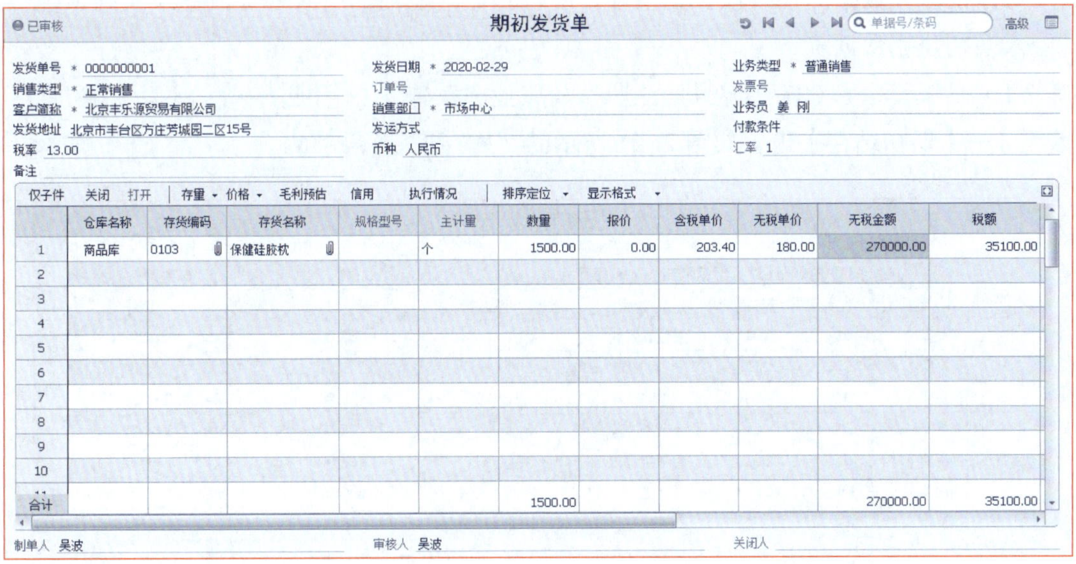

图 2-20　期初发货单审核

【重要提示】

期初销售业务单据录入并审核后，才能对该业务数据进行核算，如销售管理模块已做月末结账处理，则不能取消单据审核；如存货核算模块已进行期初记账，期初销售业务单据也不能取消审核。

任务 2.3　库存期初数据录入

任务要求

依据整理好的库存期初数据，在业财一体信息化平台库存管理模块中熟练、准确地录入库存期初数据。按表 2-5 给定数据录入商品库的期初数据。

表 2-5　库存期初数据列表　　　　金额单位：元

存货编码	存货名称	主计量单位	数量	成本	销售单价
0101	养生荞麦枕	个	782	78.51	120
0102	时尚羽绒枕	个	1 245	122.06	200
0103	保健硅胶枕	个	1 728	189.43	300
0201	床上四件套	套	1 356	222.83	350
0301	轻薄空调被	套	2 257	297.10	450
0302	蚕丝被	套	546	1 856.90	2 888
0401	硅胶床垫	个	358	3 342.42	5 088

业务操作

为保证业务数据的连续性、完整性，应将企业建账前的所有存货数据录入到系统中，即录入期初建账数据。

（1）以账套主管 001 吴波身份注册，从【业务工作】—【供应链】—【库存管理】—【设置】—【期初结存】进入如图 2-21 所示的“库存期初”界面。

	仓库	仓库编码	存货编码	存货名称	规格型号	主计量单位	数量	单价	金额
1	商品库	01	0101	养生荞麦枕		个	782.00	78.51	61394.82
2	商品库	01	0102	时尚羽绒枕		个	1245.00	122.06	151964.70
3	商品库	01	0103	保健硅胶枕		个	1728.00	189.43	327335.04
4	商品库	01	0201	床上四件套		套	1356.00	222.83	302157.48
5	商品库	01	0301	轻薄空调被		套	2257.00	297.10	670554.70
6	商品库	01	0302	蚕丝被		套	546.00	1856.90	1013867.40
7	商品库	01	0401	硅胶床垫		个	358.00	3342.42	1196586.36
8									
9									
10									
11									
12									
13									
14									
15									
16									
合计							8272.00		3723860.50

图 2-21　库存期初

（2）右上角选择仓库为商品库，按下〖修改〗按钮，按顺序录入存货编码、数量、单价等信息。

（3）单击〖保存〗按钮，保存记录后，单击左上角的〖审核〗按钮，完成本次录入。

录入数据时，当光标在存货编码栏内，单击〖选择存货〗按钮，可以选择全部或部分存货，或单击〖增行〗按钮增加记录，单击〖删除〗按钮可删除当前记录。

（4）所有存货数据录入完成后单击〖批审〗按钮，系统提示批量审核完成。

【重要提示】

库存数据与存货数据需要对账平衡，不计入成本的库存数据（即仓库档案的成本属性为否）不与存货核算模块的数据对账。

任务 2.4　存货期初数据录入

任务要求

依据整理好的存货期初余额表，在业财一体信息化平台存货核算模块中熟练、准确地录入各仓库、各存货的所有期初数据，并进行期初记账。

业务操作

为保证业务数据的连续性、完整性，应将企业建账前的所有存货数据录入到系统中，即录入存货核算系统使用前各存货的期初结存情况。

（1）以账套主管 001 吴波身份注册，从【业务工作】—【供应链】—【存货核算】—【设置】—【期初余额】进入如图 2-22 所示的“期初余额”界面。存货的期初余额和库存的期初余额是密切相关的，两个模块的期初数据可以分开录入，也可以互相取数，同时还可以相互对账。

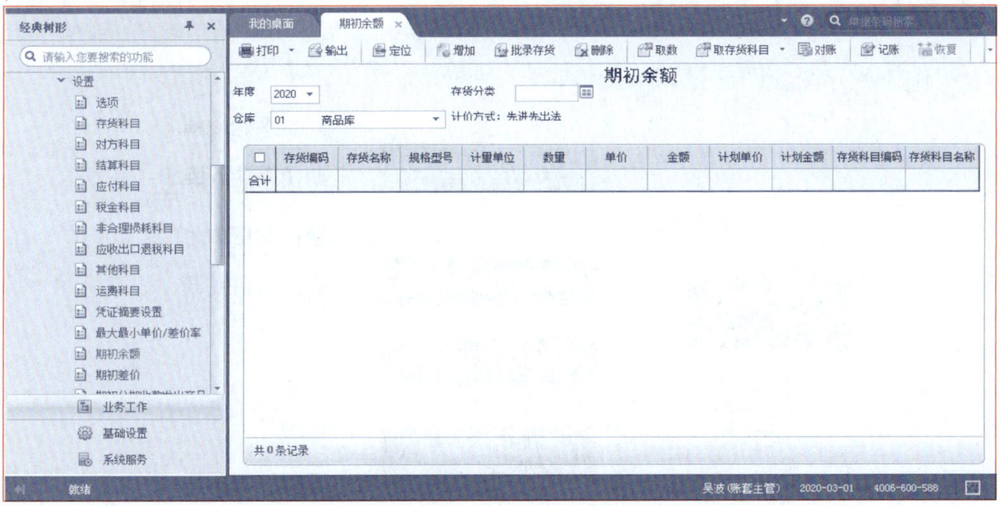

图 2-22　期初余额录入

（2）通常使用取数功能录入期初余额，先选择仓库为商品库，单击〖取数〗按钮，如图 2-23 所示的“期初余额”界面从库存管理模块中一次性将所有期初数据录入到存货核算模块。

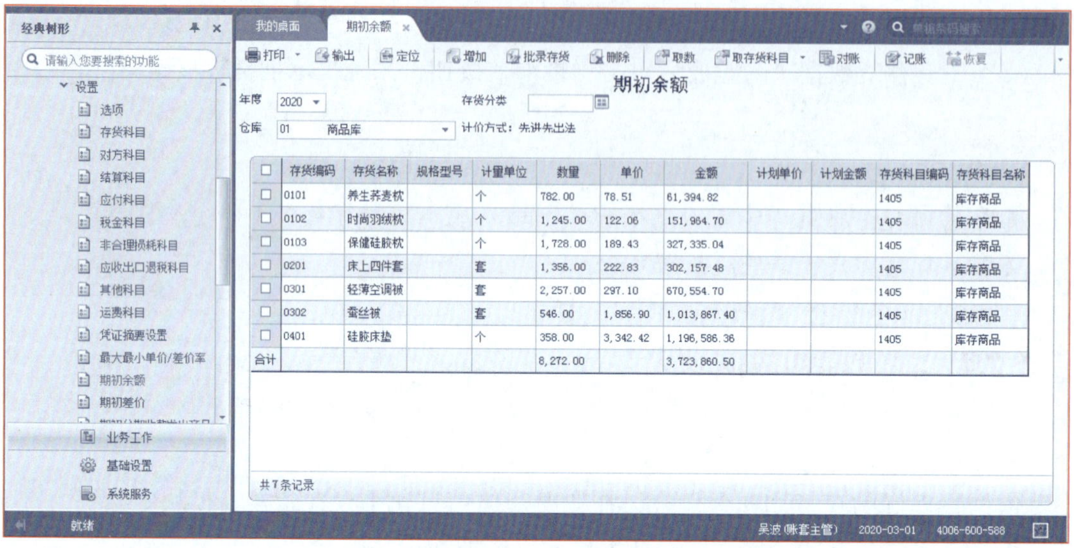

图 2-23　期初余额

（3）单击〖记账〗按钮，完成存货核算模块的期初记账处理。

【重要提示】

存货核算系统各存货的期初结存和库存的期初余额应分开录入，然后再将两个系统的期初数据进行对账，有利于保证数据的正确性。

【任务总结】

本工作任务导图如图 2-24 所示。

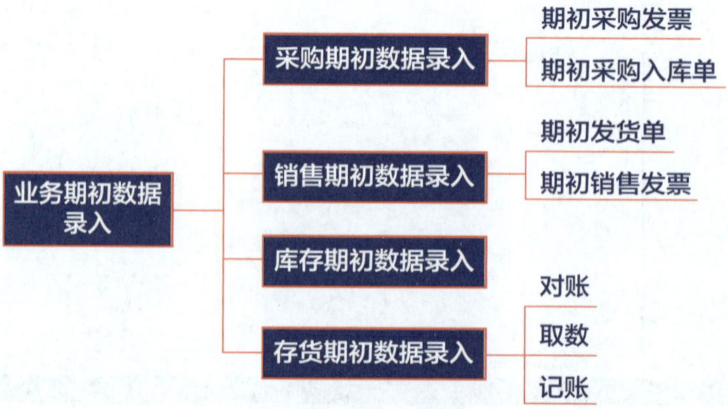

图 2-24　业务期初数据录入导图

工作任务 3 业财期初数据核对

【能力目标】

通过训练，使学生能够在业财一体信息化平台上完成各种明细账与总账对应科目余额的核对，并能修正错误以确保账账相符。培养学生具有独立完成业财期初数据核对的能力，达到胜任基于业财一体信息化平台信息维护管理岗位的工作职责目标。

【任务情境】

北京美庭商贸有限公司业财一体信息化项目实施顺利，现已经完成了期初财务数据和业务数据的录入工作，为保证业务数据和财务数据标准化、规范化，并能有效匹配，现进入企业期初数据全面核对阶段，对期初数据进行正确性核查。

【知识准备】

在业财一体信息化平台中，所有模块的期初数据、当期的财务处理和业务处理数据最后都归集到总账模块进行核算。为保证业务的连续性和准确性，期初数据录入完成后必须进行核对，期初的应收应付数据、固定资产数据、存货数据和发出商品数据都要和总账相应的科目进行核对，存货的期初数据还需与库存数据进行核对。

任务 3.1 应收期初对账

任务要求

为确保总账和业务数据的一致性，在业财一体信息化平台中，将应收款的期初数据和总账模块的应收账款科目期初数据进行对账，修正错误以确保账账相符。

业务操作

为保证财务数据和业务数据的完全一致，系统提供应收款管理模块的业务数据与总账模块中的科目账核对的功能。

（1）以账套主管 001 吴波身份注册，从【业务工作】—【财务会计】—【应收款管理】—【期初余额】—【期初余额】—〖确定〗进入如图 2-25 所示的“期初余额明细表”界面。

（2）单击〖对账〗按钮，弹出如图 2-26 所示的“期初对账”界面。

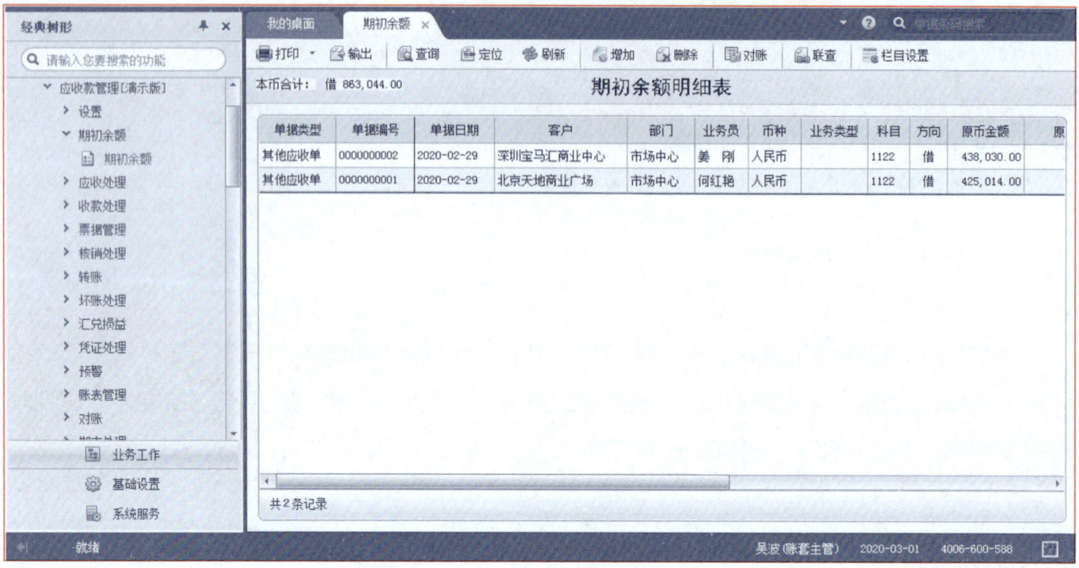

图 2-25 期初余额明细表

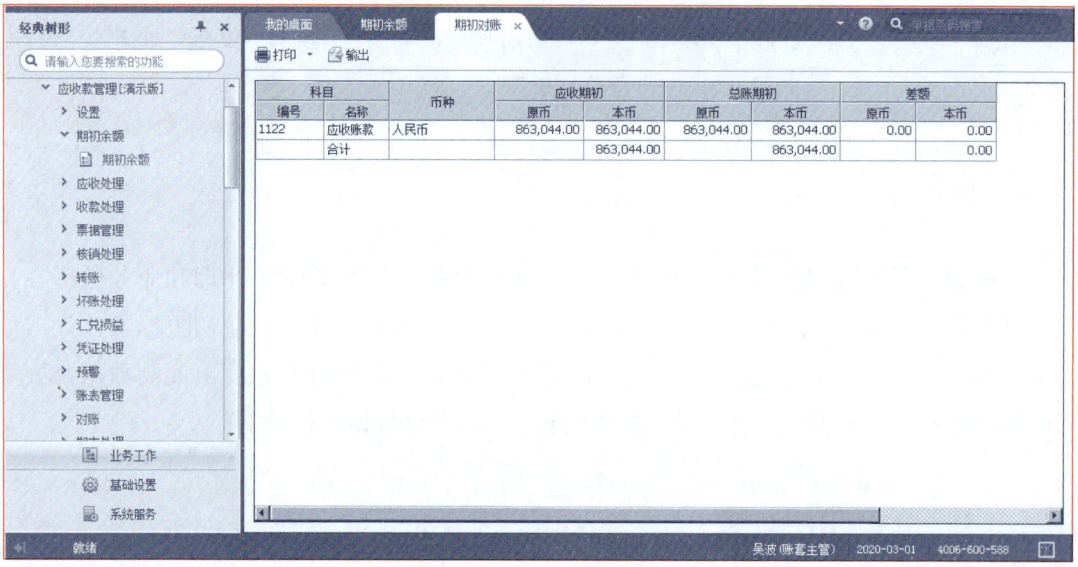

图 2-26 期初对账

【重要提示】

应收模块期初数据录入后，归集到总账模块设置应收款管理控制的会计科目期初余额中，如应收账款、应收票据等。

任务 3.2 应付期初对账

任务要求

为确保总账和业务数据的一致性，在业财一体信息化平台中，将应付款的期初数据和总账模块的应付账款科目期初数据进行对账，修正错误以确保账账相符。

业务操作

为保证财务数据和业务数据的完全一致，系统提供应付款管理模块的业务数据与总账模块中的科目账核对的功能。

（1）以账套主管 001 吴波身份注册，从【业务工作】—【财务会计】—【应付款管理】—【期初余额】—【期初余额】—〖确定〗进入如图 2-27 所示的“期初余额明细表”界面。

图 2-27 期初余额明细表

（2）单击〖对账〗按钮，弹出如图 2-28 所示的“期初对账”界面。

图 2-28 期初对账

【重要提示】

应付模块期初数据录入后，归集到总账模块设置应付款管理控制的会计科目期初余额中，如应付账款、应付票据等。

任务 3.3　固定资产期初对账

任务要求

为确保总账和业务数据的一致性，在业财一体信息化平台中，将固定资产的期初数据和总账模块的固定资产科目期初数据进行对账，修正错误以确保账账相符。

业务操作

总账模块中固定资产的业务信息来自于固定资产模块，为保证固定资产财务核算数据的连续性和准确性，须保证固定资产模块固定资产的原值、折旧值与总账模块中的相应科目数据相等，可以通过对账功能实现这样的操作。

（1）以账套主管 001 吴波身份注册，从【业务工作】—【财务会计】—【固定资产】—【资产对账】—【对账】进入如图 2–29 所示的“对账条件”界面。

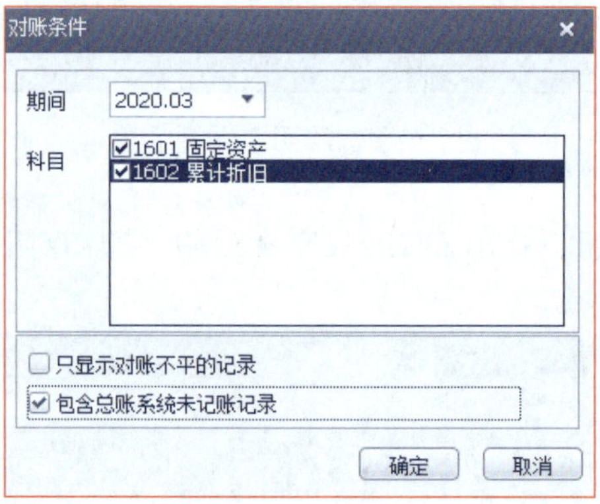

图 2–29　对账条件

（2）选择对账期间、科目和对账选项，期间选择 2020.03，科目选择 1601 和 1602，对账选项选择包含总账系统未记账记录。

（3）单击〖确定〗按钮，进入如图 2–30 所示的“与总账对账结果”界面。

（4）选择对账结果中的一条记录，单击〖确定〗按钮，查看详细的对账结果。

对账操作没有时间限制，任何时候均可进行对账，月末结账时系统会自动对账一次，并给出对账结果及对账不平的原因，能否结账视固定资产选项中对账不平情况下是否允许结账的选项决定。

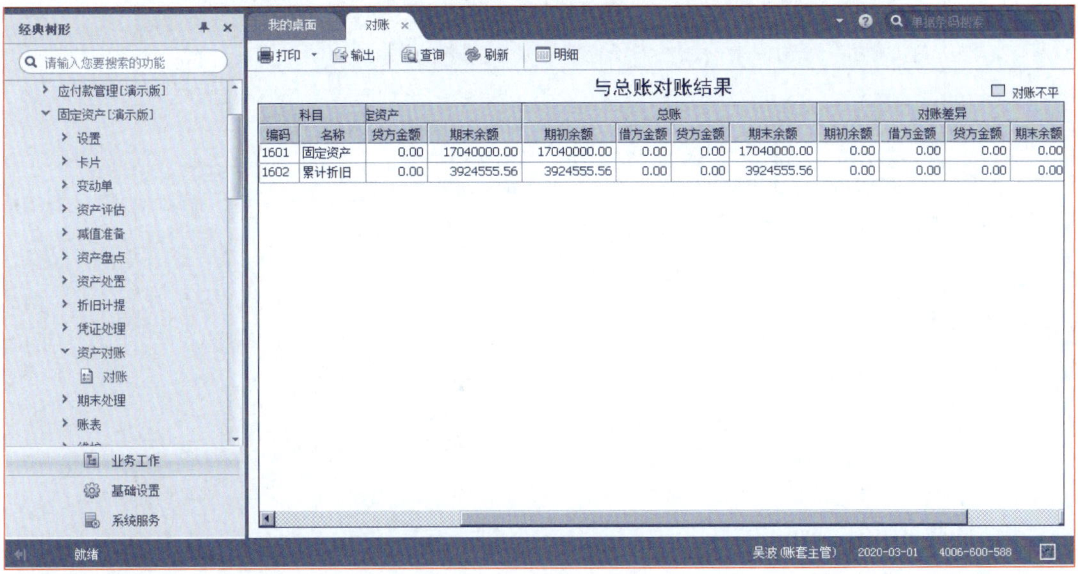

图 2-30　与总账对账结果

【重要提示】

固定资产期初数据录入后，归集到总账模块固定资产和累计折旧会计科目的期初余额中。

任务 3.4　存货期初对账

任务要求

为确保总账和业务数据的一致性，在业财一体信息化平台中，将存货的期初数据和总账模块的存货科目期初数据进行对账，修正错误以确保账账相符。

业务操作

存货核算模块的对账功能主要有三项：一是存货与总账对账，主要核对存货及差异科目结存的数量和金额；二是发出商品与总账对账，主要核对发出商品科目结存的数量和金额；三是存货与库存对账。执行三项对账功能的前提条件是存货核算模块期初记账完成。

1. 存货与总账对账

（1）以账套主管 001 吴波身份注册，从【业务工作】—【供应链】—【存货核算】—【对账】—【存货与总账对账】进入如图 2-31 所示的"查询条件"界面。

（2）确定查询条件后，年、月选择 2020.03，其他选项默认，单击〖确定〗按钮，进入如图 2-32 所示的"存货核算与总账对账"界面。

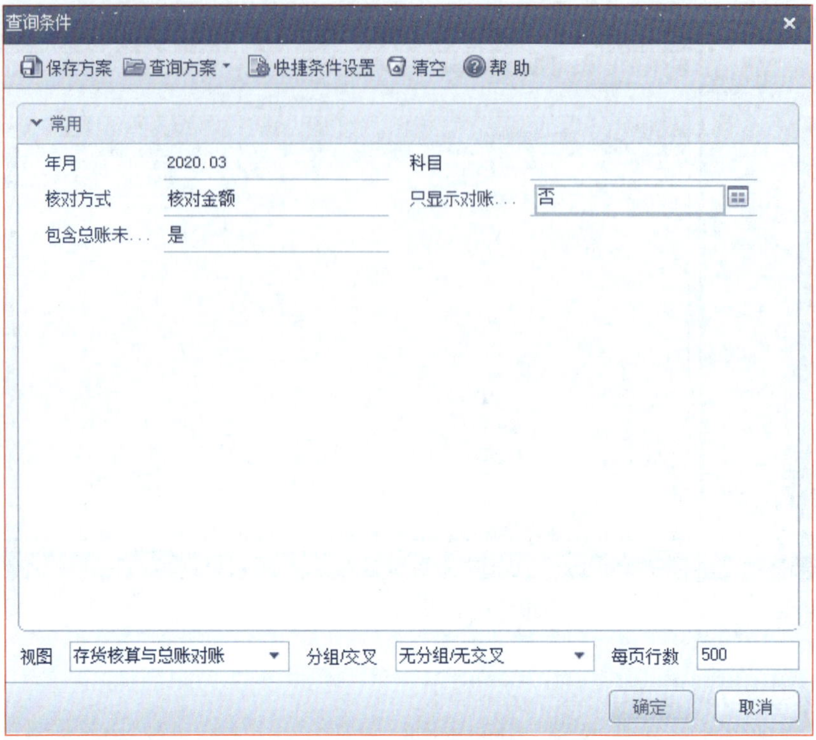

图 2-31　查询条件

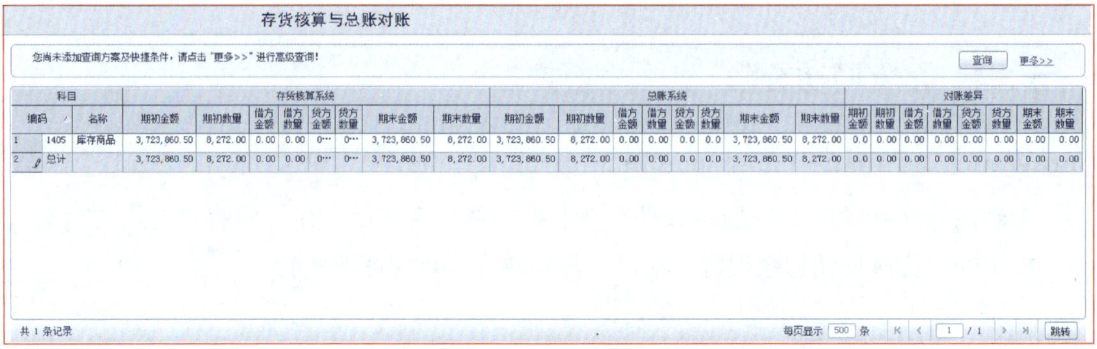
存货核算与总账对账

您尚未添加查询方案及快捷条件，请点击"更多>>"进行高级查询！　查询　更多>>

科目			存货核算系统								总账系统								对账差异							
	编码	名称	期初金额	期初数量	借方金额	借方数量	贷方金额	贷方数量	期末金额	期末数量	期初金额	期初数量	借方金额	借方数量	贷方金额	贷方数量	期末金额	期末数量	期初金额	期初数量	借方金额	借方数量	贷方金额	贷方数量	期末金额	期末数量
1	1405	库存商品	3, 723, 860. 50	8, 272. 00	0. 00	0. 00	0…	0…	3, 723, 860. 50	8, 272. 00	3, 723, 860. 50	8, 272. 00	0. 00	0. 00	0. 0	0. 0	3, 723, 860. 50	8, 272. 00	0. 0	0. 00	0. 00	0. 00	0. 00	0. 00	0. 00	0. 00
2	总计		3, 723, 860. 50	8, 272. 00	0. 00	0. 00	0…	0…	3, 723, 860. 50	8, 272. 00	3, 723, 860. 50	8, 272. 00	0. 00	0. 00	0. 0	0. 0	3, 723, 860. 50	8, 272. 00	0. 0	0. 00	0. 00	0. 00	0. 00	0. 00	0. 00	0. 00

共 1 条记录　每页显示 500 条　1 / 1　跳转

图 2-32　存货核算与总账对账

2. 发出商品与总账对账

（1）从【业务工作】—【供应链】—【存货核算】—【对账】—【发出商品与总账对账】进入如图 2-33 所示的“查询条件”界面。

（2）确定查询条件后，年、月选择 2020.03，其他选项默认，单击〖确定〗按钮，进入如图 2-34 所示的“发出商品与总账对账”界面。

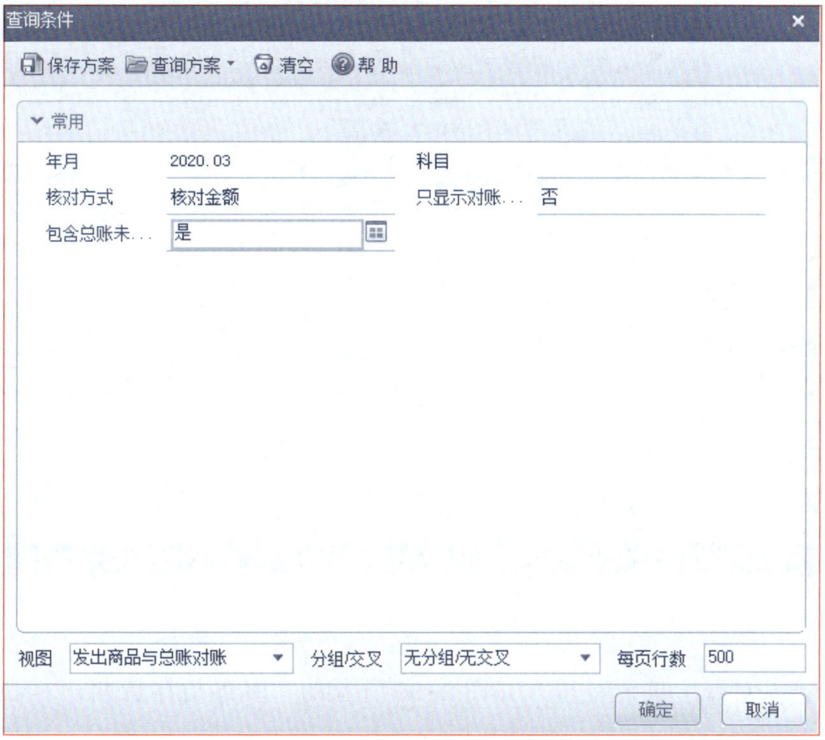

图 2-33　查询条件

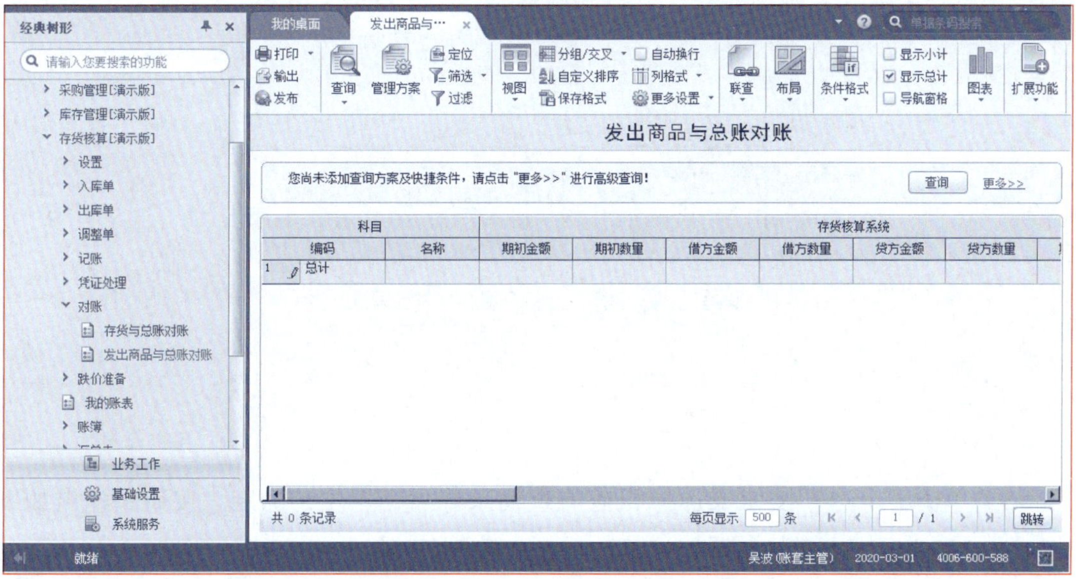

图 2-34　发出商品与总账对账

3. 存货与库存对账

（1）从【业务工作】—【供应链】—【存货核算】—【设置】—【期初余额】进入如图 2-35 所示的“期初余额”界面。

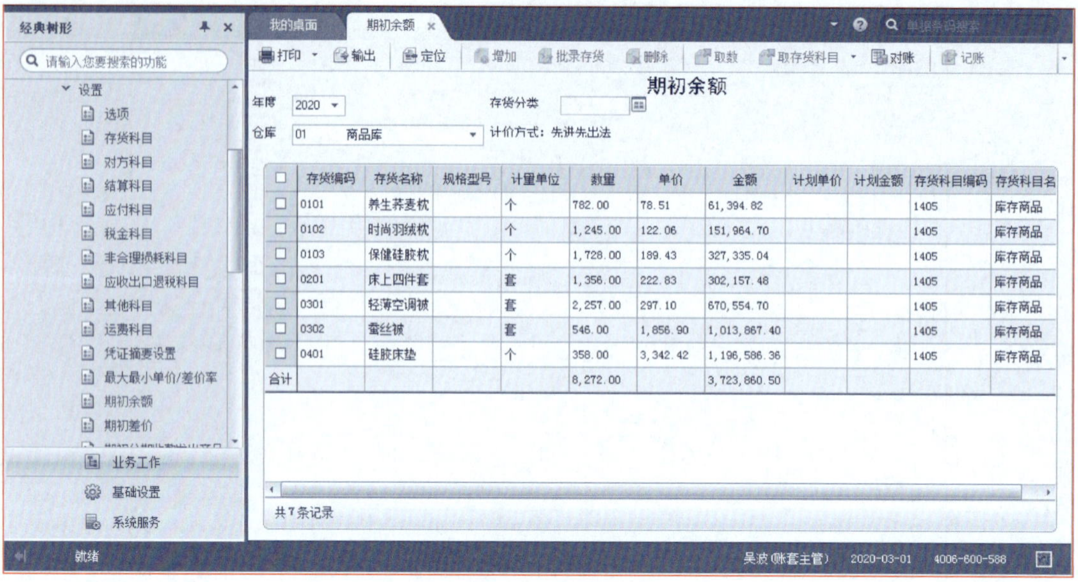

存货编码	存货名称	规格型号	计量单位	数量	单价	金额	计划单价	计划金额	存货科目编码	存货科目名
0101	养生荞麦枕		个	782.00	78.51	61,394.82			1405	库存商品
0102	时尚羽绒枕		个	1,245.00	122.06	151,964.70			1405	库存商品
0103	保健硅胶枕		个	1,728.00	189.43	327,335.04			1405	库存商品
0201	床上四件套		套	1,356.00	222.83	302,157.48			1405	库存商品
0301	轻薄空调被		套	2,257.00	297.10	670,554.70			1405	库存商品
0302	蚕丝被		套	546.00	1,856.90	1,013,867.40			1405	库存商品
0401	硅胶床垫		个	358.00	3,342.42	1,196,586.36			1405	库存商品
合计				8,272.00		3,723,860.50				

图 2-35　期初余额

（2）单击〖对账〗按钮，进入如图 2-36 所示的“库存与存货期初对账查询条件”界面。

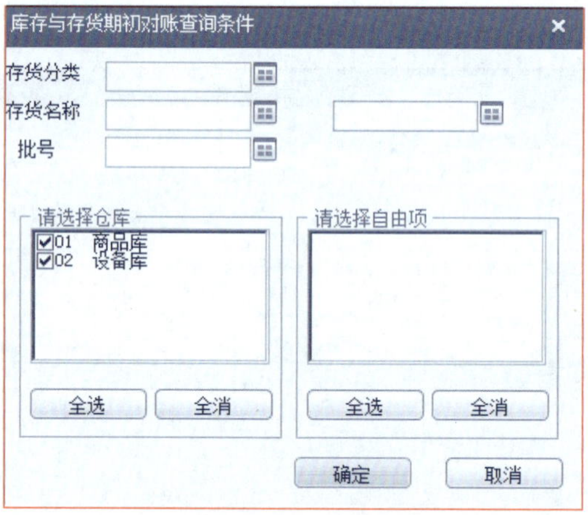

图 2-36　库存与存货期初对账查询条件

（3）单击〖全选〗按钮或选择相应的查询条件后，单击〖确定〗按钮，弹出如图 2-37 所示的“存货核算”界面。

图 2-37　对账成功

【重要提示】

对账是期初记账前的最后一个步骤，通常对账不平是不宜进行期初记账的，对账不平，不影响当期经济业务的处理，但会影响到月末结账工作。

【任务总结】

本工作任务导图如图 2-38 所示。

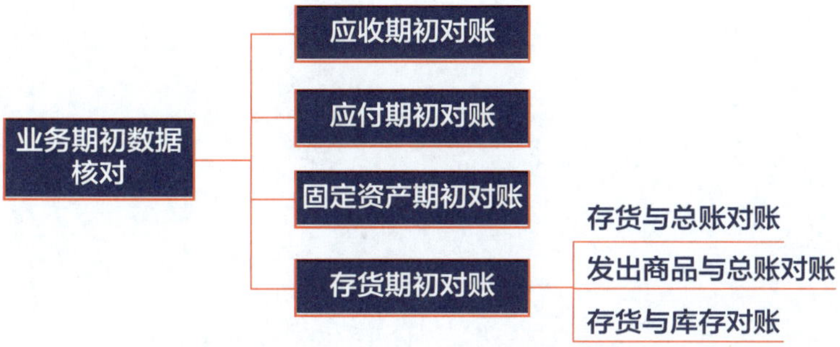

图 2-38 业务期初数据核对导图

工作领域三

典型财务处理

“典型财务处理”工作领域是业财一体信息化平台的业务、财务和管理分析三大核心功能之一，典型财务处理主要涉及常见的总账日常业务处理、典型应收应付业务处理、典型固定资产业务处理、出纳业务处理和薪资业务处理，总账业务通常是财务核算的核心，所有业务财务相关数据最后都归集到总账进行核算，集中呈现企业的经营成果

业务驱动财务，管理规范经营，业务财务融合管理前移是财务核算的趋势，业财一体信息化是业务、财务和管理的有机融合。业财一体信息化平台是企业的业务、财务、税务集成化管理系统，不仅可以对企业的业财税融合管理，也可以分别独立运行。业务、财务和税务不同的组合应用模式更大程度地满足现代企业精细化、个性化的管理需求。

该工作领域的具体工作为：

1. 总账日常业务处理

线下对原始凭证进行真实性、合法性、完整性审核，在业财一体信息化平台上完成记账凭证填制、审核、修改、删除和记账等凭证处理操作，并在总账模块中熟练、准确地完成凭证记账工作。

2. 典型应收应付业务处理

应收应付业务处理是对企业采购销售业务的核算，重点掌握采购发票的审核制单、付款及应付款项的核销，销售发票的审核制单、收款及应收款项的核销。

3. 典型固定资产业务处理

在业财一体信息化平台上进行固定资产增加及固定资产原值、使用年限、累计折旧等变更业务的操作，计提、分摊当期折旧，并生成记账凭证。

4. 出纳业务处理

重点掌握对出纳凭证查询并进行签字处理操作，对现金日记账和银行日记账的查询与管理，各类支票购买使用登记，银行对账、银行存款余额调节表编制，现金日记账的账实核对等工作。

5. 薪资业务处理

重点掌握人员档案信息维护、工资计算、工资表编制、工资计提及分摊，并完成相关业务的凭证制单操作。

工作任务 1　总账日常业务处理

【能力目标】

通过训练，使学生能够在业财一体信息化平台上完成记账凭证填制、审核、反审、修改、作废等凭证处理，并在总账模块中熟练、准确地完成凭证记账工作。培养学生具有独立完成总账日常业务处理及职业判断的能力，达到胜任基于业财一体信息化平台企业会计核算岗位工作职责目标。

【任务情境】

北京美庭商贸有限公司成立于 2016 年 1 月，是一家销售家居用品的商贸公司，2020 年 3 月该公司业财一体信息化项目实施顺利，现已经完成了会计制度设计和与精细化管理目标相匹配的管理流程以及内部控制流程等，并将全部的期初业务数据和财务数据导入系统，已具备当期财务业务一体化核算的要求，正式开始业财一体化业务处理模式。目前，公司开始进行日常原始凭证审核、记账凭证填制、审核和凭证记账等工作。

【知识准备】

总账模块是业财一体信息化平台的核心，可以单独使用也可以与其他模块集成使用，其他模块所有的业务数据和凭证最后都要归集到总账进行集中核算。总账模块既有凭证管理、标准账表、出纳管理、外币核算和月末处理等基本核算功能，还有个人借款管理、部门核算、项目成本、往来管理等辅助管理功能。

任务 1.1　原始凭证审核

任务要求

2020 年 3 月 2 日，行政专员孙庆忠在财务中心借 200 元现金用于购买办公用品，3 月 7 日，办公用品验收入库并收到发票进行报销。根据会计准则及企业财务制度规定，审核此业务原始凭证的真实性、合法性与合规性。原始单据如图 3-1、图 3-2 所示。

1100202130

北京增值税专用发票 №　15227823　1100202130

15227823

发票联

机器编号：422818608000

开票日期：2020年03月07日

购买方	名　　称：北京美庭商贸有限公司 纳税人识别号：91110300708461188Y 地 址、电 话：北京市海淀区回龙观路15号010—28285858 开户行及账号：中国工商银行北京海淀支行1100229999888899588				密码区	</*649<+/>*<3125428</24*+**+*<1 122</388*+*<28617<2014##<*#1848 #+*</3290*+#<9536</29068*<6385* <<53117*6853<7258##<*#6149>->**		
货物或应税劳务名称	规格型号	单位	数量	单价	金额	税率	税额	
*办公用品*办公用品	详见清单		1	176.99	176.99	13%	23.01	
合　计					¥176.99		¥23.01	
价税合计（大写）	⊗ 贰佰圆整				（小写）¥200.00			
销售方	名　　称：北京隆达股份有限公司 纳税人识别号：110109012530394000 地 址、电 话：北京市海淀区丰豪东路20号 010-62900219 开户行及账号：中国建设银行北京海淀支行 02230034985264				备注	（北京隆达股份有限公司 110109012530394000 发票专用章）		

收款人：　　复核：　　开票人：叶菲　　销售方：（章）

税总函[2019]144号中钞光华印刷有限公司

第三联：发票联　购货方记账凭证

图 3-1　增值税发票

增值税应税货物或劳务销货清单

购货单位名称：北京美庭商贸有限公司

销货单位名称：北京隆达股份有限公司

所属增值税专用发票代码：1100202130　　号码：15227823　　第 1 页 共 1 页

序号	货物(劳务)名称	规格型号	单位	数量	单价	金额	税率	税额
1	水性笔		盒	5	8.81	44.05	13.00%	5.73
2	曲别针		盒	6	4.39	26.34	13.00%	3.42
3	口取纸		包	4	5.49	21.96	13.00%	2.85
4	热敏纸		卷	6	7.83	46.98	13.00%	6.11
5	钉书钉		盒	4	4.19	16.76	13.00%	2.18
6	燕尾夹		盒	5	4.18	20.90	13.00%	2.72
7								
8								
9								
10								
11								
小计						176.99		23.01
总计						176.99		23.01
备注								

销货单位（章）（北京隆达股份有限公司 110109012530394000 发票专用章）　　开票日期：2020年3月7日　　国家税务总局印制

图 3-2　增值税发票清单

审核完原始凭证后，在下一任务中可以完成凭证的填制。

业务操作

原始凭证作为会计凭证的填制依据，是企业在经营过程中伴随着经济业务发生而取得或自行填制的，用以记载并证明经济业务真实情况的凭证。常见的原始凭证有发票、发货单、领料单、借款单、银行结算回单、费用报销单等。原始凭证包含的内容很多，如单据名称、发生日期、编号、单位名称、业务摘要、数量和金额、经办人等，无论是自制原始凭证，还是外来原始凭证，凭证上的每一项内容都是我们填制记账凭证前必须遵循真实性、合理性、完整性、正确性和合法性的原则逐一审核的内容。

【重要提示】

原始凭证的审核主要从审核原始凭证的内容和填制手续是否合规、反映的经济业务内容是否合理合法等角度进行，重点审核原始凭证的真实性、完整性、合法性。

（1）原始凭证的来源审核尽可能使用技术平台审核，如增值税发票查验平台；

（2）内容及手续的审核重点检查凭证的签字签章手续是否合规齐全、内容是否合规完整、书写是否规范。

记账凭证填制

任务 1.2　记账凭证填制

任务要求

2020 年 3 月 2 日，行政专员孙庆忠在财务中心借 200 元现金购买办公用品，根据会计准则及企业财务制度规定，在业财一体信息化平台总账模块中根据审核无误的原始凭证填制记账凭证，原始凭证如图 3-3 所示。

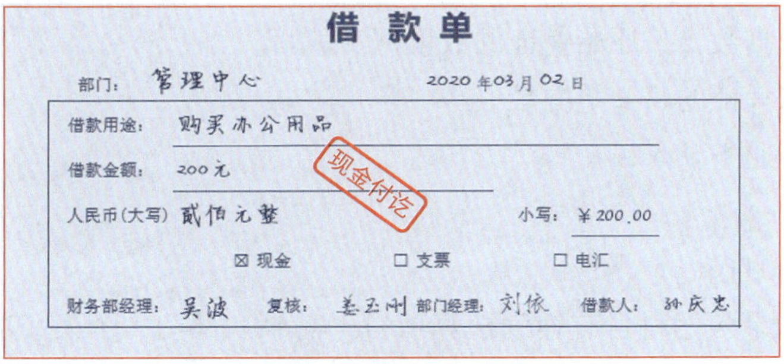
借 款 单

部门：管理中心　　2020年03月02日

借款用途：购买办公用品

借款金额：200元

人民币(大写) 贰佰元整　　小写：¥200.00

☒ 现金　☐ 支票　☐ 电汇

财务部经理：吴波　复核：姜玉州　部门经理：刘依　借款人：孙庆忠

现金付讫

图 3-3　借款单

业务操作

记账凭证是总账模块业务处理的起点，是登记账簿的依据，也是所有查询数据最主要的一个来源。总账日常业务的处理首先从填制凭证开始。

（1）操作员 003 黄玉玲登录业财一体信息化平台，从【业务工作】—【财务会计】—【总账】—【凭证】—【填制凭证】进入如图 3-4 所示的“记账凭证”界面。

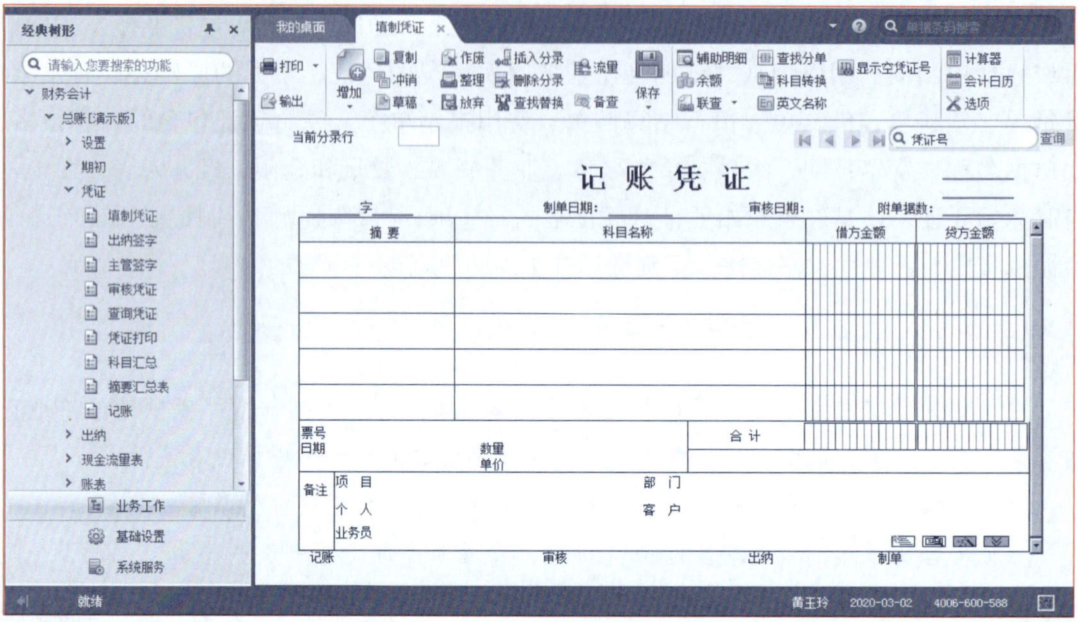

图 3-4　记账凭证

（2）单击〖增加〗按钮或按［F5］功能键，增加一张新凭证。

（3）录入凭证类别或按［F2］功能键，参照选择一个凭证类别，确定后按［Enter］键，凭证编号系统将自动生成，也可以手工编号，视总账选项中凭证编号的确定情况而定。

（4）填制日期：系统默认当前的操作日期为记账凭证的制单日期，日期可手工修改或单击该栏右侧的日历图标参照录入。

（5）录入附单据数，按原始凭证的数量据实填写。

（6）录入本张凭证的每一笔分录。

摘要：按经济业务录入；

科目：122102；

借方金额：200.00；

辅助信息：如录入的科目有辅助核算项目，需录入部门、个人、项目、客户、供应商、数量等辅助信息。如其他应收款 122102 科目的“辅助项”界面如图 3-5 所示。

录入结算方式、票号和发生日期等辅助信息后，单击〖确定〗按钮完成辅助项录入。如填制凭证过程中辅助项界面没有自动弹出，我们可以单击凭证界面右下角的图标，即可弹出辅助项界面。

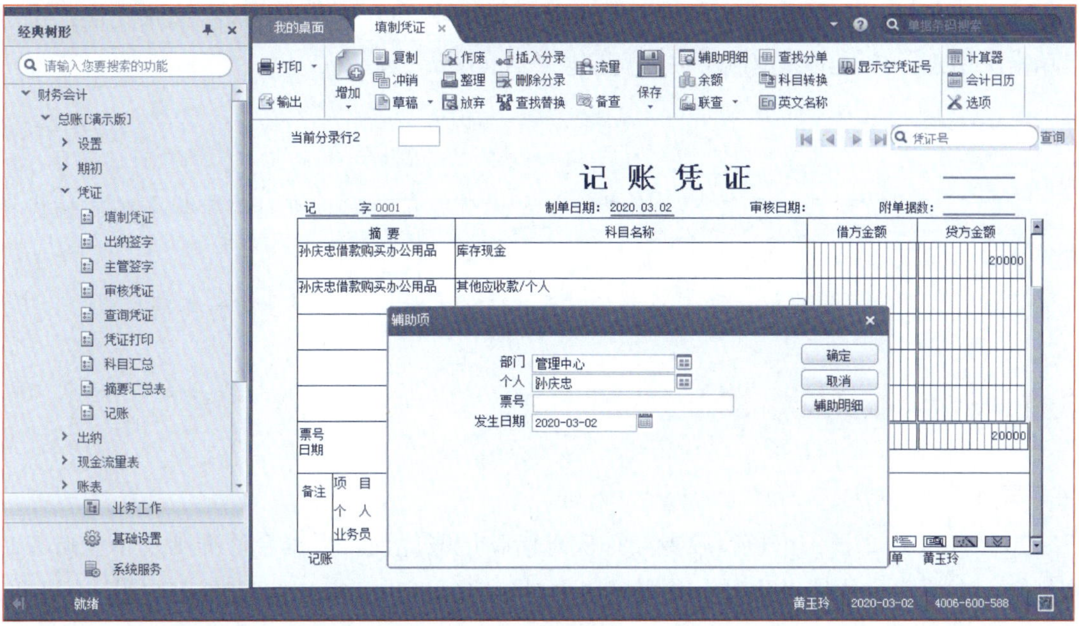

图 3-5 辅助项

（7）如当前会计科目被指定为现金流量科目，在凭证界面单击右下角的流量图标，凭证界面会变为如图 3-6 所示的“记账凭证”界面。录入现金流量项目和相应的金额。

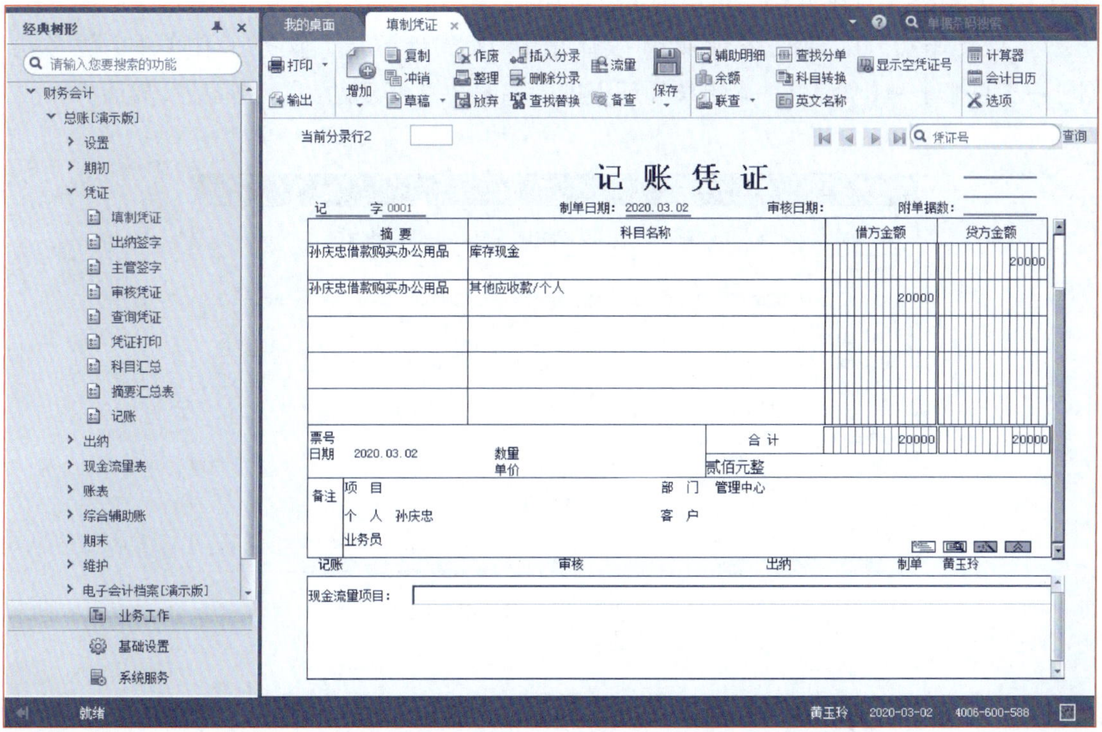

图 3-6 记账凭证

（8）当凭证全部录入完毕后，按〖保存〗按钮或［F6］功能键保存该张凭证，也可以单击〖增加〗按钮继续填制下一张凭证。

【重要提示】

记账凭证的填制可以采取直接填制的方法，为提高效率也可以将常规业务制作成模式凭证进行填制。

记账凭证没有经过审核记账是不参与财务核算的，只是存在于业财一体信息化平台中。

任务 1.3　记账凭证审核

任务要求

2020 年 3 月 2 日，审核行政专员孙庆忠借款记账凭证。根据会计准则及企业财务制度规定，在业财一体信息化平台总账模块中对记账凭证进行审核，审核记账凭证中日期、摘要、会计分录的准确性及填列项目、有关人员签章的完整性等。

业务操作

审核凭证是具有审核权的审核员按照现行企业会计准则、国家财税政策和企业会计制度，对数据录入员填制的记账凭证进行校核，重点审核记账凭证的真实性、合理性、完整性、正确性和合法性。出纳凭证审核前应先进行出纳签字处理，出纳签字操作在本领域工作任务四中详细介绍，这里不重复讲述。

（1）操作员 001 吴波登录业财一体信息化平台，从【业务工作】—【财务会计】—【总账】—【凭证】—【审核凭证】进入如图 3-7 所示的“凭证审核”界面。

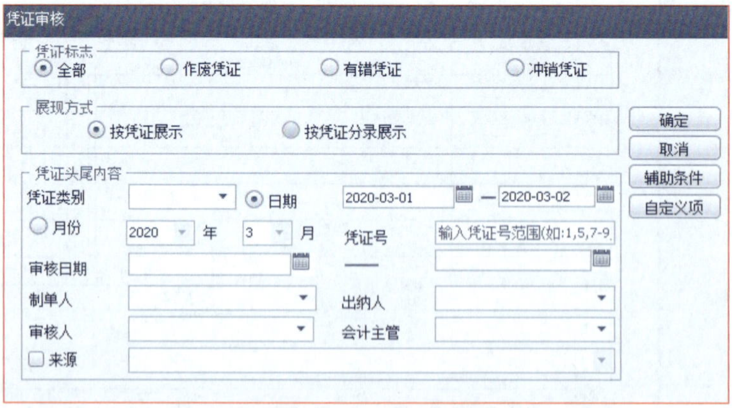

图 3-7　凭证审核

（2）录入审核凭证的范围过滤条件后，单击〖确定〗按钮，系统弹出如图 3-8 所示的“凭证审核列表”界面。

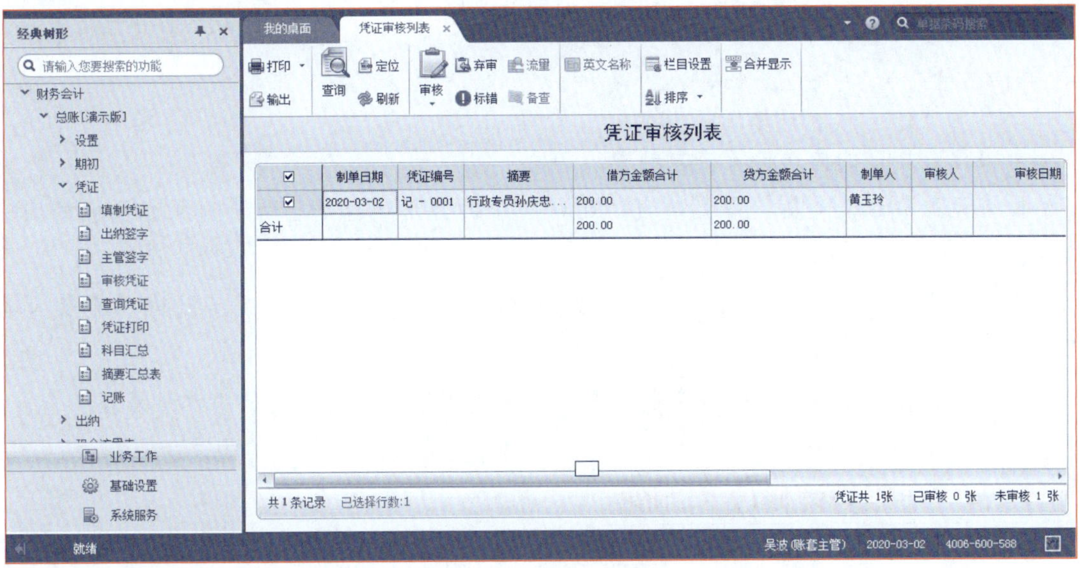

图 3-8 凭证审核列表

（3）双击要审核的凭证，显示如图 3-9 所示的“审核凭证”界面，选择〖余额〗按钮，可查看选中科目的最新余额一览表。

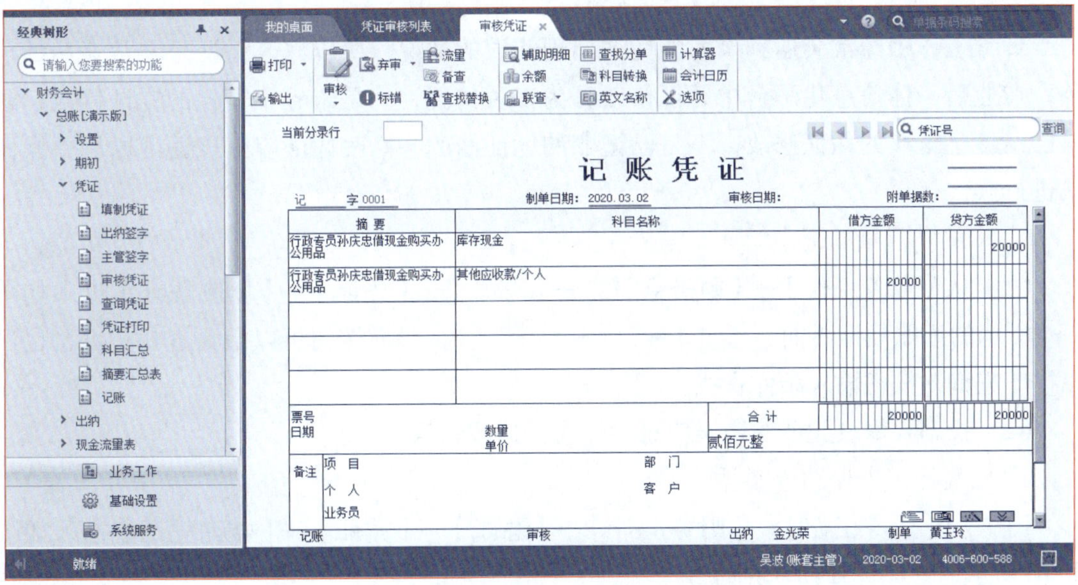

图 3-9 审核凭证

（4）审核人员在确认该张凭证正确后，单击〖审核〗按钮完成该张凭证的审核。单击〖审核〗按钮图标的向下三角，可以选择〖审核〗和〖成批审核凭证〗不同的审核方式进行凭证的审核。

审核人必须具有审核该凭证的审核权，且审核人和制单人不能是同一个人。凭证审核后将无法修改、删除，需取消审核和出纳签字后才能进行修改或删除操作。

【重要提示】

审核记账凭证的操作员不应与制单人为同一操作员；

检查记账凭证是否附有原始凭证，记账凭证的经济内容是否与所附原始凭证的内容相同；

检查应借应贷的会计科目（包括二级或明细科目）对应关系是否清晰、金额是否正确；

检查记账凭证中的项目是否填制完整，摘要是否清楚，有关人员的签章是否齐全。

任务 1.4　记账凭证修改和删除

任务要求

2020 年 3 月 2 日，审核行政专员孙庆忠借款记账凭证的正确性。根据会计准则及企业财务制度规定，在业财一体信息化平台总账模块中，熟练进行记账凭证的审核、反审、修改、作废等凭证处理操作。

业务操作

日常工作中经常会遇到录入的凭证出现错误的情况，所以修改凭证是非常普遍的现象，在业财一体信息化平台中凭证修改分为三种情况，一是未签字审核的凭证修改，二是已经签字审核的凭证修改，三是已记账的凭证修改。修改凭证应由该凭证原制单操作员进行操作。

1. 未签字审核的记账凭证

（1）从【业务工作】—【财务会计】—【总账】—【凭证】—【填制凭证】进入如图 3-4 所示的记账凭证界面。通过〖⇤〗〖←〗〖→〗〖⇥〗导航按钮可以翻页查找凭证，也可以按〖查询〗按钮输入条件查找。

（2）找到要修改凭证的错误信息栏，直接修改错误信息。

2. 已经签字审核的记账凭证

（1）从【业务工作】—【财务会计】—【总账】—【凭证】—【查询凭证】进入如图 3-10 所示的“凭证查询”界面。

（2）录入查询过滤条件后，单击〖确定〗按钮，系统弹出如图 3-11 所示的“查询凭证列表”界面。查看凭证详细信息，找出错误凭证。

（3）从【业务工作】—【财务会计】—【总账】—【凭证】—【审核凭证】进入图 3-7 所示“凭证审核”界面，单击〖确定〗按钮，在图 3-8 所示的“凭证审核列表”界面，双击要取消审核的凭证，显示如图 3-9 所示的“审核凭证”界面。

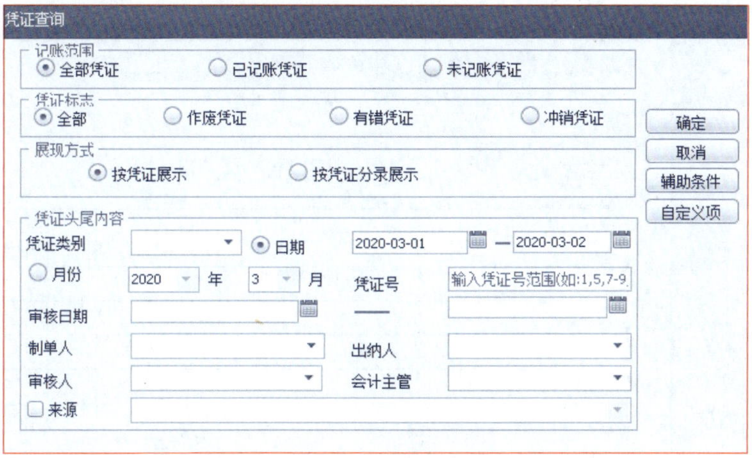

图 3-10　凭证查询

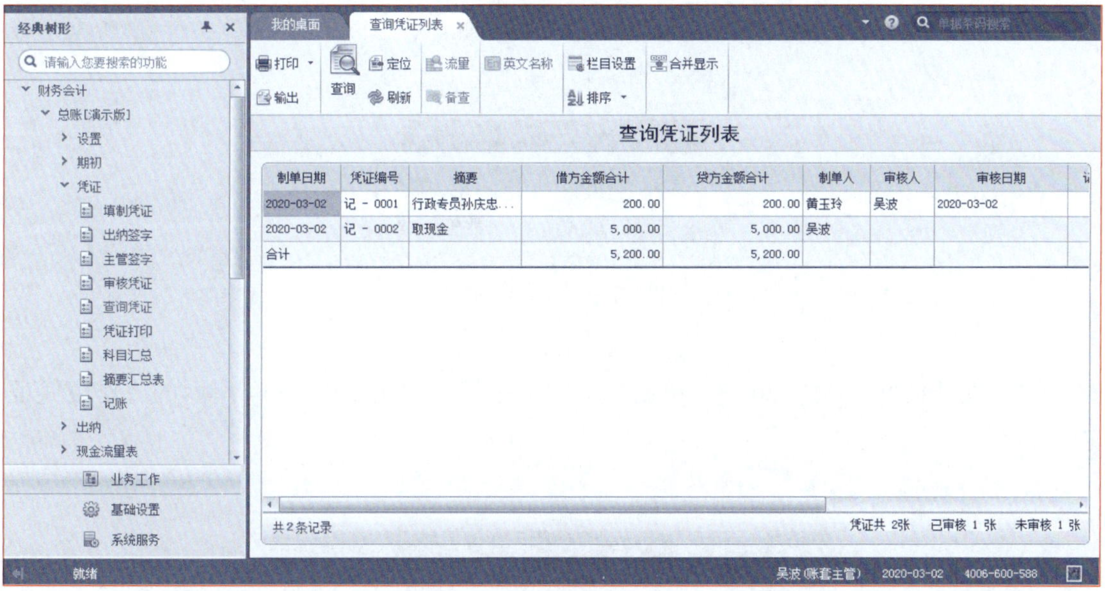

图 3-11　凭证查询列表

（4）单击〖弃审〗按钮后，如果有出纳签字则取消出纳签字，然后再修改错误信息，参照未审核的记账凭证修改流程即可。

3. 凭证作废删除

（1）从【业务工作】—【财务会计】—【总账】—【凭证】—【填制凭证】进入如图 3-4 所示的“记账凭证”界面。通过导航按钮找到要作废的记账凭证，也可以单击〖查询〗按钮输入条件查找。

（2）单击〖作废〗按钮，在凭证的左上角出现如图 3-12 所示的“作废”字样。

（3）单击〖整理〗按钮，弹出如图 3-13 所示的“凭证期间选择”界面。

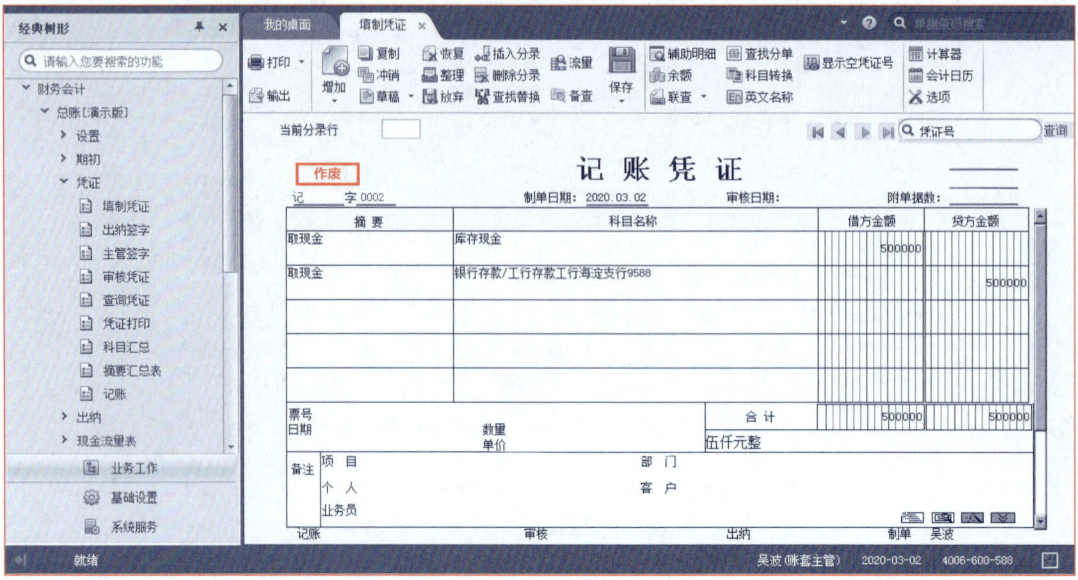

图 3-12　凭证作废

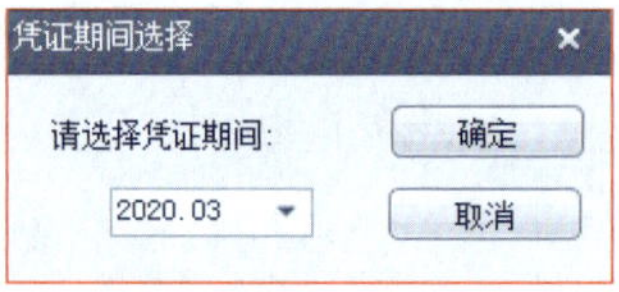

图 3-13　凭证期间选择

（4）凭证期间选择 2020.03，单击〖确定〗按钮，弹出如图 3-14 所示的“作废凭证表”界面。

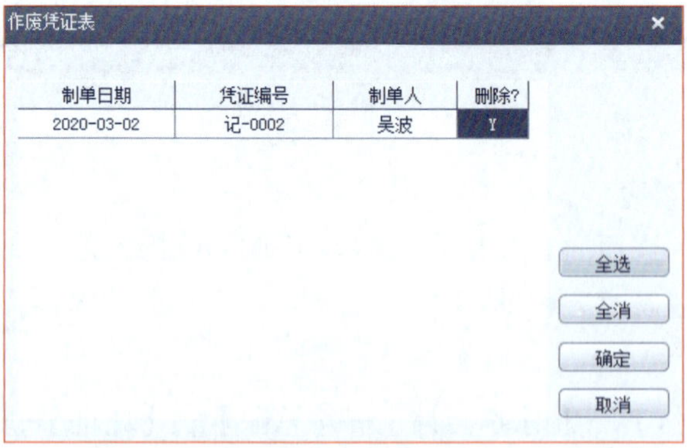

图 3-14　作废凭证表

（5）单击〖全选〗按钮或在删除栏双击，在删除栏出现“Y”字样，单击〖确定〗按钮，弹出如图 3-15 所示的“提示”界面。

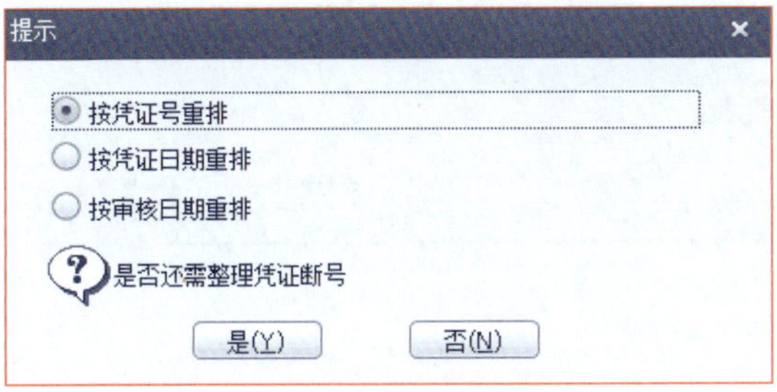

图 3-15　提示

（6）选择重排的方式，单击〖是（Y）〗按钮，系统提示“是否还需整理凭证断号”，选择〖是（Y）〗按钮返回。

【重要提示】

凭证作废功能只是凭证在系统中不参与统计核算，但是凭证还存在于系统中，可以单击〖恢复〗按钮取消作废；凭证整理功能是将作废的凭证从系统中彻底删除。

修改、签字、审核等操作的反向取消操作应以原操作员的身份进行操作。

任务 1.5　凭证记账

任务要求

2020 年 3 月 2 日，将审核无误的行政专员孙庆忠借款凭证进行记账处理。根据会计准则及企业财务制度规定，在业财一体信息化平台总账模块中，熟练、准确地完成凭证记账。

业务操作

经过签字审核后的记账凭证，才可以用来登记总账和明细账、日记账、部门账、往来账、项目账以及备查账等。

（1）操作员 001 吴波登录业财一体信息化平台，从【业务工作】—【财务会计】—【总账】—【凭证】—【记账】进入如图 3-16 所示的“记账”界面，只有审核通过的记账凭证才能记账。

（2）记账选择默认选中当前会计期间，如果有待记账的调整期凭证，也可以选择其他月份调整期凭证。

并同时列出其中的空号与已审核凭证范围，若编号不连续，则用逗号分割，若显示宽度不够，可拖动表头调整列宽查看。

（3）在记账范围栏中输入凭证编号或点击〖全选〗按钮选择本次记账范围。

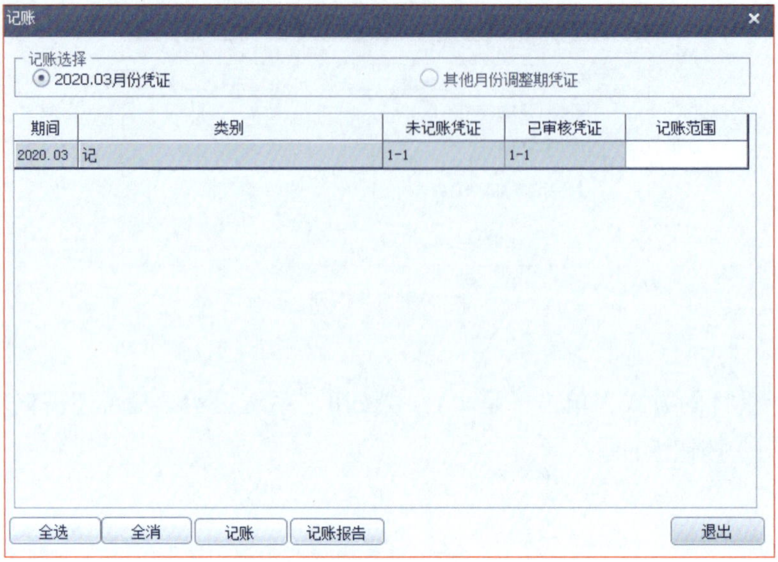

图 3-16　记账

（4）单击〖记账报告〗按钮，系统弹出如图 3-17 所示的记账报告，内容包括所选凭证的汇总表和凭证总数，以便核对。

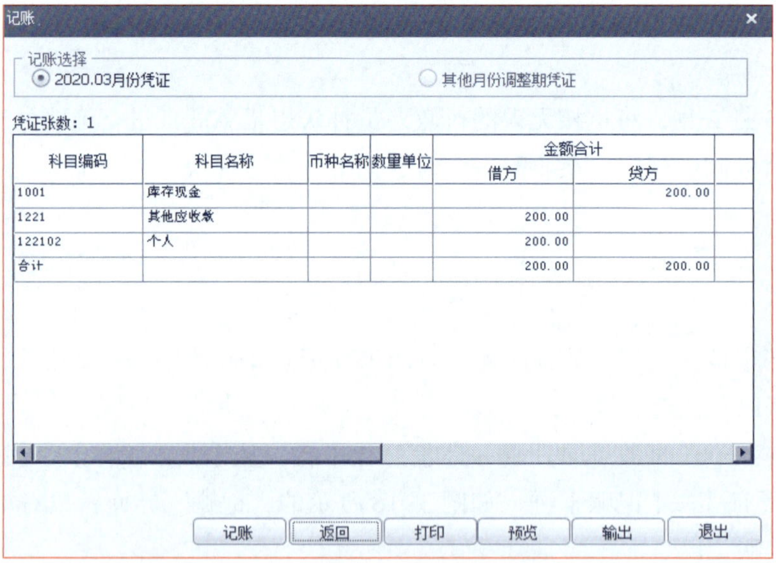

图 3-17　记账报告

（5）核对无误后，单击〖记账〗按钮，系统开始登记相关的总账和明细账，弹出如图 3-18 所示的“期初试算平衡表”界面。

（6）单击〖确定〗按钮，弹出如图 3-19 所示的总账记账完毕，单击〖确定〗按钮返回“记账”界面。

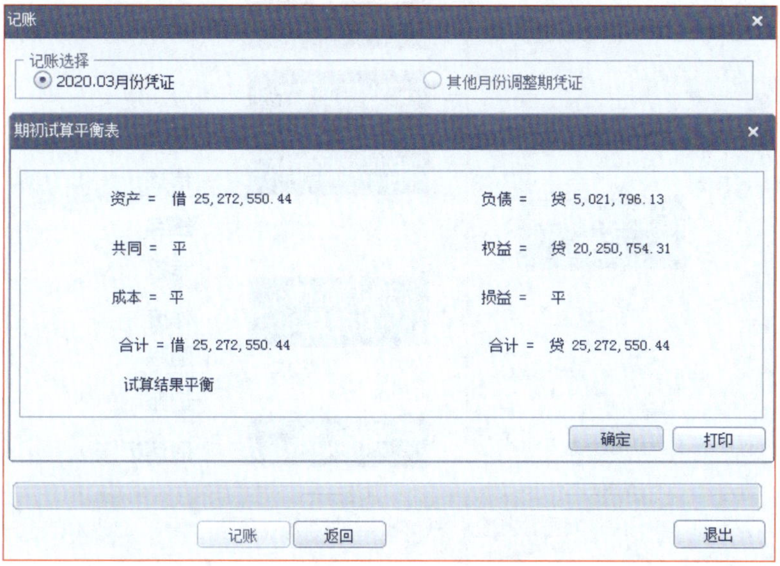

图 3-18 期初试算平衡表

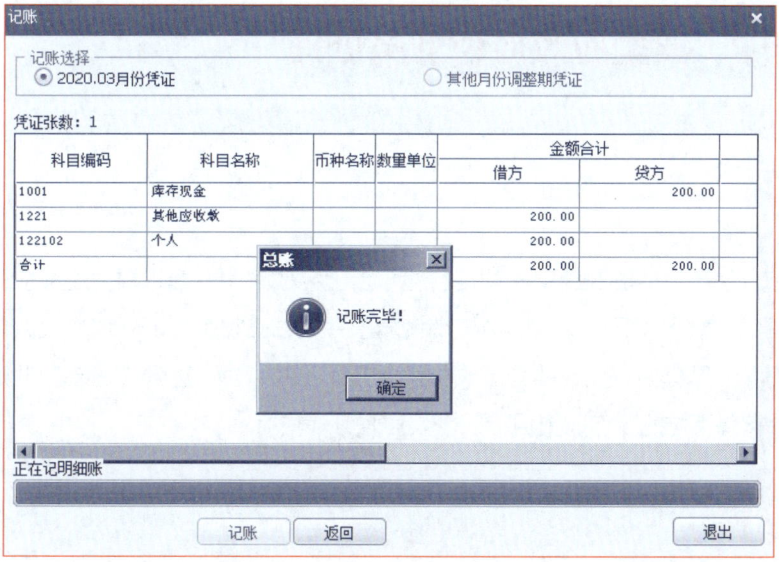

图 3-19 记账完毕

【重要提示】

本版本暂时不直接提供记账的取消操作，但是可以在实施导航工作台进行。

【任务总结】

工作任务导图如图 3-20 所示。

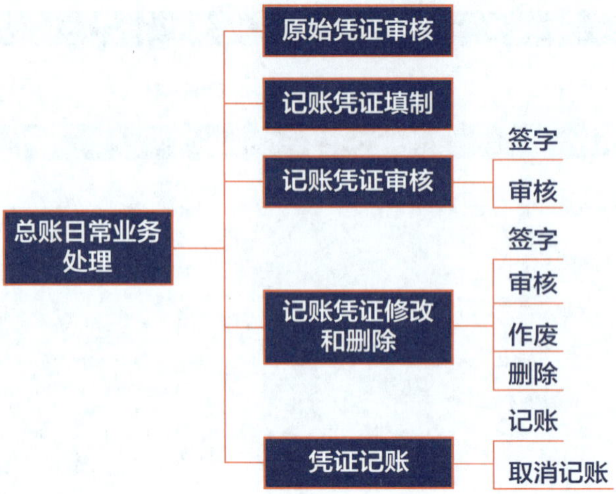

图 3-20　总财日常业务处理导图

工作任务 2　典型应收应付业务处理

【能力目标】

通过训练，使学生能够在业财一体信息化平台上完成采购发票审核并生成应付类凭证，填制付款单并生成付款类凭证，查找、审核销售发票并生成应收类凭证，填制收款单并生成收款类凭证。培养学生具有独立完成典型应收应付业务处理的能力，达到胜任基于业财一体信息化平台企业会计核算岗位的工作职责目标。

【任务情境】

北京美庭商贸有限公司业财一体信息化项目已经在总账模块顺利运行，而且进展非常顺利，达到预期效果，为全面实现精细化管理目标，现将应收应付往来业务的处理也全面转入业财一体信息化平台运行，需要完成采购发票审核和付款核销以及销售发票审核和收款核销等工作。

【知识准备】

完成此任务，需要了解应收（付）款管理模块既可以与销售（采购）管理模块、总账模块集成使用，也可以独立使用，应收（付）款管理模块可接收在销售（采购）管理模块中所填制的销售（采购）发票，进行审核，同时生成相应的往来业务凭证，提供完整的业务处理和财务管理信息并传递至总账模块。

应收（付）款管理模块与销售（采购）管理模块集成使用时，在应收（付）款管理模块只录入应收款（付）单据，而销售（采购）相关业务的发票的原始凭证均在销售（采购）管理模块录入，但须在应收（付）款管理模块进行审核操作。

任务 2.1　采购发票审核制单

采购发票审核制单

任务要求

2020 年 3 月 5 日，对市场中心业务员崔磊采购深圳安美家居有限公司 1 000 套蚕丝被采购专用发票录入并审核，填制记账凭证。根据企业采购业务，在业财一体信息化平台中准确地录入发票，查找采购发票并完成审核，生成应付类凭证。专用发票如图 3-21 所示。

4400202130　　广东增值税专用发票　　发票联　　№ 44869063　　4400202130　44869063

机器编号：169259089267　　开票日期：2020年03月02日

购买方	名　　称：北京美庭商贸有限公司 纳税人识别号：91110300708461188Y 地 址、电 话：北京市海淀区回龙观路15号010—28285858 开户行及账号：中国工商银行北京海淀支行1100229999888899588	密码区：</*100<+/>*<8562844</2*+**+*<25 69</433*+*<58922<2632##<*#2116# +*</58125*+#<9758</31697*<3370* <<46483*6418<2231##<*#9609>->**

货物或应税劳务名称	规格型号	单位	数量	单价	金额	税率	税额
*纺织产品*蚕丝被		个	1000	180	180000.00	13%	23400.00
合　　计					¥180,000.00		¥23,400.00
价税合计（大写）	⊗ 贰拾万叁仟肆佰圆整				（小写）¥203,400.00		

销售方	名　　称：深圳安美家居有限公司 纳税人识别号：440778878363548213 地 址、电 话：广东省深圳市东风工业园西区128号0755-36377633 开户行及账号：工行深圳罗湖支行42342321001536804688	备注

收款人：　　复核：　　开票人：张莲花　　销售方：（章）

税总函〔2019〕144号中钞光华印刷有限公司

第三联：发票联　购货方记账凭证

图 3-21　专用发票

业务操作

采购发票需要在供应链模块中进行录入，操作路径及方式为:【业务工作】—【供应链】—【采购管理】—【采购发票】—【专用采购发票】，单击【增加】进入“专用发票”界面。按照专用发票信息填写录入，并保存。（本部分内容将在工作领域四作详细介绍，本任务可以先按照上述方式进行操作，以确保后续操作顺利进行，操作上也可以参照工作领域四）

在采购管理模块录入的采购发票可以在应付款管理模块中进行审核、制单、核销等操作，已经现付的采购发票可以在应付模块中进行审核、制单等操作。

（1）操作员 004 柳源登录业财一体信息化平台，从【业务工作】—【财务会计】—【应付款管理】—【应付处理】—【采购发票】—【采购发票审核】进入如图 3-22 所示的“采购发票审核”界面。

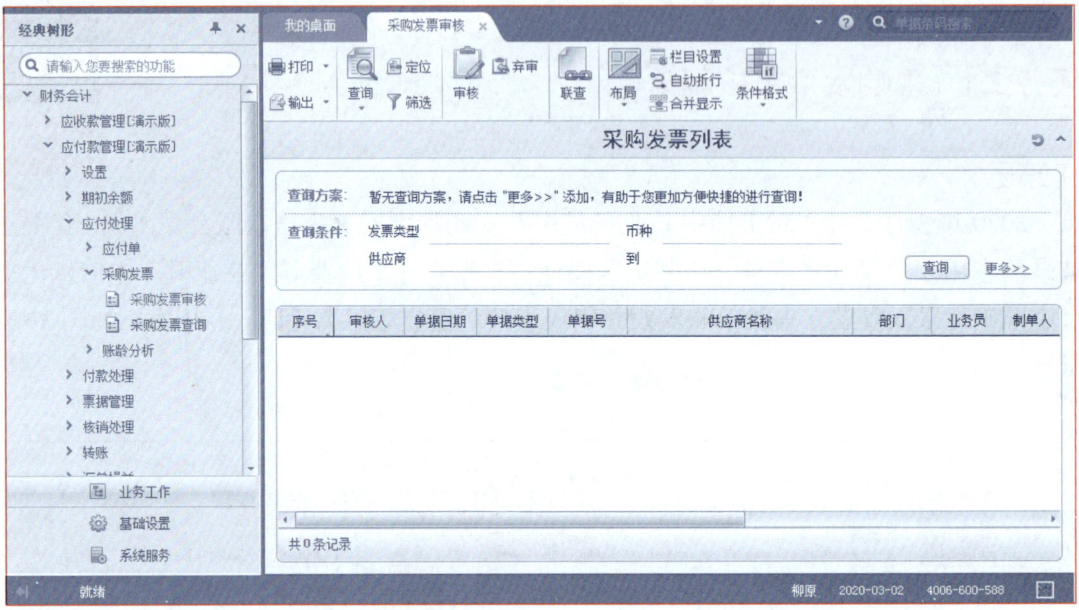

图 3-22　采购发票列表

（2）单击〖查询〗按钮，弹出查询条件。录入查询条件后，单击〖确定〗按钮，在如图 3-23 所示的“采购发票列表”界面显示查询结果。

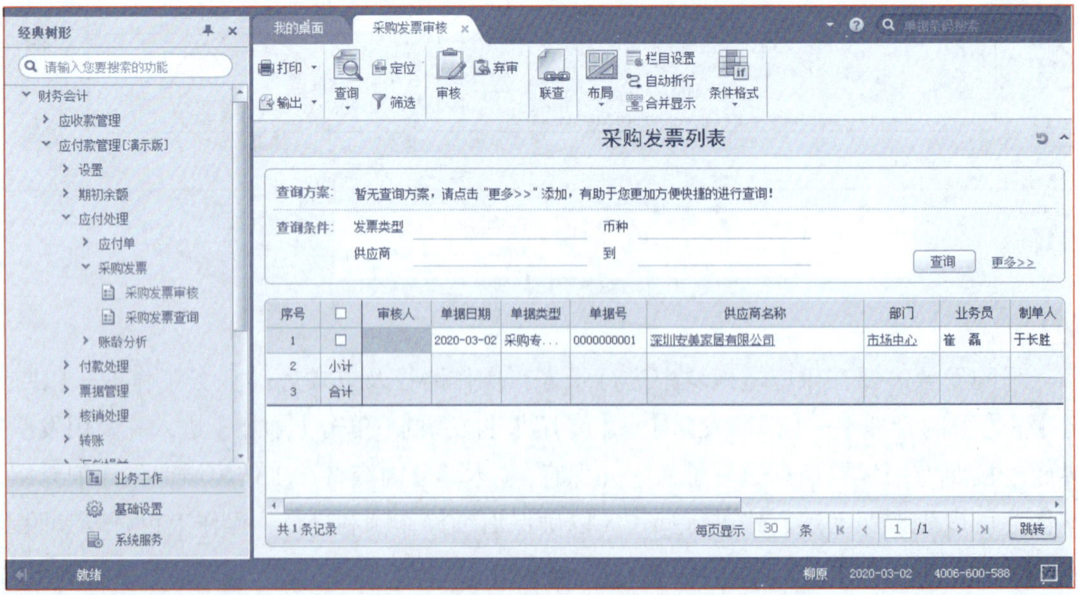

图 3-23　采购发票列表

（3）双击列表中的任一条发票记录，可以查看如图 3-24 所示的发票的详细信息。

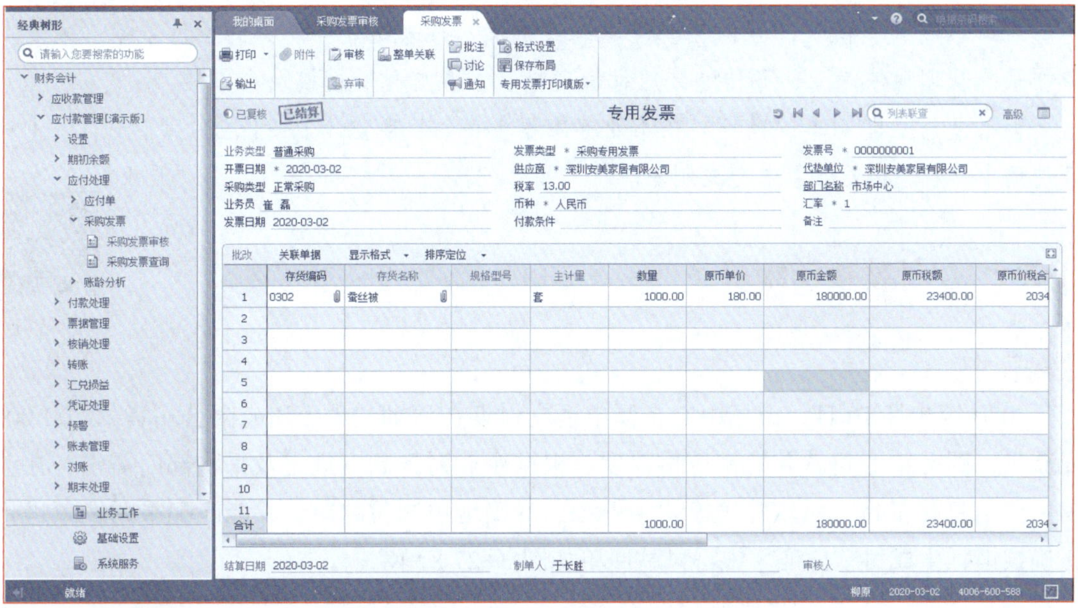

图 3-24 发票详细信息

（4）单击〖审核〗按钮，弹出如图 3-25 所示的“应付款管理”界面，询问是否立即制单。

（5）单击〖是〗按钮，弹出如图 3-26 所示的“填制凭证”界面，单击〖保存〗按钮或按下［F6］功能键，凭证左上角出现已生成字样，完成采购发票审核制单处理。

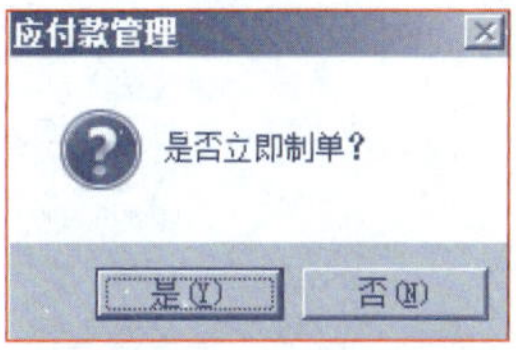

图 3-25 应付款管理

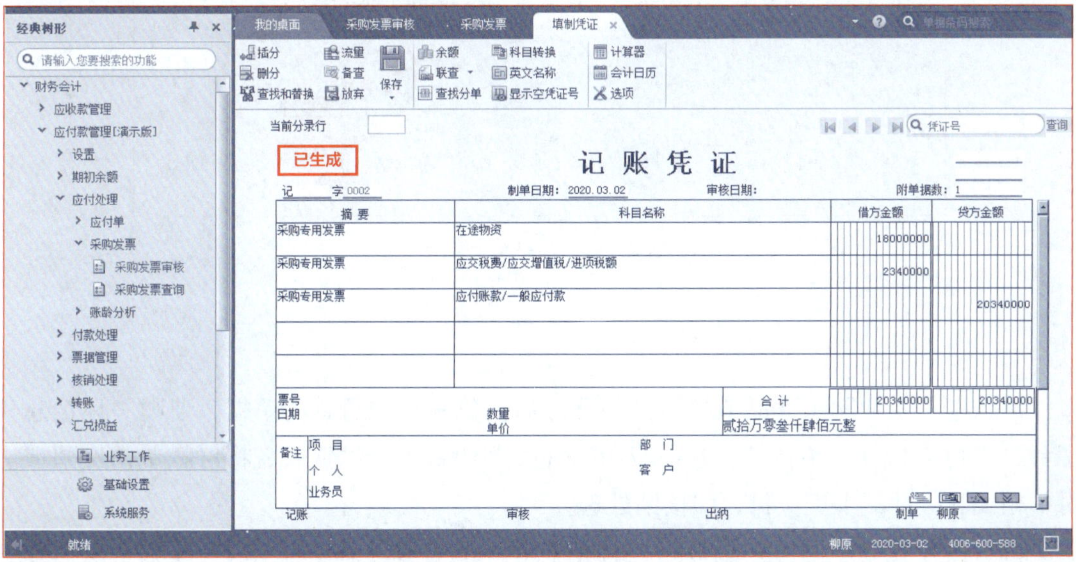

图 3-26 生成记账凭证

【重要提示】

启用采购管理模块，应付管理模块中只能录入与采购业务无关的应付单据，采购发票在采购管理模块录入，并传递到应付管理模块，在应付管理模块中审核。

如果没有立即制单，也可以在【业务工作】—【财务会计】—【应付款管理】—【凭证处理】—【生成凭证】中完成制单。

任务 2.2　付款核销制单

付款核销制单

任务要求

2020 年 3 月 10 日，市场中心崔磊申请支付期初深圳安美家居有限公司货款 300 000 元获批，财务中心付款并核销应付款项。根据企业财务制度规定及采购部门需求，在业财一体信息化平台应付款管理模块中熟练、准确地填制付款单，并能匹配采购发票进行正确核销，生成付款凭证。银行付款回单如图 3-27 所示。

ICBC 中国工商银行　业务回单（付款）

入账日期：　2020-03-10	回单编号：10283769420
付款人户名：　北京美庭商贸有限公司	
付款人账号：　110022999888899588	
付款人开户行/发报行：　中国工商银行北京海淀支行	
收款人户名：　深圳安美家居有限公司	
收款人账号：　42342321001536804688	
收款人开户行　工行深圳罗湖支行	
币种：　人民币	金额（小写）：　¥300,000.00
金额（大写）：叁拾万元整	
凭证种类：	凭　证　号　码
业务（产品）种类：	摘　要：　支付货款
附言：	
支付交易序号：13067895	报文种类：00100汇总报文
委托日期：　2020年3月10日	业务种类：转账
收款人地址：	中国工商银行北京海淀支行 2020.03.10 核算用（04） 李馨英
付款人地址：	
打印次数：　1　次　机打回单注意重复	打印日期：2020-03-10　打印柜员：22141

图 3-27　银行付款回单

业务操作

付款单是企业购买商品或接受其他劳务后向供货单位付款的单据，业财一体信息化平台可支付应付款、预付款、其他费用三种类型的款项，付款后需将付款单与发票或应付单相关联，冲减本期应付，即核销处理。

（1）操作员 004 柳源登录业财一体信息化平台，从【业务工作】—【财务会计】—

【应付款管理】—【付款处理】—【付款单录入】进入如图 3–28 所示的“付款单据录入”界面。

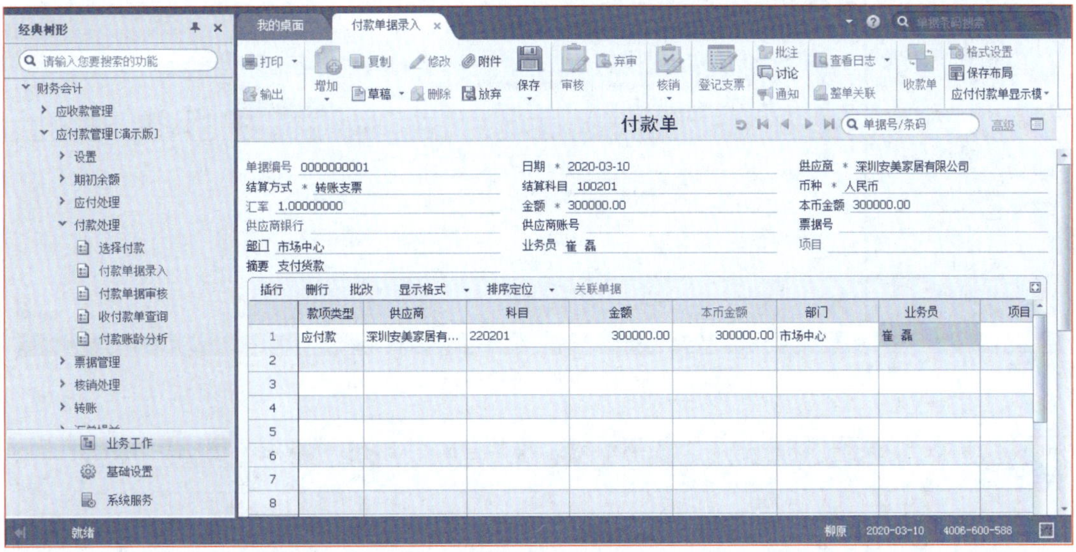

图 3–28　付款单录入

（2）单击〖增加〗按钮或按下［F5］功能键后，依据付款业务，填制付款单据的内容。日期、供应商、结算方式、币种、金额为必输项。按下列内容填写表头信息：

单据编号：系统自动生成；

日期：2020–3–10；

供应商：深圳安美家居有限公司；

结算方式：转账支票；

币种：人民币；

金额：300 000.00；

部门：市场中心；

业务员：崔磊；

摘要：支付货款；

将光标移到表体的款项类型栏处，选择应付款，表头信息自动填充到表体内。

（3）单击〖保存〗按钮或按下［F6］功能键确认付款单的录入信息。

（4）单击〖审核〗按钮，系统弹出是否立即制单的提示。单击〖否（N）〗按钮，返回付款单界面。

（5）单击〖核销〗按钮，弹出“核销条件”界面。录入筛选条件后，单击〖确定〗按钮，弹出如图 3–29 所示的“手工核销”界面。

（6）在本次结算栏录入结算金额为 300 000.00，单击〖确认〗按钮，手工核销界面的单据金额减少 300 000.00。如图 3–30 所示。

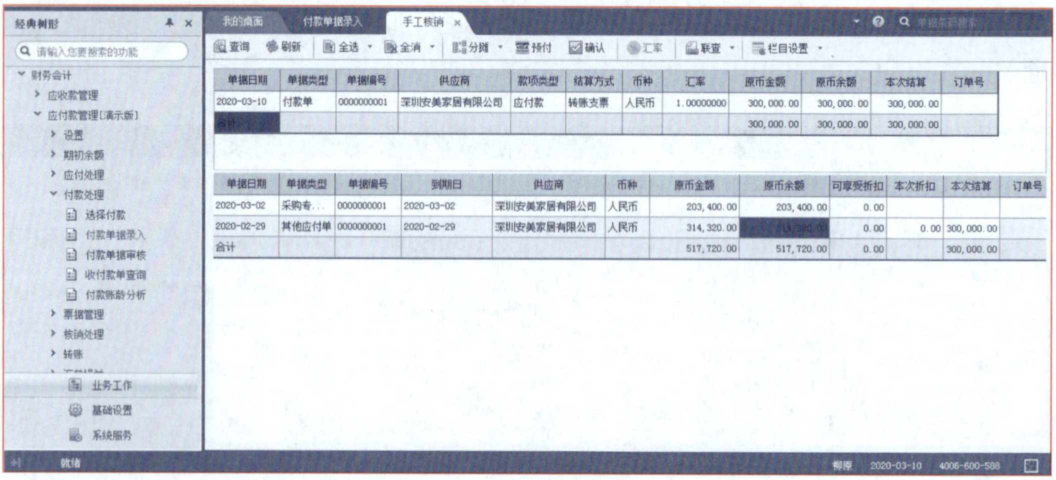

单据日期	单据类型	单据编号	供应商	款项类型	结算方式	币种	汇率	原币金额	原币余额	本次结算	订单号
2020-03-10	付款单	0000000001	深圳安美家居有限公司	应付款	转账支票	人民币	1.00000000	300,000.00	300,000.00	300,000.00	
合计								300,000.00	300,000.00	300,000.00	

单据日期	单据类型	单据编号	到期日	供应商	币种	原币金额	原币余额	可享受折扣	本次折扣	本次结算	订单号
2020-03-02	采购专...	0000000001	2020-03-02	深圳安美家居有限公司	人民币	203,400.00	203,400.00	0.00			
2020-02-29	其他应付单	0000000001	2020-02-29	深圳安美家居有限公司	人民币	314,320.00	314,320.00	0.00	0.00	300,000.00	
合计						517,720.00	517,720.00	0.00		300,000.00	

图 3-29　手工核销

单据日期	单据类型	单据编号	供应商	款项类型	结算方式	币种	汇率	原币金额	原币余额	本次结算	订单号
合计											

单据日期	单据类型	单据编号	到期日	供应商	币种	原币金额	原币余额	可享受折扣	本次折扣	本次结算	订单号
2020-03-02	采购专...	0000000001	2020-03-02	深圳安美家居有限公司	人民币	203,400.00	203,400.00	0.00			
2020-02-29	其他应付单	0000000001	2020-02-29	深圳安美家居有限公司	人民币	314,320.00	14,320.00	0.00			
合计						517,720.00	217,720.00				

图 3-30　核销完成

（7）从【业务工作】—【财务会计】—【应付款管理】—【凭证处理】—【生成凭证】进入如图 3-31 所示的“制单查询”界面。

图 3-31　制单查询

（8）选择发票、收付款单和核销三个选项后，单击〖确定〗按钮，弹出如图 3–32 所示的“生成凭证”界面。

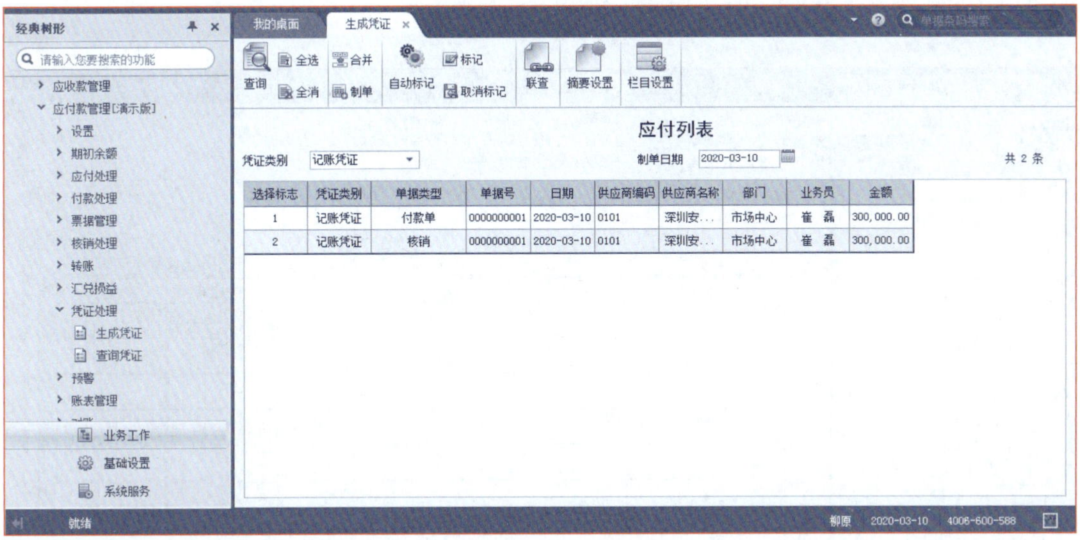

图 3–32 应付列表

（9）单击〖全选〗按钮后，每条记录前选择标志栏分别出现 1、2 不同的数字，代表分别制单，如果合并制单则数字相同。单击〖制单〗按钮，弹出如图 3–33 所示的“填制凭证”界面。

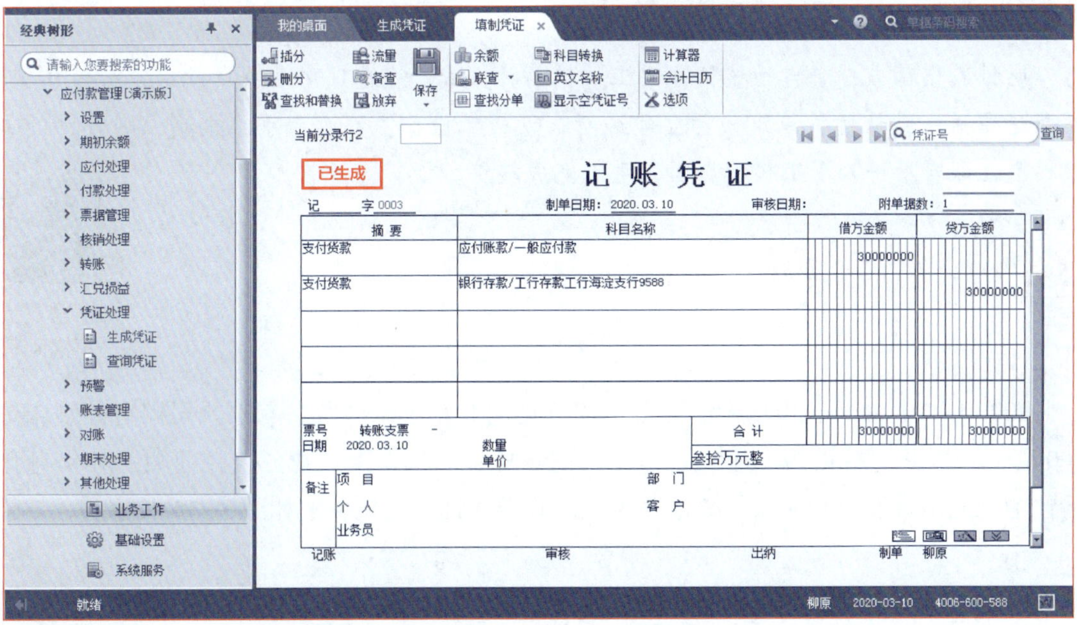

图 3–33 填制凭证

（10）单击〖保存〗按钮或按下［F6］功能键，凭证左上角出现已生成字样。

（11）单击〖▶〗按钮，调整到下一张凭证，单击〖保存〗按钮或按下［F6］功能键，如图 3-34 所示，凭证左上角出现已生成字样。

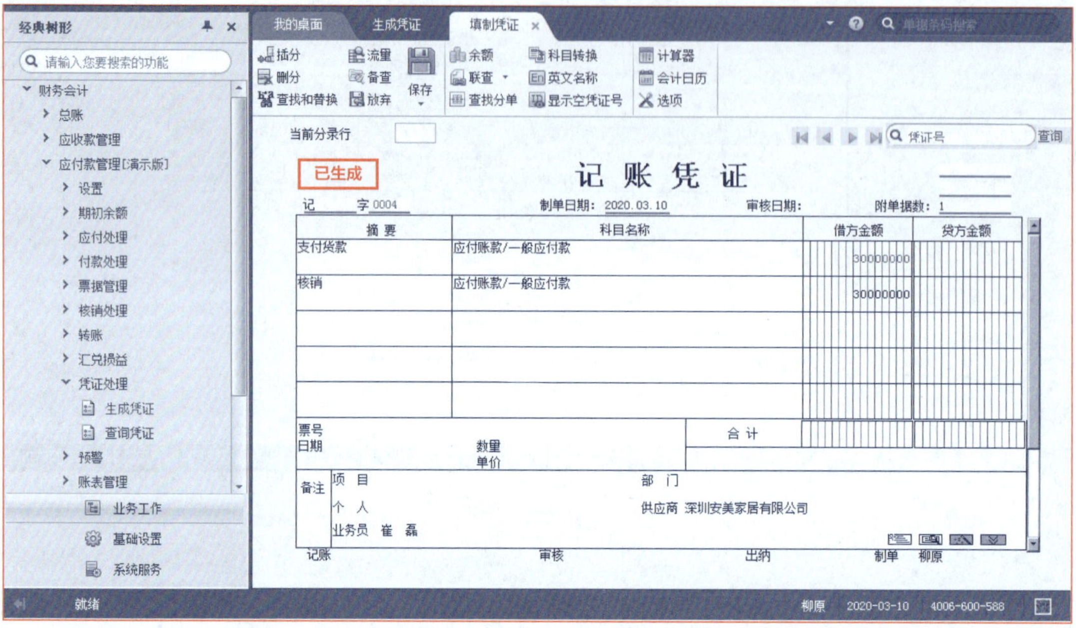

图 3-34 生成凭证

【重要提示】

应付款核销方式有自动核销和手工核销两种方式。当选项中“收付款单审核后核销”参数选中后，默认付款单审核后立即进行自动核销操作。修改为手工核销，则收付款单审核后立即自动进入手工核销界面，手工完成核销。

销售发票审核制单

任务 2.3 销售发票审核制单

任务要求

2020 年 3 月 4 日，市场中心业务员何红艳向北京丰乐源贸易有限公司销售硅胶床垫 300 套，录入并审核销售专用发票，填制记账凭证。根据上述业务，在业财一体信息化平台中完成销售发票录入、审核，并生成应收类凭证。专用发票如图 3-35 所示。

业务操作

销售发票需要在供应链模块中进行录入，操作路径及方式为：【业务工作】—【供应链】—【销售管理】—【销售开票】—【销售专用发票】，单击【新增】进入“销售专用

1100202130 北京增值税专用发票 № 53616313 1100202130 53616313

此联不做报销、扣税凭证使用

机器编号：349863554688

开票日期：2020年03月03日

购买方	名　　称：北京丰乐源贸易有限公司 纳税人识别号：91110000700003739A 地 址、电 话：北京市丰台区方庄芳城园二区15号010-51909588 开户行及账号：工行方庄支行营业部0200053809024207280				密码区	</*198<+/>*<3879694</85*+**+*<7 116</26*+*<11715<2529##<*#4635# +*</54845*+#<4243</27991*<4175* <<4956*2340<7379##<*#3342>.>**	
货物或应税劳务名称	规格型号	单位	数量	单价	金额	税率	税额
*橡胶制品*硅胶床垫		个	300	5800	1740000.00	13%	226200.00
合　　计					¥1,740,000.00		¥226,200.00
价税合计（大写）	⊗ 壹佰玖拾陆万陆仟贰佰圆整				（小写）¥1,966,200.00		
销售方	名　　称：北京美庭商贸有限公司 纳税人识别号：91110300708461188Y 地 址、电 话：北京市海淀区回龙观路15号010—28285858 开户行及账号：中国工商银行北京海淀支行1100229999888899588				备注		

收款人：　　复核：　　开票人：金光荣　　销售方：（章）

第一联：记账联　销售方记账凭证

税总函〔2019〕144号中钞光华印刷有限公司

北京美庭商贸有限公司 91110300708461188Y 发票专用章

图 3-35　销售专用发票

发票”界面。按照专用销售发票信息填写录入，并保存。（本部分内容将在工作领域四作详细介绍，本任务可以先按照上述方式进行操作，以确保后续操作顺利进行，操作上也可以参照工作领域四）

（1）从【业务工作】—【财务会计】—【应收款管理】—【应收处理】—【销售发票】—【销售发票审核】进入“销售发票审核”界面。单击〖查询〗按钮，在弹出的查询条件。录入查询条件后，单击〖确定〗按钮，在如图 3-36 所示的“销售发票列表”界面显示查询结果。

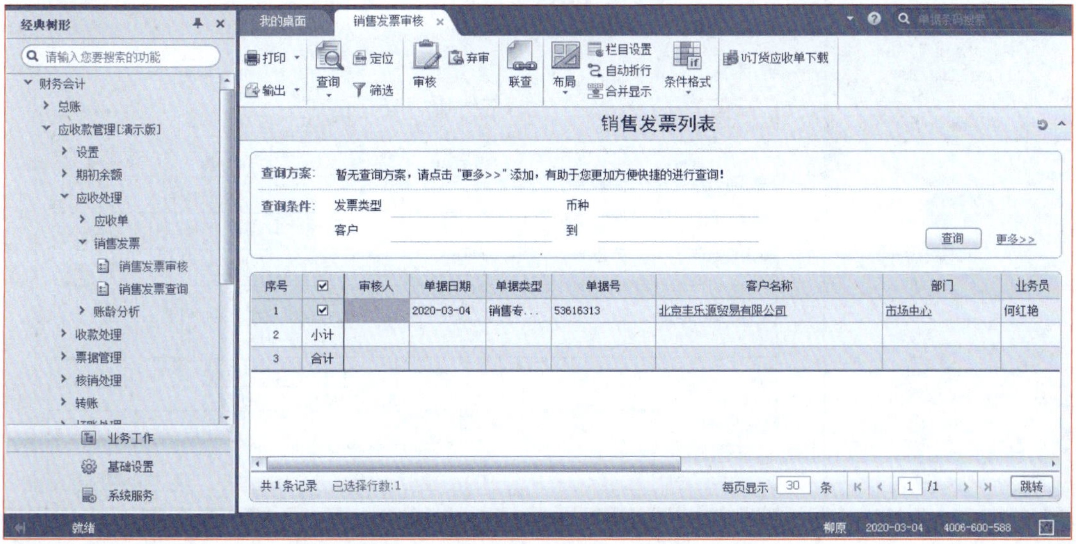

图 3-36　销售发票列表

（2）双击列表中的任一条发票记录，可以查看如图 3-37 所示的发票详细信息。

图 3-37 发票详细信息

（3）单击〖审核〗按钮，系统询问是否立即制单。单击〖是〗按钮，弹出如图 3-38 所示的“填制凭证”界面，单击〖保存〗按钮或按下［F6］功能键，凭证左上角出现已生成字样，完成销售发票审核制单处理。

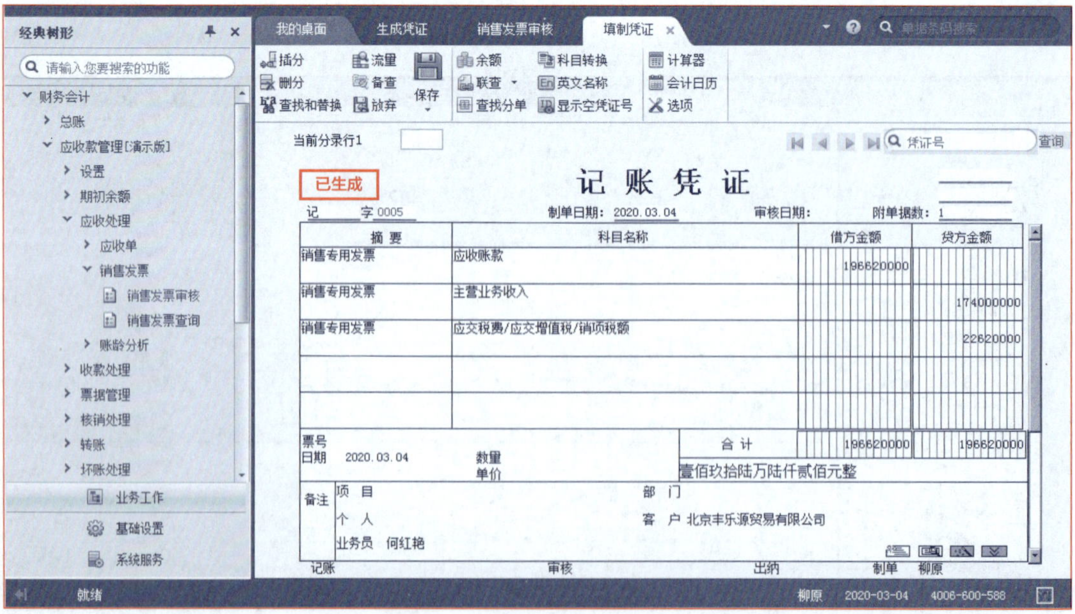

图 3-38 生成记账凭证

【重要提示】

如果没有立即制单，也可以在【业务工作】—【财务会计】—【应收款管理】—【凭证处理】—【生成凭证】中完成制单。

收款核销制单

任务 2.4　收款核销制单

任务要求

2020 年 3 月 4 日，收到市场中心业务员何红艳向北京丰乐源贸易有限公司销售硅胶床垫货款 1 966 200.00 元，财务中心收款并核销应收款项。根据企业财务制度规定及销售部门需求，在业财一体信息化平台应收款管理模块中熟练、准确地填制收款单，并能进行正确核销，生成收款类凭证。银行收款回单如图 3-39 所示。

ICBC 中国工商银行　　业务回单（收款）

入账日期：　2020-03-04　　回单编号：1028357485
付款人户名：　北京丰乐源贸易有限公司
付款人账号：　0200053809024207280
付款人开户行/发报行：　工行方庄支行营业部
收款人户名：　北京美庭商贸有限公司
收款人账号：　1100229999888899588
收款人开户行　中国工商银行北京海淀支行
币种：　人民币　　金额（小写）：　¥1,966,200.00
金额（大写）：壹佰玖拾陆万陆仟贰佰元整
凭证种类：　　凭　证　号　码
业务（产品）种类：　　摘　要：　扣划贷款本金及利息
附言：
支付交易序号：13067895　　报文种类：00100　汇总报文
委托日期：　2020年3月4日　　业务种类：转账
收款人地址：
付款人地址：

中国工商银行北京海淀支行　2020.03.04　核算用（04）　李谷

打印次数：　1　次　　机打回单注意重复　打印日期：2020-03-04　　打印柜员：22141

图 3-39　银行收款回单

业务操作

收款单是企业销售商品或提供劳务后收取客户款项的单据，业财一体信息化平台可收取应收款、预收款、其他费用、现款结算、销售定金等各种类型的款项，收款后需将收款单与销售发票或应收单相关联，冲减本期应收，即核销处理。

（1）从【业务工作】—【财务会计】—【应收款管理】—【收款处理】—【收款单据录入】进入“收款单”界面。单击〖增加〗按钮或按下［F5］功能键后，依据收款业务，填制收款单据的内容。客户、结算方式、币种、金额为必输项。按下列内容填写表头信息：

单据编号：系统自动生成；

日期：2020-3-4；

客户：北京丰乐源贸易有限公司；

结算方式：转账支票；

结算科目：100201；

金额：1 966 200.00；

票据号：45872188；

部门：市场中心；

业务员：何红艳；

摘要：销售商品。

将光标移到表体的款项类型栏处，自动选择应收款，表头信息自动填充到表体内。单击〖保存〗按钮或按下［F6］功能键确认付款单的录入信息。如图 3-40 所示。

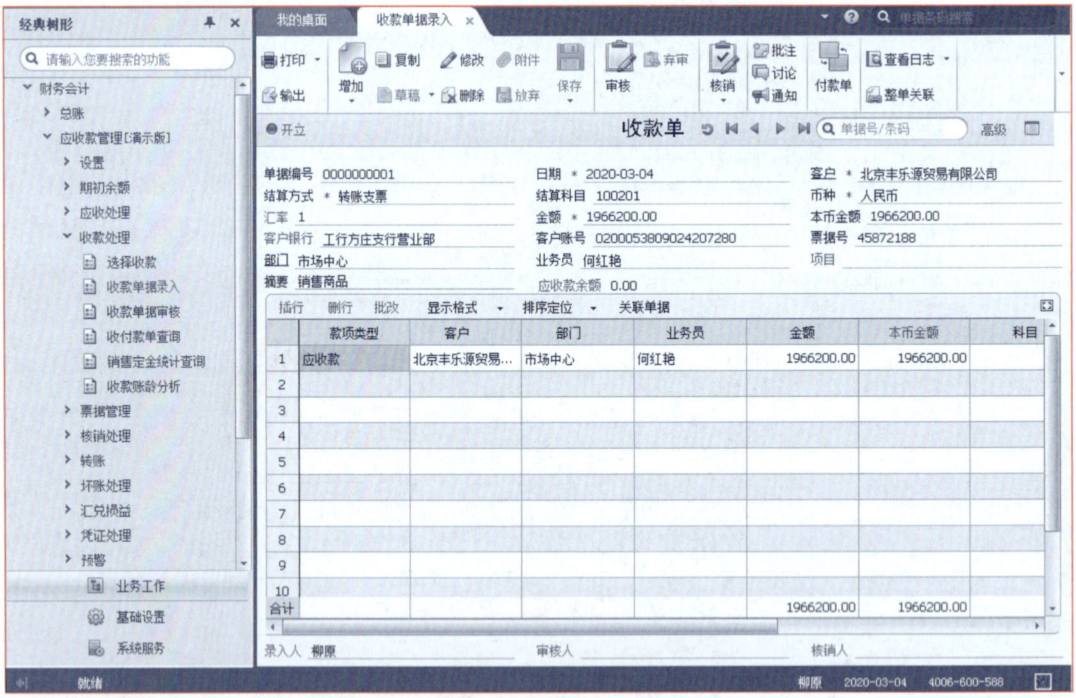

图 3-40　保存收款单

（2）单击〖审核〗按钮，系统弹出是否立即制单的提示。单击〖否（N）〗按钮，返回“收款单”界面。

（3）单击〖核销〗按钮，弹出如图 3-41 所示的“核销条件”界面。

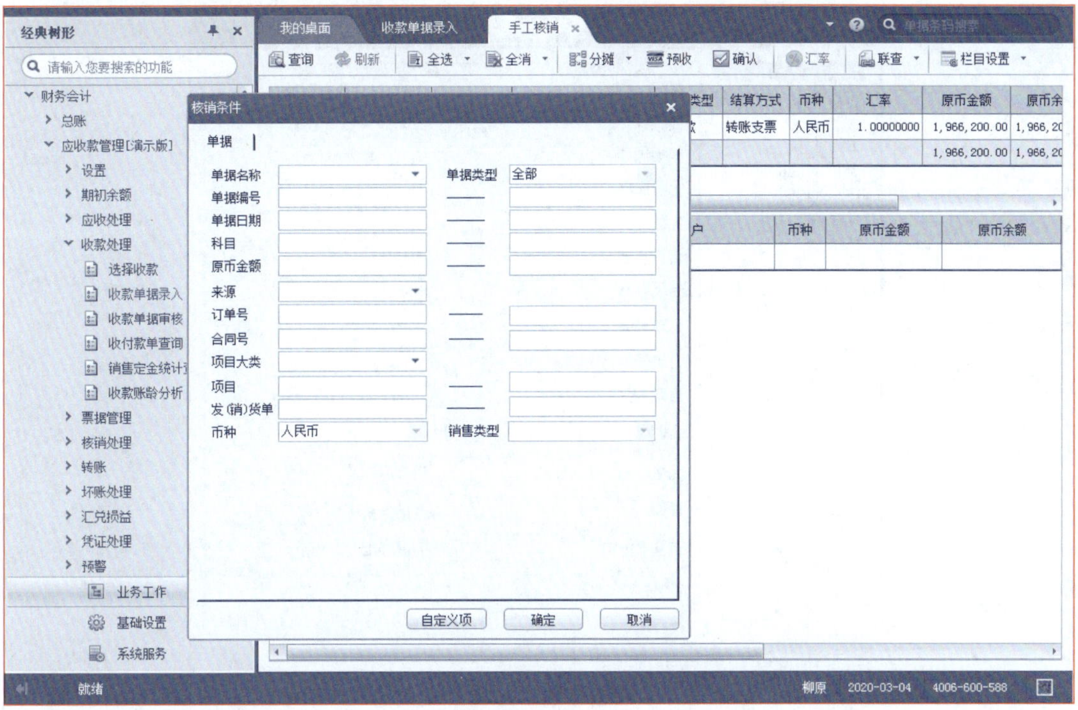

图 3-41 核销条件

（4）录入筛选条件后，单击〖确定〗按钮，进入如图 3-42 所示的“手工核销”界面。

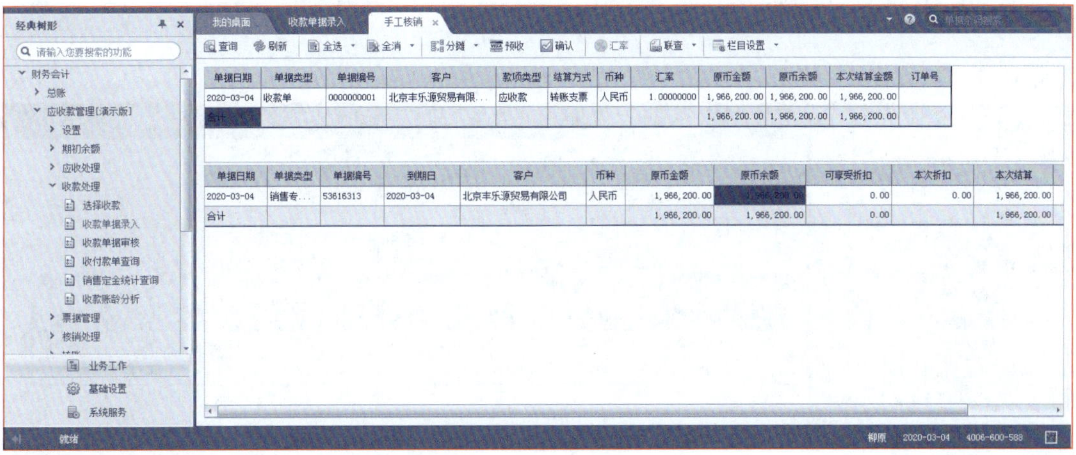

图 3-42 手工核销

（5）在销售专用发票的本次结算栏录入结算金额为 1 966 200.00，单击〖确认〗按钮，手工核销界面的核销单据消失。

（6）从【业务工作】—【财务会计】—【应收款管理】—【凭证处理】—【生成凭证】进入如图 3-43 所示的“制单查询”界面。

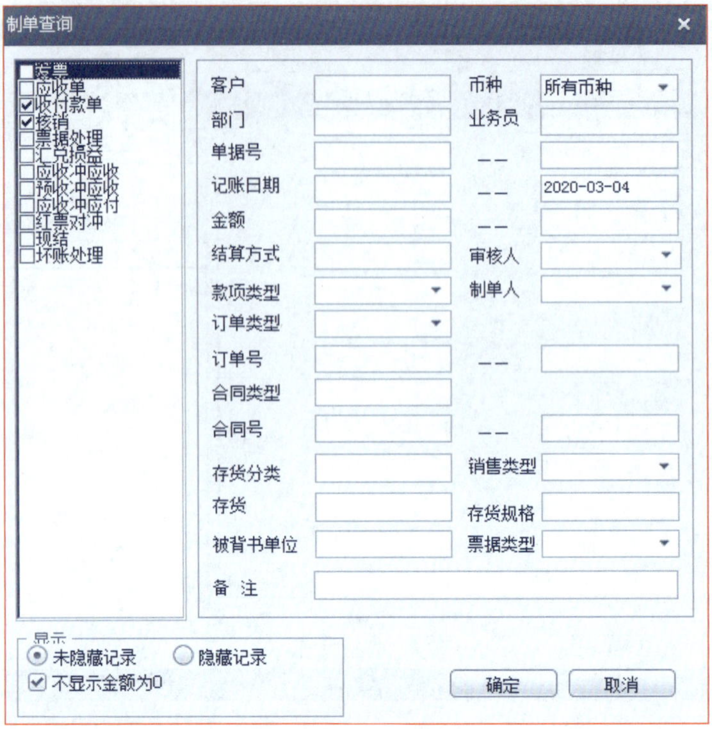

图 3-43　制单查询

（7）选择“收付款单”和“核销”两个选项后，单击〖确定〗按钮，弹出如图 3-44 所示的“应收列表”界面。

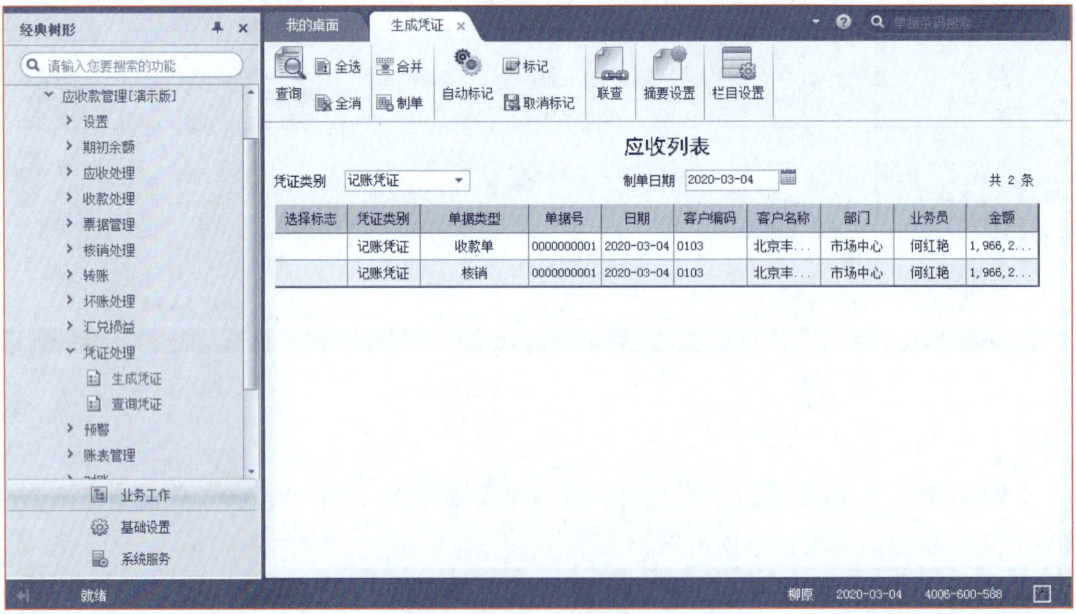

图 3-44　应收列表

（8）单击〖全选〗按钮后，每条记录前选择标志栏分别出现 1、2 不同的数字，代表分别制单，如果合并制单则数字相同。单击〖制单〗按钮，弹出记账凭证界面，如有信息缺失补全凭证信息，单击〖保存〗按钮或按下［F6］功能键，如图 3-45 所示凭证左上角出现已生成字样。

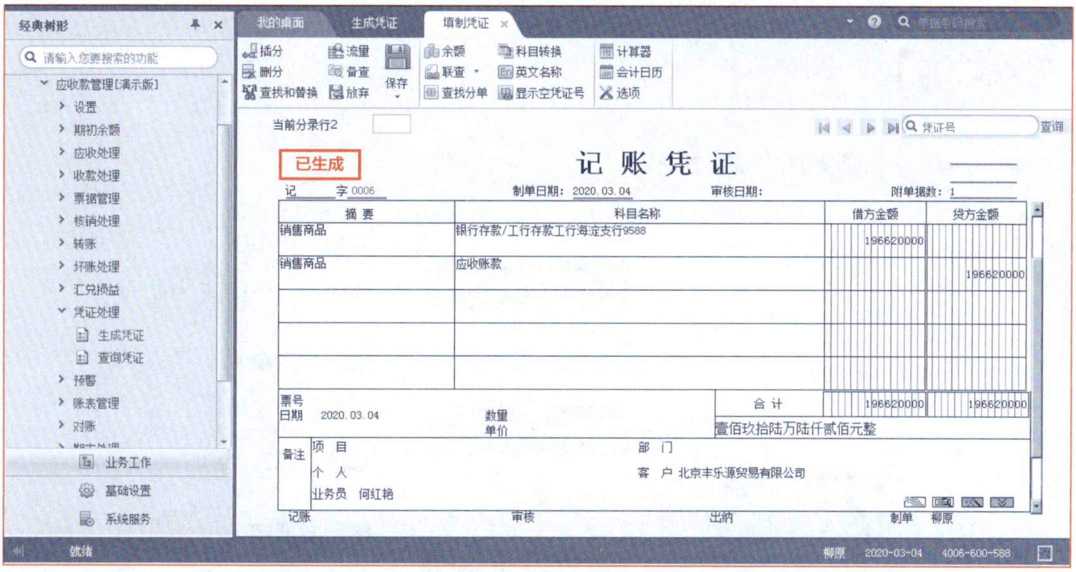

图 3-45 生成收款记账凭证

（9）单击〖▶〗按钮，调整到下一张凭证，单击〖保存〗按钮或按下［F6］功能键，如图 3-46 所示，凭证左上角出现已生成字样。

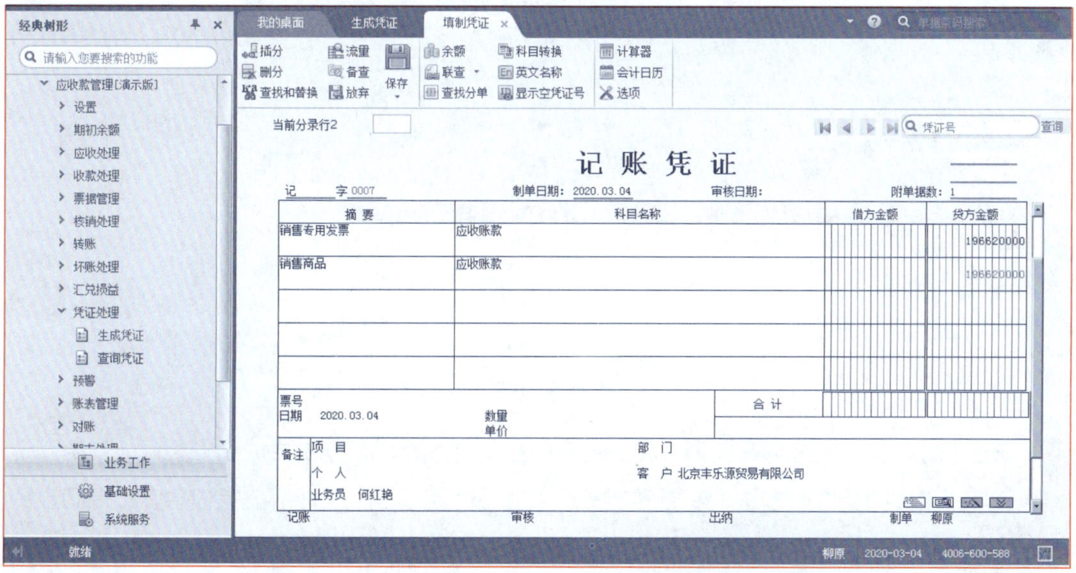

图 3-46 生成核销记账凭证

【重要提示】

应付款、应收款的核销方式均有按单据和按产品两种核销方式，通常核销不生成凭证，需要在选项中将参数设置为核算生成凭证，且将凭证制单规则的制单方式设置为明细到单据，否则无法生成凭证。

【任务总结】

本工作任务导图如图 3–47 所示。

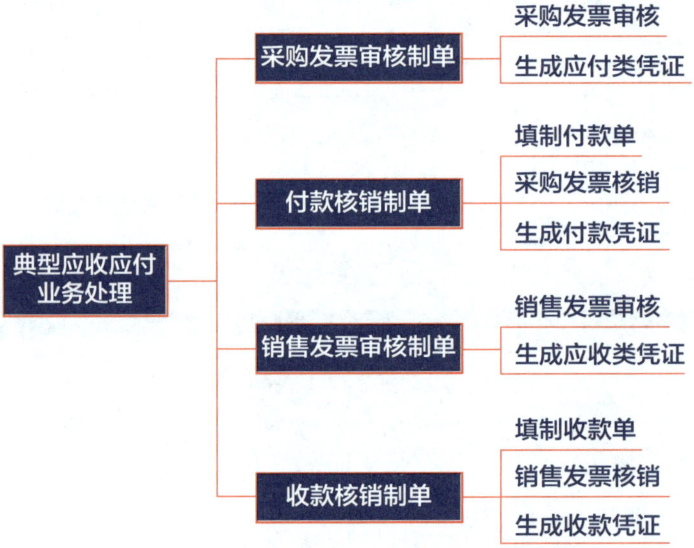

图 3–47　典型应收应付业务处理导图

工作任务 3　典型固定资产业务处理

【能力目标】

通过训练，使学生能够在业财一体信息化平台上完成新增资产并生成记账凭证，变更固定资产卡片使用部门及折旧方法，变更固定资产原值、使用年限、累计折旧等信息，计提固定资产折旧并生成记账凭证。培养学生具有独立完成企业典型固定资产业务处理的能力，达到胜任基于业财一体信息化平台企业会计核算岗位的工作职责目标。

【任务情境】

北京美庭商贸有限公司业财一体信息化项目已经成功运行，进展非常顺利，现利用平台对固定资产相关业务进行规范化管理。需要完成固定资产增加、变更、计提折旧等业务。

【知识准备】

完成此任务需要了解，企业日常固定资产业务处理主要包括固定资产日常业务的核算和管理。具体包括管理固定资产卡片、对固定资产的增加和减少及其他变动业务形成相应的变动明细记录、计提折旧并生成折旧分配凭证同时输出相关的报表和账簿。

任务 3.1　增加固定资产

固定资产
增加业务

任务要求

2020 年 3 月 6 日，收到购买大型 LED 广告屏的增值税专用发票，经质检部门检验合格后验收，财务部支付北京隆达股份有限公司货款，录入资产卡片。根据企业财务制度规定及固定资产情况，在业财一体信息化平台固定资产模块中熟练、准确地增加固定资产，并生成记账凭证。原始凭证如图 3-48 至图 3-50 所示。

固定资产验收单

日期：　2020年3月6日

项目/设备名称	大型LED广告屏	规格型号	8*12M	制造单位	北京隆达股份有限公司
供应厂商	北京隆达股份有限公司	合同编号	CG20200306001	金额	203400
数量	1	使用部门	市场中心	经办人	姜刚
检验记录					
检查项目	检查结果			检查人	备注
外观完好方面	外观完整无破损，合格			高志爽	
功能适用方面	经测试，功能符合合同要求，合格			高志爽	
产品符合标准方面	产品符合国家标准，并高于标准，合格			高志爽	
附属设备及清单	名称		规格型号		数量
验收人结论	合格				
备注：					

验收人：张伟栋　　　资产责任人：姜刚

图 3-48　固定资产验收单

ICBC 中国工商银行　　业务回单（付款）

入账日期：　2020-03-06　　回单编号：1028313465
付款人户名：　北京美庭商贸有限公司
付款人账号：　1100229999888899588
付款人开户行/发报行：　中国工商银行北京海淀支行
收款人户名：　北京隆达股份有限公司
收款人账号：　02230034985264
收款人开户行　中国建设银行北京海淀支行
币种：　人民币　　金额（小写）：　¥203,400.00
金额（大写）：贰拾万零叁仟肆佰元整
凭证种类：　　凭证号码
业务（产品）种类：　　摘要：　支付货款
附言：
支付交易序号：13024568　　报文种类：00100 汇总报文
委托日期：　2020年3月6日　　业务种类：转账
收款人地址：
付款人地址：

中国工商银行北京海淀支行 2020.03.06 核算用（04） 李馨英

打印次数：　1　次　　机打回单注意重复　　打印日期：2020-03-06　　打印柜员：22141

图 3-49　银行付款回单

1100202130　　北京增值税专用发票　　№ 35927888　　1100202130 35927888

机器编号：422818608000　　开票日期：2020年03月06日

购买方
名　　称：北京美庭商贸有限公司
纳税人识别号：91110300708461188Y
地址、电话：北京市海淀区回龙观路15号010—28285858
开户行及账号：中国工商银行北京海淀支行1100229999888899588

密码区
</*569<+/>*<2787005</50*+**+*<5
247</473*+*<52233<8963##<*#4522
#+*</85198*+#<8404</10070*<6042
*<<79863*210<8672##<*#3927>.>**

货物或应税劳务名称	规格型号	单位	数量	单价	金额	税率	税额
*集成电路*大型LED广告屏		台	1	180000	180000.00	13%	23400.00
合　计					¥180,000.00		¥23,400.00

价税合计（大写）　⊗ 贰拾万叁仟肆佰圆整　　（小写）¥203,400.0

销售方
名　　称：北京隆达股份有限公司
纳税人识别号：110109012530394000
地址、电话：北京市海淀区丰豪东路20号　010-62900219
开户行及账号：中国建设银行北京海淀支行　02230034985264

备注　北京隆达股份有限公司 110109012530394000 发票专用章

收款人：　　复核：　　开票人：叶菲　　销售方：（章）

税总函〔2019〕144号中钞光华印制有限公司

第三联：发票联　购货方记账凭证

图 3-50　专用发票

业务操作

固定资产是企业赖以生产经营的主要资产，因生产、销售、提供劳务或者经营管理需要而持有的、使用期限超过 12 个月的，且资产价值达到一定标准的非货币性实物资产，常见的固定资产包括房屋、建筑物、机器、机械、运输工具以及与生产经营相关的设备、器具、工具等。随着生产经营的不断延续和规模扩大，企业会有增加新的固定资产的需求，资产增加业务是企业常见的业务。

（1）操作员 005 孙秀登录业财一体信息化平台，从【业务工作】—【财务会计】—【固定资产】—【卡片】—【资产增加】进入如图 3-51 所示的“固定资产类别档案”界面。

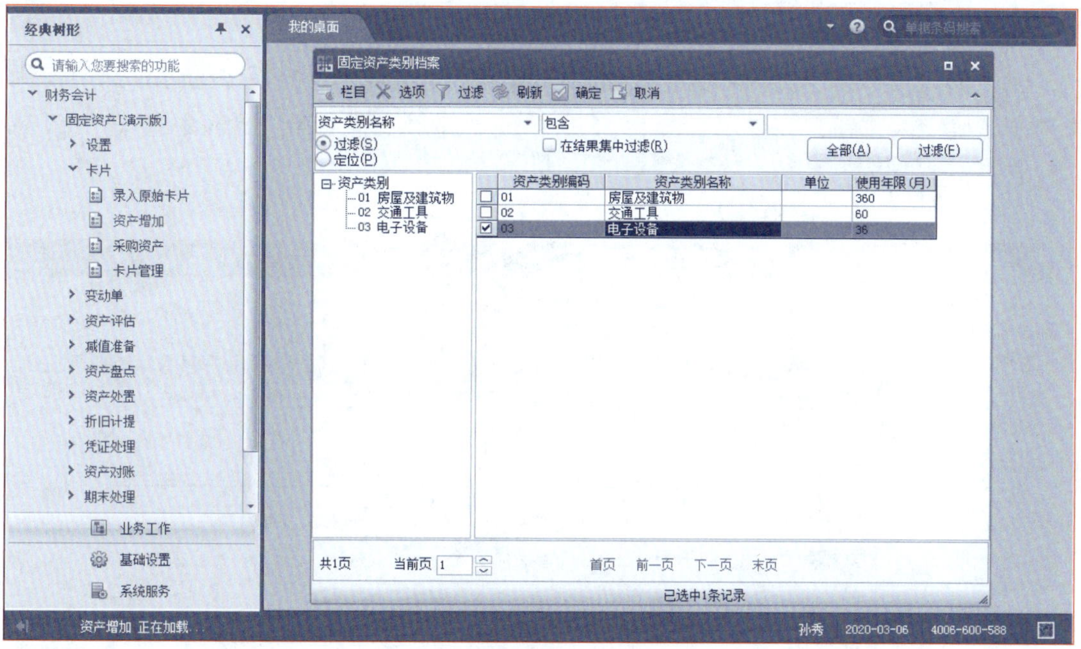

图 3-51　固定资产类别档案

（2）选择要增加资产的类别，本例选电子设备，单击〖确定〗按钮，进入如图 3-52 所示的“固定资产卡片”界面。

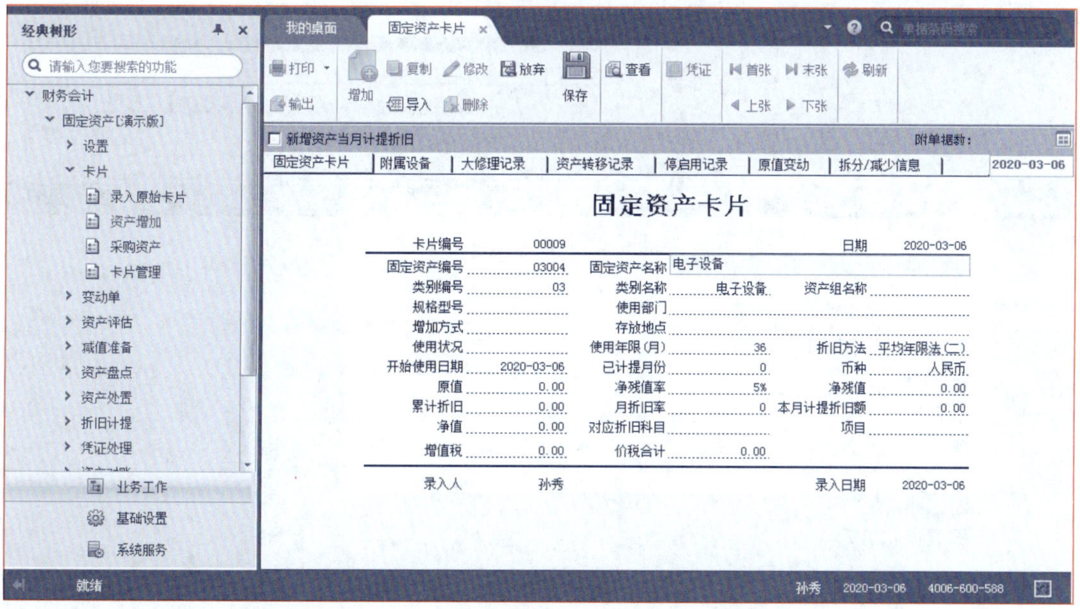

图 3-52　固定资产卡片

（3）录入或参照选择各项目的内容，资产增加的录入日期不能修改。具体信息如下：

固定资产编号：03003（本例为自动编号，由系统自动编制）；

固定资产名称：LED 广告屏；

规格型号：8*12M；

使用部门：单击〖使用部门〗按钮，在弹出“固定资产”界面中选择单部门使用，再单击〖确定〗按钮，在弹出如图 3–53 所示的“部门基本参照”界面中选中“市场中心”后，单击〖确定〗按钮；

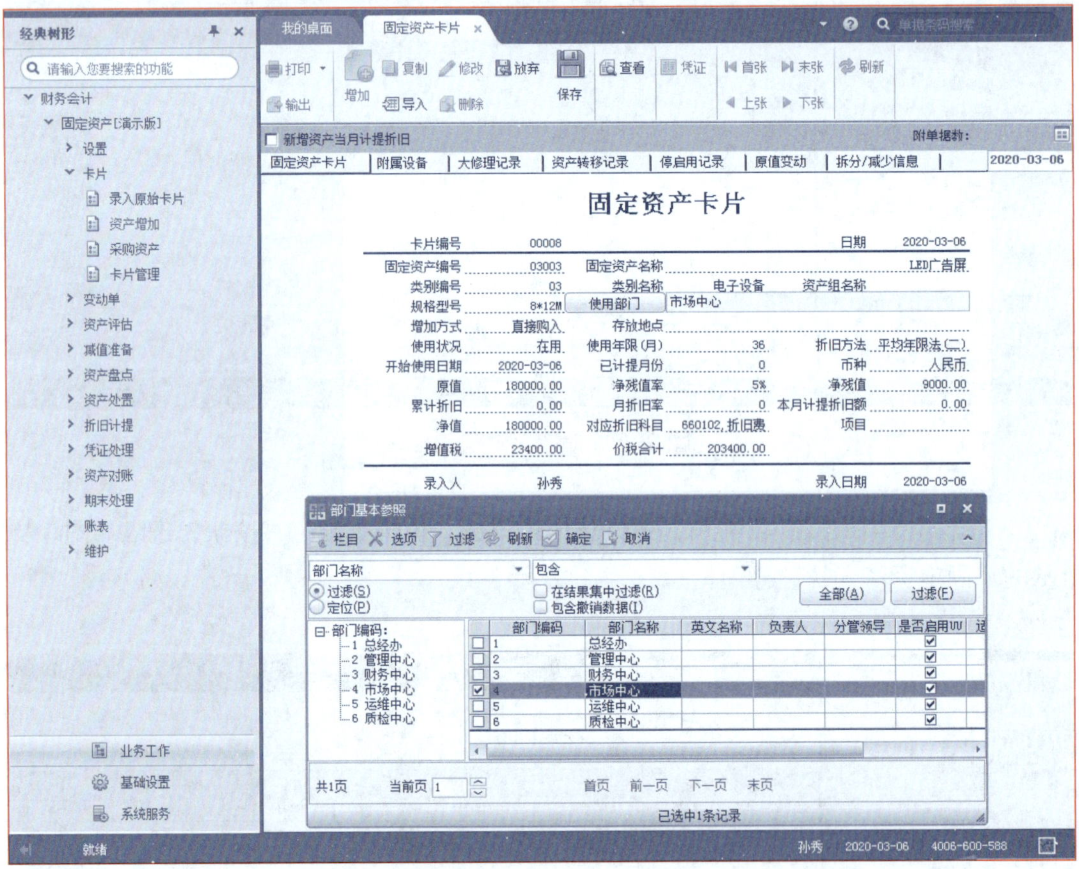

图 3–53　部门基本参照

增加方式：直接购入；

使用状况：在用；

使用年限：36；

净残值率：5%；

开始使用日期：2020–3–6；

原值：180 000.00；

增值税：23 400.00。

（4）所有信息录入完成后，单击〖保存〗按钮或按下［F6］功能键，保存录入的资产卡片。系统提示数据成功保存。

（5）从【业务工作】—【财务会计】—【固定资产】—【凭证处理】—【批量制单】进入如图 3-54 所示的“查询条件——批量制单”界面。

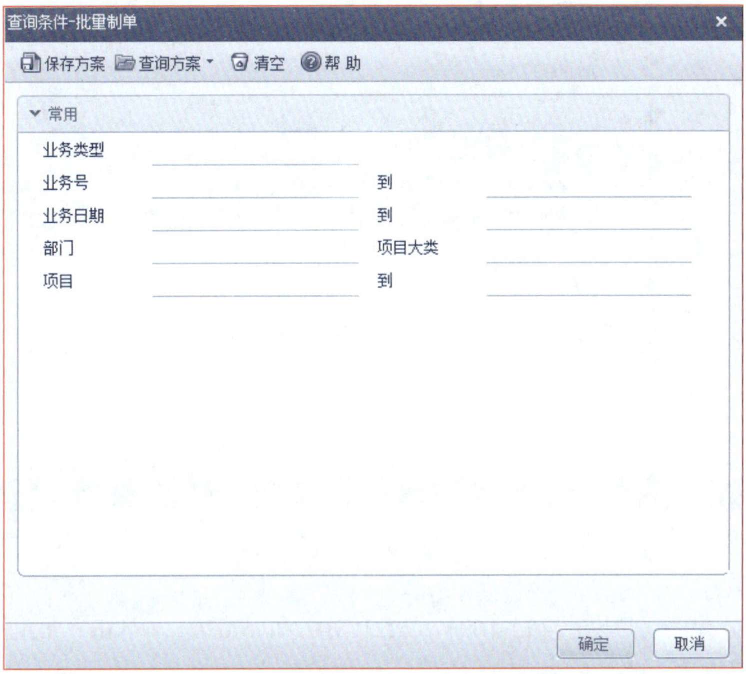

图 3-54　查询条件——批量制单

（6）录入查询条件后，单击〖确定〗按钮，弹出如图 3-55 所示的“批量制单”界面。

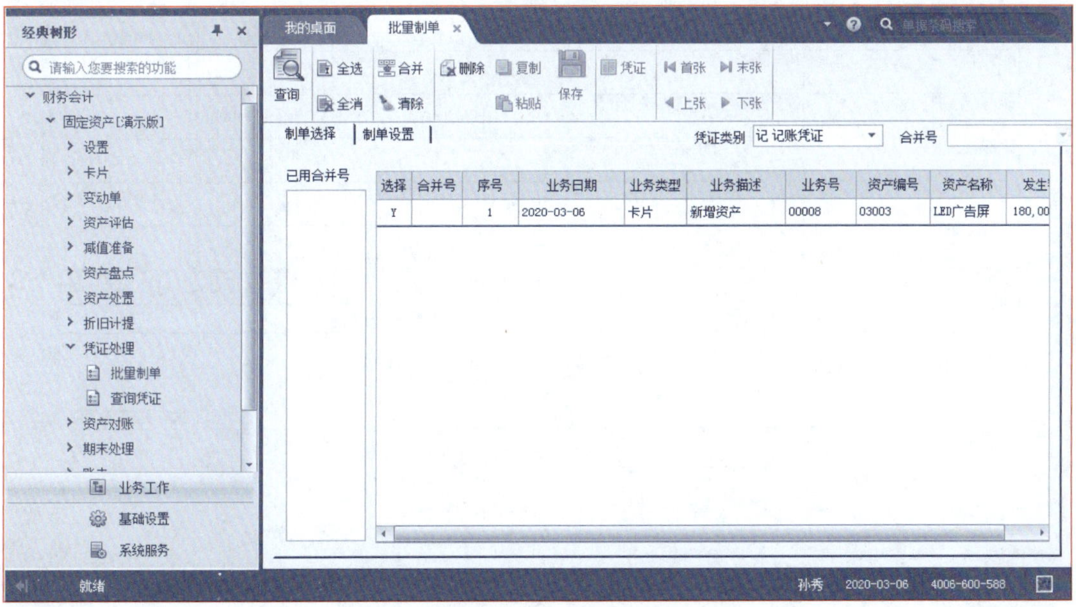

图 3-55　批量制单

（7）双击选择栏空白处，字母“Y”自动填入选择栏内，表示选中该条记录。然后选中制单设置页签，如图 3-56 所示。

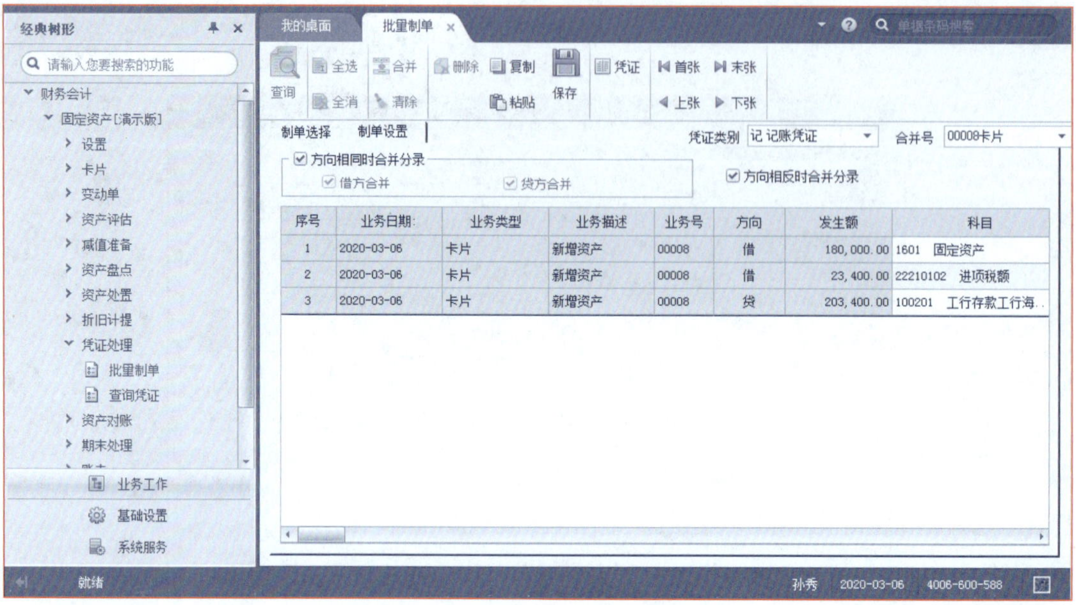

图 3-56　批量制单设置

（8）三条分录分别补充科目 1601、22210102 和 100201，单击〖凭证〗按钮，弹出如图 3-57 所示的“记账凭证”界面。

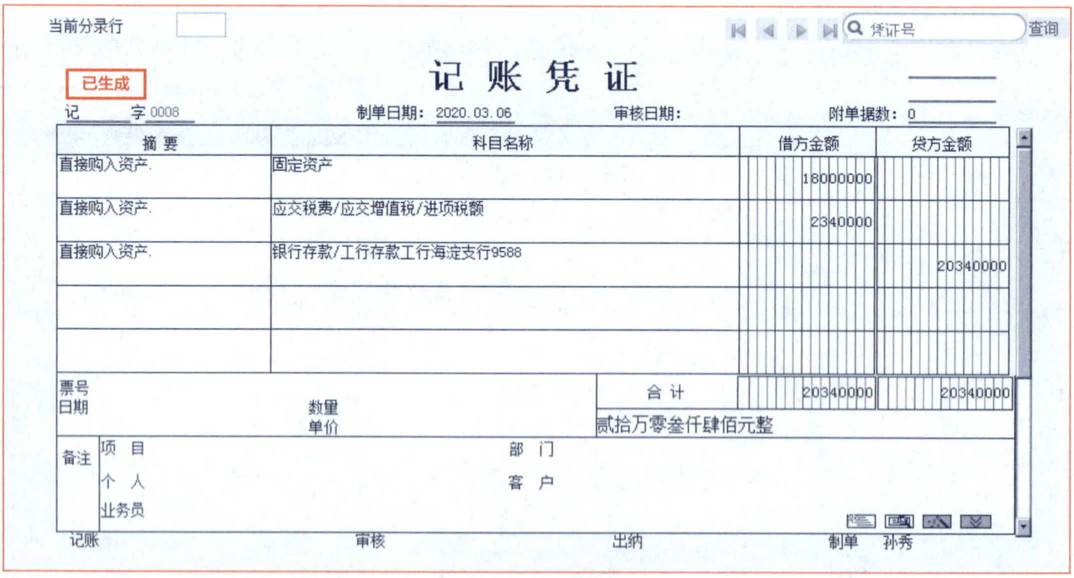

图 3-57　记账凭证

（9）完善辅助项目内容后单击〖凭证〗按钮保存生成的记账凭证，凭证左上角出现已生成字样。

【重要提示】

保存固定资产新增卡片后，也可以点击菜单里的〖凭证〗按钮立即生成记账凭证，手工修改后即可保存。

固定资产增加业务在业财一体信息化平台的操作方式有两种，一种是直接在固定资产模块新增卡片（本例采用的方法），另一种是在采购模块走固定资产采购流程，两种方式的结果是一样的，但第二种方式的业务完整性更全。

任务 3.2 固资资产变更

固定资产变更

任务要求

2020 年 3 月 31 日，由于工作需要将原总经办的轿车调配给管理中心使用，由姜玉刚保管；将打印复印一体机的折旧方法变更为平均年限法（一）。根据企业财务制度规定及固定资产使用情况，在业财一体信息化平台固定资产模块中对固定资产卡片进行使用部门、折旧方法等变更。

业务操作

1. 部门转移

（1）操作员 005 孙秀登录业财一体信息化平台，从【业务工作】—【财务会计】—【固定资产】—【变动单】—【部门转移】进入如图 3-58 所示的“固定资产变动单”界面。

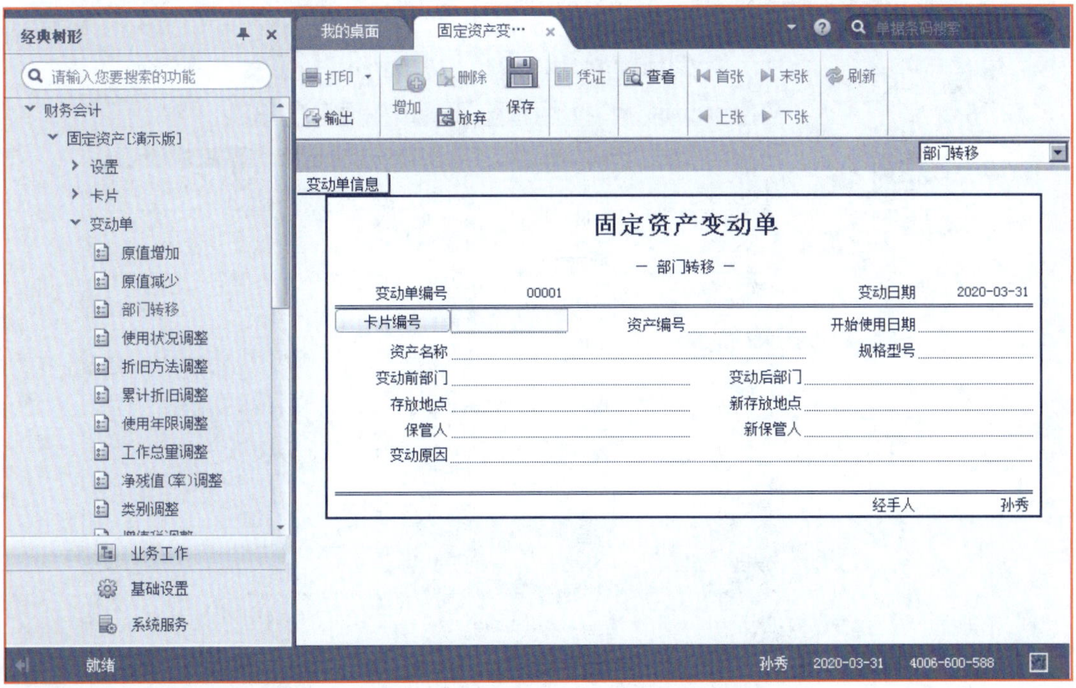

图 3-58 固定资产变动单

（2）单击〖卡片编号〗按钮，在弹出的“固定资产卡片档案”界面。选择要转移部门的资产轿车记录行，单击〖确定〗按钮。

（3）将光标移动到变动后部门栏，单击〖变动后部门〗按钮，弹出如图 3-59 所示的“固定资产”界面。

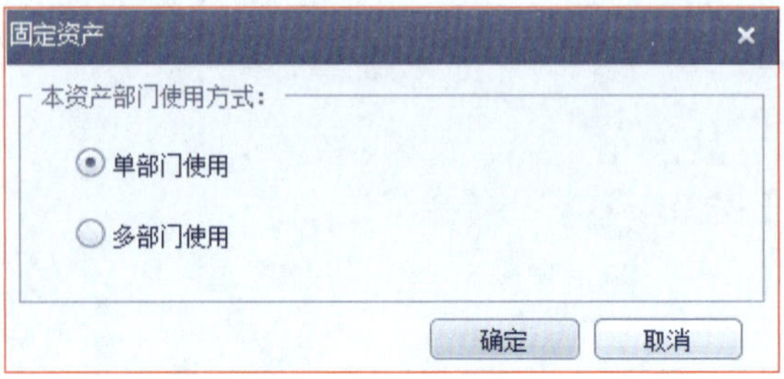

图 3-59　部门使用方式选择

（4）选择单部门使用后，单击〖确定〗按钮，弹出部门基本参照界面。选择管理中心后，单击〖确定〗按钮，新存放地点录入管理中心。

（5）将光标移动到新保管人处，单击〖新保管人〗按钮，弹出如图 3-60 所示的“人员档案”界面。

图 3-60　人员档案

（6）选中 2001 姜玉刚后，单击〖确定〗按钮，录入变动原因为工作需要后，单击〖保存〗按钮或按下［F6］功能键，弹出如图 3-61 所示的固定资产数据成功保存提示，完成部门转移操作。

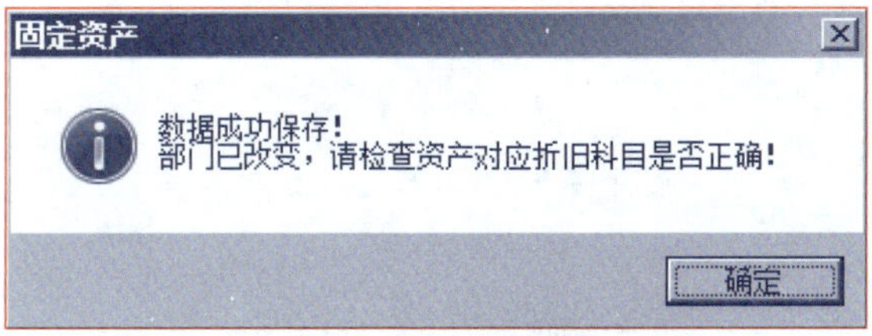

图 3-61　数据成功保存提示框

2. 折旧方法调整

（1）从【业务工作】—【财务会计】—【固定资产】—【变动单】—【折旧方法调整】进入“固定资产变动单”界面，单击〖卡片编号〗按钮，弹出如图 3-62 所示的“固定资产卡片档案”界面。

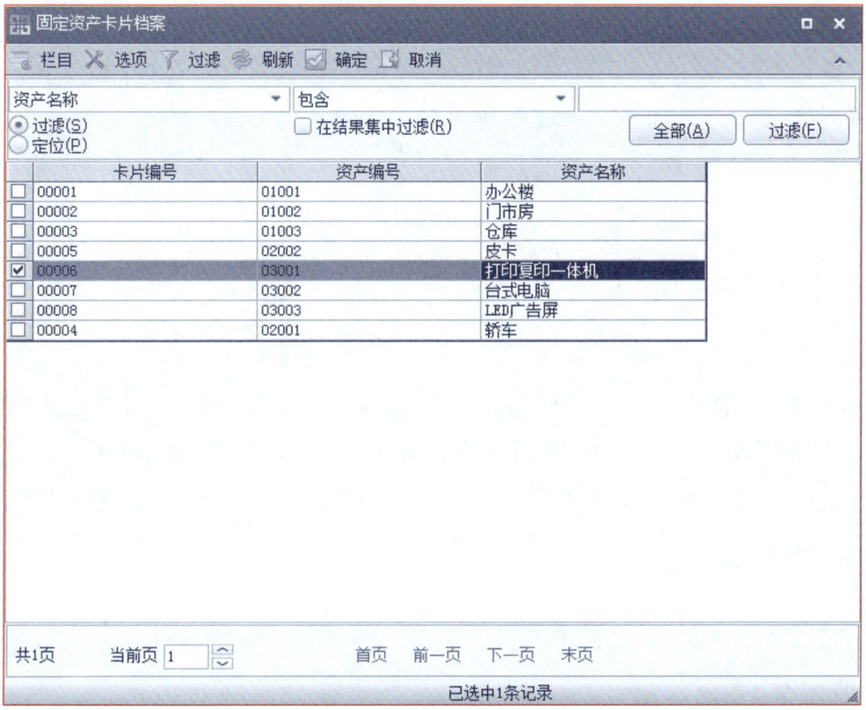

图 3-62　固定资产卡片档案

（2）选择要调整折旧方法的资产打印复印一体机记录行，单击〖确定〗按钮。

（3）将光标移动到变动后折旧方法栏，单击〖变动后折旧方法〗按钮，弹出如图 3-63 所示的“折旧方法参照”界面。

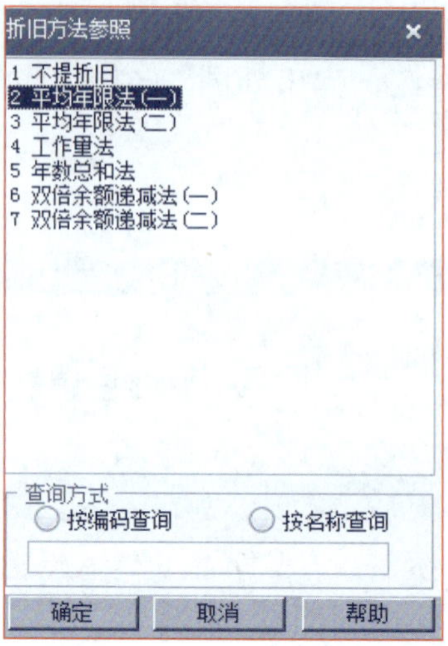

图 3-63　折旧方法参照

（4）选择平均年限法（一）后，单击〖确定〗按钮。

（5）录入变动原因为财务工作需要后，单击〖保存〗按钮或按下［F6］功能键，弹出固定资产数据成功保存提示，完成折旧方法调整操作。

【重要提示】

变动单不能修改，只有当月的变动单可删除重做。

当月新增的固定资产不能执行变更处理。

任务 3.3　固定资产变更制单

任务要求

2020 年 3 月 31 日，固定资产管理部门对 02001 轿车资产聘请相关专业机构进行了资产评估，评估结果为累计折旧值调整为 250 000 元，原值增加 5 000 元，使用年限调整为 4 年，相关处理符合政策要求并已经过相关审批，现需要将本月发生的固定资产变更业务进行财务处理。

业务操作

1. 原值增加

（1）操作员 005 孙秀登录业财一体信息化平台，从【业务工作】—【财务会计】—【固定资产】—【变动单】—【原值增加】进入固定资产变动单界面，点击〖卡片编号〗按钮，弹出如图 3-64 所示的“固定资产卡片档案”界面。

（2）选择需要增加原值的固定资产记录行 00004 轿车，单击〖确定〗按钮，将光标移动到“增加金额”栏，录入 5 000.00，如图 3-65 所示。

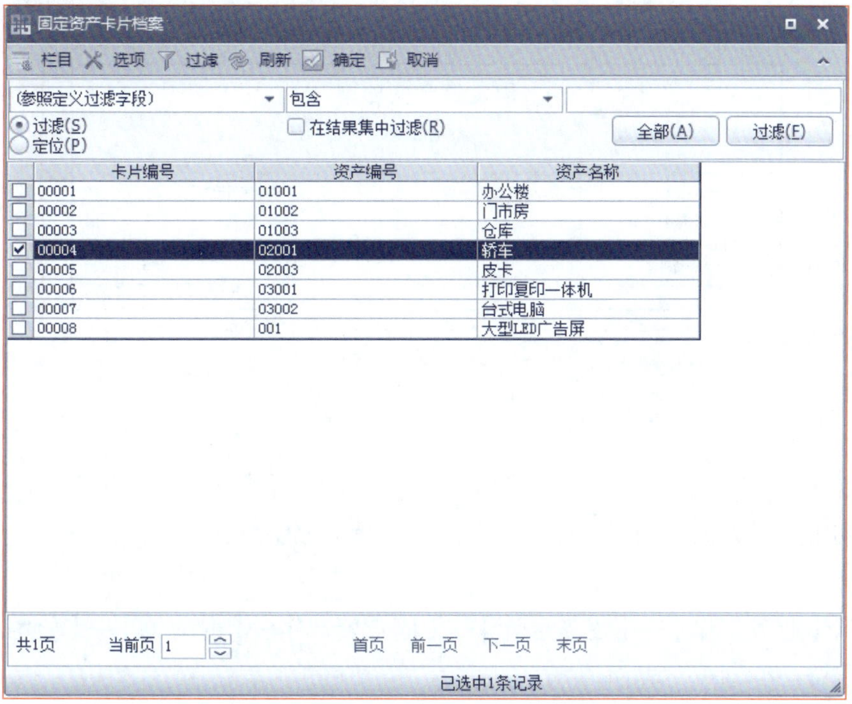

图 3-64 固定资产卡片档案

图 3-65 原值变动单

（3）录入变动原因为“资产评估调整”后，单击〖保存〗按钮或按下［F6］功能键，系统弹出固定资产数据成功保存提示，完成原值增加操作。

2. 累计折旧调整

（1）从【业务工作】—【财务会计】—【固定资产】—【变动单】—【累计折旧调整】进入“固定资产变动单”界面。

（2）单击〖卡片编号〗按钮，弹出“固定资产卡片档案”界面。

（3）选择要增加原值的固定资产记录行 00004 轿车，单击〖确定〗按钮。

（4）将光标移动到“变动后累计折旧”栏，录入 250 000.00 后，单击〖确定〗按钮。如图 3-66 所示。

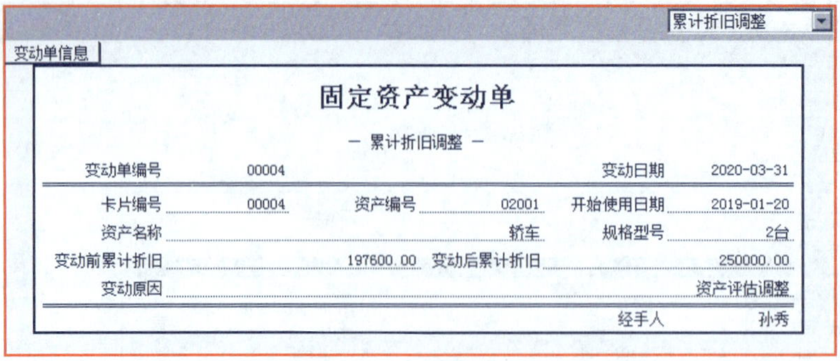

图 3-66　累计折旧变动单

（5）录入变动原因为“资产评估调整”后，单击〖保存〗按钮或按下［F6］功能键，系统弹出固定资产数据成功保存提示，完成累计折旧调整操作。

3. 使用年限调整

（1）从【业务工作】—【财务会计】—【固定资产】—【变动单】—【使用年限调整】进入“固定资产变动单”界面。

（2）单击〖卡片编号〗按钮，弹出与图 3-64 所示的固定资产卡片档案相同的界面。

（3）选择要增加原值的固定资产记录行 00004 轿车，单击〖确定〗按钮。

（4）将光标移动到“变动后使用年限”栏，录入 48 后，单击〖确定〗按钮。如图 3-67 所示。

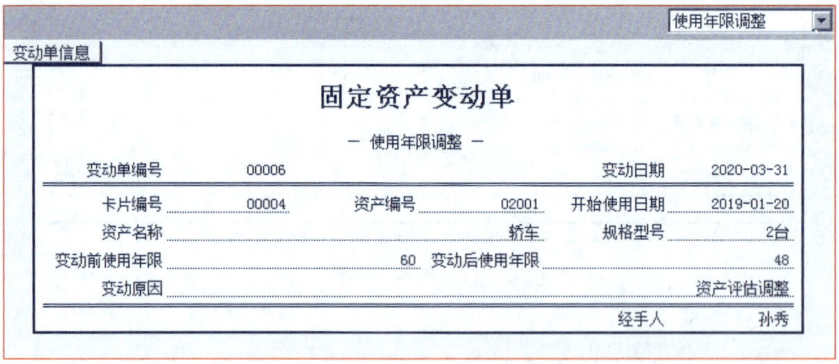

图 3-67　使用年限变动单

（5）录入变动原因为“资产评估调整”后，单击〖保存〗按钮或按下［F6］功能键，系统弹出固定资产数据成功保存提示，完成使用年限调整操作。

4. 变更制单

（1）从【业务工作】—【财务会计】—【固定资产】—【凭证处理】—【批量制单】进入如图 3-68 所示的“查询条件——批量制单”界面。

（2）录入查询条件后，单击〖确定〗按钮，返回如图 3-69 所示的“批量制单”界面。

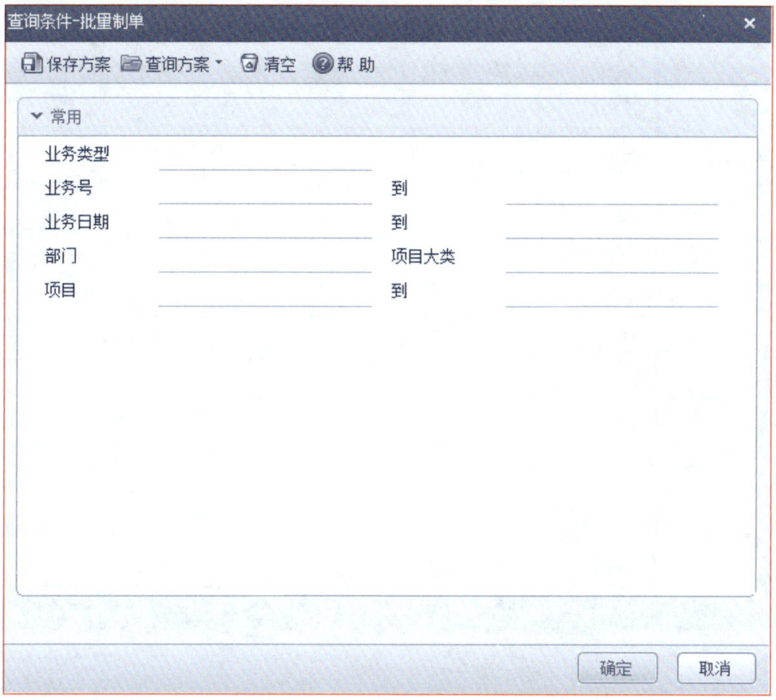

图 3-68 查询条件——批量制单

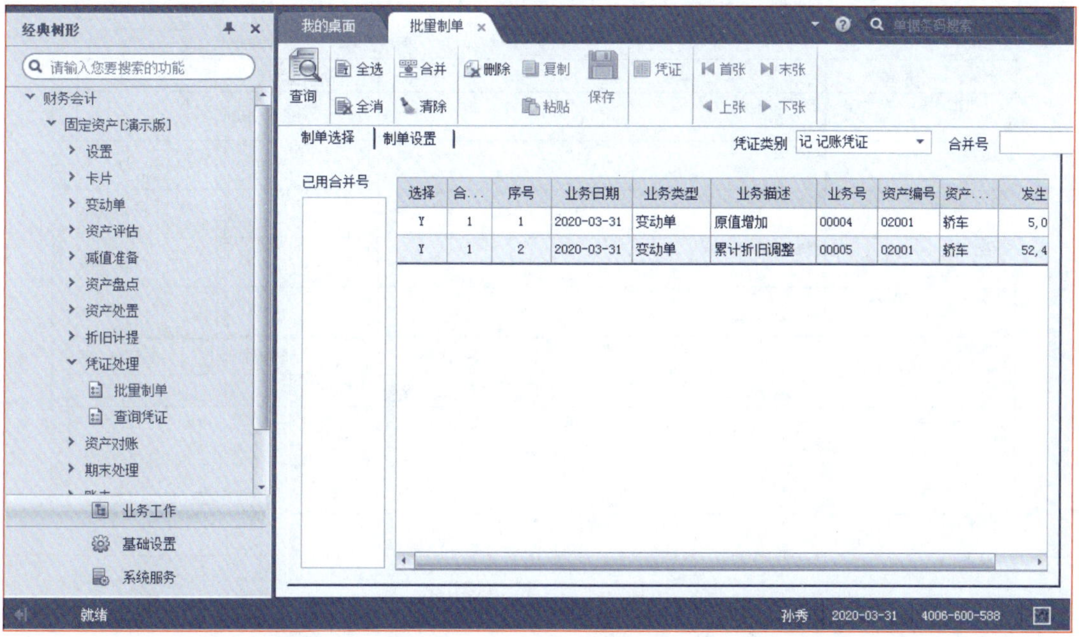

图 3-69 批量制单

（3）依次点击〖全选〗按钮、〖合并〗按钮，然后选中制单设置页签，如图 3-70 所示。

（4）按行次分别补充科目 1601、4002、1602 和 660202（核算部门为“1 总经办”），然后单击〖凭证〗按钮，弹出如图 3-71 所示的“记账凭证”界面。

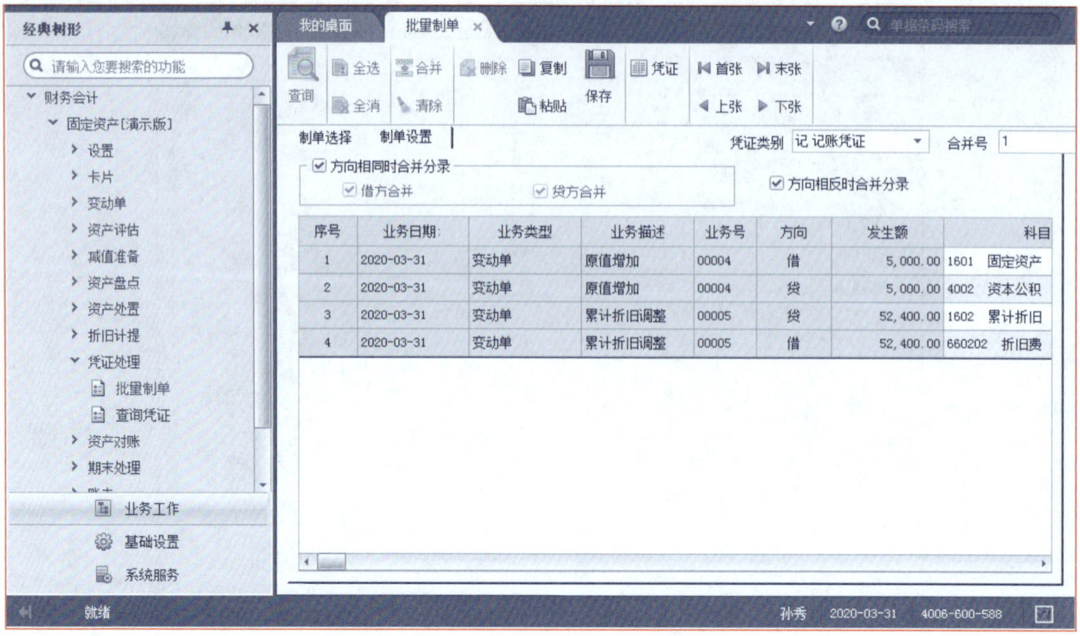

图 3-70　制单设置

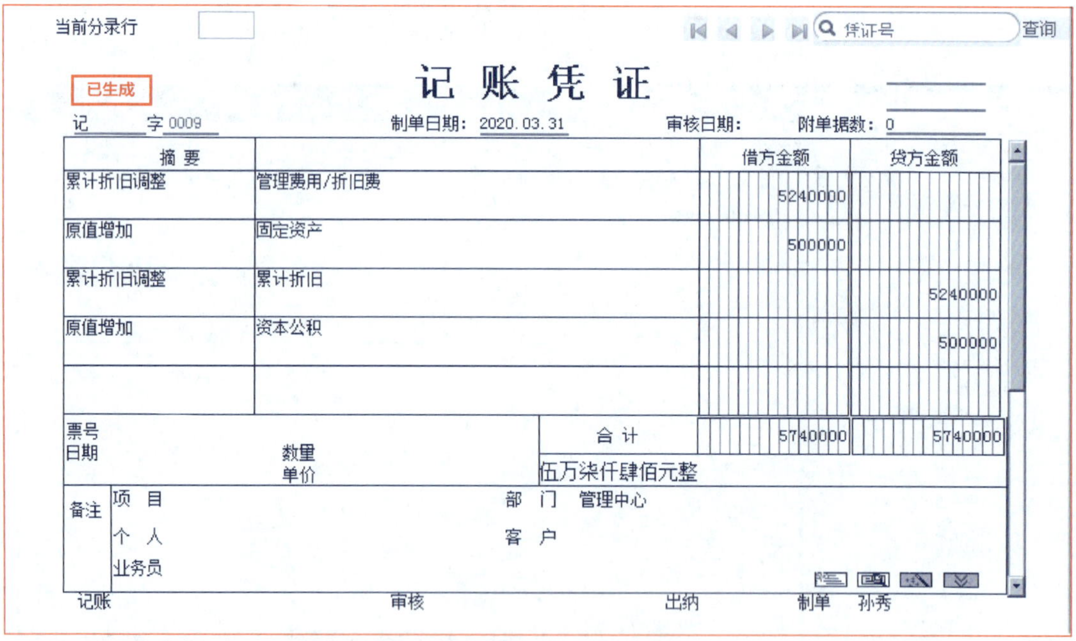

图 3-71　记账凭证

（5）单击〖保存〗按钮，保存生成的记账凭证，凭证左上角出现已生成字样。

【重要提示】

固定资产原值或累计折旧变动时，必须保证变动后的净值（原值减累计折旧）大于等于变动后的净残值。

进行使用年限调整的固定资产在调整的当月就按调整后的使用年限计提折旧。

任务 3.4　计提固定资产折旧

任务要求

2020 年 3 月 31 日，资产会计孙秀计提本月固定资产折旧，分摊并生成记账凭证。

业务操作

（1）操作员 005 孙秀登录业财一体信息化平台，从【业务工作】—【财务会计】—【固定资产】—【折旧计提】—【计提本月折旧】打开计提折旧功能，弹出如图 3–72 所示的“是否要查看折旧清单？”的提示界面。

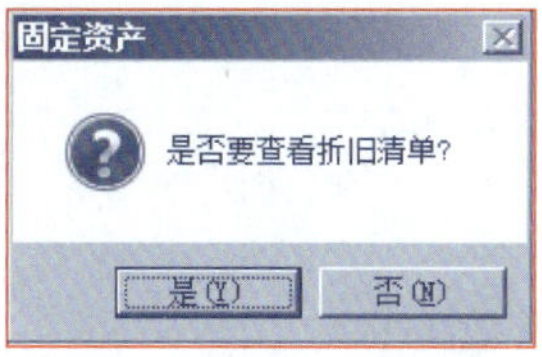

图 3–72　折旧清单提示框

（2）单击〖是（Y）〗按钮，弹出固定资产“本操作将计提本月折旧，并花费一定时间，是否要继续？”的提示界面，单击〖是（Y）〗按钮，弹出如图 3–73 所示的“折旧清单”界面。

折旧清单

卡片编号	资产编号	资产名称	原值	计提原值	本月计...	累计折旧	本年计...	减值准备	净值	净残值	折旧
00001	01001	办公楼	5,000,0...	5,000,0...	13194.44	699,305.55	13,194.44	0.00	4,300,6...	250,000.00	.
00002	01002	门市房	9,060,0...	9,060,0...	19820.38	2,541,9...	19,820.38	0.00	6,518,0...	453,000.00	.
00003	01003	仓库	2,100,0...	2,100,0...	5541.67	293,708.34	5,541.67	0.00	1,806,2...	105,000.00	.
00004	02001	轿车	485,000.00	480,000.00	7382.86	257,382.86	7,382.86	0.00	227,617.14	24,250.00	.
00005	02002	皮卡	240,000.00	240,000.00	2748.94	101,548.94	2,748.94	0.00	138,451.06	12,000.00	.
00006	03001	打印复印一体机	15,000.00	15,000.00	396.00	12,746.00	396.00	0.00	2,254.00	750.00	.
00007	03002	台式电脑	145,000.00	145,000.00	540.20	119,923.53	540.20	0.00	25,076.47	7,250.00	.
合计			17,045,...	17,040,...	49624.49	4,026,5...	49,624.49		13,018,...	852,250.00	

图 3–73　折旧清单

（3）单击〖退出〗按钮，退出折旧清单后，进入如图 3–74 所示的“折旧分配表”界面，系统提示计提折旧完成。

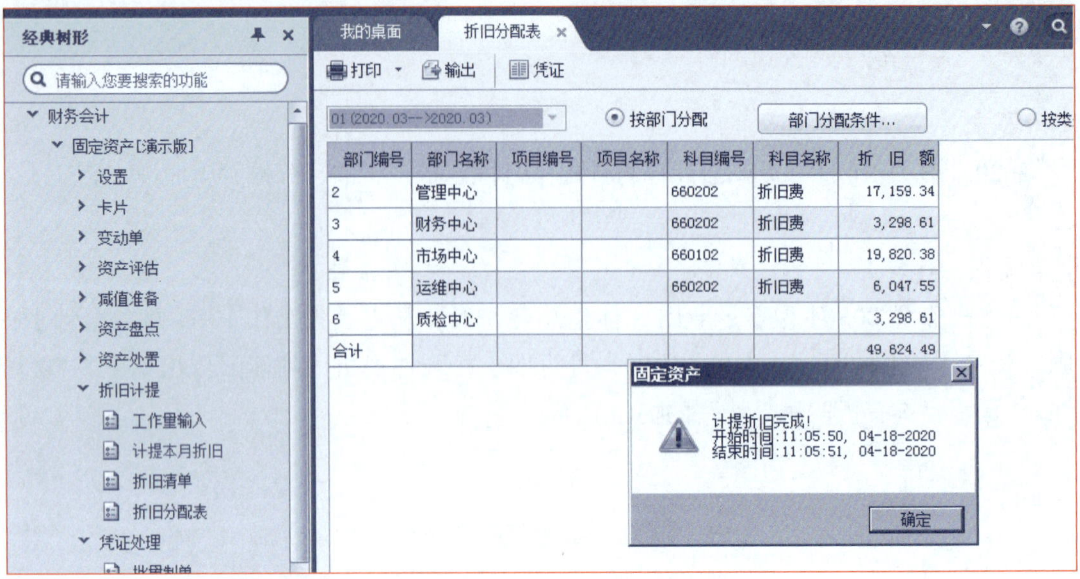

图 3-74　折旧分配表

（4）从【业务工作】—【财务会计】—【固定资产】—【凭证处理】—【批量制单】进入如图 3-75 所示的“查询条件——批量制单”界面。

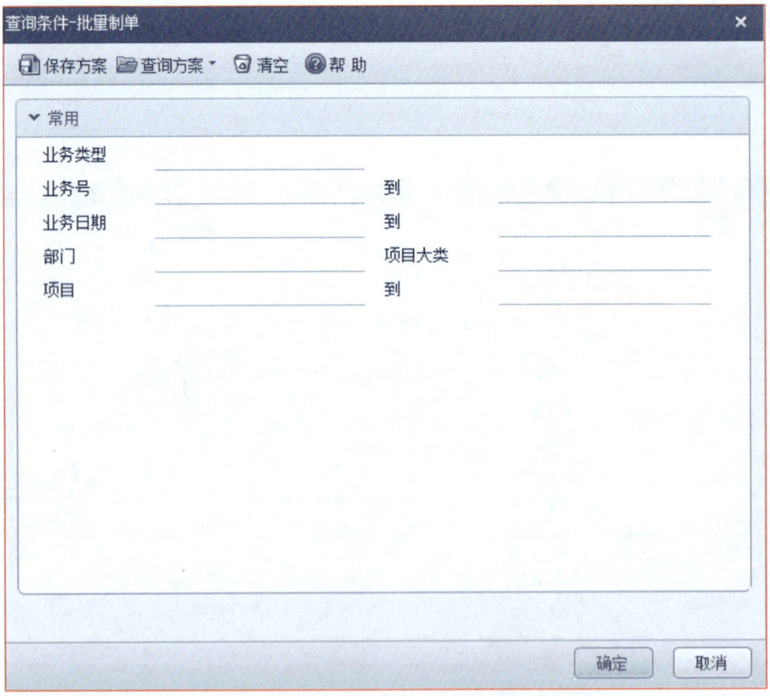

图 3-75　查询条件——批量制单

（5）录入查询条件后，单击〖确定〗按钮，返回如图 3-76 所示的“批量制单”界面。

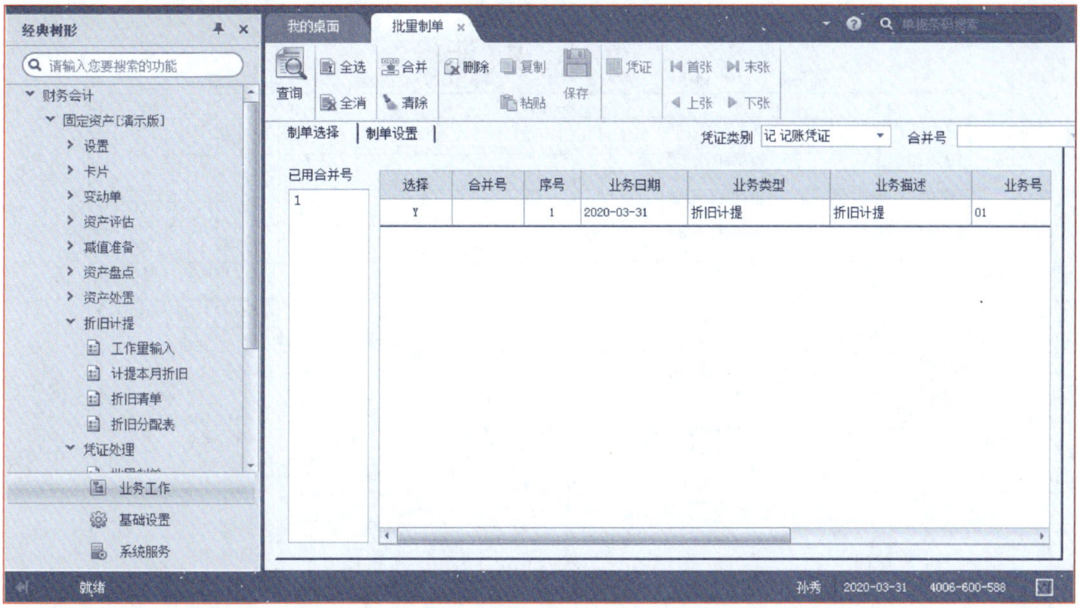

图 3-76　批量制单

（6）双击选择栏空白处，字母“Y”自动填入选择栏内，表示选中该条记录。然后选中制单设置页签，如图 3-77 所示。

图 3-77　制单设置

（7）如某分录科目和部门有空缺，须补充完整，借方科目除市场中心部门为 660102，其他均为 660202，贷方科目填写 1602，然后单击〖凭证〗按钮，弹出如图 3-78、图 3-79 所示的“记账凭证”界面。

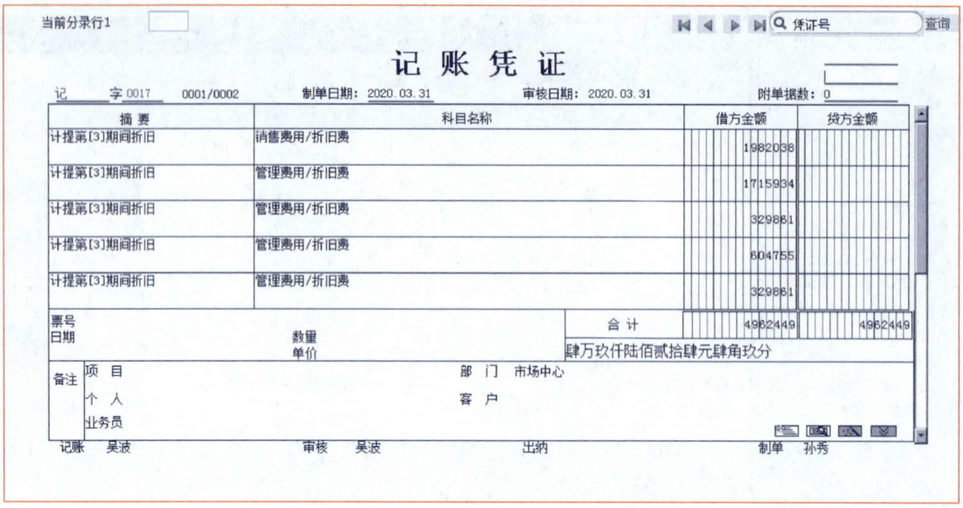

当前分录行1

记账凭证

记 字 0017 0001/0002 制单日期：2020.03.31 审核日期：2020.03.31 附单据数：0

摘要	科目名称	借方金额	贷方金额
计提第[3]期间折旧	销售费用/折旧费	1982038	
计提第[3]期间折旧	管理费用/折旧费	1715934	
计提第[3]期间折旧	管理费用/折旧费	329861	
计提第[3]期间折旧	管理费用/折旧费	604755	
计提第[3]期间折旧	管理费用/折旧费	329861	
票号 日期	数量 单价 合计 肆万玖仟陆佰贰拾肆元肆角玖分	4962449	4962449

备注 项目 部门 市场中心 个人 客户 业务员

记账 吴波 审核 吴波 出纳 制单 孙秀

图 3-78　记账凭证（一）

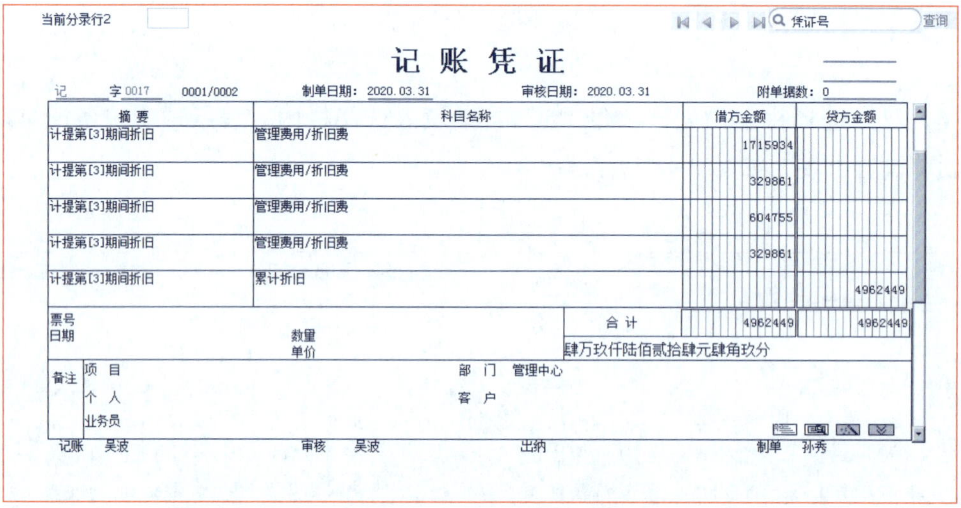

当前分录行2

记账凭证

记 字 0017 0001/0002 制单日期：2020.03.31 审核日期：2020.03.31 附单据数：0

摘要	科目名称	借方金额	贷方金额
计提第[3]期间折旧	管理费用/折旧费	1715934	
计提第[3]期间折旧	管理费用/折旧费	329861	
计提第[3]期间折旧	管理费用/折旧费	604755	
计提第[3]期间折旧	管理费用/折旧费	329861	
计提第[3]期间折旧	累计折旧		4962449
票号 日期	数量 单价 合计 肆万玖仟陆佰贰拾肆元肆角玖分	4962449	4962449

备注 项目 部门 管理中心 个人 客户 业务员

记账 吴波 审核 吴波 出纳 制单 孙秀

图 3-79　记账凭证（二）

（8）单击〖保存〗按钮保存生成的记账凭证，凭证左上角出现已生成字样。

【重要提示】

本月新增固定资产不允许做固定资产变动业务，若本变动单当期生效选项被选中，则该变动单在本月计提折旧时生效，否则该变动单在下月计提折旧时生效。

计提折旧后又对账套进行了影响折旧计算或分配的操作，必须重新计提折旧，否则系统不允许结账。

【任务总结】

本工作任务导图如图 3-80 所示。

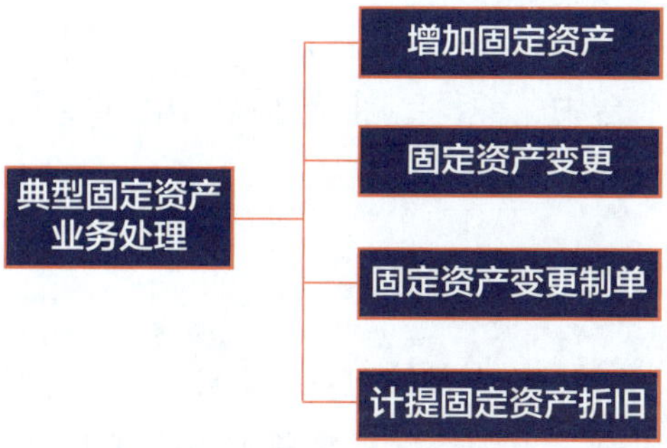

图 3-80 固定资产业务处理导图

工作任务 4 出纳业务处理

【能力目标】

通过训练，使学生能够在业财一体信息化平台上完成待签字现金、银行类凭证查询并进行签字处理，资金类日记账余额及发生额查询及本地保存，支票购买使用登记，银行对账、银行存款余额调节表编制，现金日记账的账实核对等工作。培养学生具有独立完成企业出纳业务处理的能力，达到胜任基于业财一体信息化平台企业出纳岗位的工作职责目标。

【任务情境】

北京美庭商贸有限公司业财一体信息化项目进展非常顺利，达到预期效果，公司决定利用该平台进行出纳业务处理。需要完成审核现金类凭证、日常账表管理、支票管理、银行对账和现金盘点等工作。

【知识准备】

完成此任务需要了解，企业中出纳的日常业务处理主要包括对现金日记账、银行日记账、资金日报的管理、查询及打印，在支票登记簿中登记、报销支票，录入银行对账单，进行银行对账，余额调节表查询。

任务 4.1　出纳签字

任务要求

2020 年 3 月 10 日，财务中心出纳对本月已经发生的涉及资金变化的借款、购买资产和偿还欠款三笔业务的凭证进行核对并进行出纳签字。根据企业财务制度及出纳管理规定，在业财一体信息化平台中，熟练、准确地查询出待签字的现金、银行类凭证并进行签字处理。

业务操作

出纳凭证制单完成后，需要出纳人员对现金、银行类凭证进行检查核对，主要核对出纳凭证的科目金额是否正确。出纳签字的前提是在总账模块系统【选项】设置中选择“出纳凭证必须由出纳签字”选项。

（1）操作员 002 金光荣登录业财一体信息化平台，从【业务工作】—【财务会计】—【总账】—【凭证】—【出纳签字】打开如图 3-81 所示的“出纳签字”界面。

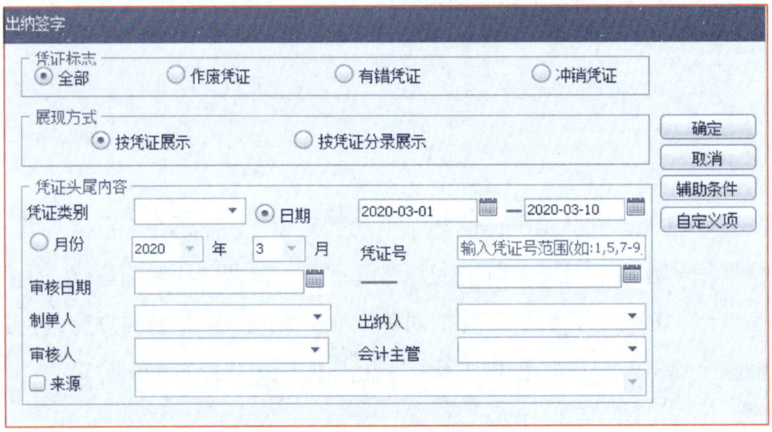

图 3-81　出纳签字

（2）筛选查询范围后，单击〖确定〗按钮，弹出如图 3-82 所示的“出纳签字列表”界面。

（3）选择要签字的凭证记录行，单击〖签字〗按钮，弹出如图 3-83 所示的凭证出纳签字情况统计信息界面。

（4）点击〖确定〗按钮，弹出凭证是否重新刷新凭证列表数据界面，单击〖是（Y）〗按钮返回。

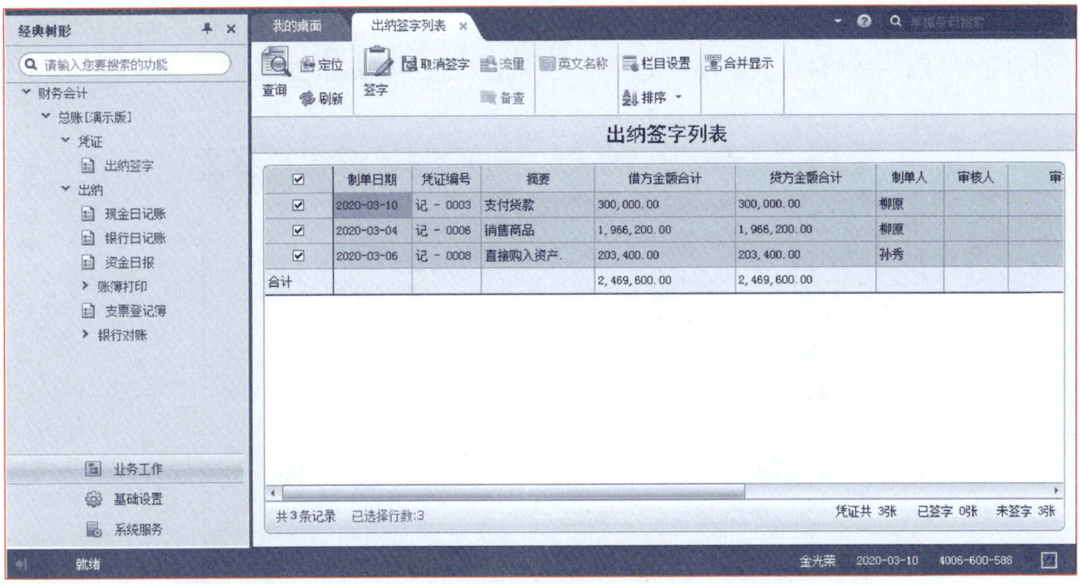

图 3-82　出纳签字列表

图 3-83　出纳签字统计信息

【重要提示】

经出纳签字的凭证不能修改或删除，只有被取消签字和审核后才可以进行修改或删除。取消签字只能由出纳人自己进行。

任务 4.2　账表管理

任务要求

2020 年 3 月 10 日，李伟总经理要了解本月截至当日的资金使用情况，财务中心资金管理员金光荣将当日资金日报表导出 Excel 文件转交总经理。根据企业财务制度及出纳管理规定，在业财一体信息化平台中，熟练地查询现金日记账、银行存款日记账、资金日报表的现金、银行存款科目的发生额及余额情况并保存到本地。

业务操作

1. 银行存款日记账

银行存款日记账记录企业银行存款的收支及结余情况的账簿，业财一体信息化平台根据审核无误（出纳签字完成）的银行收付凭证序时逐笔进行自动登记。前提是银行存款科目必须在“会计科目”功能下的“指定科目”中已经被指定。

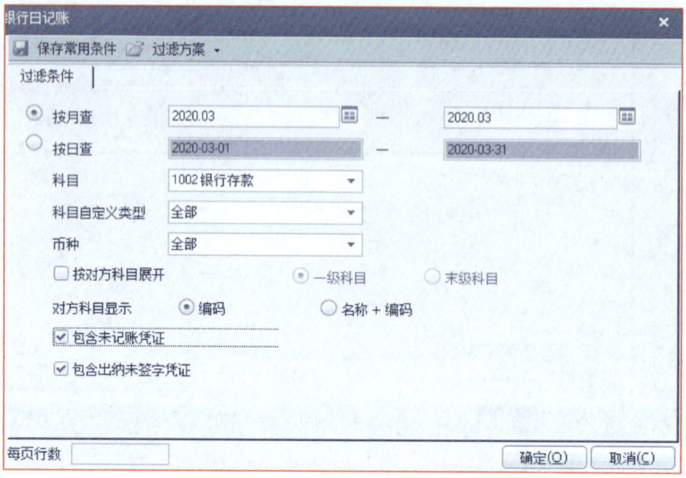

图 3-84　银行日记账过滤条件

（1）操作员 002 金光荣登录业财一体信息化平台，从【业务工作】—【财务会计】—【总账】—【出纳】—【银行日记账】打开如图 3-84 所示的“银行日记账”界面。

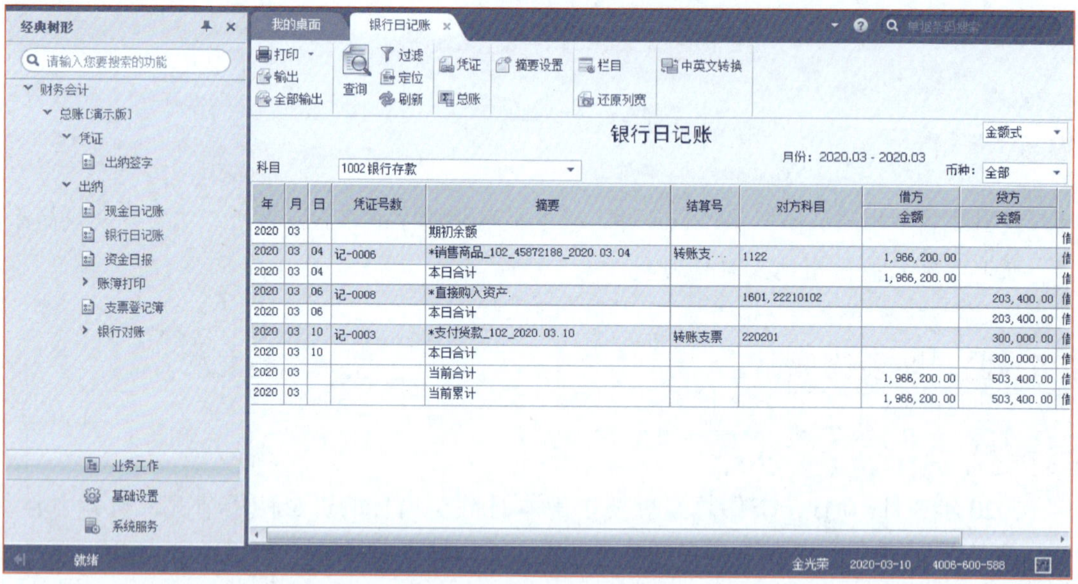

图 3-85　银行日记账

（2）筛选查询范围后，本例选定包含未记账凭证和包含出纳未签字凭证，单击〖确定〗按钮，弹出如图 3-85 所示的“银行日记账”界面。

（3）在“银行日记账”界面，单击〖凭证〗按钮可查看相应的凭证，单击〖总账〗按钮可查看银行存款科目的三栏式总账。单击〖输出〗按钮，在弹出的“另存为”界面中录入文件名为银行日记账，保存类型选择为 Excel2007-2010，点击〖保存〗按钮或按下［F6］功能键，弹出如图 3-86 所示的“请输入表 / 工作单名”界面。

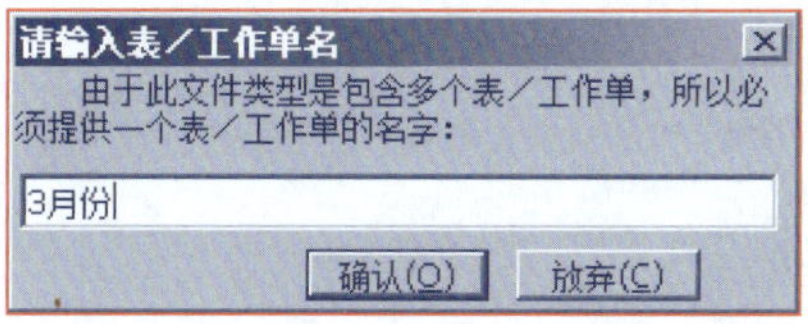

图 3-86　工作单名

（4）录入表名为 3 月份后，单击〖确认〗按钮，弹出输出文件顺利完成的提示。

（5）打开输出的 Excel 文件，内容如图 3-87 所示。

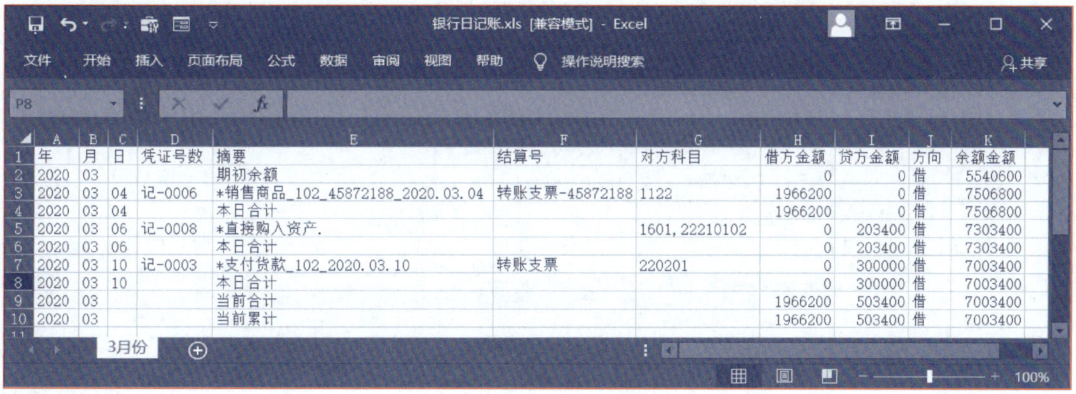

年	月	日	凭证号数	摘要	结算号	对方科目	借方金额	贷方金额	方向	余额金额
2020	03			期初余额			0	0	借	5540600
2020	03	04	记-0006	*销售商品_102_45872188_2020.03.04	转账支票-45872188	1122	1966200	0	借	7506800
2020	03	04		本日合计			1966200	0	借	7506800
2020	03	06	记-0008	*直接购入资产.		1601, 22210102	0	203400	借	7303400
2020	03	06		本日合计			0	203400	借	7303400
2020	03	10	记-0003	*支付货款_102_2020.03.10	转账支票	220201	0	300000	借	7003400
2020	03	10		本日合计			0	300000	借	7003400
2020	03			当前合计			1966200	503400	借	7003400
2020	03			当前累计			1966200	503400	借	7003400

图 3-87　Excel 文件

2. 现金日记账

从【业务工作】—【财务会计】—【总账】—【出纳】—【现金日记账】录入日记账过滤条件后进入到“现金日记账”界面，剩下的操作与银行日记账的操作方法完全相同，这里不再赘述。

3. 资金日报表

资金日报表对比资产负债表、利润表等专业报表比较通俗易懂，通过每日资金的收、支、结余，动态反映企业资金流动的情况。

（1）从【业务工作】—【财务会计】—【总账】—【出纳】—【资金日报】打开如图 3-88 所示的“资金日报表”界面。

（2）筛选查询范围后，本例勾选“包含未记账凭证”和“有余额无发生也显示”选项，单击〖确定〗按钮，弹出如图 3-89 所示的“资金日报表”界面。

（3）在“资金日报表”界面，单击〖昨日〗按钮可查看前一天的资金日报表。单击〖输出〗按钮，在弹出的“另存为”界面中录入文件名为资金日报表，保存类型选择为 Excel2007-2010，单击〖保存〗按钮或按下［F6］功能键，在弹出的“请输入表 / 工作单名”界面，录入表名为 3 月 10 日后，单击〖确认〗按钮，弹出输出文件顺利完成的提示。

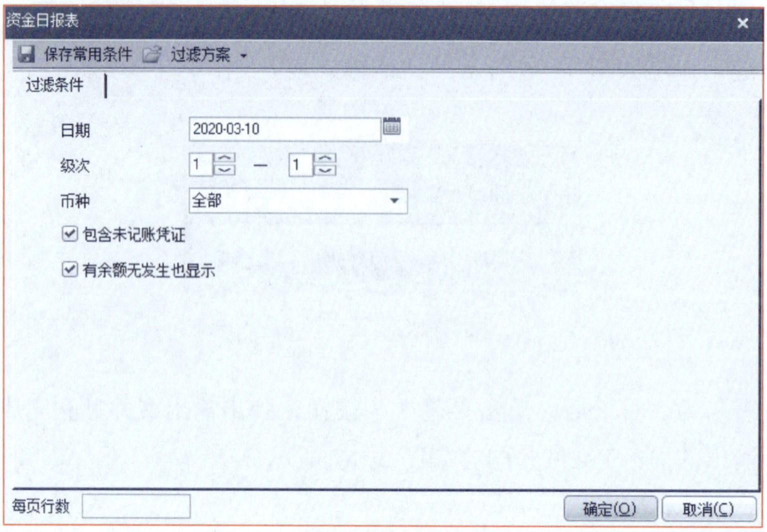

图 3-88　资金日报表过滤条件

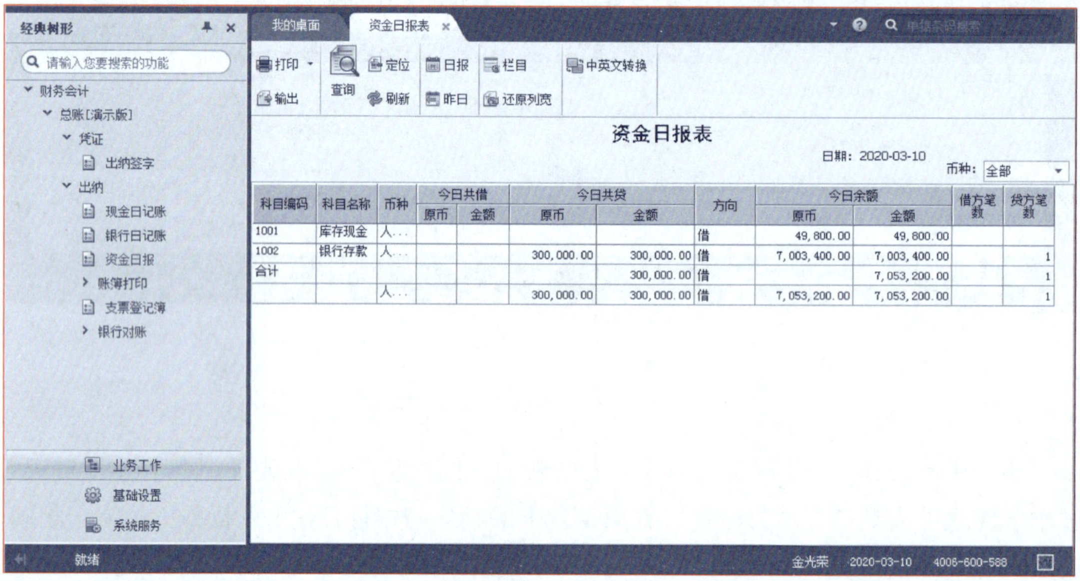

图 3-89　资金日报表

【重要提示】

系统运行“出纳签字”“现金日记账”“银行存款日记账”功能的基础是必须预先指定现金科目和银行科目。

任务 4.3　支票管理

任务要求

2020 年 3 月 8 日，市场中心何红艳招待客户，借出限额 1 000 元的票号为 01856249 转账支票一张。根据企业财务制度及出纳管理规定，在业财一体信息化平台支票登记簿中熟练、准确地增加支票、签发支票。

业务操作

实际工作中，出纳员是通过支票领用登记簿来管理支票领用情况，业财一体信息化平台提供了“支票登记簿”功能，详细登记支票的领用、报销等情况。使用前提是该结算方式设置为票据结算，且选项参数选中支票控制选项。

（1）3 月 8 日，操作员 002 金光荣登录业财一体信息化平台，从【业务工作】—【财务会计】—【总账】—【出纳】—【支票登记簿】打开如图 3–90 所示的“银行科目选择”界面。

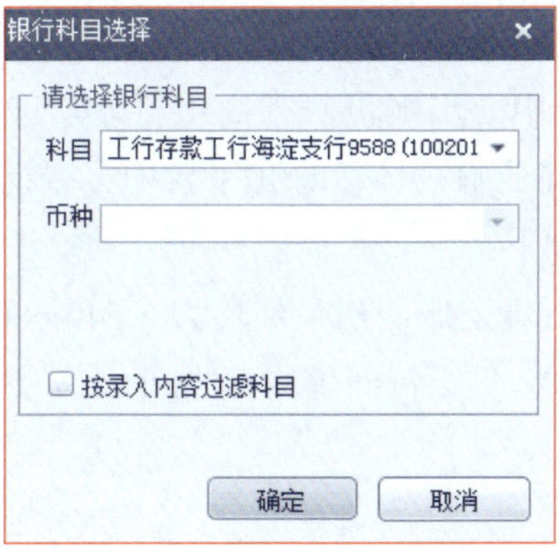

图 3–90　银行科目选择

（2）本例选定工行存款 100201，单击〖确定〗按钮，弹出如图 3–91 所示的“支票登记簿”界面。

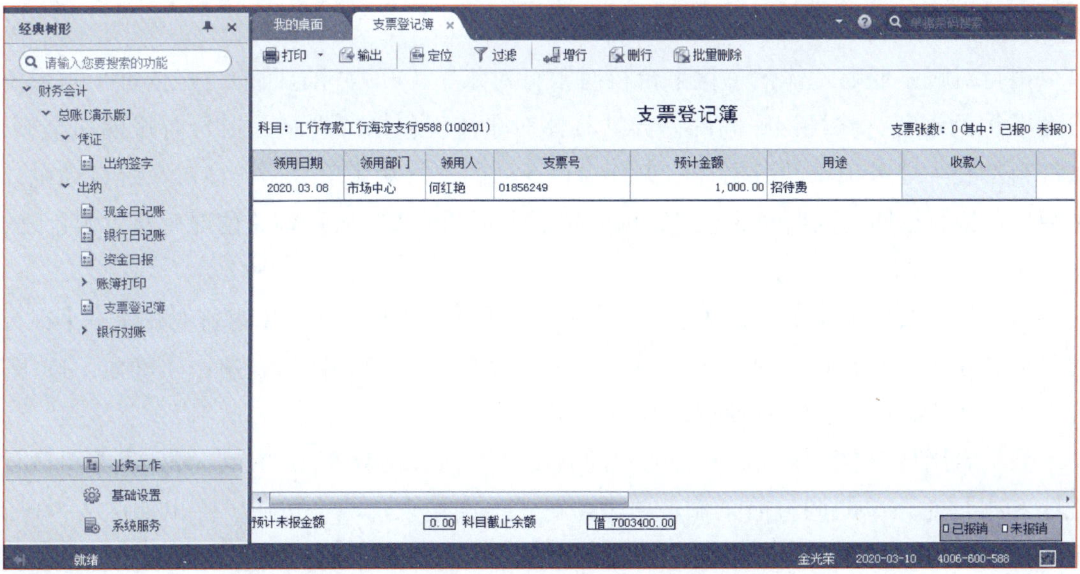

图 3–91　支票登记簿

（3）在“支票登记簿”界面，单击〖增行〗按钮可对借出支票进行登记，记录借出支票的详细信息。领用部门为市场中心，领用人为何红艳，支票号为01856249，预计金额为1 000元，用途为招待费。

【重要提示】

只有在“会计科目”中设置银行科目才能使用支票登记簿。

使用支票登记簿功能，应在对应的结算方式中选中票据管理标志。

任务4.4　银行对账

任务要求

2020年3月15日，财务中心出纳员对工商银行账户进行银行对账操作。根据企业财务制度及出纳管理规定，在业财一体信息化平台中，查询银行对账单，编制银行存款余额调节表。具体业务资料如下：

工商银行账户和企业银行日记账期初余额均为5 540 600.00元，均无期初未达账项。本期收付款业务资料见表3-1，且银行回单均已收到。

表3-1　本期收付款业务资料　　单位：元

日期	凭证号数	结算方式	票号	收入金额	支付金额
2020-03-06	记-0001	102	35684725		203 400.00
2020-03-10	记-0003	2	28457893		300 000.00

业务操作

银行对账是业财一体信息化平台核对银行对账单（开户行返回的对账依据）与系统自动登记的银行存款日记账间的差异。具体对账流程包括首先录入银行对账期初余额，系统自动叠加业务记录的数据，归集开户行返回的银行对账单数据，核对系统自动统计的数据与银行返回的数据间的差异，编制银行余额调节表，查询勾兑情况后核对银行账。

1. 银行对账期初录入

（1）从【业务工作】—【财务会计】—【总账】—【出纳】—【银行对账】—【银行对账期初录入】打开银行科目选择界面。选择银行科目100201后，单击〖确定〗按钮，弹出如图3-92所示的“银行对账期初”界面。

（2）启用日期参照录入该银行账户的启用日期。本例为2020-3-1，分别录入单位日记账和银行对账单的调整前余额。单击〖对账单期初未达项〗按钮，弹出如图3-93所示的“银行方期初”界面，单击〖增行〗按钮，填写对账单期初未达项详细信息。本例无未达账项，所以不填写。

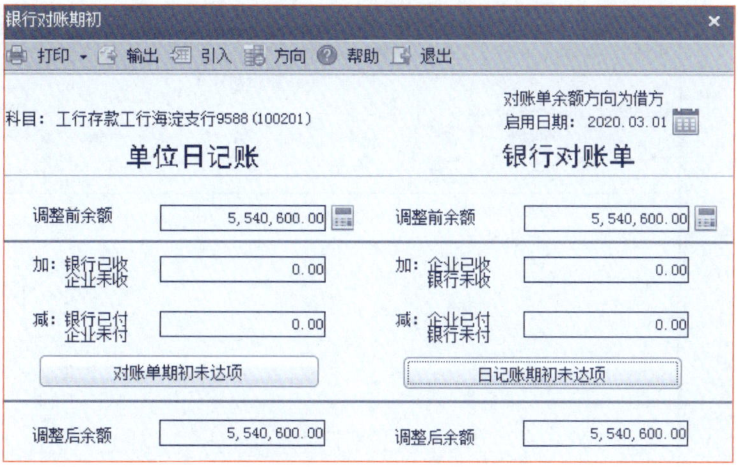

图 3–92　银行对账期初

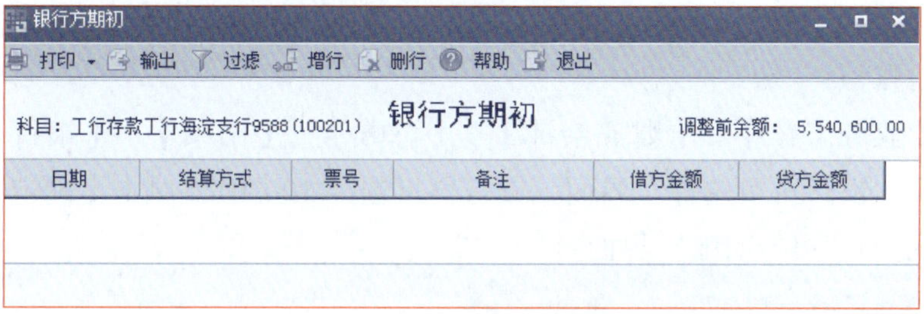

图 3–93　银行方期初

（3）单击〖日记账期初未达项〗按钮，弹出如图 3–94 所示的“企业方期初”界面，单击〖增行〗按钮，填写对账单期初未达项详细信息。本例无未达账项，所以不填写。

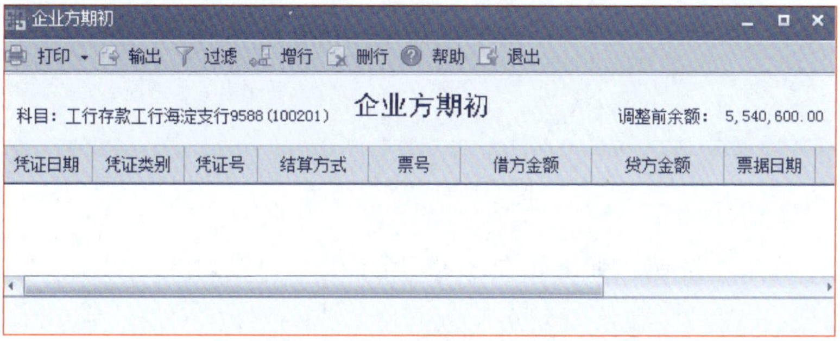

图 3–94　企业方期初

（4）单击〖退出〗按钮，业财一体信息化平台自动计算出银行对账单与单位日记账的调整后余额。

2. 银行对账单录入

从【业务工作】—【财务会计】—【总账】—【出纳】—【银行对账】—【银行对账单】打开银行科目选择界面，录入查询条件科目为 100201 后，单击〖确定〗按钮，打开如图 3–95 所示的“银行对账单”界面，单击〖增行〗按钮，录入新增银行对账单信息。

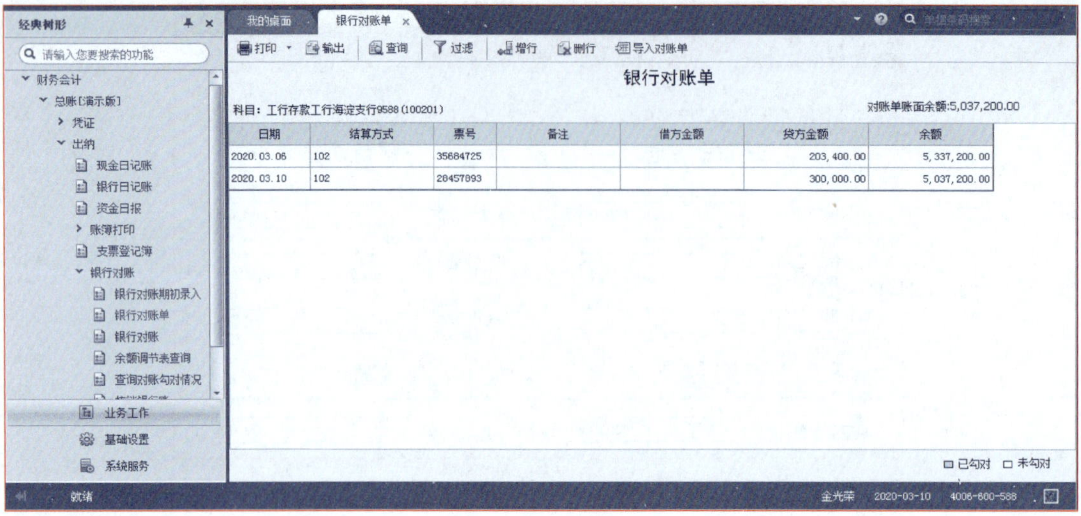

图 3-95　银行对账单

3. 银行对账

（1）从【业务工作】—【财务会计】—【总账】—【出纳】—【银行对账】—【银行对账】打开“银行科目选择”界面，银行科目选择 100201，单击〖确定〗按钮，打开如图 3-96 所示的“银行对账”界面。

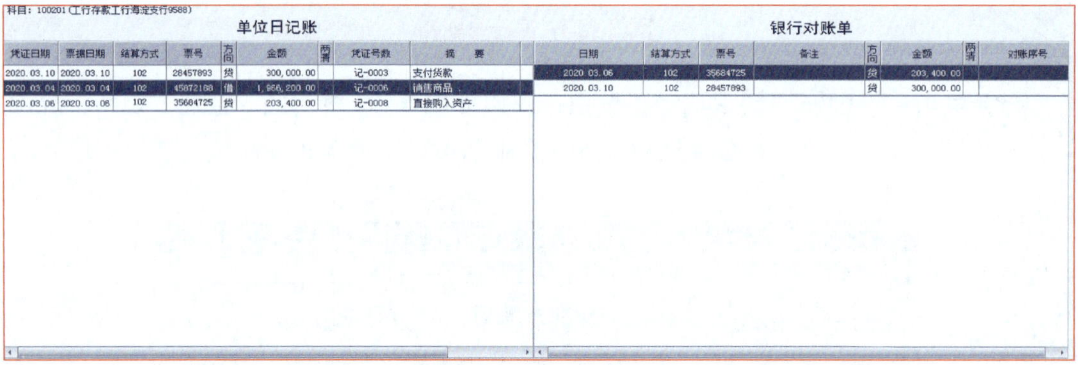

图 3-96　银行对账

（2）单击〖对账〗按钮，弹出如图 3-97 所示的“自动对账”界面。

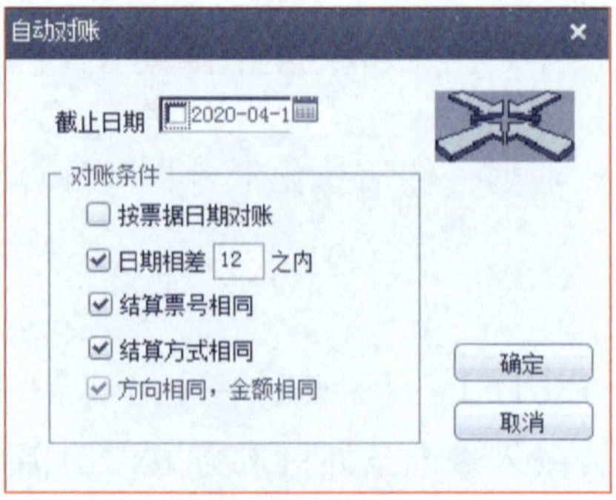

图 3-97　自动对账

（3）确定对账条件后，单击〖确定〗按钮，业财一体信息化平台自动进行银行对账。自动对账正确的在两清栏出现红色的圆圈，对账结果如图 3-98 所示。

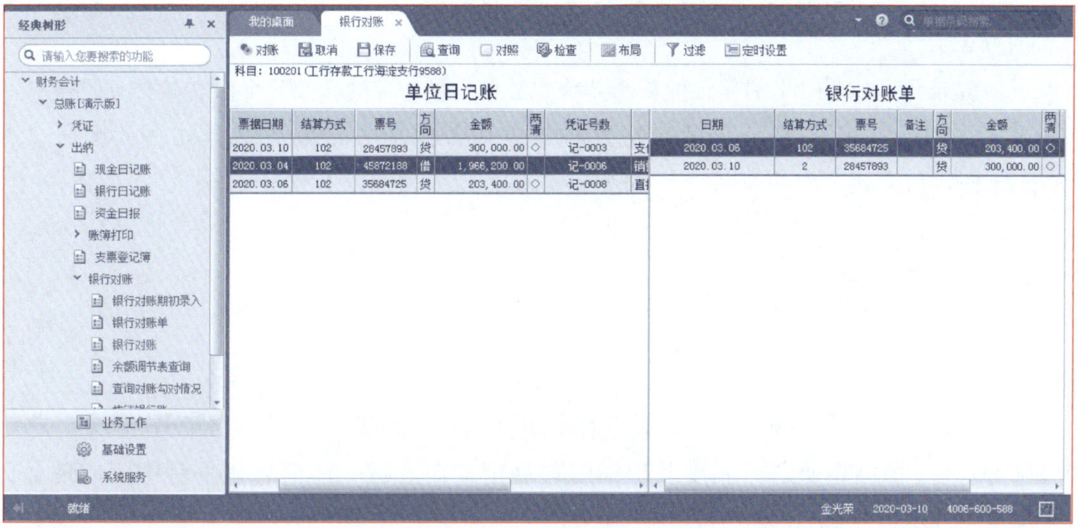

图 3-98　对账结果

（4）单击〖检查〗按钮可以检查对账结果是否有错，如有错则需调整。

4. 银行存款余额调节表查询

从【业务工作】—【财务会计】—【总账】—【出纳】—【银行对账】—【余额调节表查询】打开如图 3-99 所示的“银行余额调节表”界面，查看银行余额调节表信息，单击〖详细〗按钮可以查看详细信息，造成余额不平的原因是 3 月 4 日销售产品货款已收，但一直没有收到银行记账单。

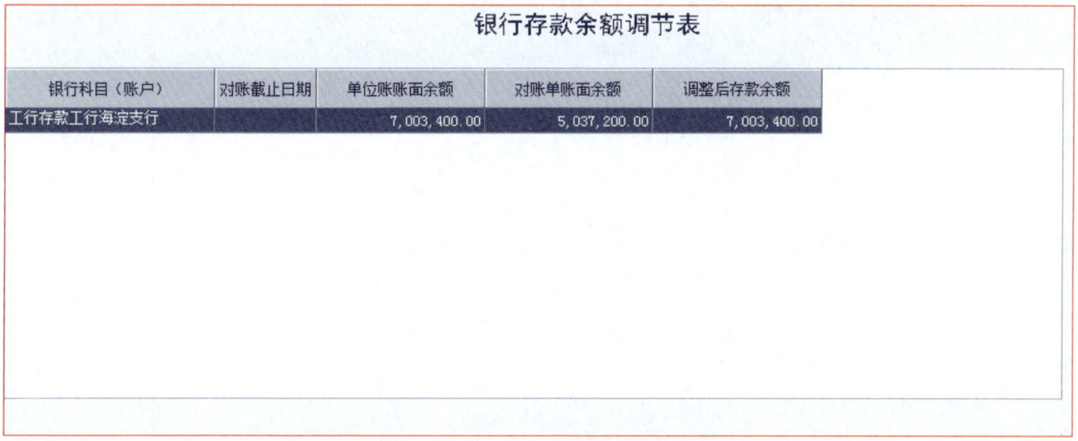

银行存款余额调节表

银行科目（账户）	对账截止日期	单位账账面余额	对账单账面余额	调整后存款余额
工行存款工行海淀支行		7,003,400.00	5,037,200.00	7,003,400.00

图 3-99　银行存款余额调节表

【重要提示】

只有在会计科目中设置了银行科目才能进行银行对账操作。

自动对账条件默认为日期相差 12 天之内，结算方式、票号相同，可以根据业务需要修改自动对账条件。

只有凭证记账以后，出纳凭证的数据才会自动填写到相应的现金日记账和单位日记账中。

实际工作中，由于银行存款对账单金额方向与企业日记账方向是相反的，所以在“银行对账期初录入”时需要按〖方向〗按钮调整“对账单余额方向为贷方”。

任务 4.5　现金盘点

任务要求

2020 年 3 月 15 日，财务中心要求出纳进行现金盘点，经实际盘点库存现金总计 49 800.00 元。根据企业财务制度及出纳管理规定，在业财一体信息化平台中完成现金日记账的账实核对，确保账实相符。

业务操作

现金日记账记录企业库存现金的收支及结余情况的账簿，业财一体信息化平台根据审核无误（出纳签字完成）的现金收付凭证序时逐笔进行自动登记。前提是现金科目勾选了“日记账”且必须在“会计科目”功能下的“指定科目”中已经指定。

现金盘点是对企业库存现金实际数量金额的盘查，并与现金日记账进行核对。

（1）从【业务工作】—【财务会计】—【总账】—【出纳】—【现金日记账】打开如图 3-100 所示的“现金日记账”界面。

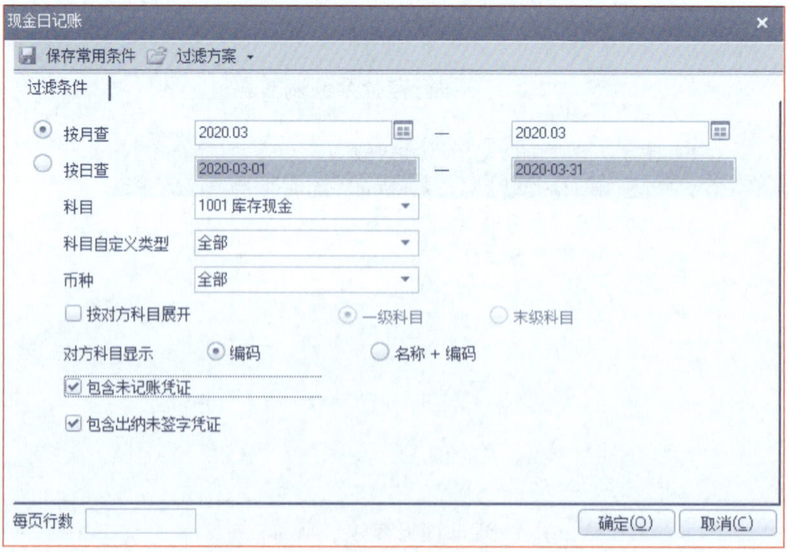

图 3-100　现金日记账查询条件

（2）筛选查询范围后，本例勾选“包含未记账凭证”和“包含出纳未签字凭证”选项，单击〖确定〗按钮，弹出如图 3-101 所示的“现金日记账”界面。

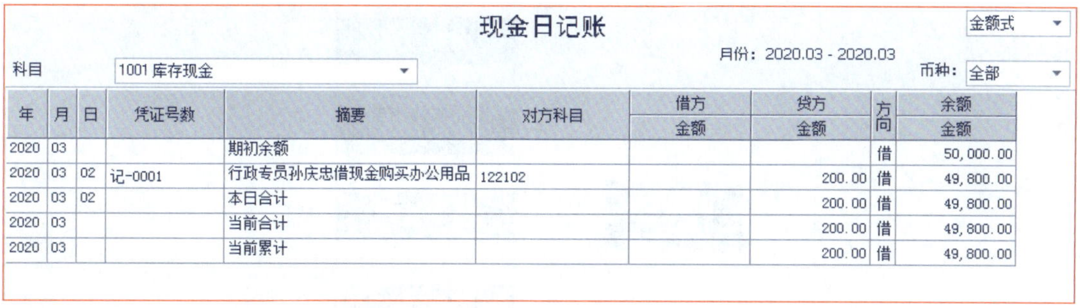

现金日记账

金额式

科目 1001 库存现金　　月份：2020.03 - 2020.03　　币种：全部

年	月	日	凭证号数	摘要	对方科目	借方金额	贷方金额	方向	余额金额
2020	03			期初余额				借	50,000.00
2020	03	02	记-0001	行政专员孙庆忠借现金购买办公用品	122102		200.00	借	49,800.00
2020	03	02		本日合计			200.00	借	49,800.00
2020	03			当前合计			200.00	借	49,800.00
2020	03			当前累计			200.00	借	49,800.00

图 3-101　现金日记账

（3）在“现金日记账”界面，单击〖凭证〗按钮可查看相应的凭证，点击〖总账〗按钮可查看现金科目的三栏式总账。单击〖输出〗按钮，弹出如图 3-102 所示的“另存为”界面。

图 3-102　文件另存

（4）录入文件名为三月份现金日记账，保存类型选择为 Excel2007-2010，单击〖保存〗按钮或按下［F6］功能键，在弹出的“请输入表 / 工作单名”界面，录入表名为 3 月份后，单击〖确认〗按钮，弹出输出文件顺利完成的提示。

（5）将库存现金的实际金额与现金日记账的余额进行比对，并填写现金盘点表。

【重要提示】

现金盘点前，应将所有已发生的出纳凭证进行记账处理，以保证盘点数据的准确性。

【任务总结】

本工作任务导图如图 3-103 所示。

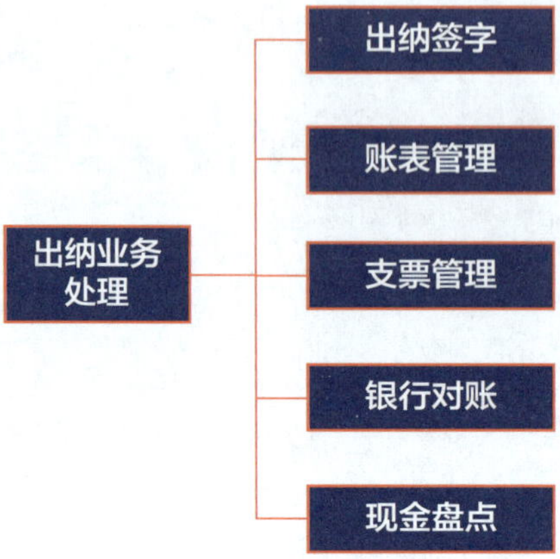

图 3-103　出纳业务处理导图

工作任务 5　薪资业务处理

【能力目标】

通过训练，使学生能够在业财一体信息化平台上完成人员档案信息调整、工资计算、月度工资表编制、工资计提并能正确生成工资计提凭证。培养学生具有独立完成企业薪资业务处理的能力，达到胜任基于业财一体信息化平台企业会计核算岗位的工作职责目标。

【任务情境】

北京美庭商贸有限公司业财一体信息化项目进展非常顺利，达到预期效果，公司决定利用该平台进行薪资业务处理，需要完成针对人员的增减变动、工资的公式设置与计算、编制工资表和工资费用的分摊等工作。

【知识准备】

完成此任务需要了解，企业日常的薪资业务主要包括人员增减、工资核算、工资发放、工资费用分摊、工资统计分析和个人所得税核算等业务。

任务 5.1　人员变动处理业务

人员变动业务

任务要求

2020 年 3 月 17 日，公司由于工作需要成立了质检中心，将质量经理张德禄和质量专员高志爽调转到质检中心，职务、薪资待遇暂不调整，新员工王宏斌为质检中心质量专员，调整薪资系统人员档案。根据人力资源管理制度规定及相关部门提供的人员变动信息，在业财一体信息化平台中熟练、准确地调整人员档案。

业务操作

操作员 009 张新盼登录业财一体信息化平台，从【基础设置】—【基础档案】—【机构人员】—【人员】—【人员档案】进入如图 1-32 所示的“人员列表”界面，质量经理张德禄和质量专员高志爽调转到质检中心的操作已在工作领域二中介绍，这里不再赘述。

从【业务工作】—【人力资源】—【薪资管理】—【设置】—【人员档案】打开如图 3-104 所示的“人员档案”界面。

图 3-104　人员档案

单击〖批增〗按钮，打开如图 3-105 所示的“人员批量增加”界面。单击〖查询〗按钮，在“人员批量增加”界面新增了王宏斌的人员信息。

单击〖确定〗按钮，王宏斌的人员档案增加完毕。单击〖同步〗按钮，弹出如图 3-106 所示的“人员同步范围”界面，勾选“同步银行账号”和“同步薪资部门”选项。

单击〖确定〗按钮，弹出如图 3-107 所示“同步薪资部门”界面。

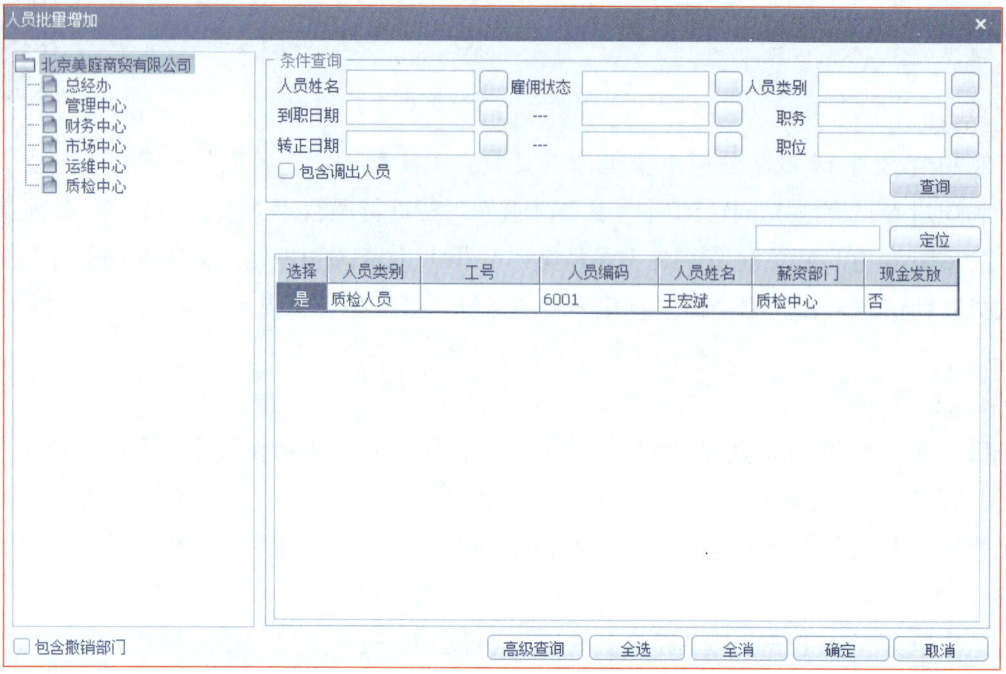

图 3-105　人员批量增加

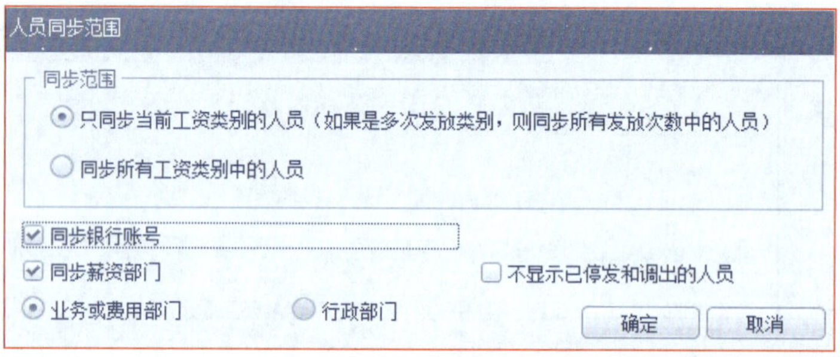

图 3-106　人员同步范围

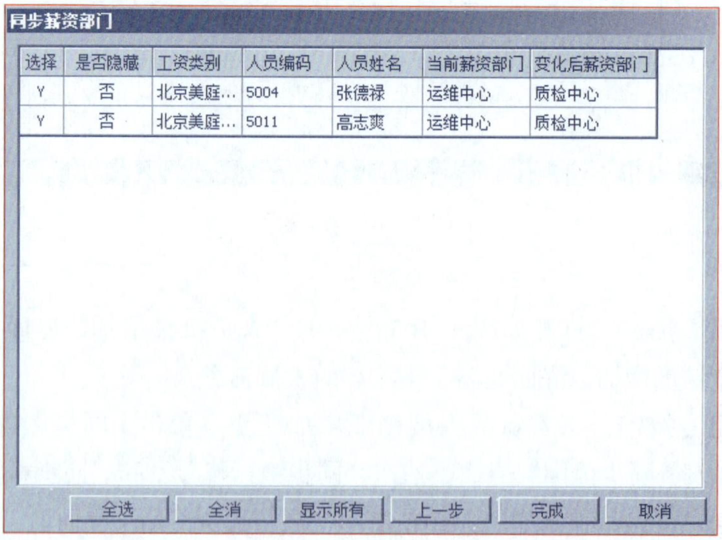

图 3-107　同步薪资部门

依次点击〖全选〗、〖完成〗按钮后返回“人员档案”界面，最终结果如图 3-108 所示。

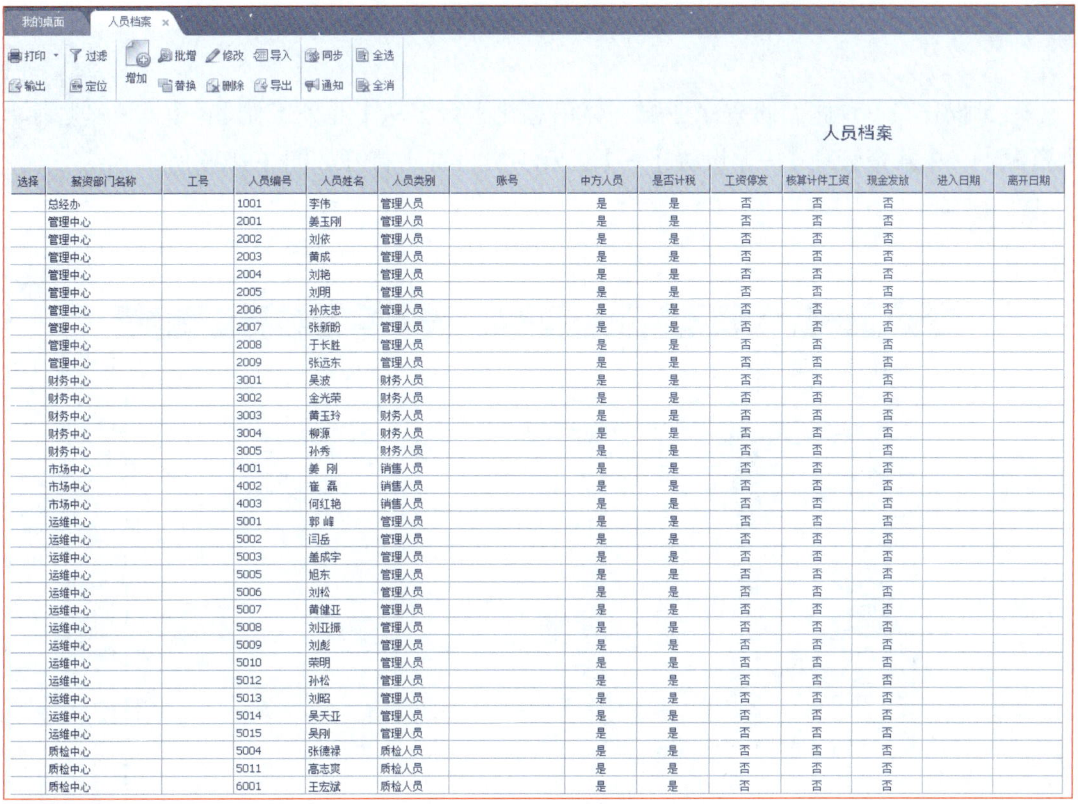

人员档案

选择	薪资部门名称	工号	人员编号	人员姓名	人员类别	账号	中方人员	是否计税	工资停发	核算计件工资	现金发放	进入日期	离开日期
	总经办		1001	李伟	管理人员		是	是	否	否	否		
	管理中心		2001	姜玉刚	管理人员		是	是	否	否	否		
	管理中心		2002	刘依	管理人员		是	是	否	否	否		
	管理中心		2003	黄成	管理人员		是	是	否	否	否		
	管理中心		2004	刘艳	管理人员		是	是	否	否	否		
	管理中心		2005	刘明	管理人员		是	是	否	否	否		
	管理中心		2006	孙庆忠	管理人员		是	是	否	否	否		
	管理中心		2007	张新盼	管理人员		是	是	否	否	否		
	管理中心		2008	于长胜	管理人员		是	是	否	否	否		
	管理中心		2009	张远东	管理人员		是	是	否	否	否		
	财务中心		3001	吴波	财务人员		是	是	否	否	否		
	财务中心		3002	金光荣	财务人员		是	是	否	否	否		
	财务中心		3003	黄玉玲	财务人员		是	是	否	否	否		
	财务中心		3004	柳源	财务人员		是	是	否	否	否		
	财务中心		3005	孙秀	财务人员		是	是	否	否	否		
	市场中心		4001	姜 刚	销售人员		是	是	否	否	否		
	市场中心		4002	崔 磊	销售人员		是	是	否	否	否		
	市场中心		4003	何红艳	销售人员		是	是	否	否	否		
	运维中心		5001	郭 峰	管理人员		是	是	否	否	否		
	运维中心		5002	闫岳	管理人员		是	是	否	否	否		
	运维中心		5003	盖成宇	管理人员		是	是	否	否	否		
	运维中心		5005	旭东	管理人员		是	是	否	否	否		
	运维中心		5006	刘松	管理人员		是	是	否	否	否		
	运维中心		5007	黄健亚	管理人员		是	是	否	否	否		
	运维中心		5008	刘亚振	管理人员		是	是	否	否	否		
	运维中心		5009	刘彪	管理人员		是	是	否	否	否		
	运维中心		5010	荣明	管理人员		是	是	否	否	否		
	运维中心		5012	孙松	管理人员		是	是	否	否	否		
	运维中心		5013	刘昭	管理人员		是	是	否	否	否		
	运维中心		5014	吴天亚	管理人员		是	是	否	否	否		
	运维中心		5015	吴刚	管理人员		是	是	否	否	否		
	质检中心		5004	张德禄	质检人员		是	是	否	否	否		
	质检中心		5011	高志爽	质检人员		是	是	否	否	否		
	质检中心		6001	王宏斌	质检人员		是	是	否	否	否		

图 3-108　人员档案信息

【重要提示】

新设立部门或人员类别，须对工资分摊类型进行设置；

部门人员档案变动后，该员工的工资费用按新岗位进行计提分摊。

任务 5.2　工资计算处理

任务要求

根据人力资源管理制度规定及相关部门提供的考勤情况，在业财一体信息化平台中熟练、准确地进行工资计算处理。具体要求如下：

（1）2020 年 3 月 1 日，公司考勤制度规定所有人员每请事假一天，扣款 50 元，设置工资公式“请假扣款 = 请假天数 * 50”。

（2）2020 年 3 月 30 日，由于二月份销售业绩良好，三月份公司决定增加市场中心所有员工本人基本工资的 15% 作为临时奖励，设置奖金公式。

（3）住房公积金、失业保险、医疗保险、养老保险分别按基本工资的 12%、0.2%、2% +3、8% 计算。

业务操作

1. 设置工资公式

设置工资公式

（1）操作员 009 张新盼登录业财一体信息化平台，从【业务工作】—【人力资源】—【薪资管理】—【设置】—【工资项目设置】打开如图 3-109 所示的“工资项目设置”界面。

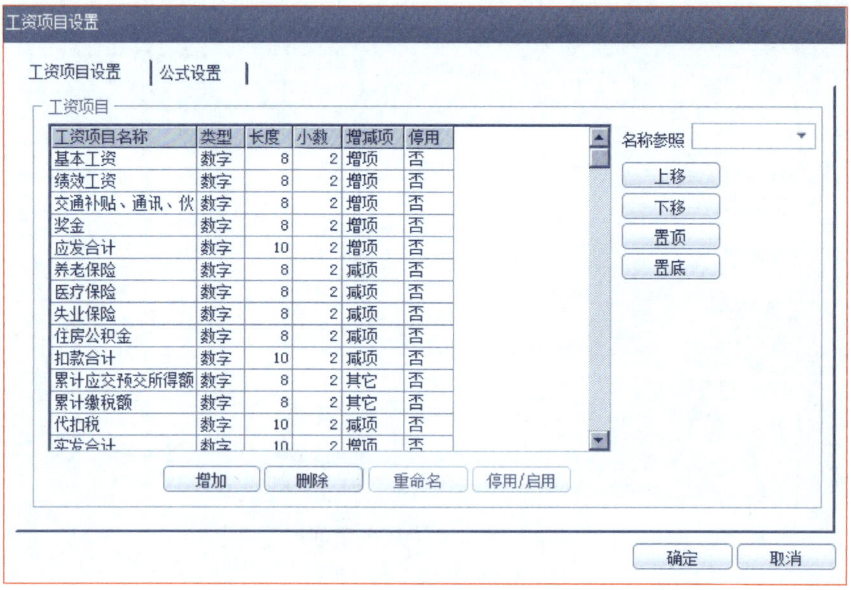

图 3-109　工资项目设置

（2）单击〖增加〗按钮，在工资项目列表末尾增加一空行，如图 3-110 所示，录入表 3-2 的信息。

表 3-2　工资项目

序号	工资项目名称	类型	长度	增减项
1	请假扣款	数字	8	减项
2	请假天数	数字	8	其他

说明：增项和减项是参与工资计算并会影响工资增加或减少的项目，其他项不会使工资额发生变化，是辅助工资计算的项目。

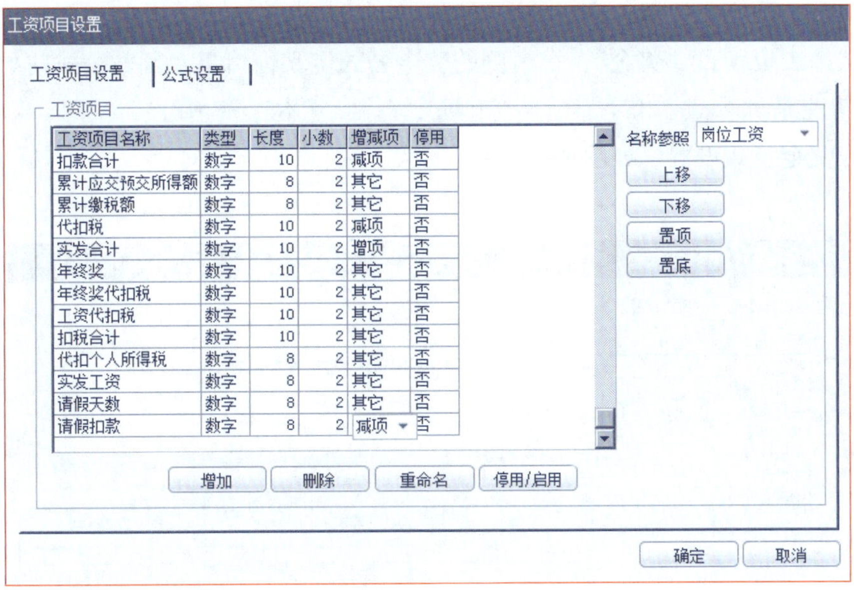

图 3-110　增加工资项目

（3）在“工资项目设置”界面，选择公式设置页签，打开如图 3-111 所示的“工资项目设置”界面，单击〖增加〗按钮，在下拉列表中选择“请假扣款”项目，将光标移动到右侧“请假扣款公式定义”栏内，依次点击工资项目栏里的“请假天数”项目和运算符栏里的〖*〗按钮，再录入数字 50，即完成“请假扣款 = 请假天数 *50”的公式设置。最后单击〖公式确认〗按钮，验证录入的公式是否有语法错误（有语法错误会有提示）。

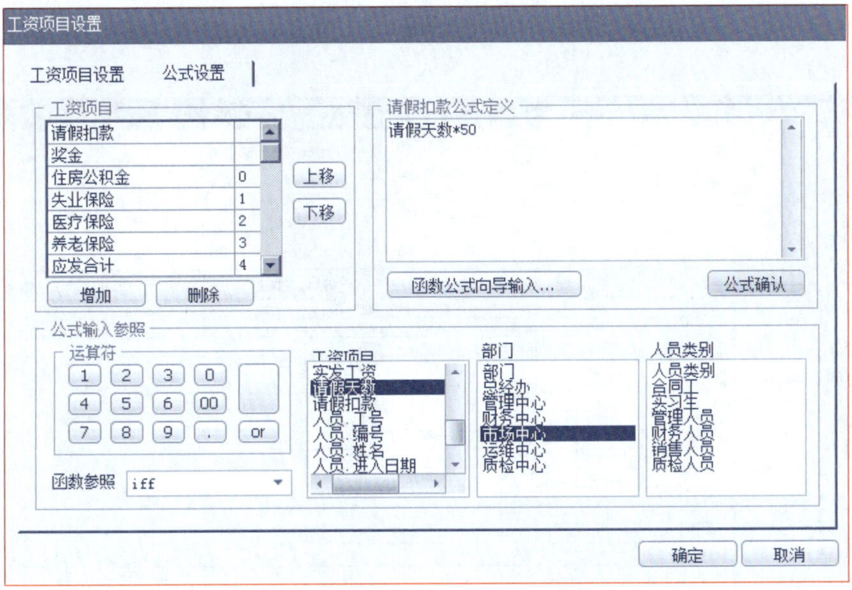

图 3-111　公式设置

（4）单击〖确定〗按钮，完成公式设置。

（5）选择工资项目“奖金”，在右侧的奖金公式定义窗口里〖函数公式向导〗按钮或函数参照功能录入公式“iff（部门 =“市场中心”，基本工资 *0.15，0）”，单击〖确定〗按钮，完成奖金公式设置，如图 3-112 所示。

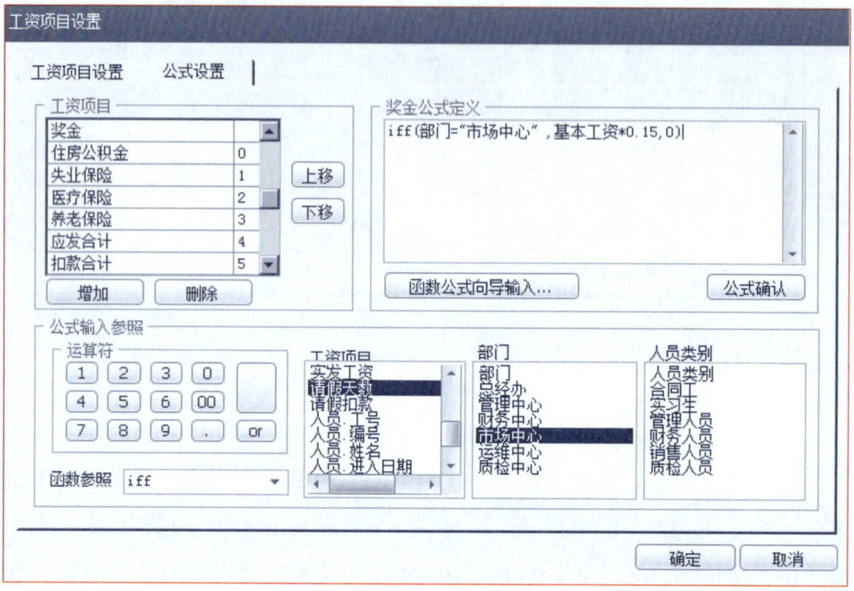

图 3-112　奖金公式设置

2. 工资变动计算

（1）从【业务工作】—【人力资源】—【薪资管理】—【业务处理】—【工资变动】打开如图 3-113 所示的“工资变动”界面。

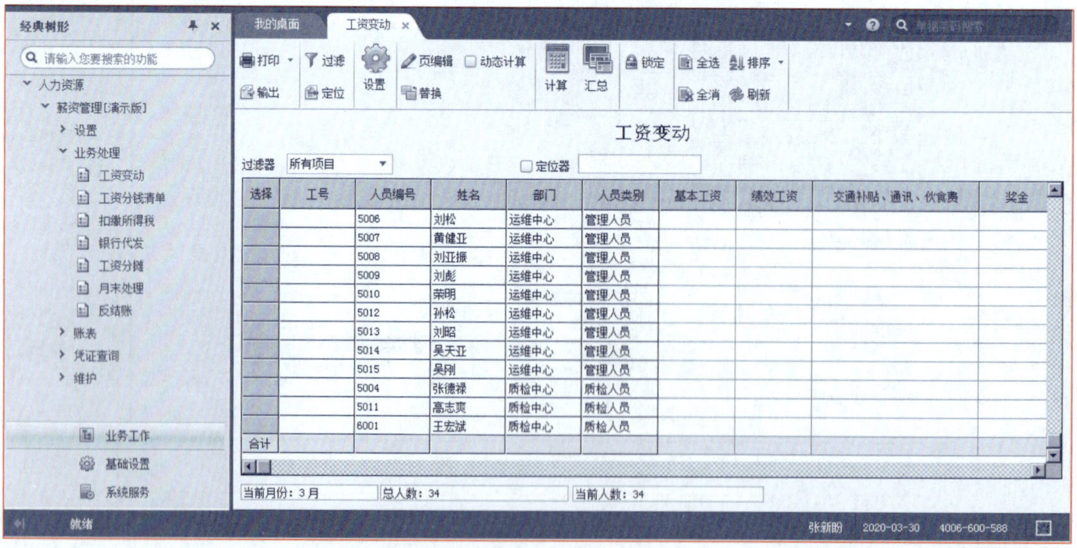

图 3-113　工资变动

（2）录入表 3-3 所示的工资数据和考勤情况，如图 3-114 所示。

表 3-3　工资数据和考勤情况表　　金额单位：元

人员编号	姓名	部门	人员类别	基本工资	绩效工资	交通补贴、通讯、伙食费	累计应交预交所得额	请假天数
1001	李伟	总经办	管理人员	10 000	5 000	1 200	41 931	5
2001	姜玉刚	管理中心	管理人员	8 000	2 000	700	26 763	
2002	刘依	管理中心	管理人员	6 000	1 500	600	20 295	
2003	黄成	管理中心	管理人员	6 000	1 500	600	20 295	
2004	刘艳	管理中心	管理人员	6 000	1 500	600	20 295	
2005	刘明	管理中心	管理人员	6 000	1 500	600	20 295	3
2006	孙庆忠	管理中心	管理人员	4 500	1 000	500	14 994	
2007	张新盼	管理中心	管理人员	4 500	1 000	500	14 994	2
2008	于长胜	管理中心	管理人员	4 500	1 000	500	14 994	
2009	张远东	管理中心	管理人员	4 500	1 000	500	14 994	
5004	张德禄	质检中心	质检人员	4 500	1 000	500	14 994	
5011	高志爽	质检中心	质检人员	4 500	1 000	500	14 994	
6001	王宏斌	质检中心	质检人员	4 500	1 000	500	14 994	
3001	吴波	财务中心	财务人员	8 000	2 000	700	26 763	
3002	金光荣	财务中心	财务人员	6 000	1 500	500	19 995	
3003	黄玉玲	财务中心	财务人员	5 000	1 000	500	16 161	
3004	柳源	财务中心	财务人员	4 500	1 000	500	14 994	
3005	孙秀	财务中心	财务人员	4 500	1 000	500	14 994	
4001	姜刚	市场中心	销售人员	8 000	3 000	700	29 763	
4002	崔磊	市场中心	销售人员	4 500	2 000	600	18 294	
4003	何红艳	市场中心	销售人员	4 500	1 800	600	17 694	
5001	郭峰	运维中心	管理人员	8 000	2 000	700	26 763	
5002	闫岳	运维中心	管理人员	6 000	1 500	500	19 995	
5003	盖成宇	运维中心	管理人员	4 500	1 000	500	14 994	
5005	旭东	运维中心	管理人员	4 500	1 000	500	14 994	
5006	刘松	运维中心	管理人员	4 500	1 000	500	14 994	

续表

人员编号	姓名	部门	人员类别	基本工资	绩效工资	交通补贴、通讯、伙食费	累计应交预交所得额	请假天数
5007	黄健亚	运维中心	管理人员	4 500	1 000	500	14 994	
5008	刘亚振	运维中心	管理人员	4 500	1 000	500	14 994	
5009	刘彪	运维中心	管理人员	4 500	1 000	500	14 994	
5010	荣明	运维中心	管理人员	4 500	1 000	500	14 994	
5012	孙松	运维中心	管理人员	4 500	1 000	500	14 994	
5013	刘昭	运维中心	管理人员	4 500	1 000	500	14 994	
5014	吴天亚	运维中心	管理人员	4 500	1 000	500	14 994	
5015	吴刚	运维中心	管理人员	4 500	1 000	500	14 994	

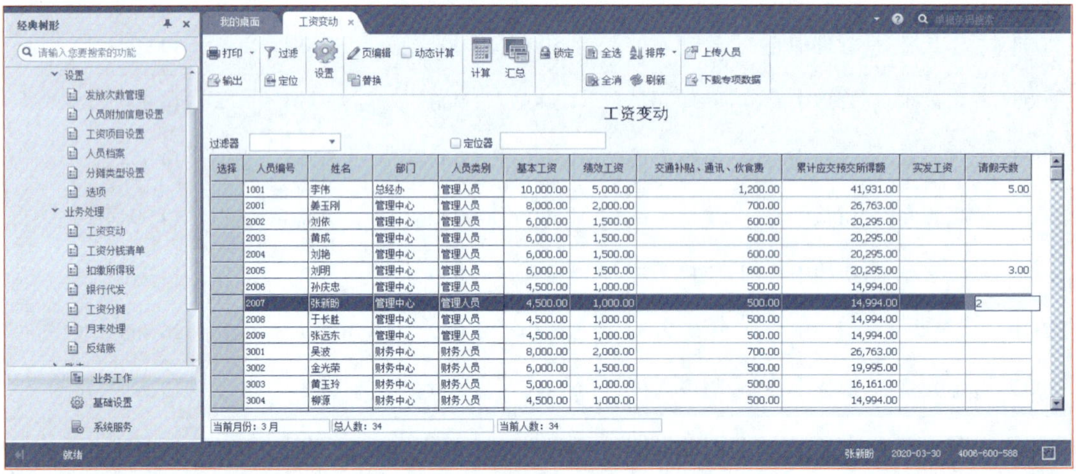

图 3-114　工资录入

（3）依次单击〖全选〗和〖上传人员〗按钮将本期新增人员上传税务系统；单击〖下载专项数据〗从税务系统下载专项附加扣除数据；然后再依次单击〖计算〗和〖汇总〗按钮，完成工资计算结果的更新。如果工资数据发生变动，没有进行计算或汇总操作，退出时系统会提示进行相应的操作，如图 3-115 和图 3-116 所示。

【重要提示】

进行工资变动操作后，人员档案信息不允许做删除操作。

人员档案变动后应重新进行工资变动处理。

为保证扣税额计算准确须将税率表按最新的个税政策调整，并重新选择个人所得税申报表中收入额合计项对应的工资项目。

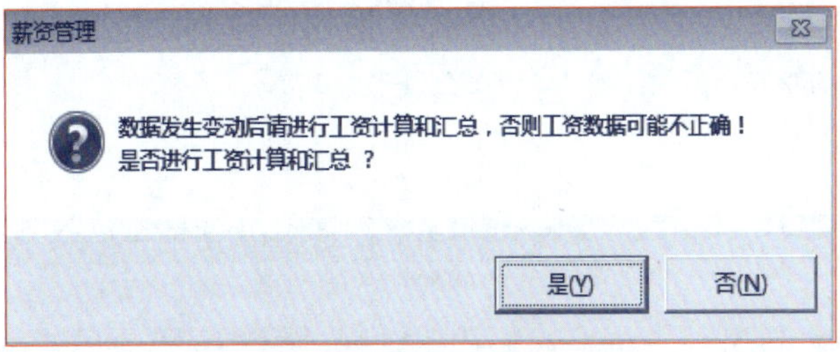

图 3-115　工资计算提示框

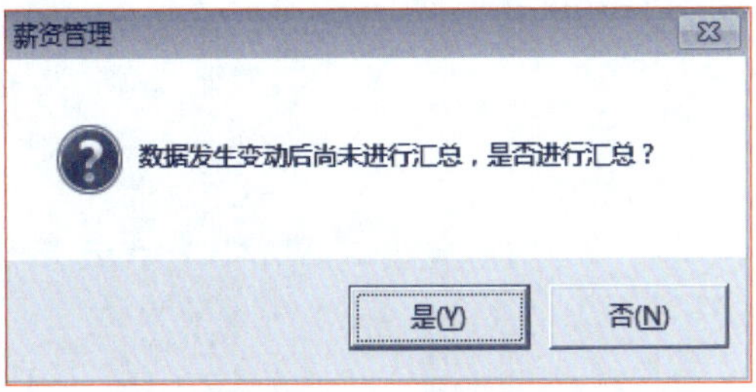

图 3-116　工资汇总提示框

任务 5.3　工资表编制

任务要求

2020 年 3 月 31 日，总经理李伟要求会计黄玉玲提供按部门分类的工资统计表，黄玉玲在业财一体化平台导出 Excel 文件，提交给总经理。

业务操作

工资表是企业用来进行工资的发放和统计的，业财一体信息化平台可以完成工资发放签名表、工资发放条、工资卡、部门工资汇总、人员类别工资汇总等工资表的查询和打印工作。

（1）从【业务工作】—【人力资源】—【薪资管理】—【账表】—【工资表】打开如图 3-117 所示的“工资表”界面。

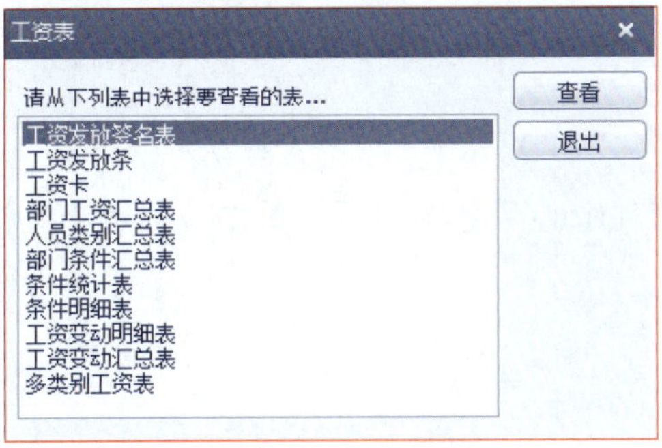

图 3-117　工资表

3

（2）选择工资发放签名表，单击〖查看〗按钮，选择所有部门后，单击〖确定〗按钮，弹出如图 3-118 所示的“工资发放签名表”界面。

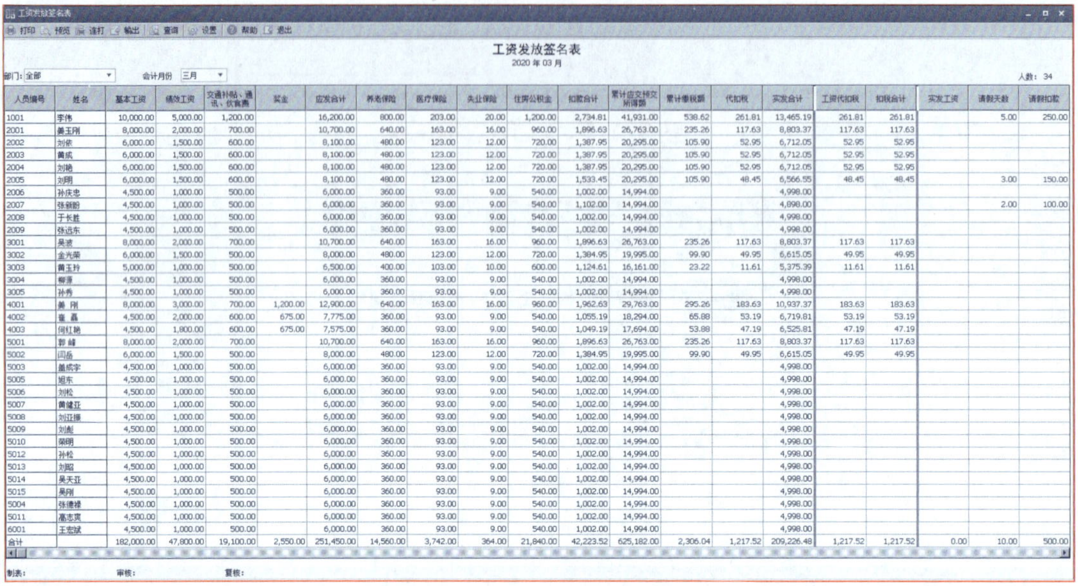

人员编号	姓名	基本工资	绩效工资	交通补贴、通讯、伙食费	奖金	应发合计	养老保险	医疗保险	失业保险	住房公积金	扣款合计	累计应交预交所得额	累计缴税额	代扣税	实发合计	工资代扣税	扣税合计	实发工资	请假天数	请假扣款
1001	李伟	10,000.00	5,000.00	1,200.00		16,200.00	800.00	203.00	20.00	1,200.00	2,734.81	41,931.00	538.62	261.81	13,465.19	261.81	261.81		5.00	250.00
2001	姜玉刚	8,000.00	2,000.00	700.00		10,700.00	640.00	163.00	16.00	960.00	1,896.63	26,763.00	235.26	117.63	8,803.37	117.63	117.63			
2002	刘依	6,000.00	1,500.00	600.00		8,100.00	480.00	123.00	12.00	720.00	1,387.95	20,295.00	105.90	52.95	6,712.05	52.95	52.95			
2003	黄成	6,000.00	1,500.00	600.00		8,100.00	480.00	123.00	12.00	720.00	1,387.95	20,295.00	105.90	52.95	6,712.05	52.95	52.95			
2004	刘艳	6,000.00	1,500.00	600.00		8,100.00	480.00	123.00	12.00	720.00	1,387.95	20,295.00	105.90	52.95	6,712.05	52.95	52.95			
2005	刘明	6,000.00	1,500.00	600.00		8,100.00	480.00	123.00	12.00	720.00	1,533.45	20,295.00	105.90	48.45	6,566.55	48.45	48.45		3.00	150.00
2006	孙庆忠	4,500.00	1,000.00	500.00		6,000.00	360.00	93.00	9.00	540.00	1,002.00	14,994.00			4,998.00					
2007	张新盼	4,500.00	1,000.00	500.00		6,000.00	360.00	93.00	9.00	540.00	1,102.00	14,994.00			4,898.00				2.00	100.00
2008	于长胜	4,500.00	1,000.00	500.00		6,000.00	360.00	93.00	9.00	540.00	1,002.00	14,994.00			4,998.00					
2009	张远东	4,500.00	1,000.00	500.00		6,000.00	360.00	93.00	9.00	540.00	1,002.00	14,994.00			4,998.00					
3001	吴波	8,000.00	2,000.00	700.00		10,700.00	640.00	163.00	16.00	960.00	1,896.63	26,763.00	235.26	117.63	8,803.37	117.63	117.63			
3002	金光荣	6,000.00	1,500.00	500.00		8,000.00	480.00	123.00	12.00	720.00	1,384.95	19,995.00	99.90	49.95	6,615.05	49.95	49.95			
3003	黄玉玲	5,000.00	1,000.00	500.00		6,500.00	400.00	103.00	10.00	600.00	1,124.61	16,161.00	23.22	11.61	5,375.39	11.61	11.61			
3004	柳源	4,500.00	1,000.00	500.00		6,000.00	360.00	93.00	9.00	540.00	1,002.00	14,994.00			4,998.00					
3005	孙秀	4,500.00	1,000.00	500.00		6,000.00	360.00	93.00	9.00	540.00	1,002.00	14,994.00			4,998.00					
4001	姜 刚	8,000.00	3,000.00	700.00	1,200.00	12,900.00	640.00	163.00	16.00	960.00	1,962.63	29,763.00	295.26	183.63	10,937.37	183.63	183.63			
4002	童 磊	4,500.00	2,000.00	600.00	675.00	7,775.00	360.00	93.00	9.00	540.00	1,055.19	18,294.00	65.88	53.19	6,719.81	53.19	53.19			
4003	何红艳	4,500.00	1,800.00	600.00	675.00	7,575.00	360.00	93.00	9.00	540.00	1,049.19	17,694.00	53.88	47.19	6,525.81	47.19	47.19			
5001	郭 峰	8,000.00	2,000.00	700.00		10,700.00	640.00	163.00	16.00	960.00	1,896.63	26,763.00	235.26	117.63	8,803.37	117.63	117.63			
5002	闫岳	6,000.00	1,500.00	500.00		8,000.00	480.00	123.00	12.00	720.00	1,384.95	19,995.00	99.90	49.95	6,615.05	49.95	49.95			
5003	盖成宇	4,500.00	1,000.00	500.00		6,000.00	360.00	93.00	9.00	540.00	1,002.00	14,994.00			4,998.00					
5005	旭东	4,500.00	1,000.00	500.00		6,000.00	360.00	93.00	9.00	540.00	1,002.00	14,994.00			4,998.00					
5006	刘松	4,500.00	1,000.00	500.00		6,000.00	360.00	93.00	9.00	540.00	1,002.00	14,994.00			4,998.00					
5007	黄健亚	4,500.00	1,000.00	500.00		6,000.00	360.00	93.00	9.00	540.00	1,002.00	14,994.00			4,998.00					
5008	刘亚振	4,500.00	1,000.00	500.00		6,000.00	360.00	93.00	9.00	540.00	1,002.00	14,994.00			4,998.00					
5009	刘彪	4,500.00	1,000.00	500.00		6,000.00	360.00	93.00	9.00	540.00	1,002.00	14,994.00			4,998.00					
5010	荣明	4,500.00	1,000.00	500.00		6,000.00	360.00	93.00	9.00	540.00	1,002.00	14,994.00			4,998.00					
5012	孙松	4,500.00	1,000.00	500.00		6,000.00	360.00	93.00	9.00	540.00	1,002.00	14,994.00			4,998.00					
5013	刘昭	4,500.00	1,000.00	500.00		6,000.00	360.00	93.00	9.00	540.00	1,002.00	14,994.00			4,998.00					
5014	吴天亚	4,500.00	1,000.00	500.00		6,000.00	360.00	93.00	9.00	540.00	1,002.00	14,994.00			4,998.00					
5015	吴刚	4,500.00	1,000.00	500.00		6,000.00	360.00	93.00	9.00	540.00	1,002.00	14,994.00			4,998.00					
5004	张德禄	4,500.00	1,000.00	500.00		6,000.00	360.00	93.00	9.00	540.00	1,002.00	14,994.00			4,998.00					
5011	高志爽	4,500.00	1,000.00	500.00		6,000.00	360.00	93.00	9.00	540.00	1,002.00	14,994.00			4,998.00					
6001	王宏斌	4,500.00	1,000.00	500.00		6,000.00	360.00	93.00	9.00	540.00	1,002.00	14,994.00			4,998.00					
合计		182,000.00	47,800.00	19,100.00	2,550.00	251,450.00	14,560.00	3,742.00	364.00	21,840.00	42,223.52	625,182.00	2,306.04	1,217.52	209,226.48	1,217.52	1,217.52	0.00	10.00	500.00

图 3-118　工资发放签名表

（3）在“工资表”界面选择工资发放条，单击〖查看〗按钮，弹出如图 3-119 所示的“选择分析部门”界面。

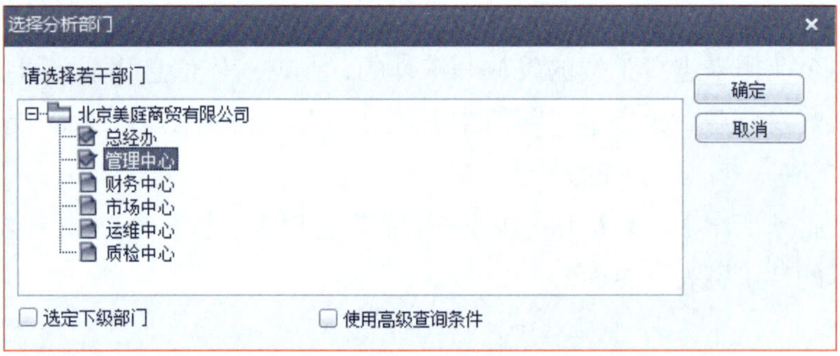

图 3-119　选择分析部门

（4）选择总经办和管理中心两个部门后，单击〖确定〗按钮，弹出如图 3-120 所示的“工资发放条”界面。

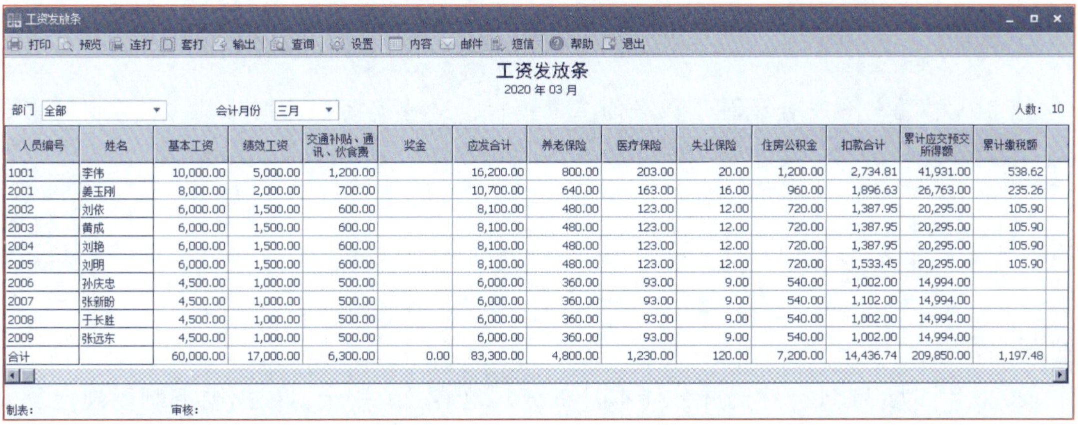

工资发放条

2020 年 03 月

部门 全部　　会计月份 三月　　人数：10

人员编号	姓名	基本工资	绩效工资	交通补贴、通讯、伙食费	奖金	应发合计	养老保险	医疗保险	失业保险	住房公积金	扣款合计	累计应交预交所得额	累计缴税额
1001	李伟	10,000.00	5,000.00	1,200.00		16,200.00	800.00	203.00	20.00	1,200.00	2,734.81	41,931.00	538.62
2001	姜玉刚	8,000.00	2,000.00	700.00		10,700.00	640.00	163.00	16.00	960.00	1,896.63	26,763.00	235.26
2002	刘依	6,000.00	1,500.00	600.00		8,100.00	480.00	123.00	12.00	720.00	1,387.95	20,295.00	105.90
2003	黄成	6,000.00	1,500.00	600.00		8,100.00	480.00	123.00	12.00	720.00	1,387.95	20,295.00	105.90
2004	刘艳	6,000.00	1,500.00	600.00		8,100.00	480.00	123.00	12.00	720.00	1,387.95	20,295.00	105.90
2005	刘明	6,000.00	1,500.00	600.00		8,100.00	480.00	123.00	12.00	720.00	1,533.45	20,295.00	105.90
2006	孙庆忠	4,500.00	1,000.00	500.00		6,000.00	360.00	93.00	9.00	540.00	1,002.00	14,994.00	
2007	张新盼	4,500.00	1,000.00	500.00		6,000.00	360.00	93.00	9.00	540.00	1,102.00	14,994.00	
2008	于长胜	4,500.00	1,000.00	500.00		6,000.00	360.00	93.00	9.00	540.00	1,002.00	14,994.00	
2009	张远东	4,500.00	1,000.00	500.00		6,000.00	360.00	93.00	9.00	540.00	1,002.00	14,994.00	
合计		60,000.00	17,000.00	6,300.00	0.00	83,300.00	4,800.00	1,230.00	120.00	7,200.00	14,436.74	209,850.00	1,197.48

制表：　　审核：

图 3-120　工资发放条

（5）工资发放条可以输出为 Excel 表，也可以直接打印出来用于工资发放，单击〖预览〗按钮，弹出如图 3-121 所示“是否隐藏工资项目无数据列”的提示界面，单击〖是（Y）〗按钮，弹出如图 3-122 所示的“打印预览”界面。

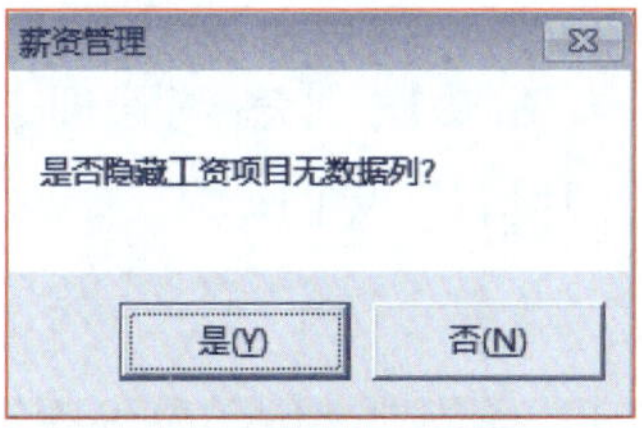

图 3-121　提示框

人员编号	姓名	基本工资	绩效工资	交通补贴、通讯、伙食费	应发合计	养老保险	医疗保险	失业保险
2002	刘依	6,000.00	1,500.00	600.00	8,100.00	480.00	123.00	12.00
住房公积金	**扣款合计**	**累计应交预交所得额**	**累计缴税额**	**代扣税**	**实发合计**	**工资代扣税**	**扣税合计**	**请假扣款**
720.00	1,387.95	20,295.00	105.90	52.95	6,712.05	52.95	52.95	
请假天数								

人员编号	姓名	基本工资	绩效工资	交通补贴、通讯、伙食费	应发合计	养老保险	医疗保险	失业保险
2003	黄成	6,000.00	1,500.00	600.00	8,100.00	480.00	123.00	12.00
住房公积金	**扣款合计**	**累计应交预交所得额**	**累计缴税额**	**代扣税**	**实发合计**	**工资代扣税**	**扣税合计**	**请假扣款**
720.00	1,387.95	20,295.00	105.90	52.95	6,712.05	52.95	52.95	
请假天数								

人员编号	姓名	基本工资	绩效工资	交通补贴、通讯、伙食费	应发合计	养老保险	医疗保险	失业保险
2004	刘艳	6,000.00	1,500.00	600.00	8,100.00	480.00	123.00	12.00
住房公积金	**扣款合计**	**累计应交预交所得额**	**累计缴税额**	**代扣税**	**实发合计**	**工资代扣税**	**扣税合计**	**请假扣款**
720.00	1,387.95	20,295.00	105.90	52.95	6,712.05	52.95	52.95	
请假天数								

页数：1/3　纸张：A4

图 3-122　打印预览

【重要提示】

业财一体信息化平台设置了很多的工资模板，这些模板自己也可以按企业实际需要进行格式修改。

工资分摊设置

任务 5.4　工资费用分摊

任务要求

2020 年 3 月 31 日，计提并分摊本月工资、缴纳五险一金。根据财务制度规定及人力资源管理制度规定，在业财一体信息化平台中，熟练完成工资计提，并能正确生成本月工资计提的凭证。

业务操作

能根据财务制度规定及人力资源管理制度规定，在业财一体信息化平台中，熟练完成工资计提，并能正确生成本月工资计提的凭证。

1. 分摊类型设置

（1）从【业务工作】—【人力资源】—【薪资管理】—【设置】—【分摊类型设置】打开如图 3-123 所示的“分摊类型设置”界面。

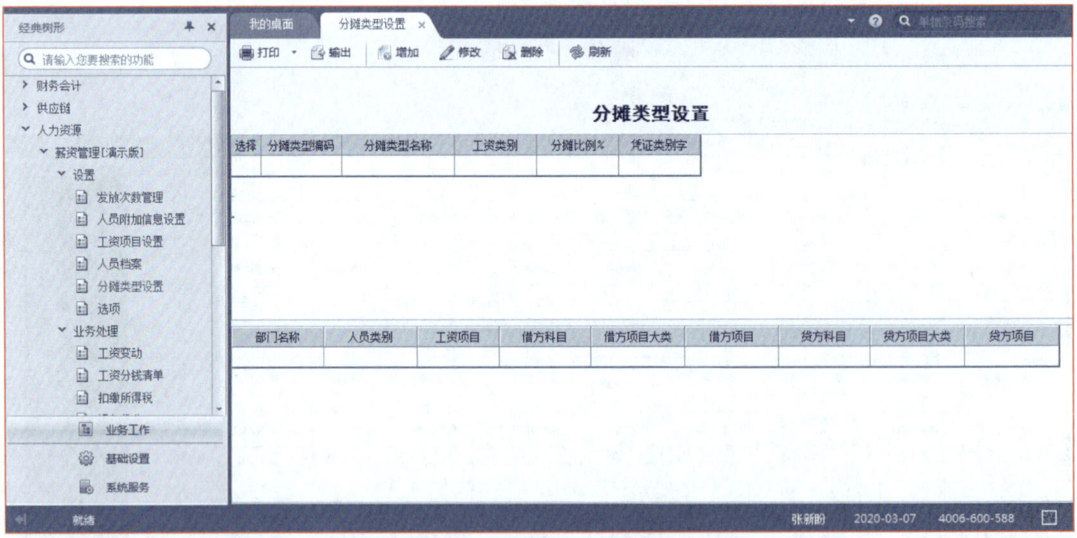

图 3-123　分摊类型设置

（2）单击〖增加〗按钮或按下［F5］功能键，弹出如图 3-124 所示的“分摊类型设置”界面，按表 3-4 内容录入工资分摊设置内容。

表 3-4 工资分摊设置

类型编码	类型名称	分摊比例	部门名称	人员类别	工资项目	借方科目	贷方科目
1	计提工资	100%	总经办、管理中心	管理人员	应发合计	660201	221101
			财务中心	财务人员	应发合计	660201	221101
			质检中心	质检人员	应发合计	660201	221101
			市场中心	销售人员	应发合计	660101	221101
2	计提公司承担社保	19.8%	总经办、管理中心	管理人员	基本工资	660201	221103
			财务中心	财务人员	基本工资	660201	221103
			质检中心	质检人员	应发合计	660201	221103
			市场中心	销售人员	基本工资	660101	221103
3	计提公司承担公积金	12%	总经办、管理中心	管理人员	基本工资	660201	221104
			财务中心	财务人员	基本工资	660201	221104
			质检中心	质检人员	应发合计	660201	221104
			市场中心	销售人员	基本工资	660101	221104

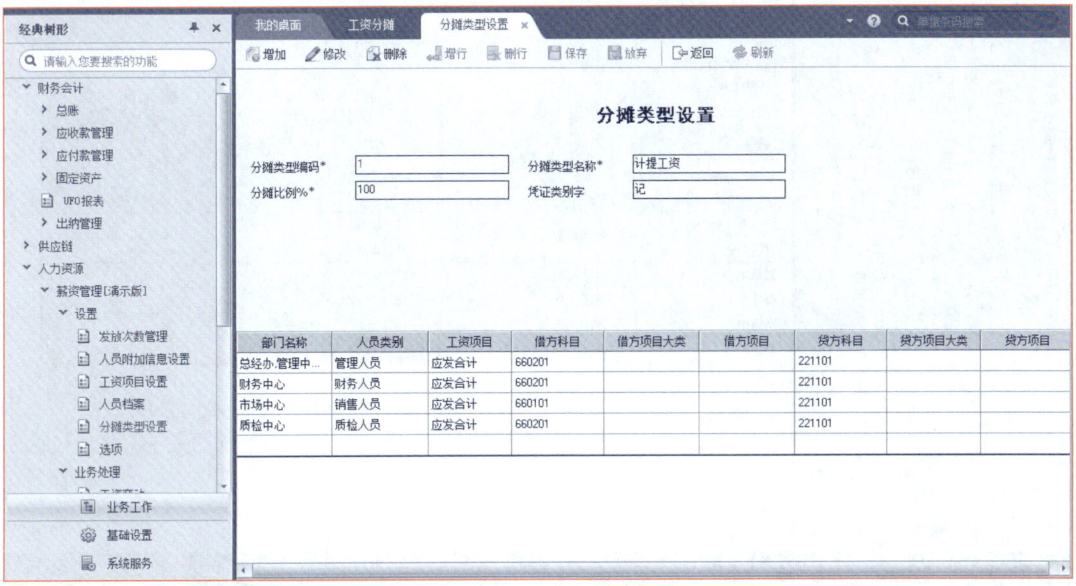

图 3-124 分摊类型设置

（3）单击〖保存〗按钮或按下［F6］功能键，确认分摊类型设置。

2. 工资分摊

（1）从【业务工作】—【人力资源】—【薪资管理】—【业务处理】—【工资分摊】打开如图 3-125 所示的“工资分摊”界面。

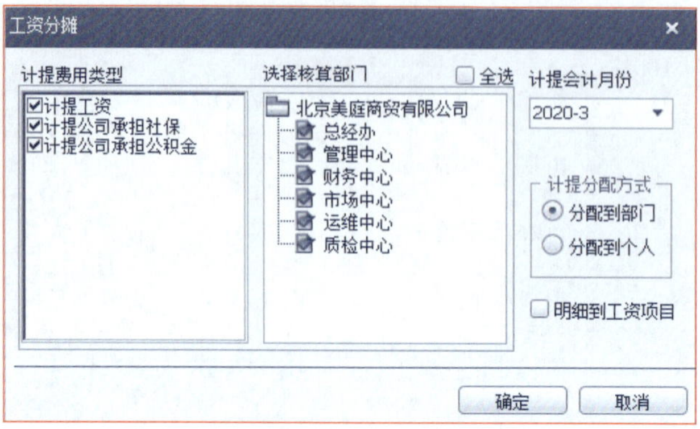

图 3-125　分摊工资

（2）选择要计提费用的类型和核算部门，单击〖确定〗按钮，弹出如图 3-126 所示的“计提工资一览表”界面。

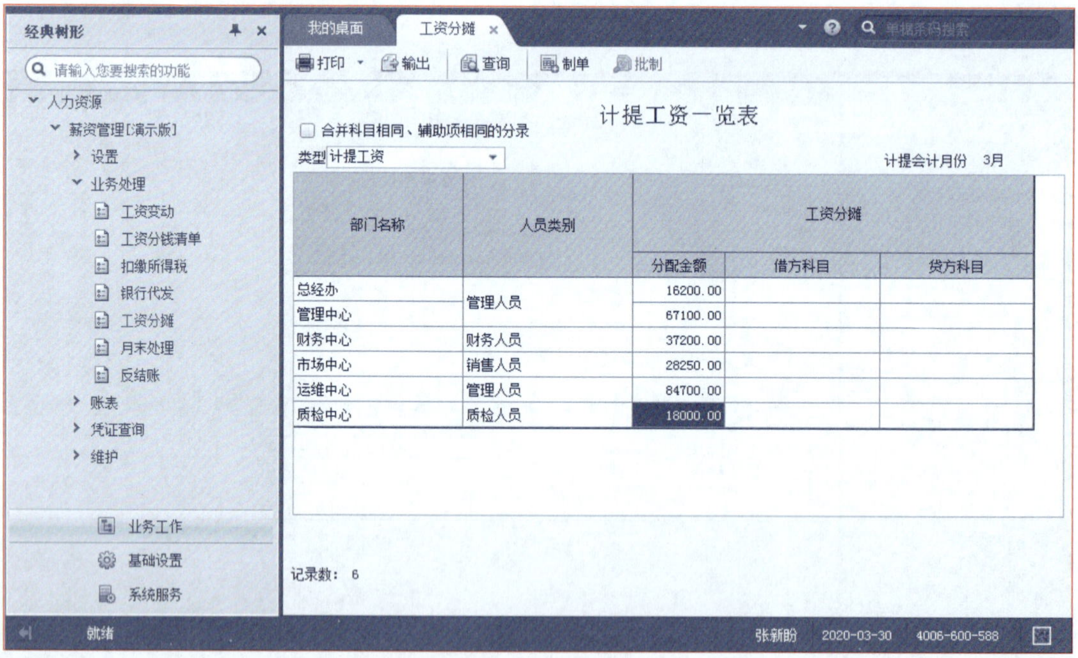

图 3-126　计提工资一览表

（3）选择合并科目相同、辅助项相同的分录，单击〖制单〗按钮，弹出如图 3-127、图 3-128 所示的“记账凭证”界面。

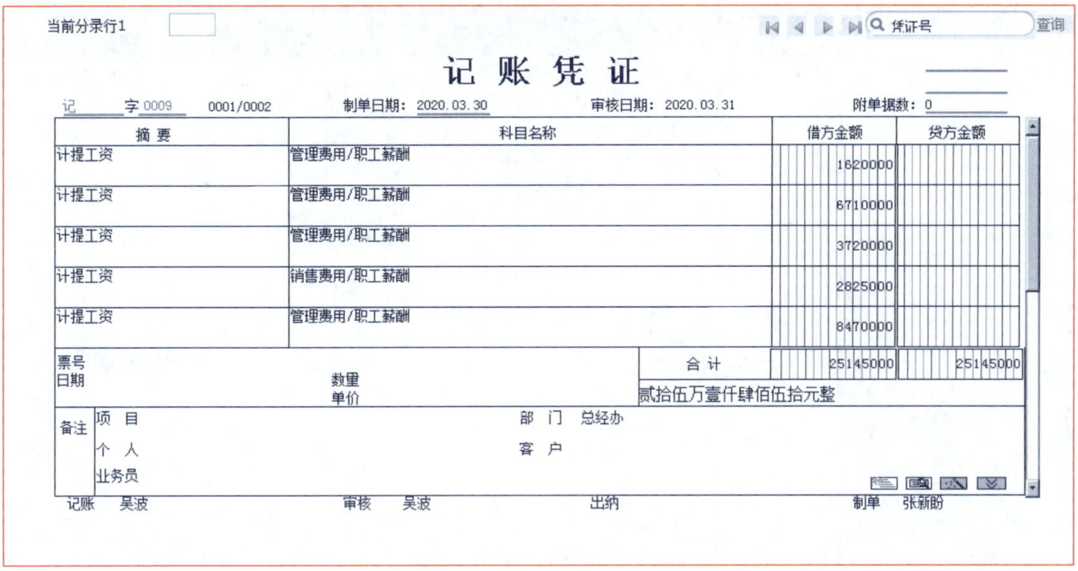

当前分录行1

记 账 凭 证

记 字 0009 0001/0002 制单日期：2020.03.30 审核日期：2020.03.31 附单据数：0

摘 要	科目名称	借方金额	贷方金额
计提工资	管理费用/职工薪酬	1620000	
计提工资	管理费用/职工薪酬	6710000	
计提工资	管理费用/职工薪酬	3720000	
计提工资	销售费用/职工薪酬	2825000	
计提工资	管理费用/职工薪酬	8470000	
票号 日期	数量 单价 合 计	25145000	25145000
	贰拾伍万壹仟肆佰伍拾元整		

备注 项 目 部 门 总经办
个 人 客 户
业务员

记账 吴波 审核 吴波 出纳 制单 张新盼

图 3-127 记账凭证（一）

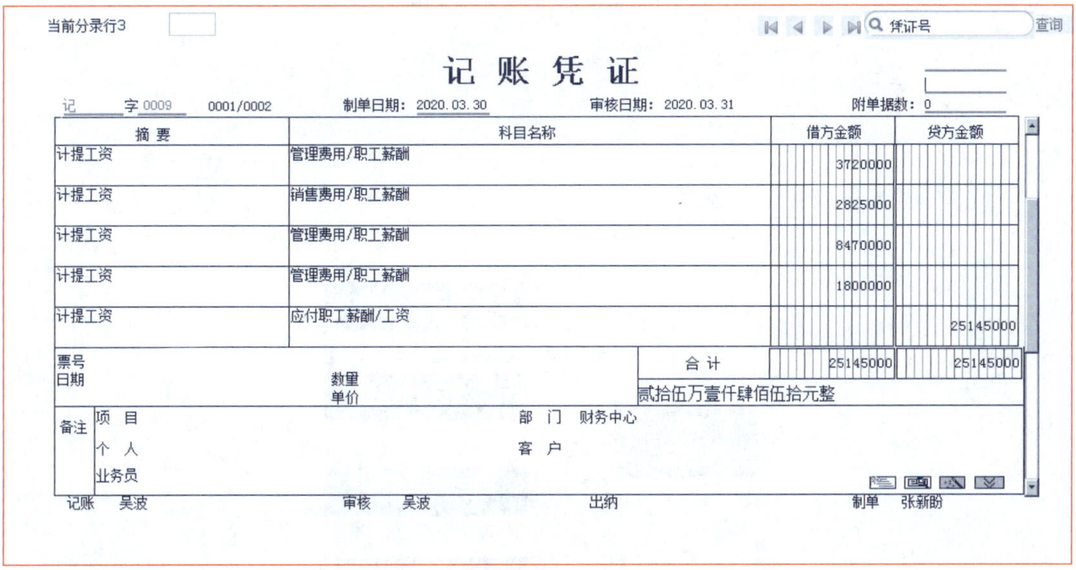

当前分录行3

记 账 凭 证

记 字 0009 0001/0002 制单日期：2020.03.30 审核日期：2020.03.31 附单据数：0

摘 要	科目名称	借方金额	贷方金额
计提工资	管理费用/职工薪酬	3720000	
计提工资	销售费用/职工薪酬	2825000	
计提工资	管理费用/职工薪酬	8470000	
计提工资	管理费用/职工薪酬	1800000	
计提工资	应付职工薪酬/工资		25145000
票号 日期	数量 单价 合 计	25145000	25145000
	贰拾伍万壹仟肆佰伍拾元整		

备注 项 目 部 门 财务中心
个 人 客 户
业务员

记账 吴波 审核 吴波 出纳 制单 张新盼

图 3-128 记账凭证（二）

（4）单击〖保存〗按钮或按下［F6］功能键，凭证左上角出现已生成字样。

（5）在“计提工资一览表”界面，在类型下拉列表中选择“计提公司承担社保”，如图 3-129 所示，重复步骤（3）和（4）生成其他凭证。

【重要提示】

设置工资分摊公式应按人员类别进行分摊，要确保所有人员类别都已设置分摊公式。工资分摊后生成的记账凭证都自动归集到总账进行核算。

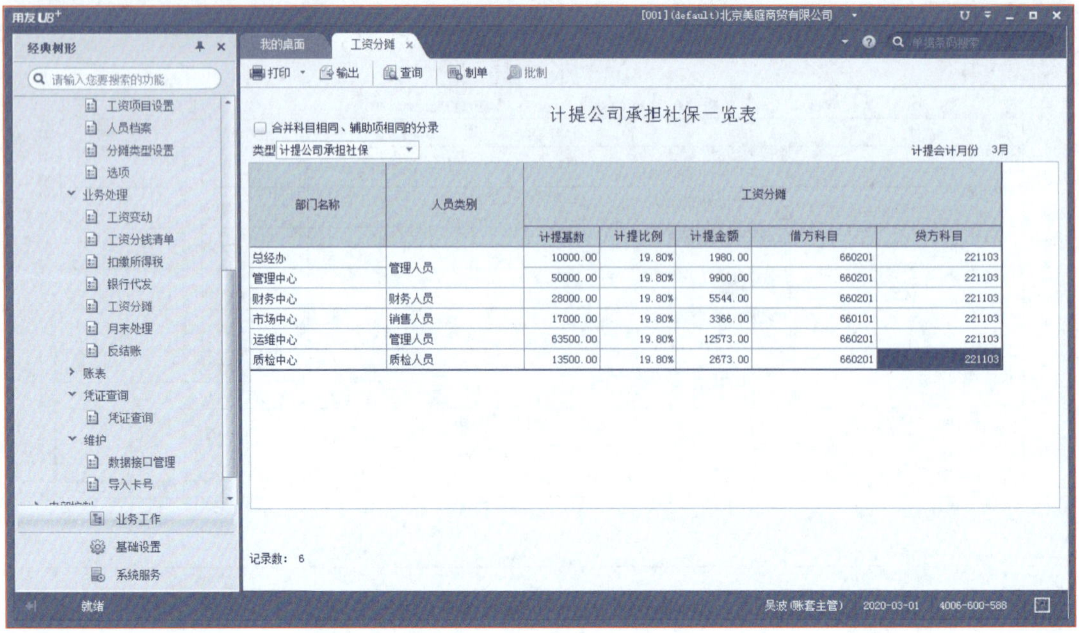

部门名称	人员类别	工资分摊				
		计提基数	计提比例	计提金额	借方科目	贷方科目
总经办	管理人员	10000.00	19.80%	1980.00	660201	221103
管理中心		50000.00	19.80%	9900.00	660201	221103
财务中心	财务人员	28000.00	19.80%	5544.00	660201	221103
市场中心	销售人员	17000.00	19.80%	3366.00	660101	221103
运维中心	管理人员	63500.00	19.80%	12573.00	660201	221103
质检中心	质检人员	13500.00	19.80%	2673.00	660201	221103

图 3-129　计提社保一览表

【任务总结】

本工作任务导图如图 3-130 所示。

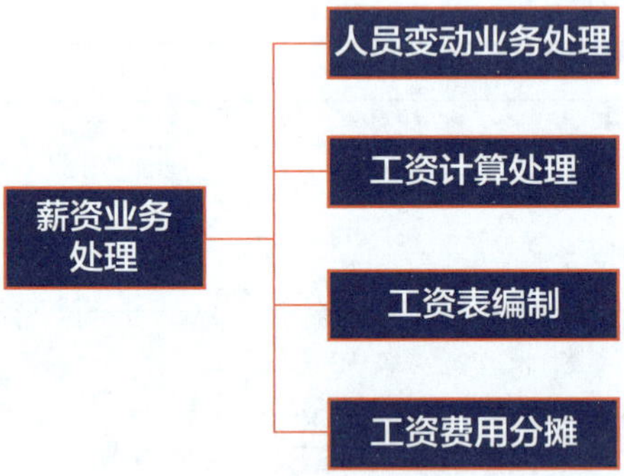

图 3-130　薪资业务处理导图

工作领域四
典型业务处理

“典型业务处理”工作领域主要是对企业的经济业务进行规范管理，并对业务进行相应的财务处理。其内容包括：典型采购业务处理、典型销售业务处理、典型库存与存货业务处理。

业财一体信息化平台是针对企业全面信息化管理的基础平台，通过对购销存相关业务的规范管理，重点监控物流、单据流、资金流、信息流，优化业务管理流程，收集、整理、挖掘企业经营数据，为防控经营风险，制定长期战略规划提供依据。

该工作领域的具体工作为：

1. 典型采购业务处理

从采购订单（采购合同）入手，对到货单、入库单、发票和结算单完整的单据流进行全流程管理，梳理业务数据，获取财务数据，进行财务核算，达到胜任基于业财一体信息化平台采购核算岗位的工作职责目标。

2. 典型销售业务处理

从销售订单（采购合同）入手，对发货单、出库单、发票和销售成本核算单完整的单据流进行全流程管理，梳理业务数据，获取财务数据，进行财务核算，达到胜任基于业财一体信息化平台销售核算岗位的工作职责目标。

3. 典型库存与存货业务处理

根据企业的成本核算制度，针对商业企业，依据商品的出库入库业务数据，进行采购成本和销售成本的核算。针对工业企业，依据材料出库和产成品入库业务数据，进行生产成本的核算，达到胜任基于业财一体信息化平台企业存货核算岗位的工作职责目标。

工作任务 1　典型采购业务处理

【能力目标】

通过训练，使学生能够在业财一体信息化平台上完成采购订单录入、采购到货单手工填制与参照生成、采购入库单手工填制与参照生成、采购发票手工填制与参照生成，能正确进行发票与入库单结算处理。使学生具有独立完成典型采购业务处理的能力，达到胜任基于业财一体信息化平台采购核算岗位的工作职责目标。

【任务情境】

北京美庭商贸有限公司业财一体信息化项目进展非常顺利，达到预期效果，所有财务模块均已顺利运行，为全面实现精细化管理，现将公司采购业务全面转入业财一体信息化平台运行，需要在平台中完成处理采购订单、采购到货单、采购入库单和采购发票等业务，实现业务财务一体化管理目标。

【知识准备】

通过业财一体信息化平台可以对采购业务的全部流程进行管理，提供请购、采购订货、采购到货、采购入库、采购发票、采购结算的完整采购流程，也可以根据自身实际情况灵活定制采购流程。

任务 1.1　采购订单录入

采购订单

任务要求

2020 年 3 月 15 日，采购专员于长胜与深圳安美家居有限公司签订购销合同，履行合同签章手续，货物已于当日收到，待检验合格后入库。依据采购计划及签订的采购合同或协议，在业财一体信息化平台采购管理模块中熟练、准确地录入采购订单。原始凭证如图 4-1 和图 4-2 所示。

购销合同

合同编号：CG20200315001

卖方：深圳安美家居有限公司　　　　买方：北京美庭商贸有限公司

为保护买卖双方的合法权益，买卖双方根据《中华人民共和国合同法》的有关规定，经友好协商，一致同意签订本合同并共同遵守。

1. 货物名称、型号、数量、价格、合同总额

序号	货物名称	规格型号	单位	数量	单价（不含税）	金额（不含税）	税率	税额
1	保健硅胶枕		个	200	180.00	36000.00	13%	4680.00
2								
3								
合计					¥	36,000.00		¥ 4,680.00

2. 合同总金额：人民币肆万零陆佰捌拾元整（¥40680.00）。
3. 卖方保证产品质量符合国家标准，并执行国家质量保证相关的售后服务规定。
4. 付款时间：货到验收合格后三个工作日内付款。
5. 发货时间：卖方于3月15日前将货物送到买方指定地点。
6. 3月30日前买方可以因商品质量问题退货，因此而产生的损失由卖方承担。
7. 发运方式：卖方无偿送货。
8. 任何一方均不得修改本合同，如有修改须另行达成书面协议，否则本合同自动失效。
9. 其他：本合同一式贰份，供需双方各执壹份。本合同自双方签字盖章后生效，至本合同全部条款执行完毕后失效。

供方（盖章）：深圳安美家居有限公司　　　　需方（盖章）：北京美庭商贸有限公司

电　　话：0755-36377633　　　　电　　话：010-28285858

授权代表：马东利　　　　授权代表：于长胜

签订时间：2020年3月15日　　　　签订时间：2020年3月15日

图 4-1　采购合同

销售出库单

2020 年　3 月　15 日　　　　编号：20031501

序号	名称	规格	单位	应发数量	实发数量	客户
1	保健硅胶枕		个	200	200	北京美庭商贸有限公司

制单：王芳　　　　复核：王子新　　　　经办人：李婷

图 4-2　销售出库单

业务操作

采购订单通常是企业与供应商之间签订的采购合同、购销协议等，主要内容包括采购商品名称、规格型号、数量、供货时间、地点、价格等，也可以是一种订货的口头协议。

（1）操作员 010 于长胜登录业财一体信息化平台，从【业务工作】—【供应链】—【采购管理】—【采购订货】—【采购订单】进入如图 4-3 所示的“采购订单”界面。

（2）单击〖增加〗按钮或按下［F5］功能键后，直接录入采购订单，这时〖增加〗按钮变成〖参照〗按钮，也可以单击〖参照〗按钮，参照请购单、销售订单、出口订单、采购计划、采购合同生成，具体填写信息如下：

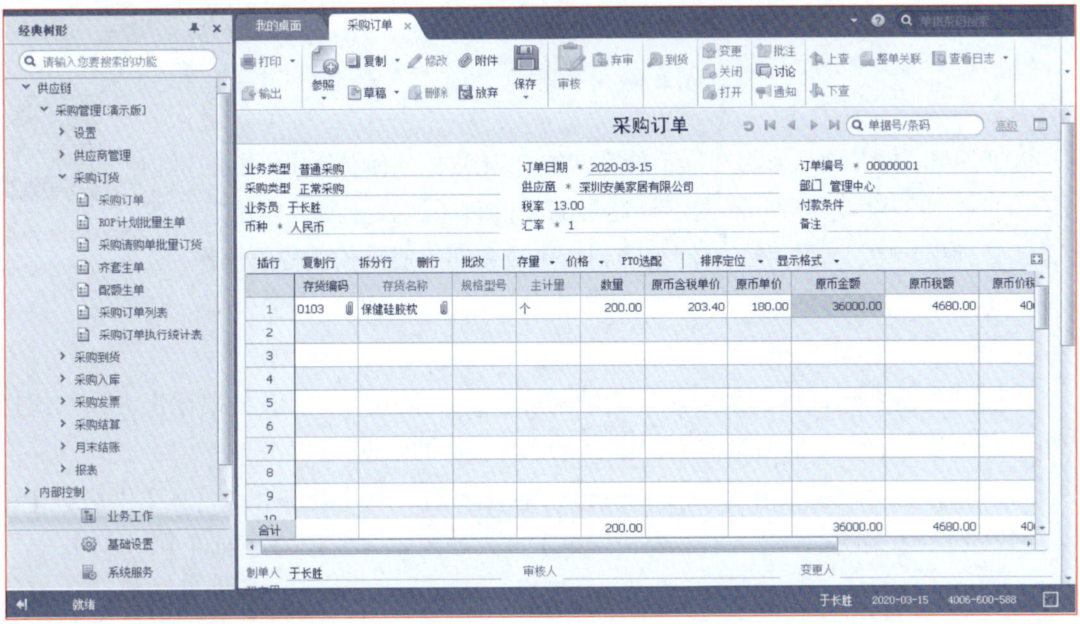

图 4-3 采购订单

业务类型：系统自动带出普通采购；

订单日期：默认当前业务日期，可以单击日历图标选择修改为 2020-03-15；

订单编号：如果订单编号设置为手工录入，则需直接录入，否则系统自动生成；

采购类型：正常采购；

供应商：深圳安美家居有限公司；

部门：系统自动带出管理中心；

业务员：于长胜；

税率：13%；

存货编码：0103；

数量：200；

原币单价：180.00；

计划到货日期：按合同或口头协议录入，系统默认为当前业务日期。

（3）单击〖保存〗按钮或按下［F6］功能键保存采购订单。

（4）单击〖审核〗按钮完成本次采购订单录入。

【重要提示】

启用合同管理模块时，采购订单常常由采购合同生成，在未启用合同管理模块的情况下，通常对应的是采购合同，可以参照请购单、销售订单、出口订单、采购计划生成。

4

任务 1.2　采购到货单填制

任务要求

2020 年 3 月 15 日，采购专员于长胜向深圳安美家居有限公司订购的货物已于当日收到，检验合格。依据审核通过的采购订单，在业财一体信息化平台采购管理模块中，完成手工填制采购到货单或参照生成采购到货单操作。

采购到货单

业务操作

采购到货是采购订货和采购入库的中间环节，一般由采购业务员根据供方通知或送货单填写货物、数量、价格等信息，作为保管员收货的依据。

（1）操作员 010 于长胜登录业财一体信息化平台，从【业务工作】—【供应链】—【采购管理】—【采购到货】—【采购到货单】进入如图 4-4 所示的“到货单”界面。

图 4-4　采购到货单

（2）采购到货单可以单击〖增加〗按钮或按下［F5］功能键直接录入，单击〖增加〗按钮或按下［F5］功能键后，〖增加〗按钮变成〖参照〗按钮，也可以单击〖参照〗按钮，选择采购订单，显示如图 4-5 所示的“查询条件——单据列表过滤”界面。

（3）录入查询条件后，单击〖确定〗按钮，弹出如图 4-6 所示的“拷贝并执行”界面。

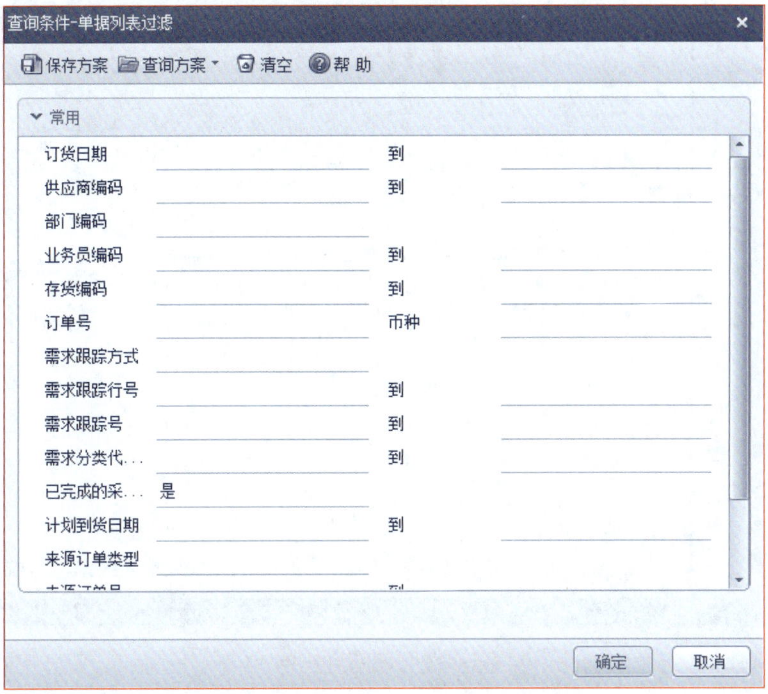

图 4-5　查询条件——单据列表过滤

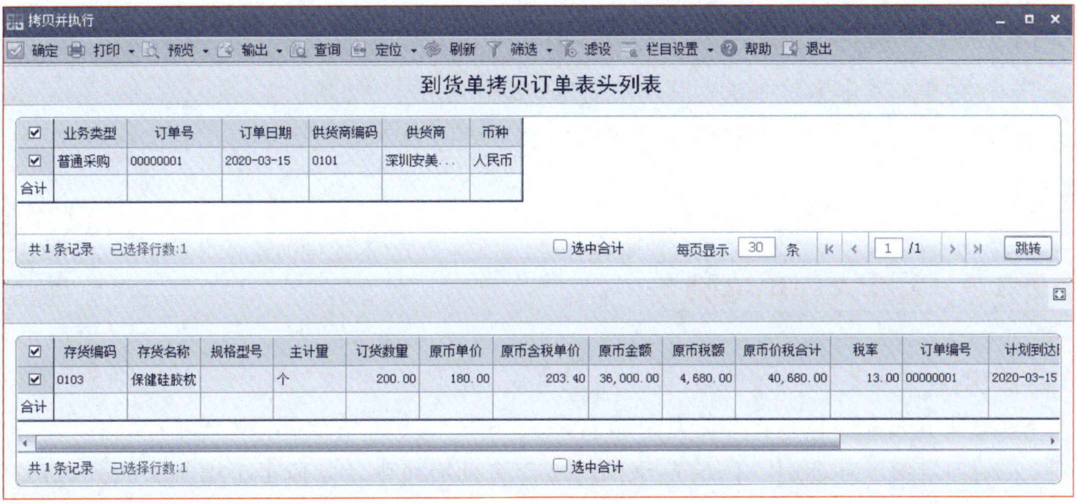

图 4-6　拷贝并执行

（4）选择要拷贝的数据行，单击〖确定〗按钮。数据自动填充到到货单中，如图 4-7 所示。

（5）单击〖保存〗按钮或按下［F6］功能键，保存采购到货单。

（6）单击〖审核〗按钮完成本次采购到货单录入。

图 4-7　填写到货单

【重要提示】

采购到货单可手工录入，也可以参照采购订单生成。

采购到货单通常对应的是供应商的送货单，是可选单据，如启用质量管理模块，应使用采购到货单。

任务 1.3　采购入库单填制

采购入库单

任务要求

2020 年 3 月 15 日，深圳安美家居有限公司发来的商品全部检验合格，验收入库。依据采购到货单，在业财一体信息化平台库存管理模块中，完成手工填制采购入库单或参照生成采购入库单操作。

业务操作

采购入库单是根据签收的采购到货单实际数量填制的入库凭证，采购管理模块与库存管理模块集成使用的情况下，采购入库单在库存管理模块中录入。

（1）操作员 010 于长胜登录业财一体信息化平台，从【业务工作】—【供应链】—【库存管理】—【采购入库】—【采购入库单】进入如图 4-8 所示的“采购入库单”界面。

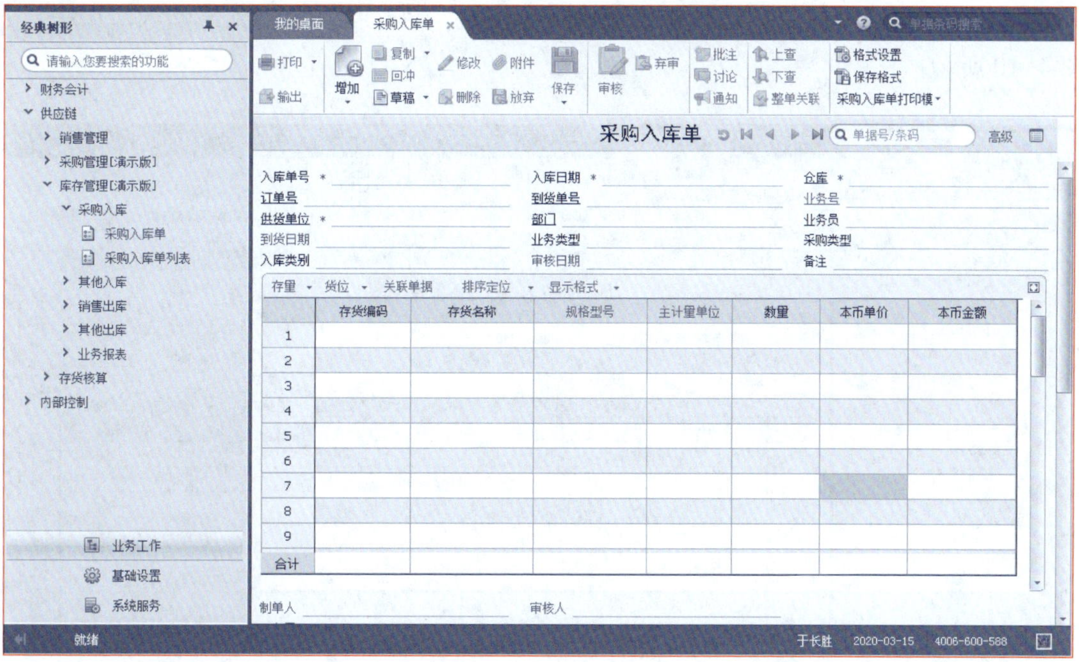

图 4-8　采购入库单

（2）采购入库单可以单击〖增加〗按钮或按下［F5］功能键直接录入，也可以单击〖参照〗按钮，选择采购订单或采购到货单。本例选择采购到货单，弹出如图 4-9 所示的“到货单生单列表”界面。

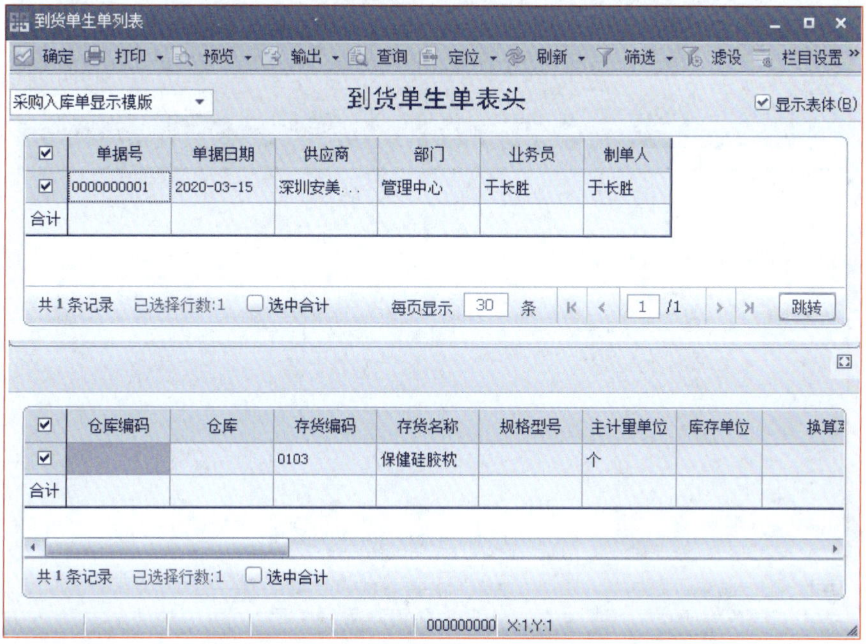

图 4-9　到货单生单列表

（3）选择要拷贝的数据行，单击〖确定〗按钮。数据自动填充到采购入库单中，如图4-10所示。

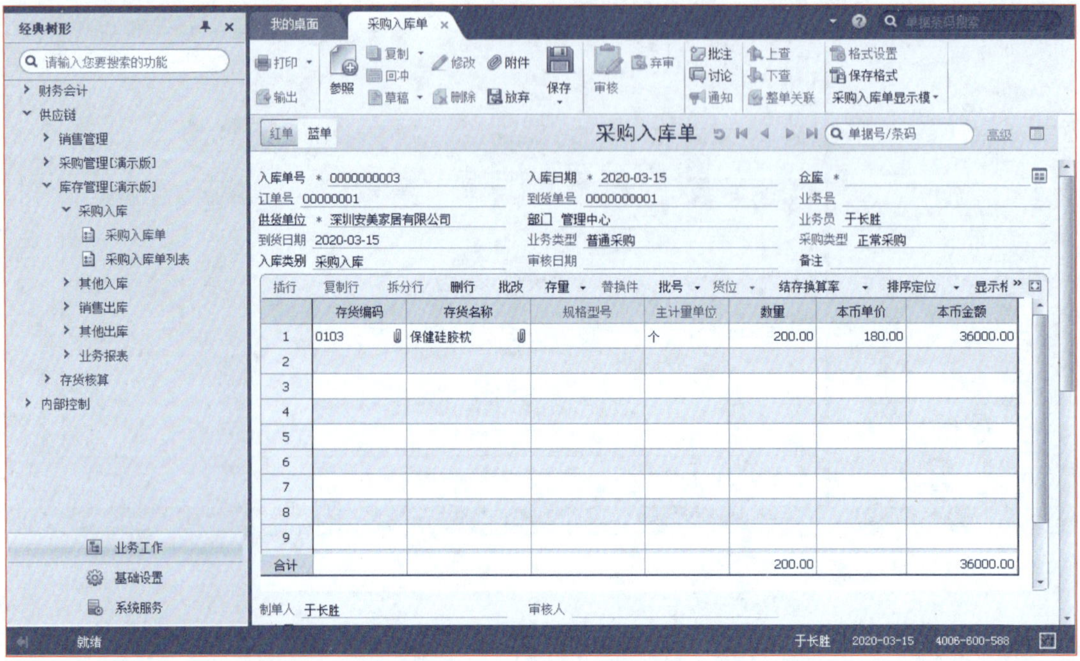

图4-10　采购入库单

（4）将光标放到仓库栏，按下［F2］功能键，弹出如图4-11所示的“仓库档案基本参照”界面。

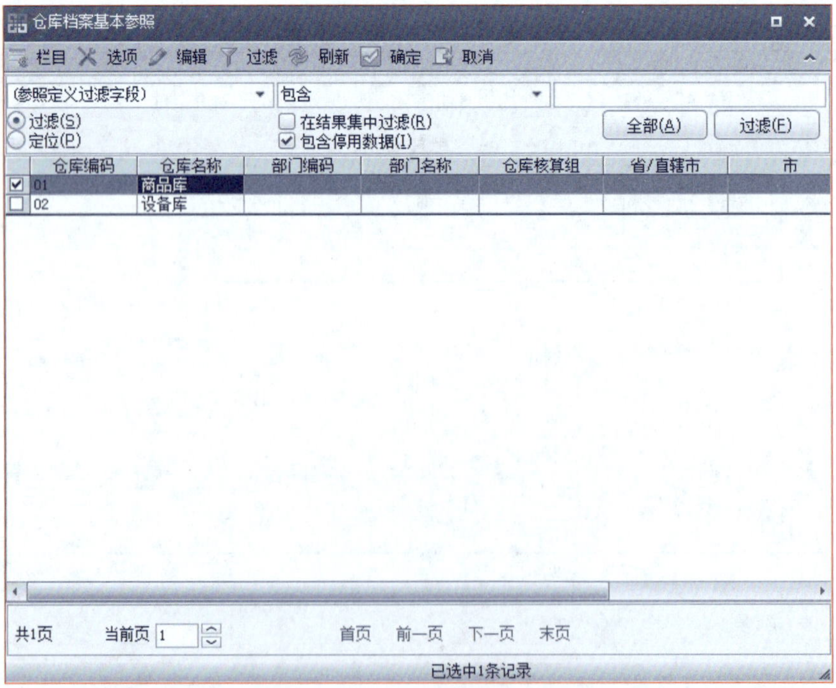

图4-11　仓库档案基本参照

（5）选择要录入的“商品库”记录行，单击〖确定〗按钮。

（6）单击〖保存〗按钮或按下［F6］功能键保存采购入库单，如图 4-12 所示。

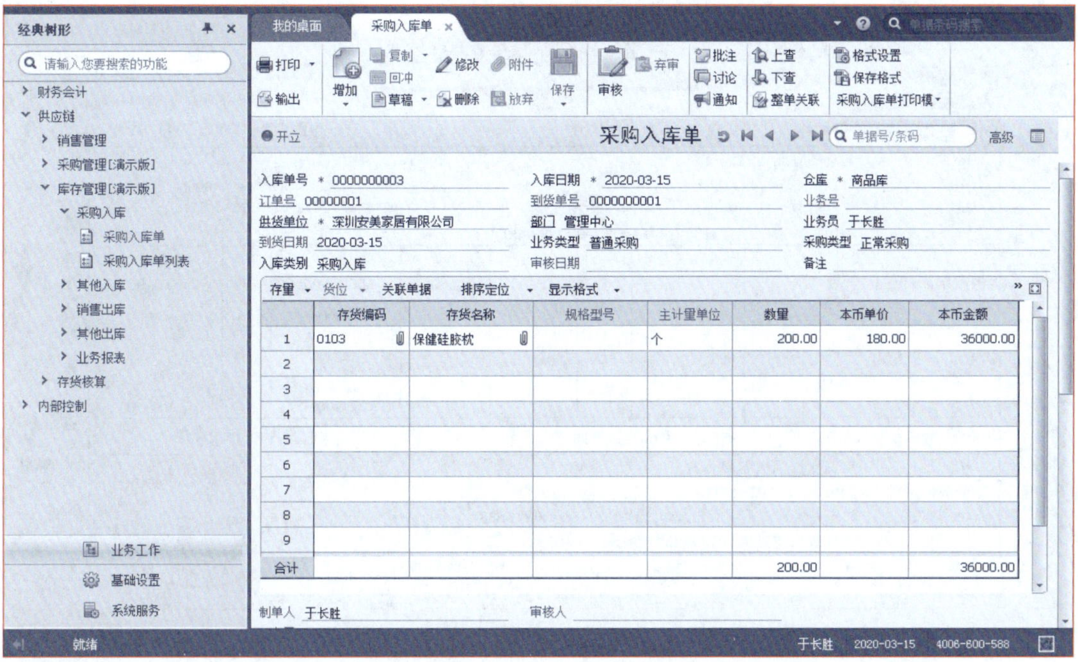

图 4-12　采购入库单保存

（7）单击〖审核〗按钮，系统弹出如图 4-13 所示的“该单据审核成功”界面，单击【确定】，完成本次采购入库单录入。

图 4-13　审核成功

【重要提示】

采购入库是对合格到货的存货进行入库验收，但采购入库单在库存管理模块录入，在采购模块只可以查询。

采购发票结算单

任务 1.4　采购结算单生成

任务要求

2020 年 3 月 29 日，收到深圳安美家居有限公司快递的增值税专用发票，金额为 40 680.00 元，录入发票。商品检验合格，已全部验收入库。在业财一体信息化平台采购管理模块中，熟练、准确地进行手工填制或参照生成采购发票，并进行发票与入库单结算处理，生成采购结算单。原始凭证如图 4-14 所示。

4400202130　　广东增值税专用发票　　№ 21014537　　4400202130　21014537

机器编号：169259089267　　发票联　　开票日期：2020年03月29日

购买方	名　　称：北京美庭商贸有限公司 纳税人识别号：91110300708461188Y 地 址、电 话：北京市海淀区回龙观路15号010—28285858 开户行及账号：中国工商银行北京海淀支行11002299998888899588				密码区	</*313<+/>*<5737300</28*+**+*<5 720</702*+*<9206<1649##<*#9090# +*</46813*+#<7412</11322*<3922* <<17896*2905<9244##<*#6374>.>**	
货物或应税劳务名称	规格型号	单位	数量	单价	金额	税率	税额
*橡胶制品*保健硅胶枕		个	200	180	36000.00	13%	4680.00
合　计					¥36,000.00		¥4,680.00
价税合计（大写）	⊗ 肆万零陆佰捌拾圆整				（小写）¥40,680.00		
销售方	名　　称：深圳安美家居有限公司 纳税人识别号：440778878363548213 地 址、电 话：广东省深圳市东风工业园西区128号0755-36377633 开户行及账号：工行深圳罗湖支行42342321001536804688				备注	深圳安美家居有限公司 440778878363548213 发票专用章	

收款人：　　复核：　　开票人：张莲花　　销售方：（章）

税总函〔2019〕144号中钞光华印刷有限公司　　第三联：发票联　购货方记账凭证

图 4-14　采购专用发票

业务操作

采购结算单是根据采购入库单、采购发票核算采购入库成本的凭据，记载了采购入库单与采购发票的对应关系，业财一体信息化平台提供自动结算和手工结算两种采购结算方式，自动结算要求采购入库单与采购发票有完全相同的一一对应关系。

（1）操作员 010 于长胜登录业财一体信息化平台，从【业务工作】—【供应链】—【采购管理】—【采购发票】—【专用采购发票】进入如图 4-15 所示的“专用发票”界面。

图 4-15　专用发票

（2）单击〖增加〗按钮或按下［F5］功能键后，〖增加〗按钮变成〖参照〗按钮，单击〖参照〗按钮的向下三角，选择采购入库单，弹出如图 4-16 所示的“查询条件——单据列表过滤”界面。

图 4-16　查询条件——单据列表过滤

采购发票的参照来源有采购订单、采购入库单和销售发票，单击〖增加〗按钮的向下三角，可以直接参照前述三个来源，同样进入“查询条件——单据列表过滤”界面。

（3）录入查询条件后，单击〖确定〗按钮，弹出如图 4-17 所示的“拷贝并执行”界面。

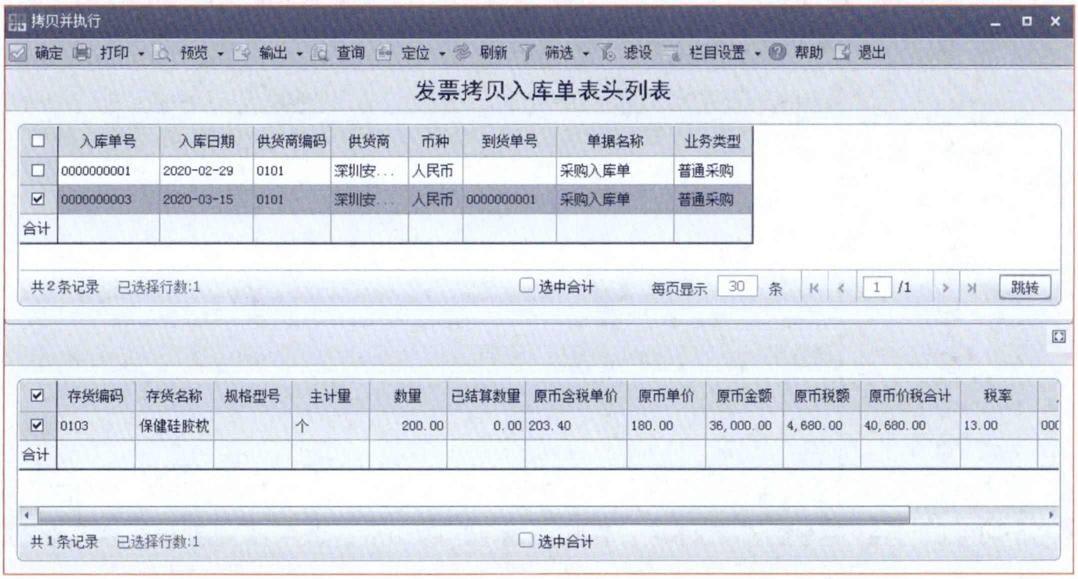

图 4-17　发票拷贝入库单表头列表

4

（4）选择要拷贝的数据行，单击〖确定〗按钮，数据自动填充到如图 4-18 所示的专用发票中。

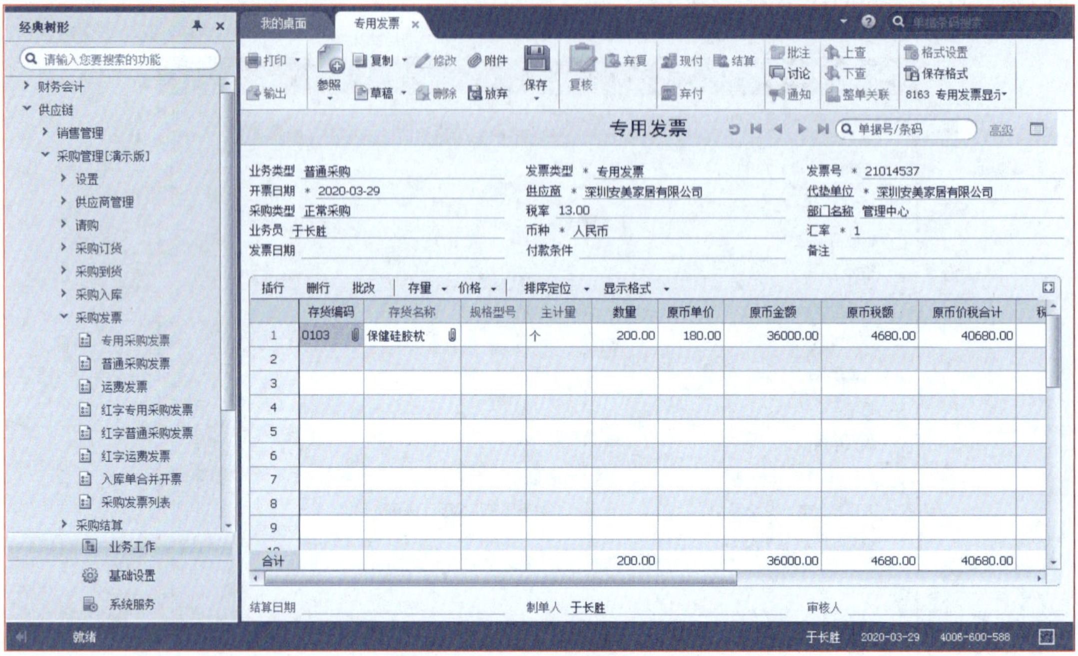

图 4-18　专用发票

（5）修改发票号码为 21014537 后，单击〖保存〗按钮或按下［F6］功能键保存专用发票。

（6）单击〖复核〗按钮完成本次采购专用发票录入。

（7）从【业务工作】—【供应链】—【采购管理】—【采购结算】—【手工结算】进入如图 4-19 所示的“手工结算”界面。

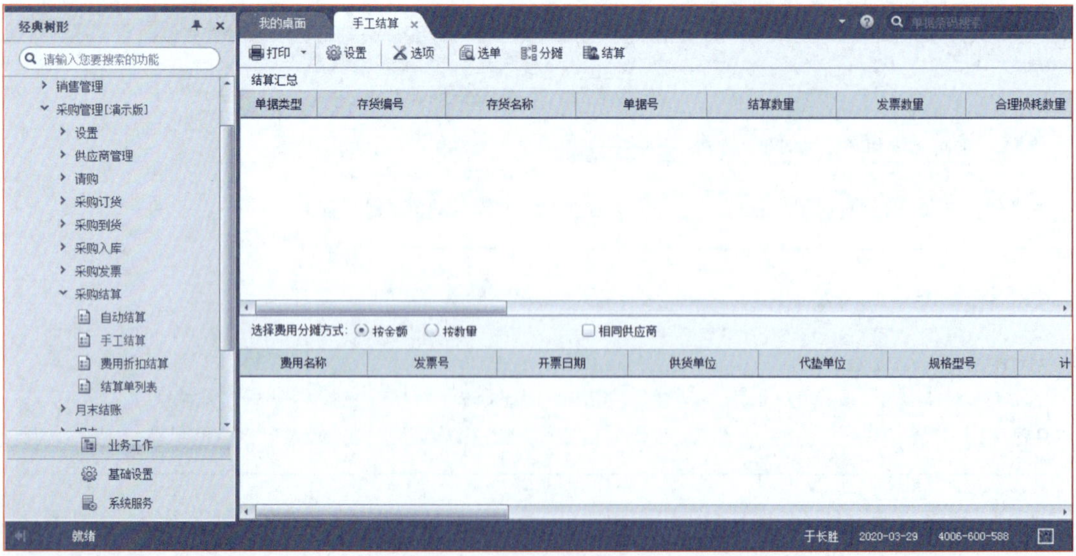

图 4-19　手工结算

（8）单击〖选单〗按钮，弹出如图 4-20 所示的“结算选单”界面。

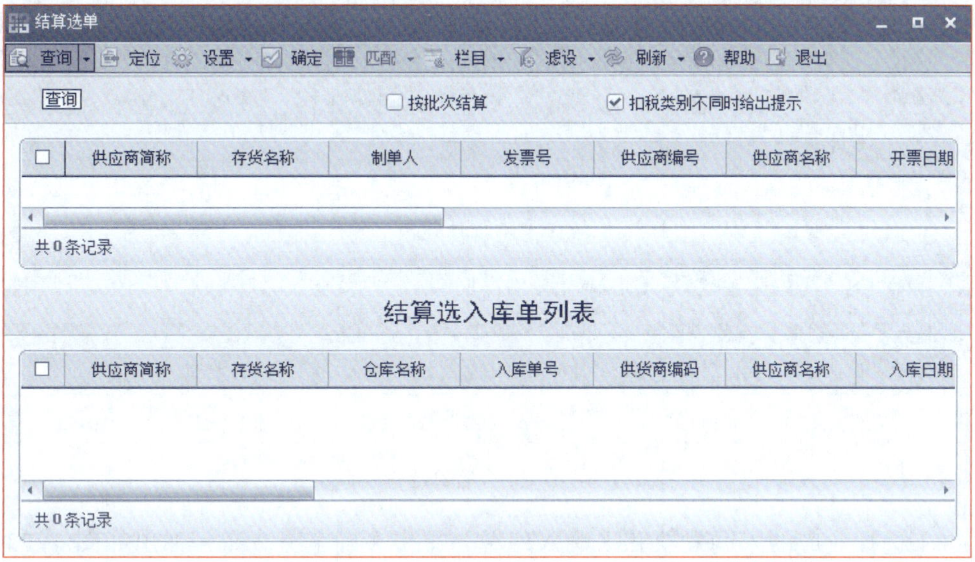

图 4-20　结算选单

（9）单击〖查询〗按钮，弹出如图 4-21 所示的“查询条件——采购手工结算”界面。

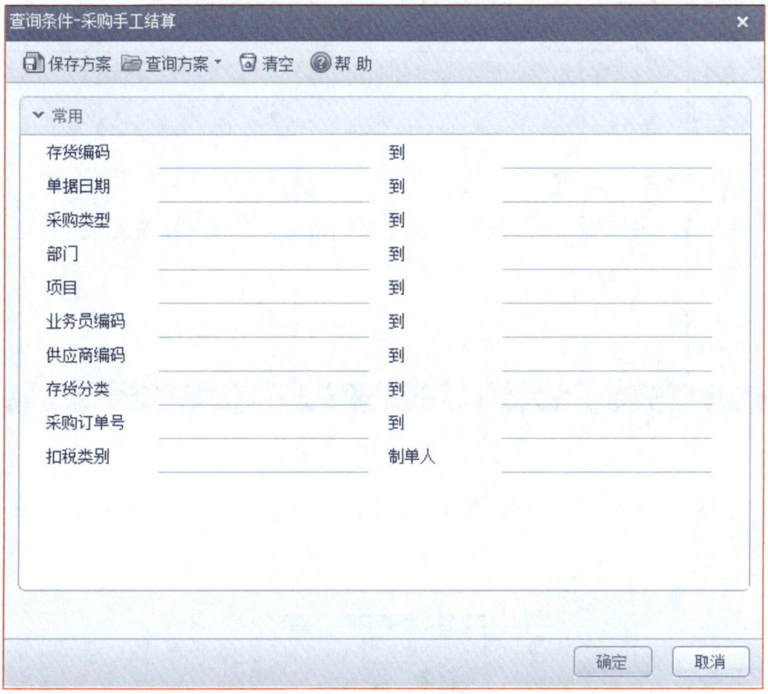

图 4-21　查询条件——采购手工结算

4

（10）录入查询条件后单击〖确定〗按钮，弹出如图 4-22 所示的“结算选单”界面。

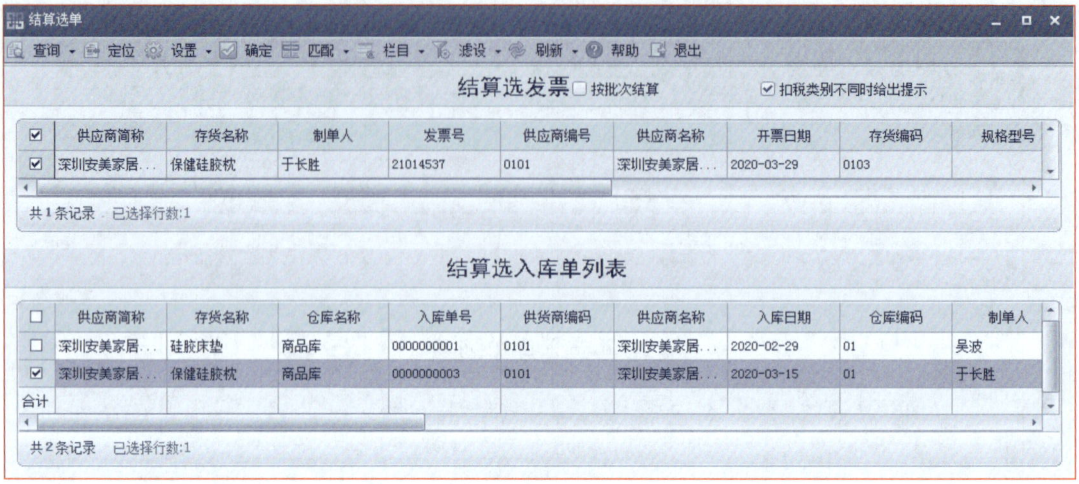

图 4-22 结算选单

（11）选择对应的采购发票和采购入库单，单击〖确定〗按钮，弹出如图 4-23 所示的“手工结算”界面。

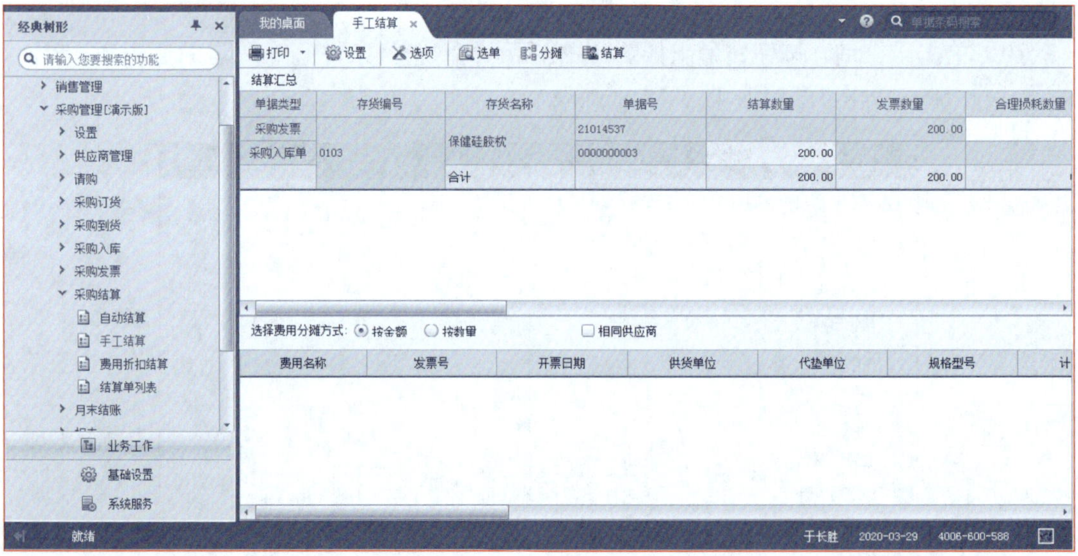

图 4-23 手工结算

（12）单击〖结算〗按钮，系统弹出如图 4-24 所示的“采购管理”界面，提示完成结算！

图 4-24 完成结算提示框

【重要提示】

采购结算是根据采购入库单、采购发票核算采购入库成本，主要分为自动结算和手工结算两种方式，自动结算只能将供应商、存货、数量完全相同的入库单记录和发票记录进行结算。

【任务总结】

本工作任务导图如图 4–25 所示。

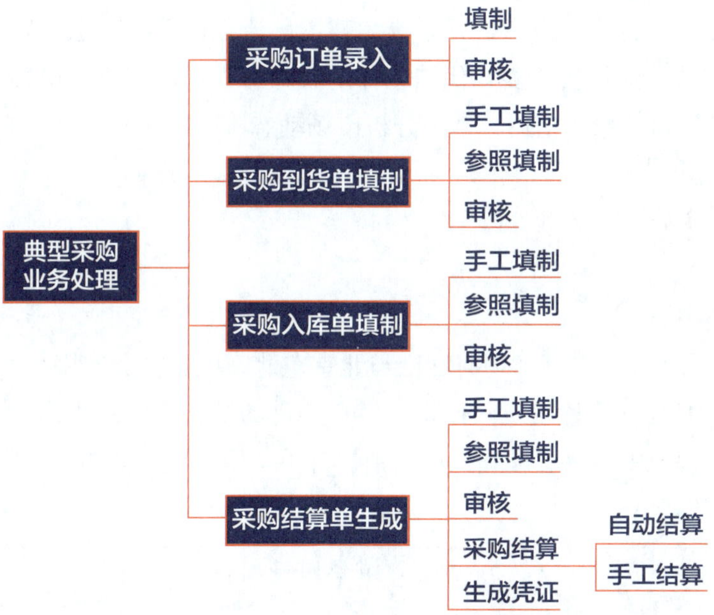

图 4–25 典型采购业务处理导图

工作任务 2 典型销售业务处理

【能力目标】

通过训练，使学生能够在业财一体信息化平台上完成销售订单填制、手工填制销售发货单或参照生成销售发货单、参照生成销售出库单、录入或参照生成销售发票等工作。使学生具有独立完成典型销售业务处理的能力，达到胜任基于业财一体信息化平台企业销售核算岗位的工作职责目标。

【任务情境】

北京美庭商贸有限公司业财一体信息化项目进展非常顺利，达到预期效果，所有财务模块均已顺利运行。为全面实现精细化管理，规范销售业务流程，现将公司销售业务全面转入业财一体信息化平台运行，需要在平台完成销售业务的订单处理、出库、发货、开具销售发票等业务操作，实现业务财务一体化管理的目标。

【知识准备】

销售业务是每一个企业都非常重视的业务，是供应链管理的重要内容，业财一体信息化平台提供报价、订货、发货、开票等完整销售流程的管理，也可以定制个性化的销售管理流程，支持普通销售、委托代销、分期收款、直运、零售、销售调拨等特殊销售业务，实时监控销售价格和信用，精细分析市场动态。

任务 2.1　销售订单填制

销售订单

任务要求

2020 年 3 月 23 日，电商经理何红艳与北京东北旺电子商务有限公司洽谈签订合同，并于签订合同当日通知仓库发货。依据与客户签订的销售合同或协议，在业财一体信息化平台销售管理模块中熟练、准确地填制销售订单。原始凭证如图 4-26 所示。

购销合同

合同编号：XS20200323001

卖方:北京美庭商贸有限公司　　　　买方：北京东北旺电子商务有限公司

为保护买卖双方的合法权益，买卖双方根据《中华人民共和国合同法》的有关规定，经友好协商，一致同意签订本合同并共同遵守。

1．货物名称、型号、数量、价格、合同总额

序号	货物名称	规格型号	单位	数量	单价（不含税）	金额（不含税）	税率	税额
1	保健硅胶枕		个	700	300.00	210000.00	13%	27300.00
2	轻薄空调被		套	500	450.00	225000.00		29250.00
3	蚕丝被		套	100	2088.00	208800.00		27144.00
4	硅胶床垫		个	50	5088.00	254400.00		33072.00
合计					¥	898,200.00		¥ 116,766.00

2．合同总金额：人民币壹佰零壹万肆仟玖佰陆拾陆元整（¥1,014,966.00）。

3．卖方保证产品质量符合国家标准，并执行国家质量保证相关的售后服务规定。

4．付款时间：货到验收合格后三个工作日内付款。

5．发货时间：合同签订三日内将货物送到买方指定地点。

6．3月30日前买方可以因商品质量问题退货，因此而产生的损失由卖方承担。

7．发运方式：卖方无偿送货。

8．任何一方均不得修改本合同，如有修改须另行达成书面协议，否则本合同自动失效。

9．其他:本合同一式贰份，供需双方各执壹份。本合同自双方签字盖章后生效，至本合同全部条款执行完毕后失效。

供方(盖章)：北京美庭商贸有限公司　　需方(盖章)：北京东北旺电子商务有限公司

电　　话：010—2828585[illegible]　　电　　话：010-86065500

授权代表：何红艳　　授权代表：李胜利

签订时间：2020年3月23日　　签订时间：2020年3月23日

图 4-26　销售合同

业务操作

销售订单通常是企业与客户之间签订的销售合同、购销协议等，主要内容包括销售商品的数量、供货时间、地点、价格等，也可以是一种订货的口头协议。销售订单对应于企业的销售合同中订货明细部分的内容，但不能完全代替销售合同。

（1）操作员 014 何红艳登录业财一体信息化平台，从【业务工作】—【供应链】—【销售管理】—【销售订货】—【销售订单】进入如图 4-27 所示的“销售订单”界面。

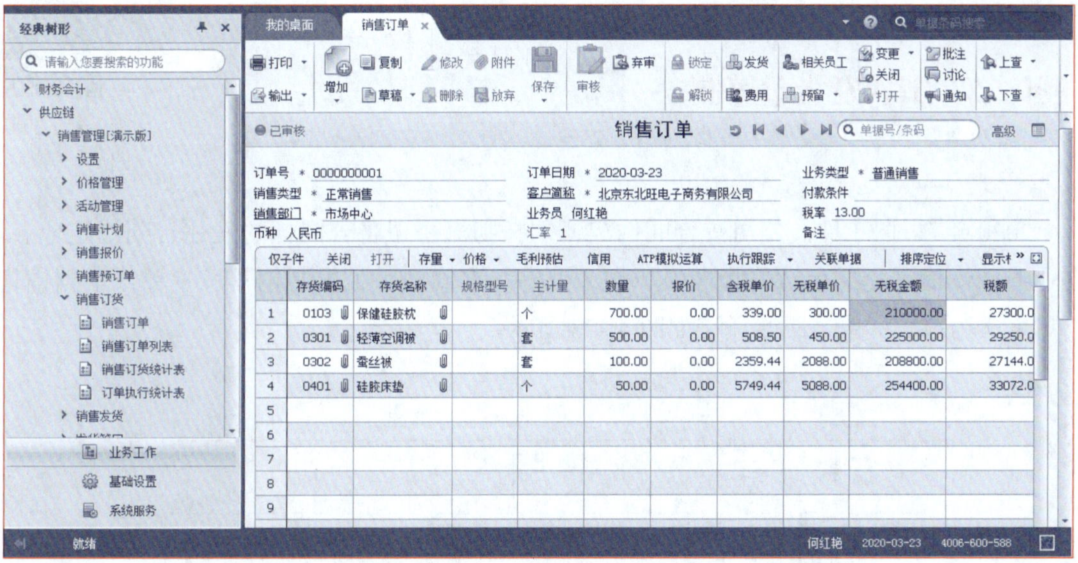

图 4-27　销售订单

（2）单击〖增加〗按钮或按下［F5］功能键，可以直接录入销售订单，单击〖增加〗按钮后，〖增加〗按钮变成〖参照〗按钮，也可以单击〖参照〗按钮，参照销售报价单、销售预订单等。具体填写内容如下：

订单号：如果订单编号设置为手工录入，则需直接录入，否则系统自动生成；

订单日期：默认当前业务日期，可以单击日历图标选择修改；

业务类型：普通销售；

销售类型：正常销售；

客户简称：北京东北旺电子商务有限公司；

部门：市场中心；

业务员：何红艳；

税率：13%；

存货编码：0103、0301、0302、0401；

数量：700、500、100、50；

无税单价：300.00、450.00、2 088.00、5 088.00；

预发货日期：按合同或口头协议录入，系统默认为当前业务日期。

（3）单击〖保存〗按钮或按下［F6］功能键保存销售订单。

（4）单击〖审核〗按钮完成本次销售订单录入。

【重要提示】

启用合同管理模块时，销售订单常常由销售合同生成，在未启用合同管理模块的情况下，通常对应的是销售合同，可以手工录入，也可以参照销售报价单、销售预订单等生成。

销售发货单

任务 2.2　销售发货单填制

任务要求

2020 年 3 月 23 日，公司按合同约定，委托物流公司将合同标的发往合同约定地点。在业财一体信息化平台销售管理模块中，熟练、准确地手工填制销售发货单或依据销售订单生成销售发货单。原始凭证如图 4–28 所示。

销售出库单

2020 年 3 月 23 日　　编号：XS20200323001

序号	名称	规格	单位	应发数量	实发数量	客户
1	保健硅胶枕		个	700	700	北京东北旺电子商务有限公司
2	轻薄空调被		套	500	500	北京东北旺电子商务有限公司
3	蚕丝被		套	100	100	北京东北旺电子商务有限公司
4	硅胶床垫		个	50	50	北京东北旺电子商务有限公司

第三联：财务部

制单：张远东　复核：柳源　经办人：何红艳

图 4–28　销售出库单

业务操作

销售发货是销售订货和销售出库的中间环节，一般由销售业务员根据客户要求发货，销售发货单填写货物、数量、价格等信息，作为保管员出货的依据。

（1）操作员 014 何红艳登录业财一体信息化平台，从【业务工作】—【供应链】—【销售管理】—【销售发货】—【发货单】进入如图 4–29 所示的“发货单”界面。

（2）销售发货单可以单击〖增加〗按钮或按下［F5］功能键直接录入，单击〖增加〗按钮后，〖增加〗按钮变成〖参照〗按钮，也可以单击〖参照〗按钮，选择销售订单，弹出如图 4–30 所示的“查询条件——参照订单”界面。

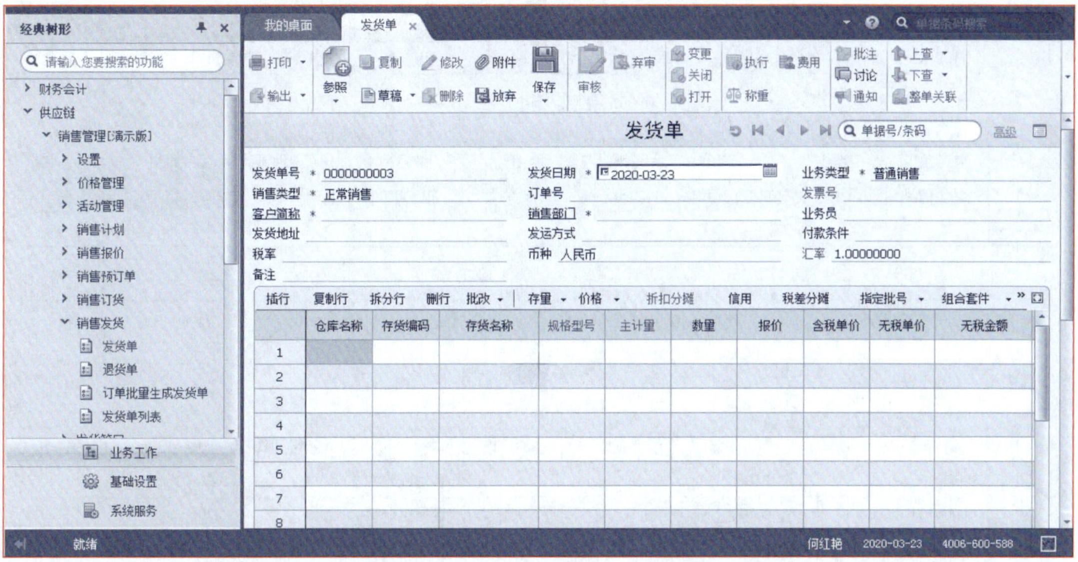

图 4-29　发货单

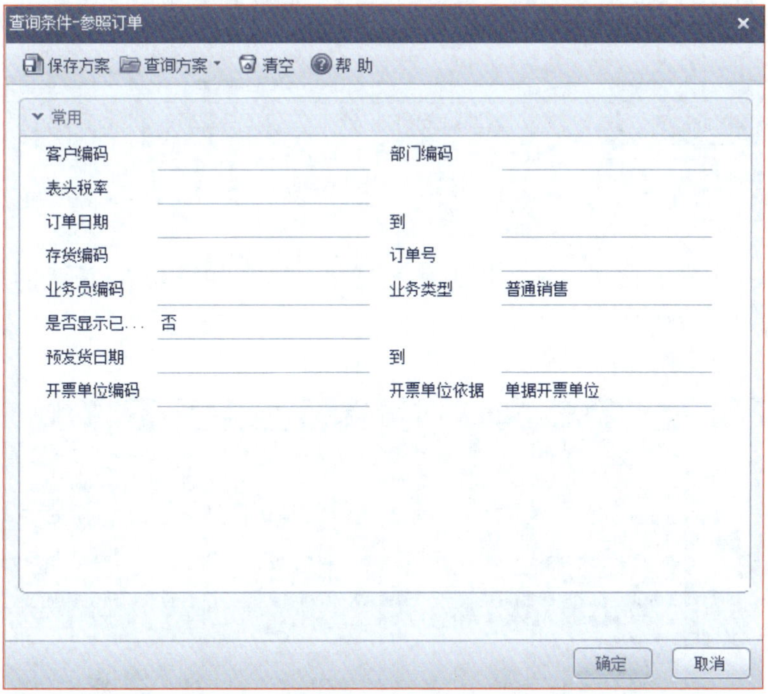

图 4-30　查询条件——参照订单

（3）录入查询条件后，单击〖确定〗按钮，弹出如图 4-31 所示的“参照生单”界面。

（4）选择要拷贝的北京东北旺电子商务有限公司数据行，单击〖确定〗按钮。数据自动填充到发货单中。填写发货仓库名称商品库后单击〖保存〗按钮或按下［F6］功能键，保存销售发货单。

图 4-31 参照生单

（5）单击〖审核〗按钮完成本次销售发货单录入，如图 4-32 所示的发货单左上角状态栏显示为“已审核”。

图 4-32 发货单审核

【重要提示】

在先发货后开票模式下，发货单可以手工录入，但如果是必有订单业务模式，销售发货单不可手工新增，只能参照生成。

销售发票复核时，自动生成销售发货单。

退货单也是一种发货单，即发货单的红字单据。

销售出库单

任务 2.3　销售出库单填制

任务要求

2020 年 3 月 23 日，物流公司凭销售发货单到商品库办理出库手续，将合同标的发往合同约定地点。在业财一体信息化平台库存管理模块中，熟练、准确地根据销售发货单生成销售出库单。

业务操作

销售出库单是销售出库业务的主要凭据，记录存货出库数量，是存货出库成本核算的主要依据。

（1）操作员 014 何红艳登录业财一体信息化平台，从【业务工作】—【供应链】—【库存管理】—【销售出库】—【销售出库单】进入如图 4–33 所示的“销售出库单”界面。

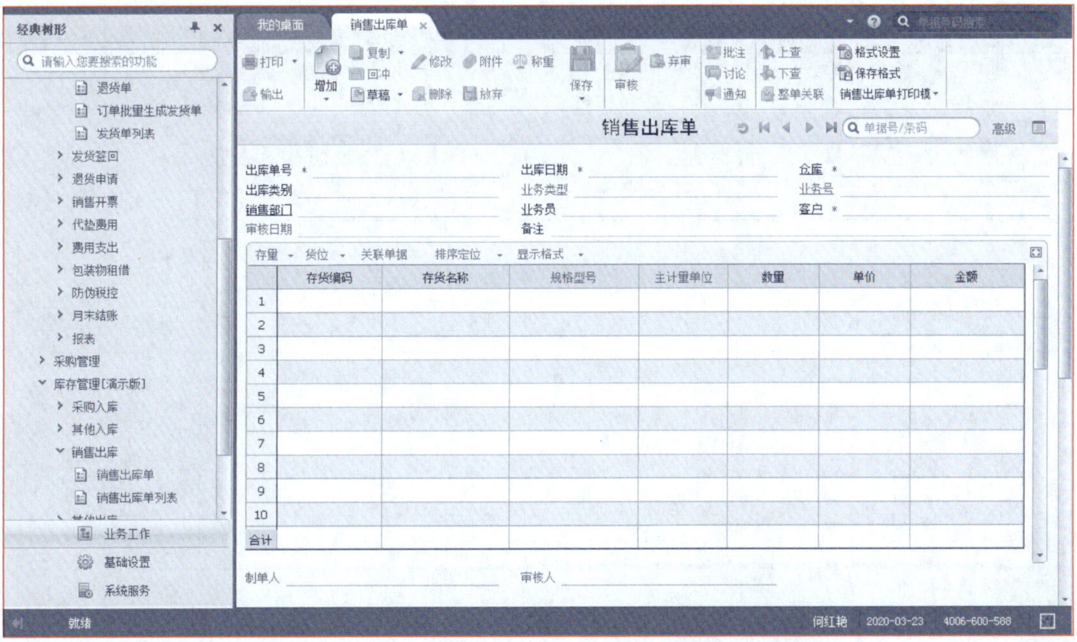

图 4–33　销售出库单

（2）单击〖增加〗按钮下部的向下三角，选择销售发货单，弹出如图 4-34 所示的“查询条件——销售发货单列表”界面。

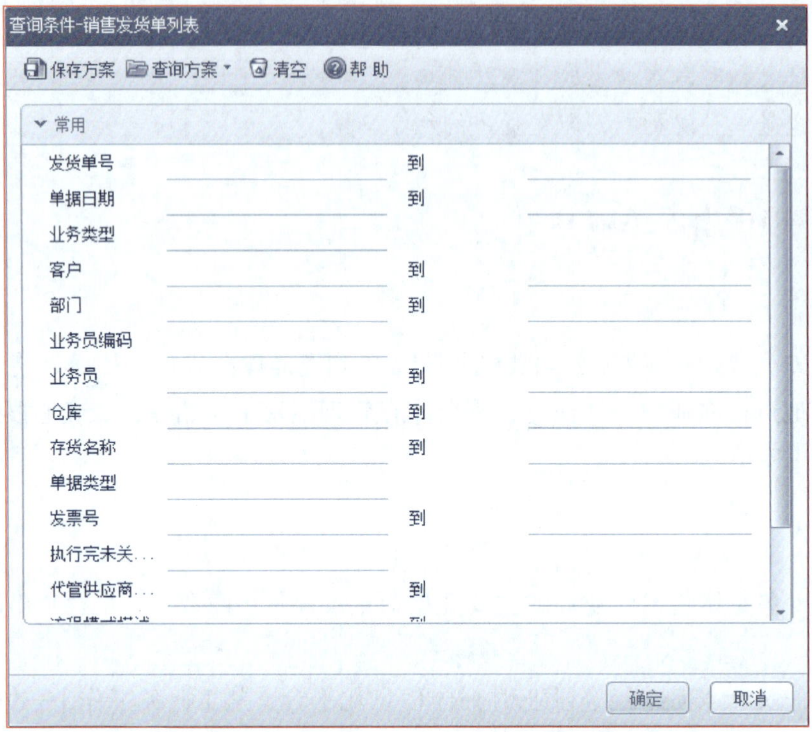

图 4-34　查询条件——销售发货单列表

（3）录入查询条件后，单击〖确定〗按钮，弹出如图 4-35 所示的“销售生单”界面。

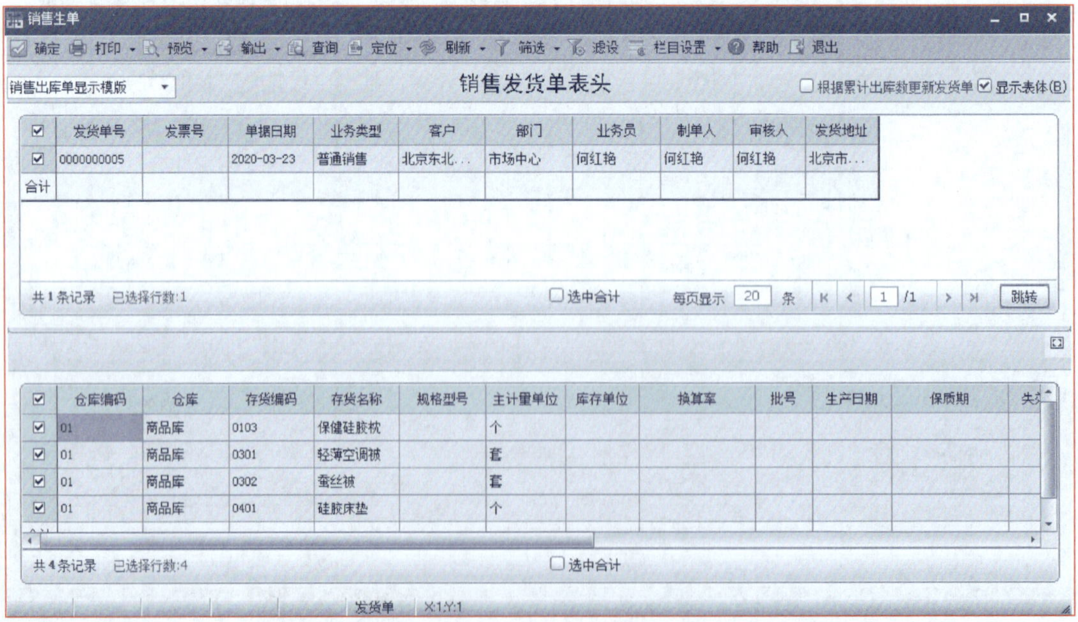

图 4-35　销售生单

（4）选择北京东北旺电子商务有限公司记录行，单击〖确定〗按钮，数据自动填充到销售出库单中。

（5）单击〖审核〗按钮，系统提示审核成功，如图 4-36 所示的销售出库单左上角状态栏显示为已审核。

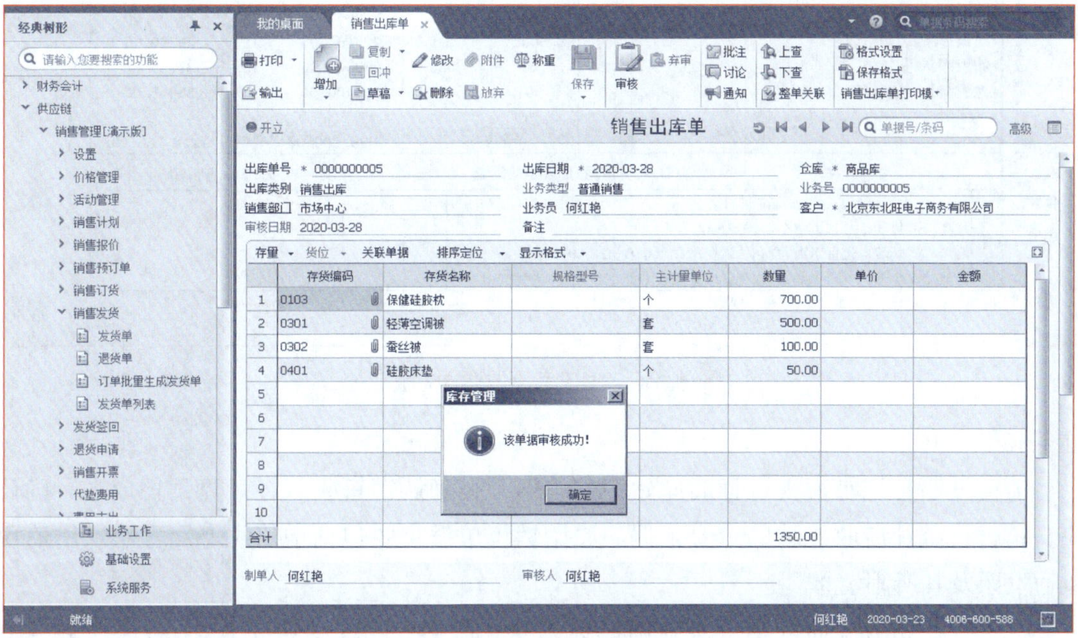

图 4-36 销售出库单

【重要提示】

销售出库单是销售出库业务的主要凭据，但销售出库单只能在库存管理模块中录入，在销售管理模块只可以查询。

任务 2.4 销售发票填制

销售发票

任务要求

2020 年 3 月 30 日，何红艳在公司信息化系统中生成销售发票并完成发票的审核制单。在业财一体信息化平台销售管理模块中，熟练、准确地完成销售发票的填制。原始凭证如图 4-37 所示。

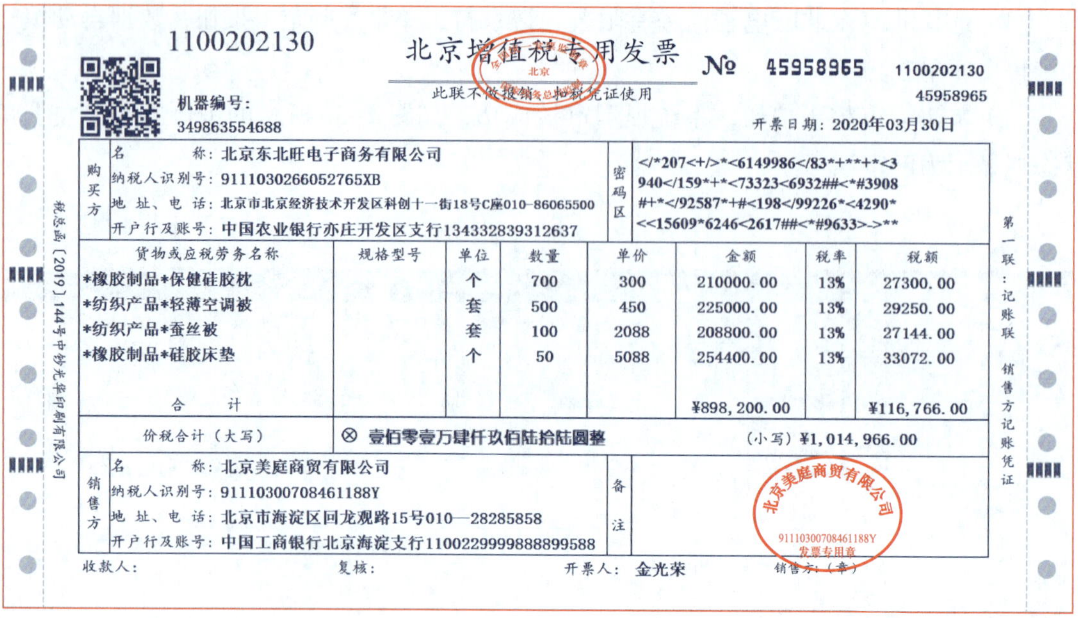

1100202130	北京增值税专用发票	№ 45958965	1100202130 45958965
机器编号：349863554688	此联不做报销、扣税凭证使用		开票日期：2020年03月30日

购买方	
名称	北京东北旺电子商务有限公司
纳税人识别号	9111030266052765XB
地址、电话	北京市北京经济技术开发区科创十一街18号C座010-86065500
开户行及账号	中国农业银行亦庄开发区支行134332839312637

密码区：</*207<+/>*<6149986</83*+**+*<3 940</159*+*<73323<6932##<*#3908 #+*</92587*+#<198</99226*<4290* <<15609*6246<2617##<*#9633>->**

货物或应税劳务名称	规格型号	单位	数量	单价	金额	税率	税额
*橡胶制品*保健硅胶枕		个	700	300	210000.00	13%	27300.00
*纺织产品*轻薄空调被		套	500	450	225000.00	13%	29250.00
*纺织产品*蚕丝被		套	100	2088	208800.00	13%	27144.00
*橡胶制品*硅胶床垫		个	50	5088	254400.00	13%	33072.00
合计					¥898,200.00		¥116,766.00
价税合计（大写）	⊗ 壹佰零壹万肆仟玖佰陆拾陆圆整				（小写）¥1,014,966.00		

销售方	
名称	北京美庭商贸有限公司
纳税人识别号	91110300708461188Y
地址、电话	北京市海淀区回龙观路15号010—28285858
开户行及账号	中国工商银行北京海淀支行1100229999888899588

备注

收款人：　复核：　开票人：金光荣　销售方：（章）

税总函〔2019〕144号中钞光华印刷有限公司　第一联：记账联　销售方记账凭证

图 4-37　销售专用发票原始凭证

业务操作

销售发票是记录销售过程的原始销售单据，是确认销售收入、计算销售成本、确认应交销售税金和应收账款的重要依据。原始销售单据主要包括增值税专用发票、增值税普通发票及其所附清单。

（1）操作员 014 何红艳登录业财一体信息化平台，从【业务工作】—【供应链】—【销售管理】—【销售开票】—【销售专用发票】进入如图 4-38 所示的“销售专用发票”界面。

（2）单击〖增加〗按钮下部的向下三角，选择发货单，弹出如图 4-39 所示的“查询条件——发票参照发货单”界面。

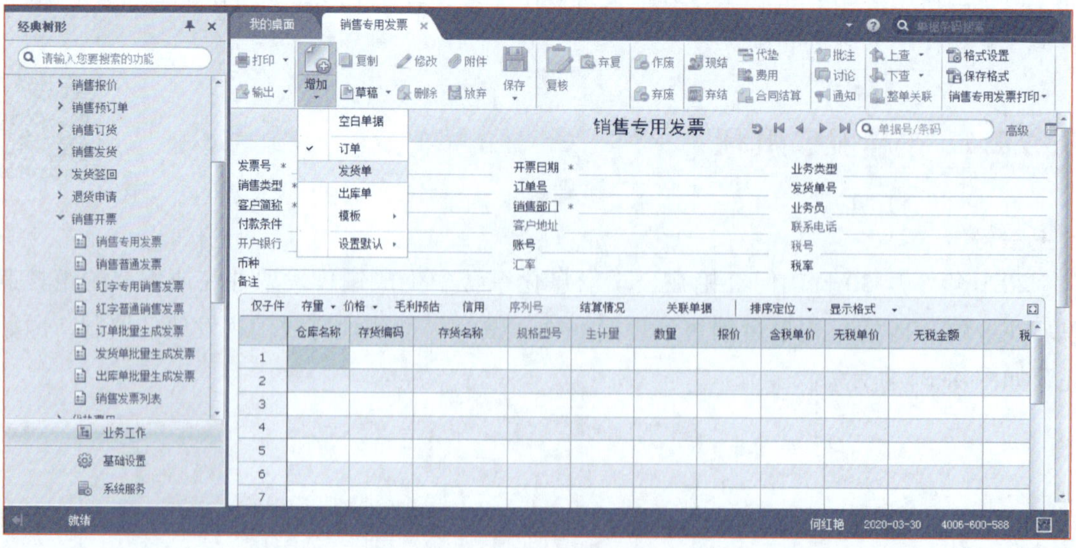

图 4-38　销售专用发票

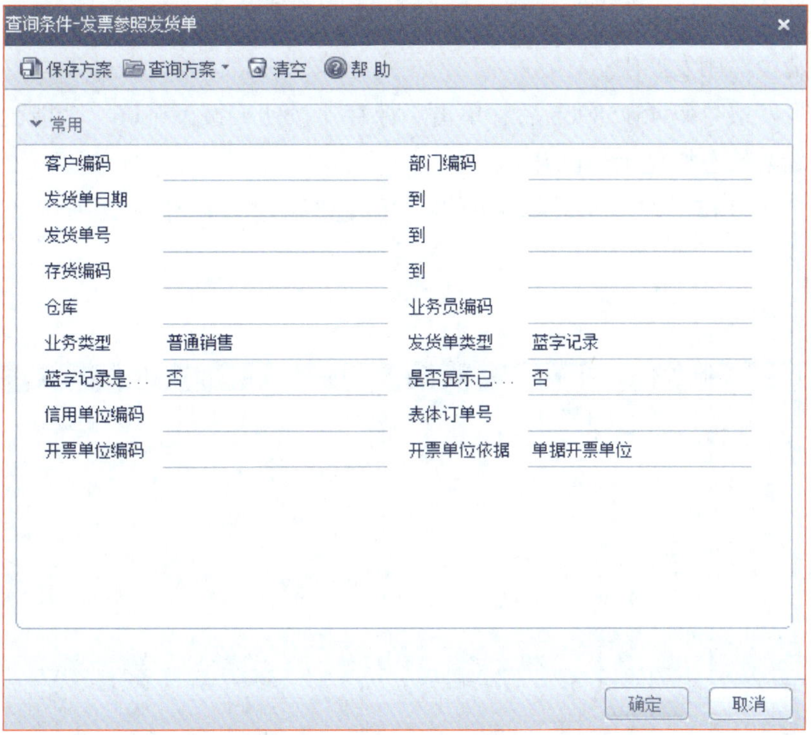

图 4-39 查询条件——发票参照发货单

（3）录入查询条件后，单击〖确定〗按钮，弹出如图 4-40 所示的“参照生单”界面。

图 4-40 参照生单

（4）选择要拷贝的北京东北旺电子商务有限公司数据行，单击〖确定〗按钮。数据自动填充到销售专用发票中。

（5）填写发票号码 45958965 后，单击〖保存〗按钮或按下［F6］功能键，保存销售专用发票，发票状态栏显示为已开立。

（6）单击〖复核〗按钮完成本次销售专用发票录入，如图 4-41 所示的发票状态栏显示为已复核。

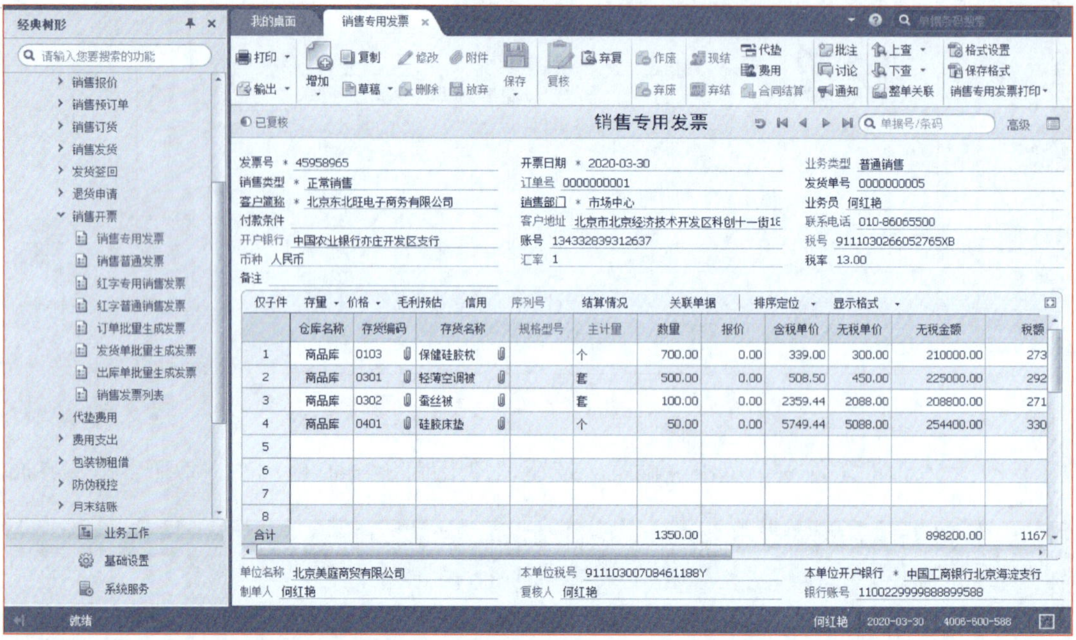

图 4-41 发票复核

【重要提示】

销售发票可以手工增加，也可以参照销售订单、销售发货单或销售出库单生成，但在必有订单业务模式下，销售发票不可手工新增，只能参照生成，直运销售发票参照直运采购发票生成。

【任务总结】

本工作任务导图如图 4-42 所示。

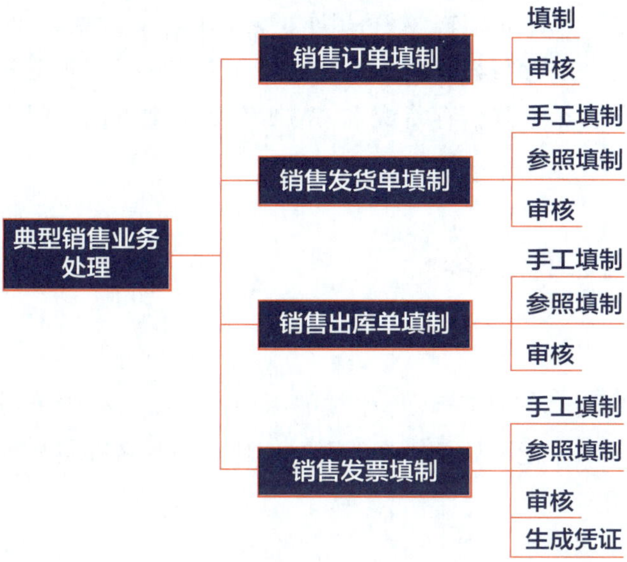

图 4-42　典型销售业务处理导图

工作任务 3　典型库存与存货业务处理

【能力目标】

通过训练，使学生能够在业财一体信息化平台上完成存货入库记账凭证生成，结转销售成本，填制材料出库单并进行记账处理，填制产品入库单并进行记账处理等工作。使学生具有独立完成典型库存与存货处理的能力，达到胜任基于业财一体信息化平台企业存货核算岗位的工作职责目标。

【任务情境】

北京美庭商贸有限公司业财一体信息化项目进展非常顺利，且采购销售业务都已经实现全面的精细化管理，为库存管理和存货核算奠定基础。现将公司库存管理和存货核算业务转入业财一体信息化平台运行，需要完成商品和材料的入库和结转工作，实现业财一体信息化库存管理的目标。

【知识准备】

库存管理是供应链业务的一项重要内容，业财一体信息化平台基于库存管理模块对采购入库、销售出库、产成品入库、材料出库、其他出入库、盘点等业务进行管理。存货核算模块进行各类业务的存货核算，反映和监督存货的收发、领退和保管情况，监控企业存货成本变化，督促企业降低存货成本，减少存货资金占用，促进企业提高资金的使用效率。

入库业务

任务 3.1　存货入库业务处理

任务要求

2020 年 3 月 30 日，对办理完入库手续的深圳安美家居有限公司的 200 个硅胶保健枕进行记账处理，并制作记账凭证。在业财一体信息化平台存货核算模块中，熟练生成存货入库的记账凭证。

业务操作

采购原材料或商品验收入库都必须填制入库单，采购入库单是企业验收入库的主要单据，采购入库单的来源是采购管理模块，采购入库单上的金额可以在存货核算模块进行调整。同时，必须在存货核算模块进行记账处理，才能生成记账凭证。（本任务的采购入库业务处理见工作任务 1。）

（1）操作员 011 张远东登录业财一体信息化平台，从【业务工作】—【供应链】—【存货核算】—【记账】—【正常单据记账】进入如图 4-43 所示的“正常单据记账列表”界面。

（2）单击〖更多〗按钮，弹出如图 4-44 所示的“查询条件”界面。

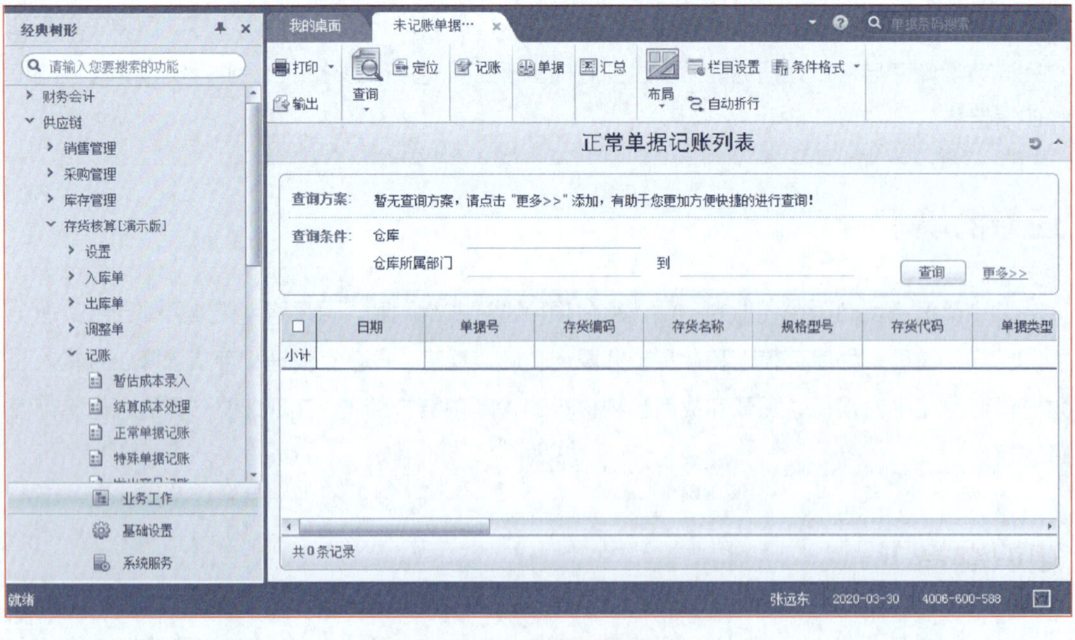

图 4-43　正常单据记账列表

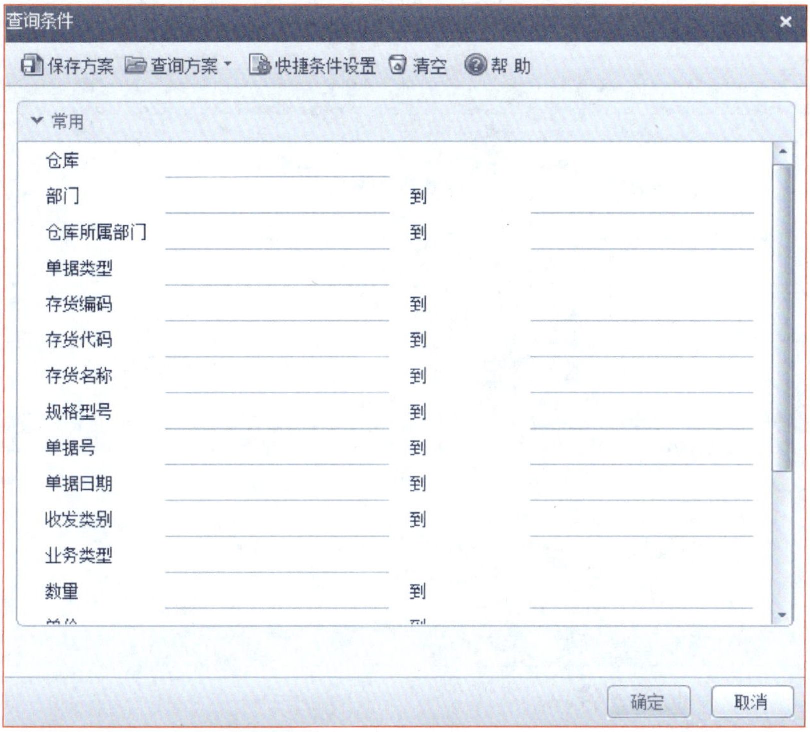

图 4-44　查询条件

（3）录入查询条件后，单据类型选择采购入库单，单击〖确定〗按钮，在如图 4-45 所示的“正常单据记账列表”界面显示查询结果。在“正常单据记账列表”界面直接单击〖查询〗按钮，也可以达到相同的效果。

图 4-45　正常单据记账查询结果

（4）双击列表中的任一条记录，可以查看如图 4-46 所示的采购入库单详细信息。

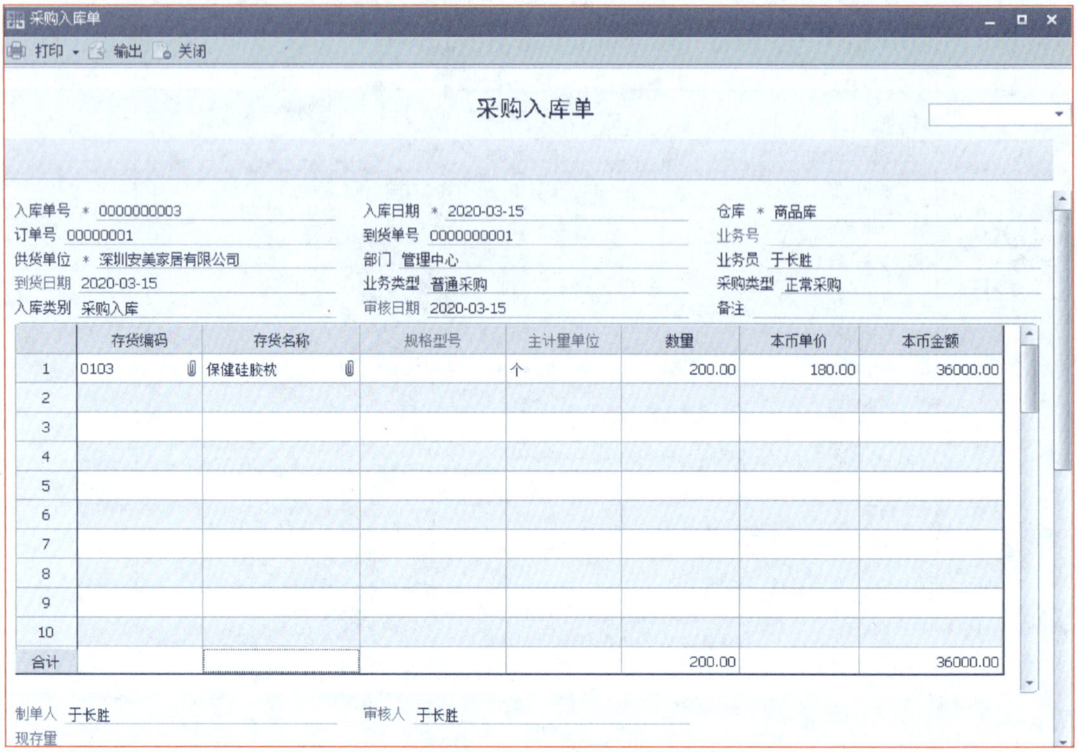

图 4-46　采购入库单详细信息

（5）退出采购入库单后，选中要记账的记录，单击〖记账〗按钮，弹出如图 4-47 所示的存货核算记账成功的信息提示界面。

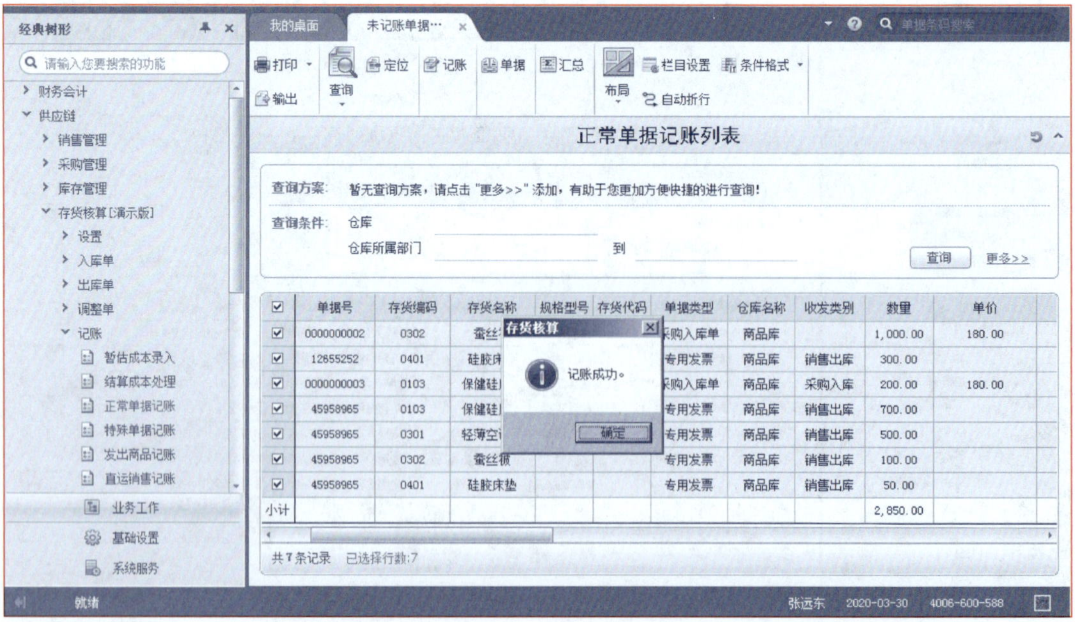

图 4-47　记账成功

（6）单击〖确定〗按钮，退出该界面。

（7）从【业务工作】—【供应链】—【存货核算】—【凭证处理】—【生成凭证】进入如图 4-48 所示的“生成凭证”界面。

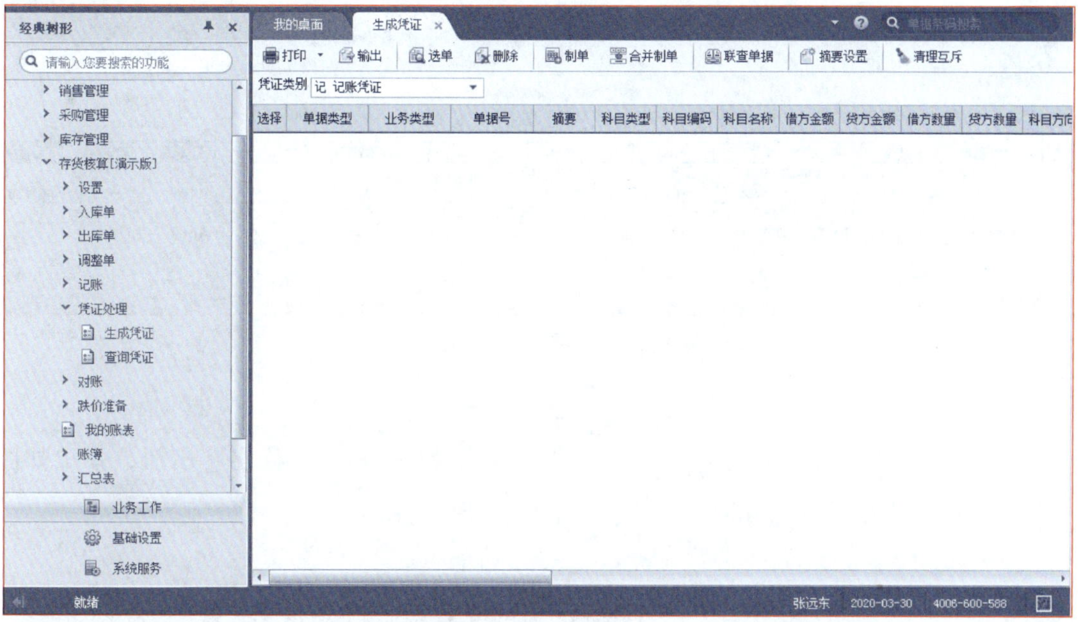

图 4-48　生成凭证

（8）单击〖选单〗按钮，弹出如图 4-49 所示的“查询条件——生成凭证查询条件”界面。

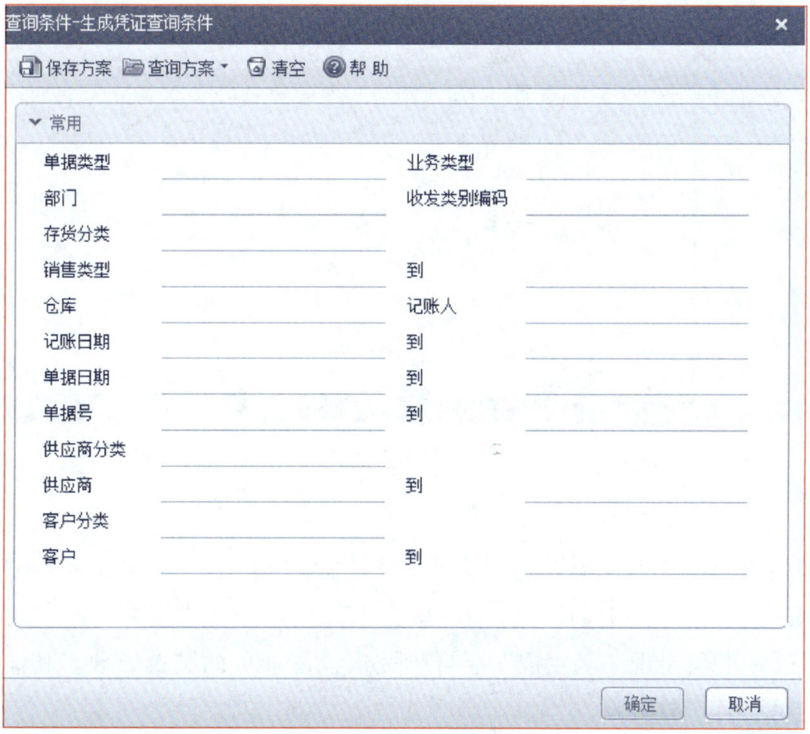

图 4-49　查询条件——生成凭证查询条件

（9）录入查询条件后，单击〖确定〗按钮，弹出如图 4-50 所示的“未生成凭证单据一览表”界面。

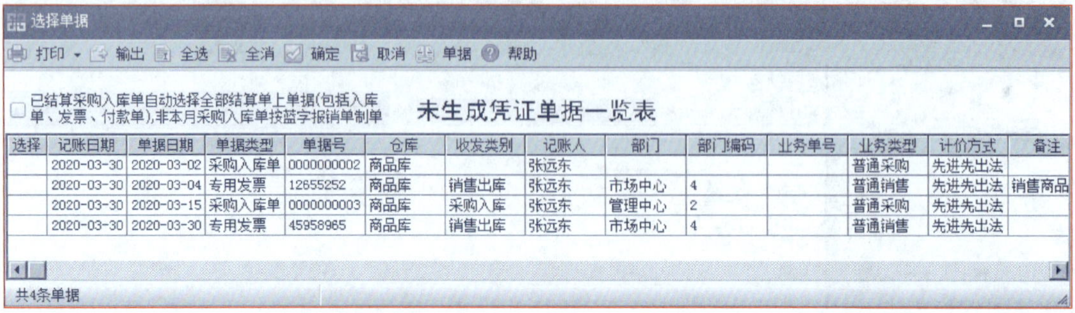

图 4-50　未生成凭证单据一览表

（10）选择要记账的深圳安美家居有限公司记录行，单击〖确定〗按钮，弹出如图 4-51 所示的“生成凭证”界面。

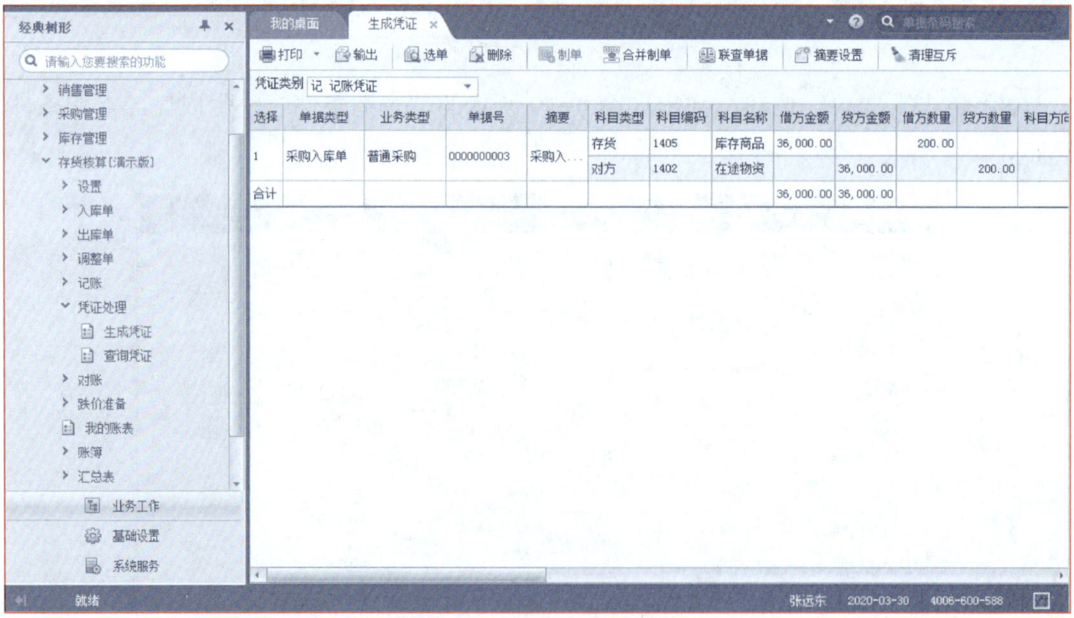

图 4-51　生成凭证

（11）如果科目编码有空缺需补齐，存货科目为 1405，对方科目为 1402，单击〖合并制单〗按钮，进入“填制凭证”界面。单击〖保存〗按钮或按下［F6］功能键，如图 4-52 所示凭证左上角出现“已生成”字样，完成入库业务的制单处理。其他凭证的制作方法相同，这里不再赘述。

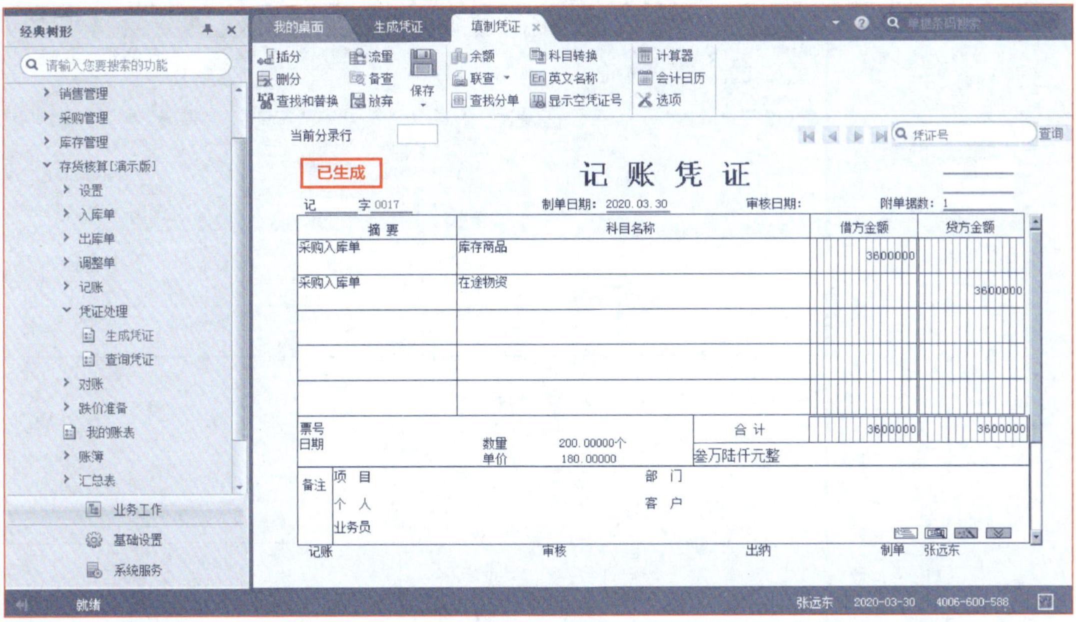

图 4-52 生成凭证

【重要提示】

采购成本核算时，结算单对应的入库单和发票必须是在存货核算和应付款管理模块没有编制过凭证的入库单和采购发票。

已和发票结算过的期初采购入库单，不能进行结算成本处理。

任务 3.2 销售出库业务处理

任务要求

2020 年 3 月 30 日，对北京东北旺电子商务有限公司的销售业务进行销售成本结转。在业财一体信息化平台存货核算管理模块中，熟练查询出需要处理的销售出库单或销售发票，完成销售出库的记账操作，并生成结转销售成本的记账凭证。

业务操作

（1）操作员 011 张远东登录业财一体信息化平台，在图 4-50 所示的“未生成凭证单据一览表”界面。选择要制单的北京东北旺电子商务有限公司记录行，单击〖确定〗按钮，弹出如图 4-53 所示的“生成凭证”界面。

（2）如果科目编码有空缺需补齐，对方科目为 6401，存货科目为 1405，单击〖合并制单〗按钮，弹出如图 4-54 所示的“填制凭证”界面。

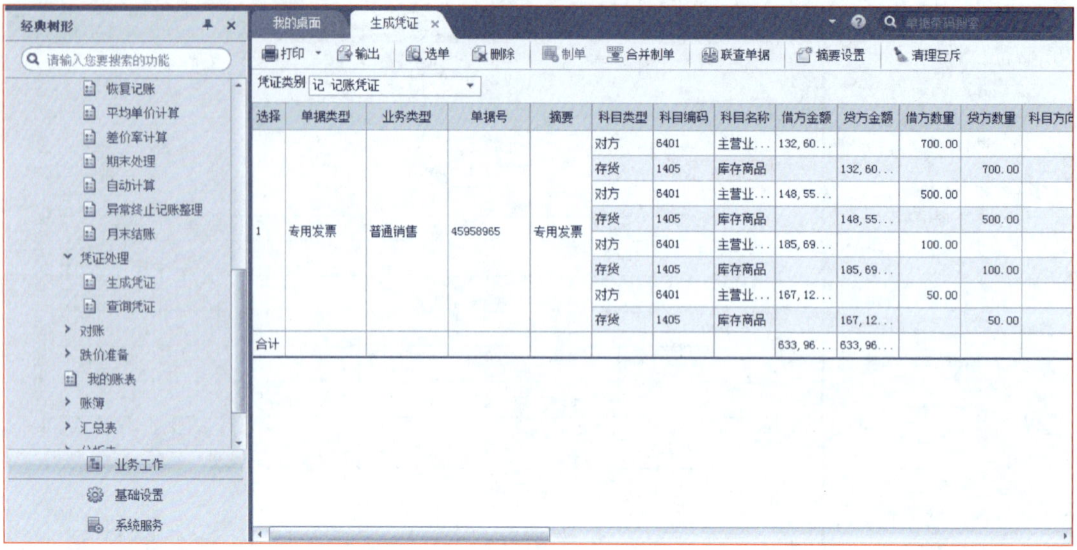

图 4-53　生成凭证

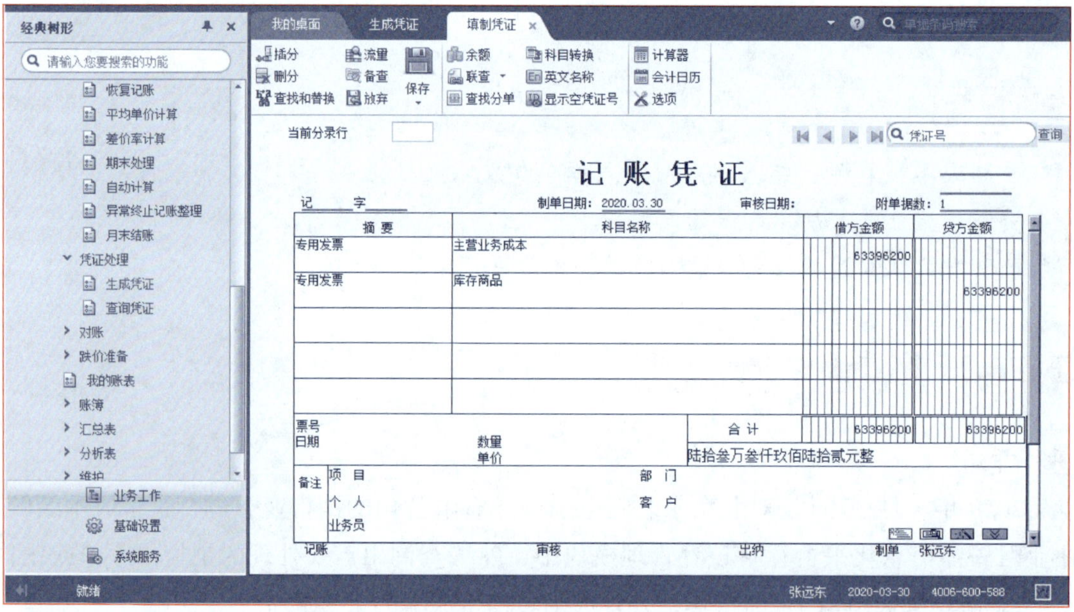

图 4-54　填制凭证

（3）单击〖保存〗按钮或按下［F6］功能键，凭证左上角出现“已生成”字样，完成结转销售成本业务的制单处理。

【重要提示】

销售成本核算方式以销售出库单和销售发票为依据进行成本结转，制单科目贷方取存货科目，借方取对方科目设置中收发类别对应的科目。

任务 3.3　材料出库业务处理

任务要求

材料出库单和产品入库单是制造企业的业务单据，而本教材配套案例为商业企业，故本任务以下内容主要对材料出库单和产品入库单业务及平台操作进行讲解演示，不要求在配套案例中进行实际操作。如要在平台上学习和练习该类业务，可以在建账时，选择企业类型为工业企业，然后进行下面的操作。

2020 年 3 月 1 日，一车间从原材料库领 300 千克天然硅胶，用于生产硅胶枕。根据材料领用出库情况，在业财一体信息化平台中熟练、准确地填制材料出库单，并进行记账处理，生成记账凭证。

业务操作

材料出库单是原材料库的出库单据，主要是制造型企业生产车间领用生产用原材料的原始凭证，是核算产品材料成本的重要依据。

（1）操作员 011 张远东登录业财一体信息化平台，从【业务工作】—【供应链】—【库存管理】—【材料出库】—【材料出库单】进入如图 4-55 所示的“材料出库单”界面。

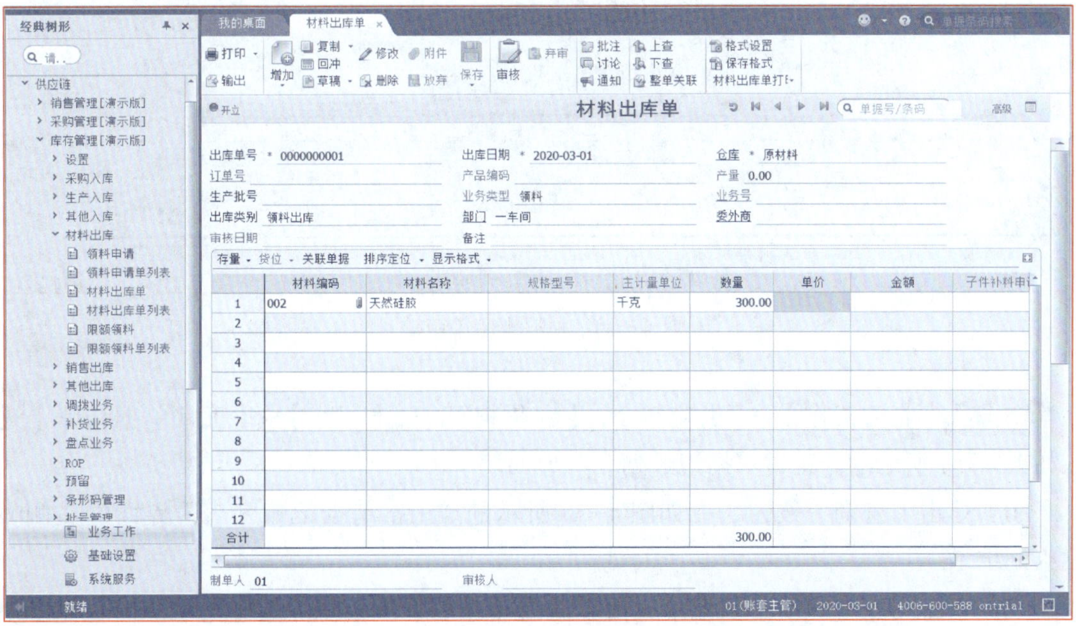

图 4-55　材料出库单

（2）单击〖增加〗按钮或按下［F5］功能键，录入以下信息：

出库单号：系统自动生成；

订单日期：默认当前业务日期，单击日历图标修改为 2020-03-01；

仓库：原材料；

出库类别：领料出库；

部门：一车间；

材料编码：002；

数量：300。

（3）单击〖保存〗按钮或按下［F6］功能键保存材料出库单。

（4）单击〖审核〗按钮完成本次材料出库单录入，弹出如图 4-56 所示的单据审核成功提示界面，单击〖确定〗按钮返回。

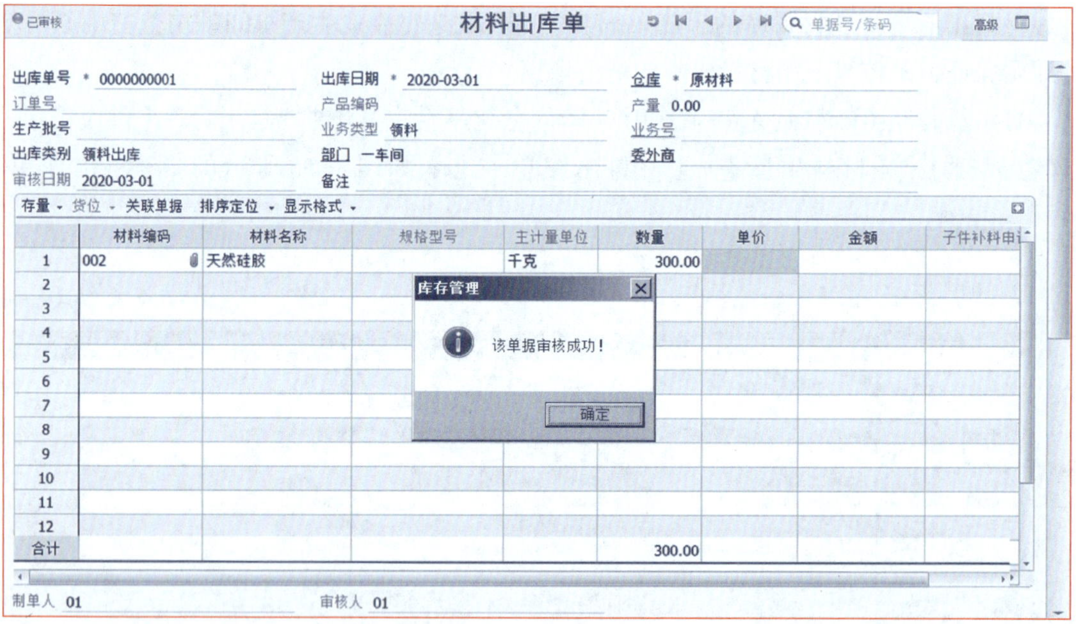

图 4-56　材料出库单审核

（5）从【业务工作】—【供应链】—【存货核算】—【记账】—【正常单据记账】进入如图 4-57 所示的“正常单据记账列表”界面。

（6）单击〖查询〗按钮，在如图 4-58 所示的“正常单据记账列表”界面的右侧显示查询结果。

（7）双击列表中的任一条记录，可以查看单据的详细信息。选中要记账的记录，单击〖记账〗按钮，弹出如图 4-59 所示的存货核算记账成功的信息提示界面。

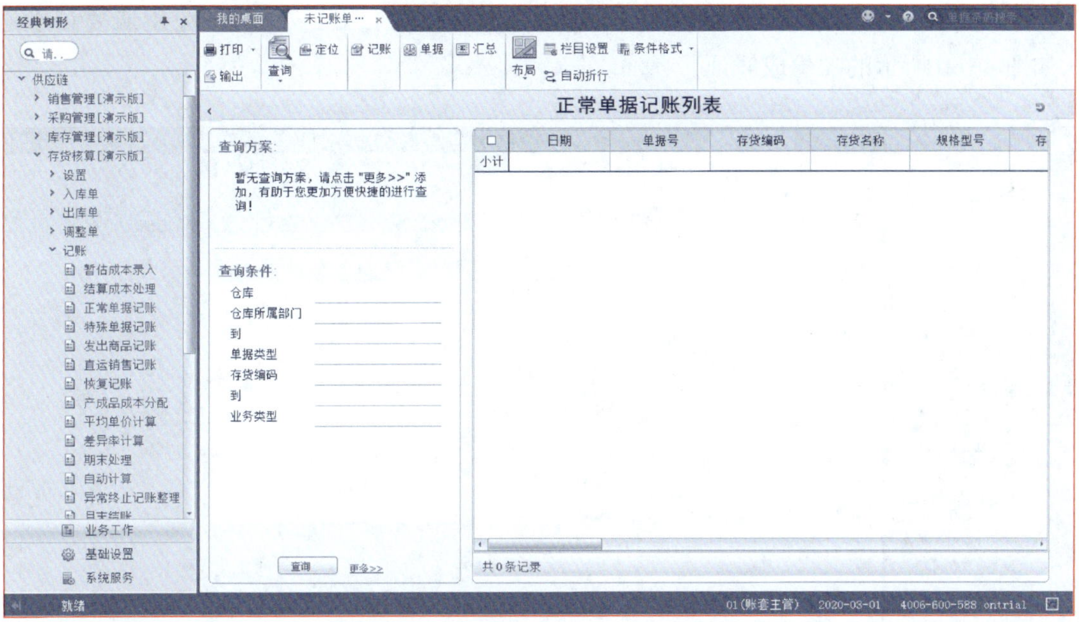

图 4-57 正常单据记账列表

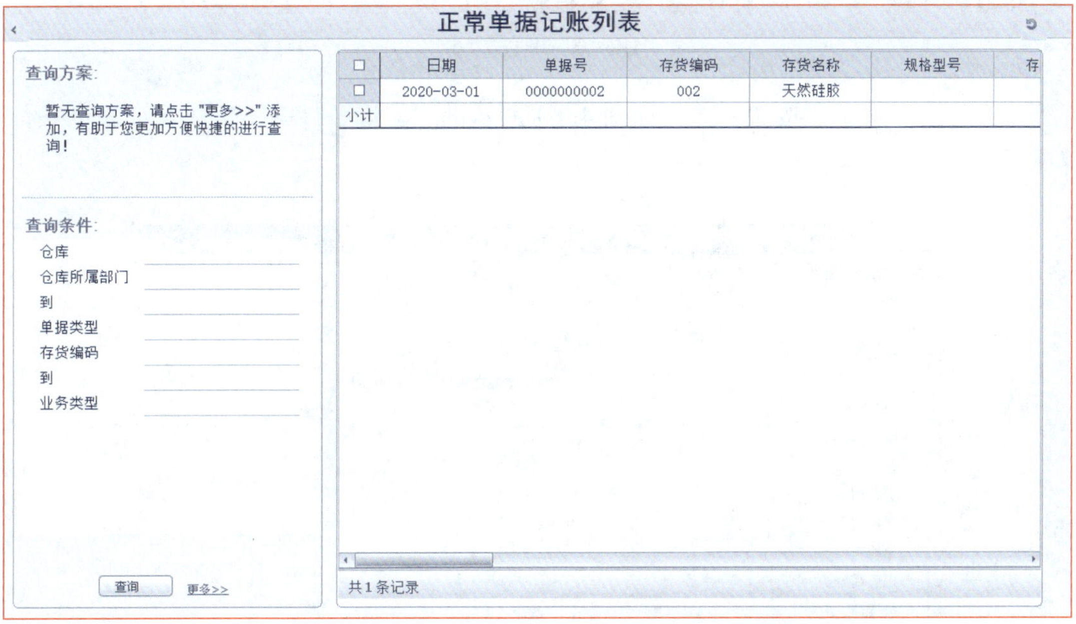

图 4-58 查询结果

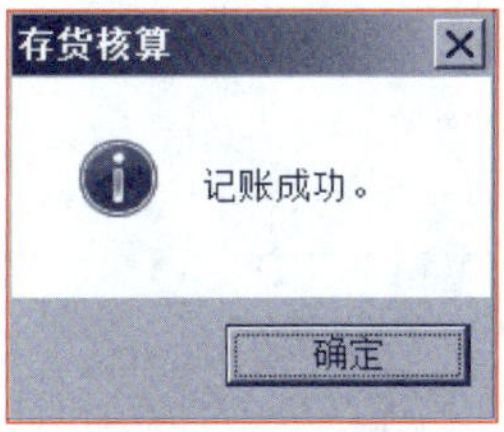

图 4-59 记账成功

（8）从【业务工作】—【供应链】—【存货核算】—【凭证处理】—【生成凭证】进入如图 4-60 所示的“生成凭证”界面。

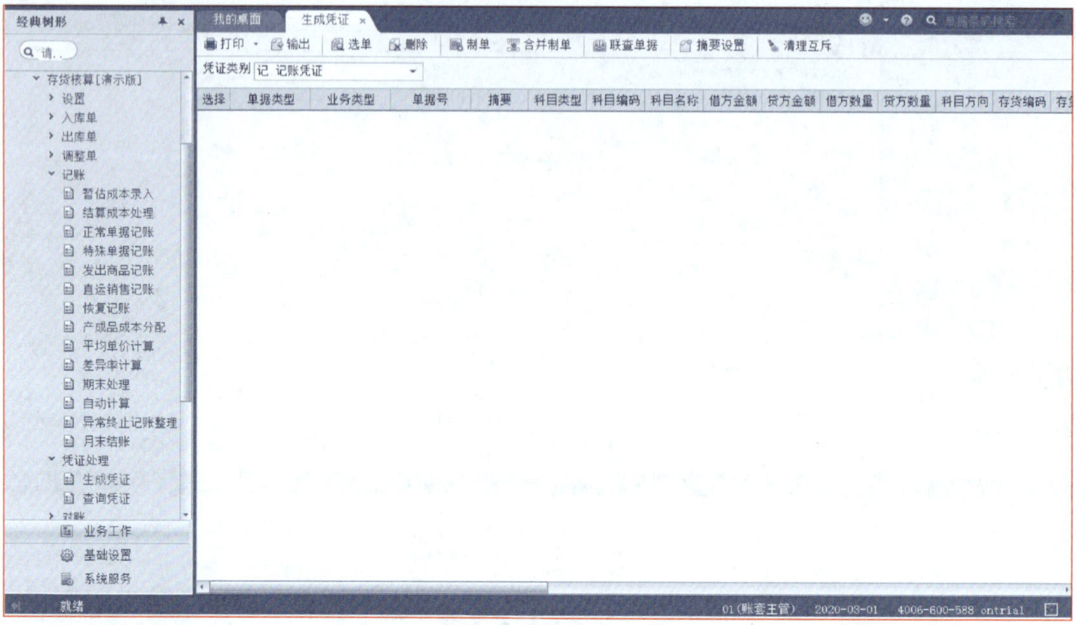

图 4-60　生成凭证

（9）单击〖选单〗按钮，弹出如图 4-61 所示的“查询条件——生成凭证查询条件”界面。

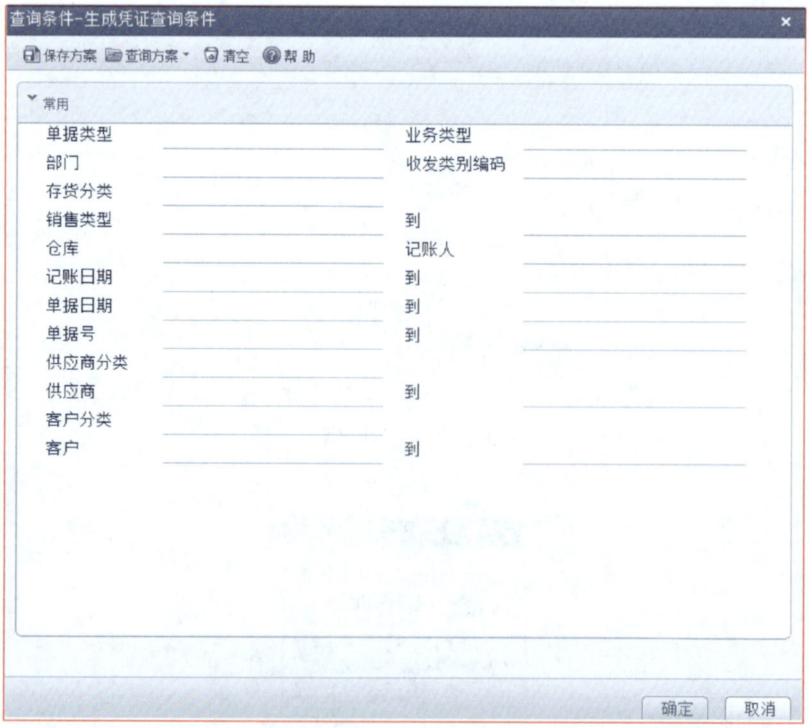

图 4-61　查询条件——生成凭证查询条件

（10）录入查询条件后，单击〖确定〗按钮，弹出如图 4-62 所示“未生成凭证单据一览表”界面。

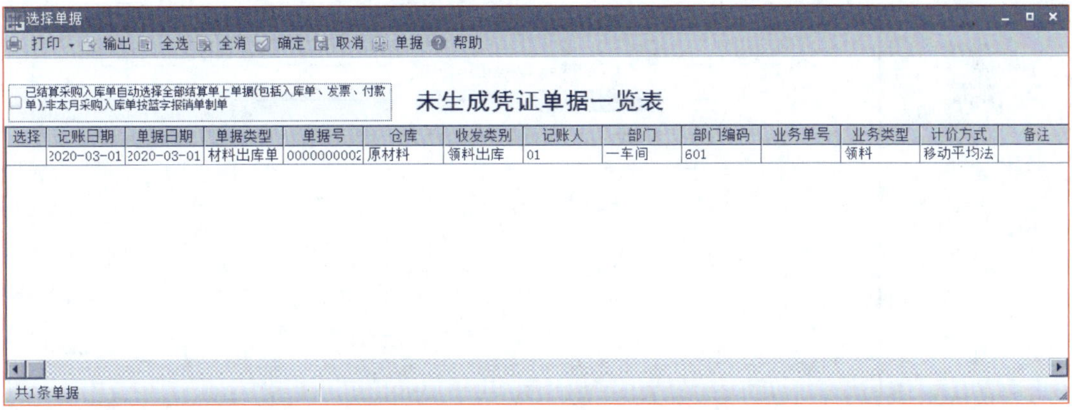

图 4-62　未生成凭证单据一览表

（11）选中要生成凭证的记录行，单击〖确定〗按钮，弹出如图 4-63 所示的“生成凭证”界面。

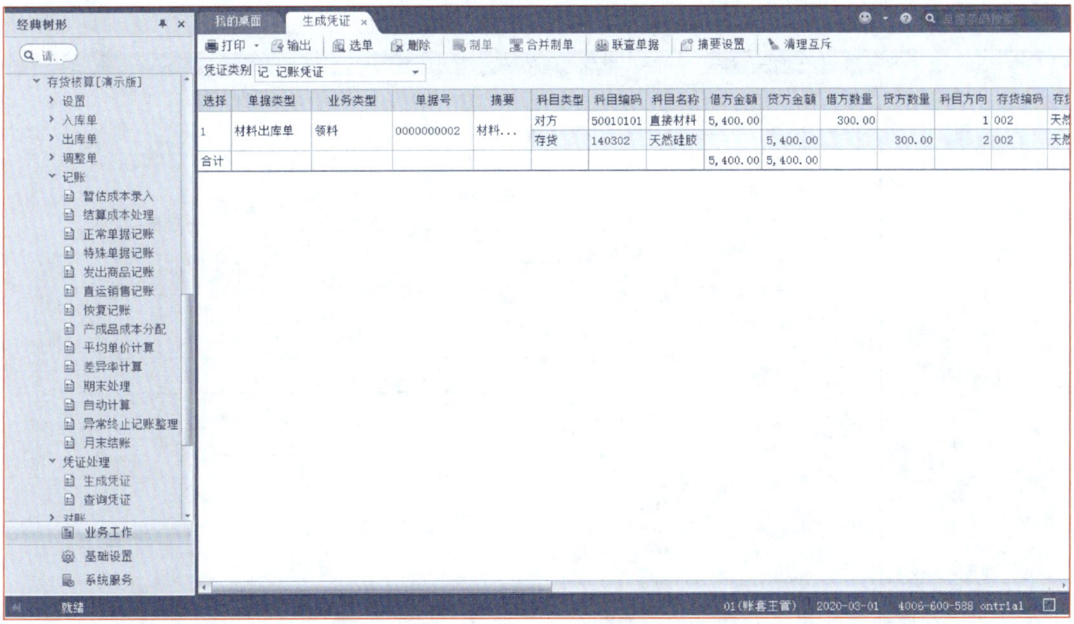

图 4-63　生成凭证

（12）如果科目编码有错误或空缺，修改后，单击〖制单〗按钮，弹出如图 4-64 所示的“填制凭证”界面。

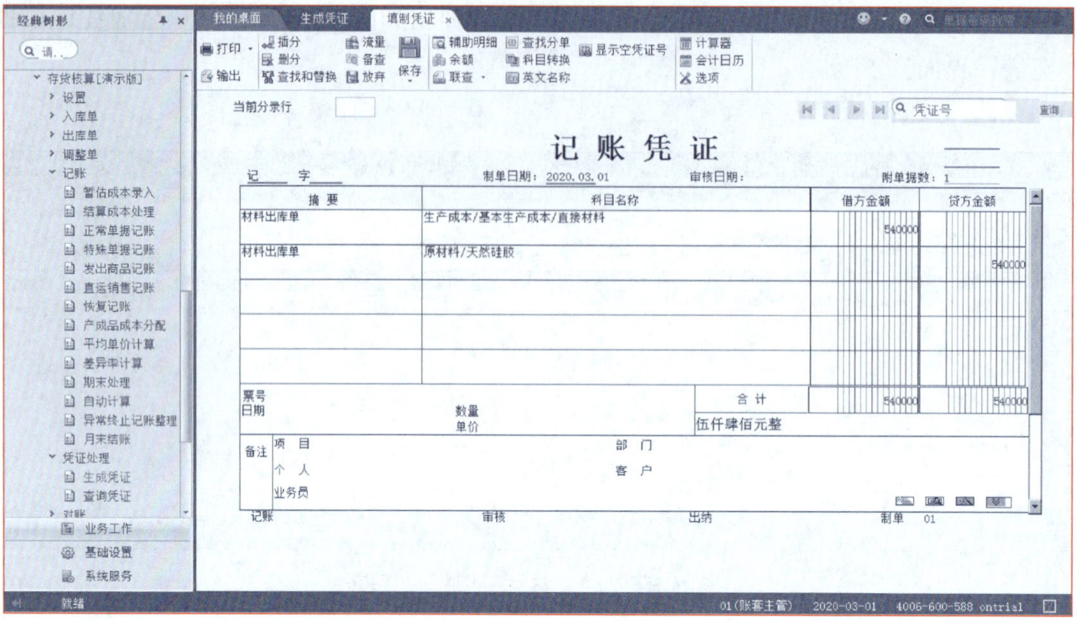

图 4-64 填制凭证

（13）单击〖保存〗按钮或按下［F6］功能键，如图 4-65 所示凭证左上角出现“已生成”字样，完成材料出库业务的制单处理。

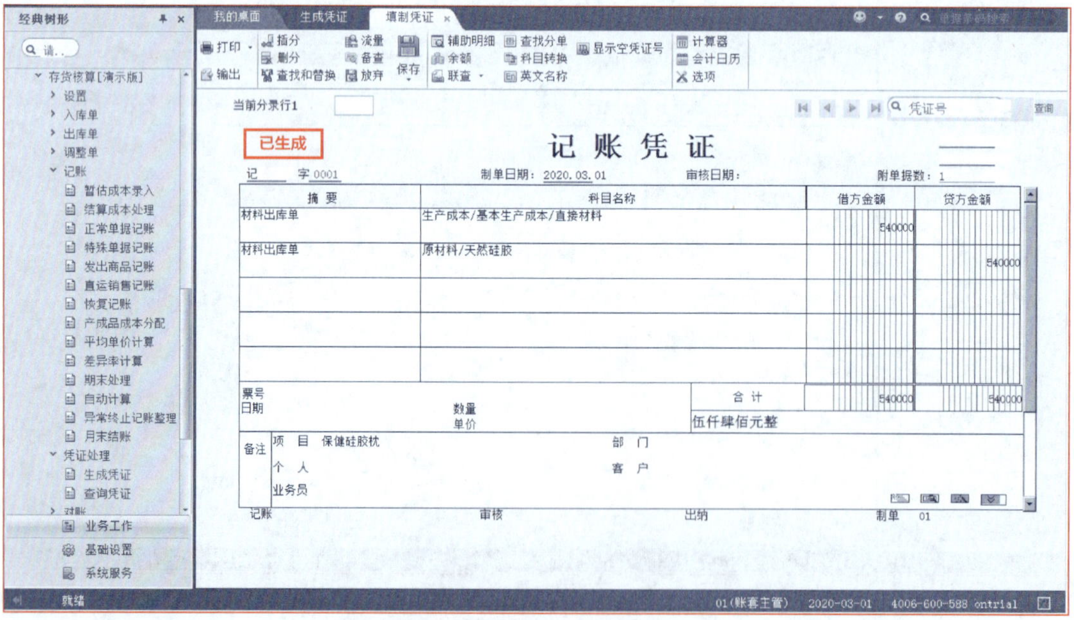

图 4-65 凭证生成

【重要提示】

材料出库单可不填写金额，其成本计价方式按约定的先进先出法、月末一次加权平均法、移动加权平均法、个别计价法中的一种进行。

任务 3.4 产品入库业务处理

任务要求

2020 年 3 月 1 日，一车间将生产完工，并已经检验合格的 100 个保健硅胶枕入库。根据验收入库的产品信息，在业财一体信息化平台中熟练、准确地填制产品入库单并进行记账处理，生成记账凭证。

业务操作

产品入库单是制造型企业特有的业务单据，主要指生产车间将完成全部生产过程且检验合格的产品办理入库的原始凭证，是核算产品成本的一个重要原始单据。

（1）操作员 011 张远东登录业财一体信息化平台，从【业务工作】—【供应链】—【库存管理】—【生产入库】—【产成品入库单】进入如图 4-66 所示的“产成品入库单”界面。

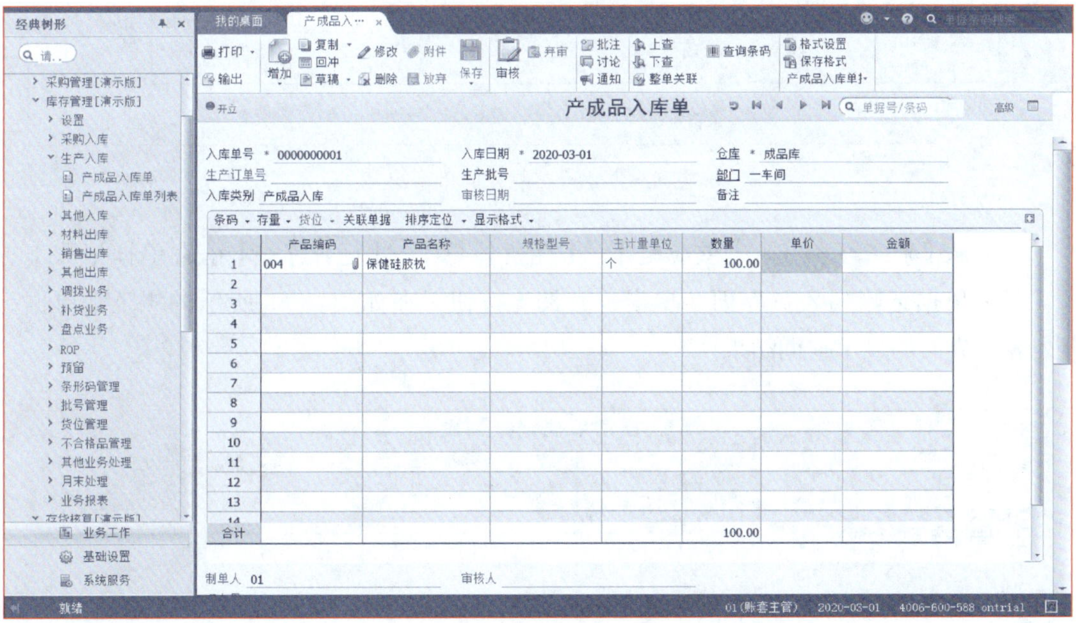

图 4-66 产成品入库单

（2）单击〖增加〗按钮或按下［F5］功能键，录入以下信息：

出库单号：系统自动生成；

订单日期：默认当前业务日期，单击日历图标修改为 2020-03-01；

仓库：成品库；

入库类别：产成品入库；

部门：一车间；

产品编码：004；

数量：100。

（3）单击〖保存〗按钮或按下［F6］功能键保存产成品入库单。

（4）单击〖审核〗按钮完成本次产成品入库单录入，弹出如图 4-67 所示的该单据审核成功界面，单击〖确定〗按钮返回。

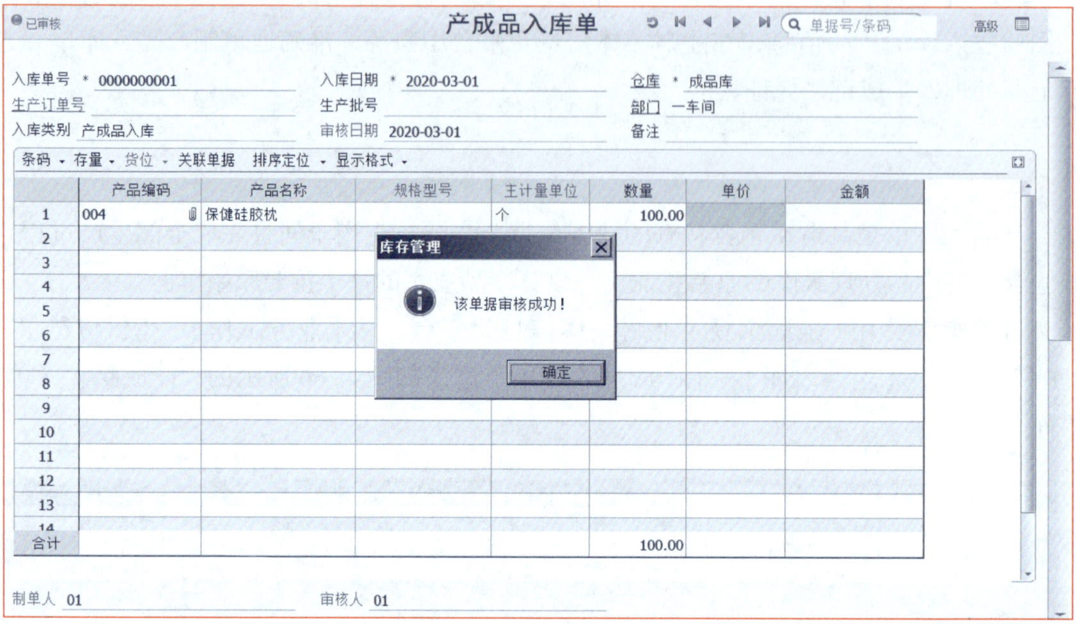

图 4-67　产成品入库单审核

（5）从【业务工作】—【供应链】—【存货核算】—【记账】—【正常单据记账】进入“正常单据记账列表”界面。单击〖查询〗按钮，在如图 4-68 所示的“正常单据记账列表”界面的显示查询结果。

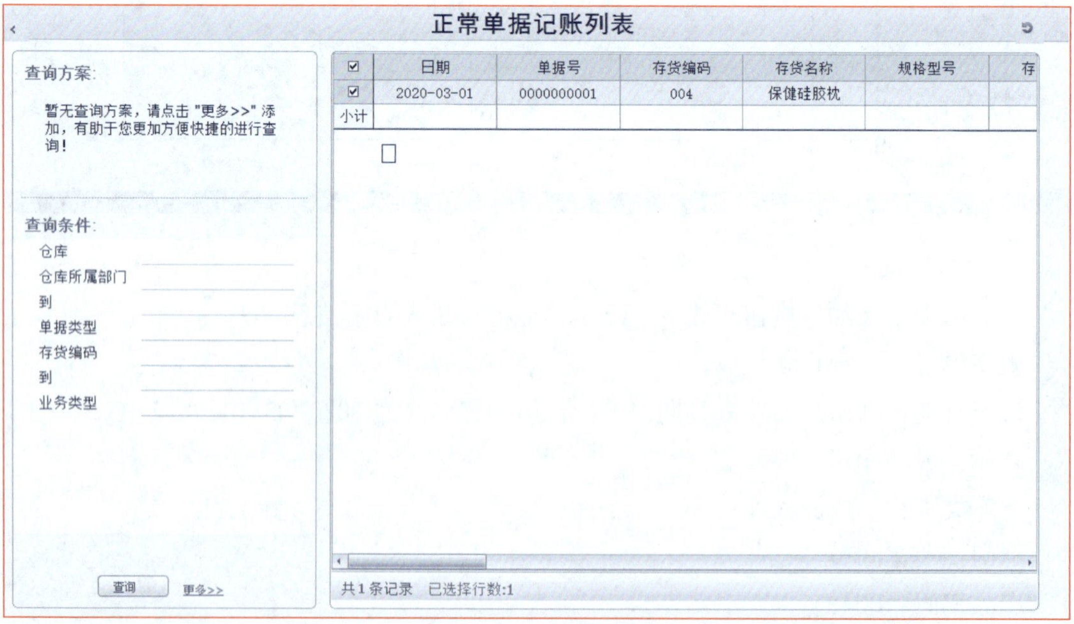

图 4-68　正常单据记账查询结果

（6）双击列表中的任一条记录，可以查看单据的详细信息。选中要记账的记录，单击〖记账〗按钮，弹出如图 4-69 所示的“手工输入单价列表”界面。

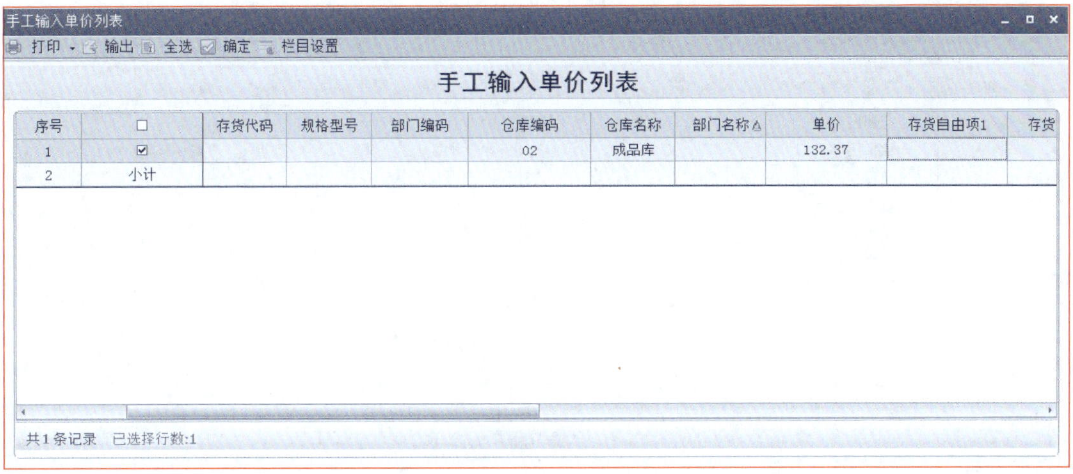

图 4-69　手工输入单价列表

（7）手工录入单价 132.37，单击〖确定〗按钮，弹出存货核算记账成功界面。

（8）从【业务工作】—【供应链】—【存货核算】—【凭证处理】—【生成凭证】进入如图 4-70 所示的“生成凭证”界面。

（9）单击〖选单〗按钮，弹出如图 4-71 所示的“查询条件——生成凭证查询条件”界面。

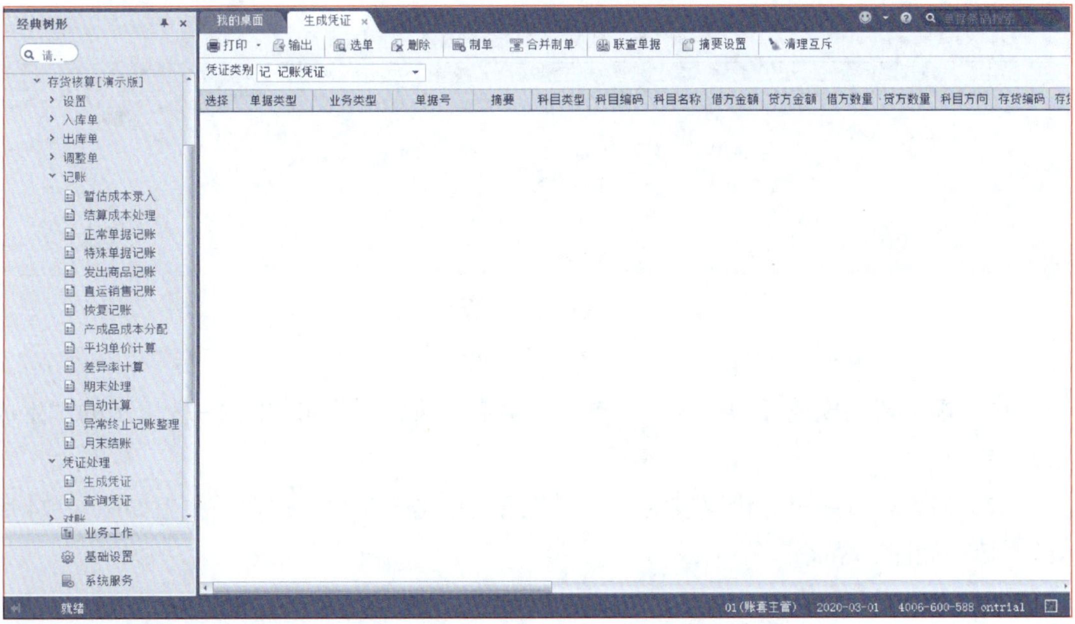

图 4-70　生成凭证

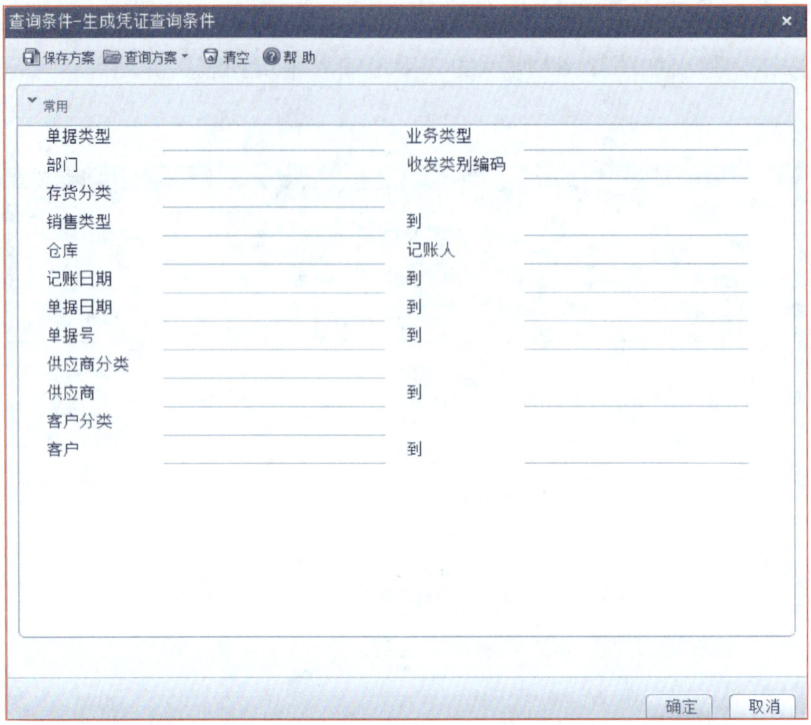

图 4-71　查询条件——生成凭证查询条件

（10）录入查询条件后，单击〖确定〗按钮，弹出如图 4-72 所示“未生成凭证单据一览表”界面。

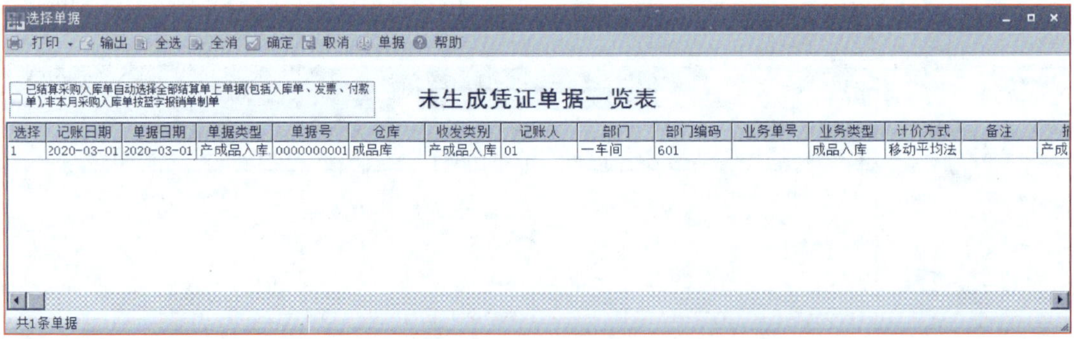

图 4-72　未生成凭证单据一览表

（11）选中要生成凭证的记录行，单击〖确定〗按钮，弹出如图 4-73 所示的“生成凭证”界面。

（12）如果科目编码有错误或空缺，修改后，单击〖制单〗按钮，弹出如图 4-74 所示的“填制凭证”界面。

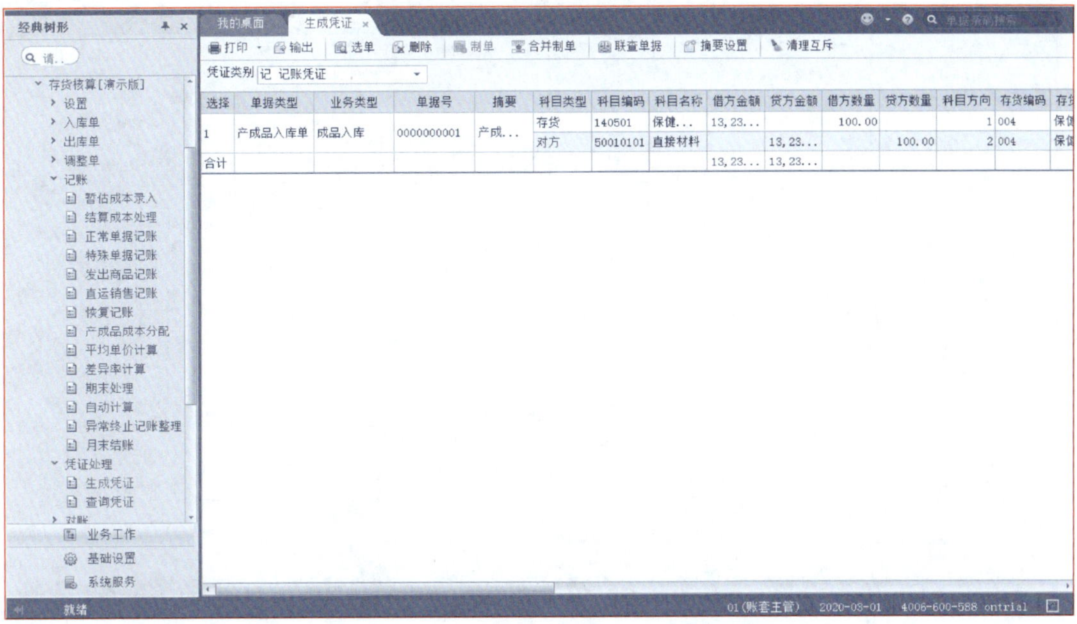

图 4-73　生成凭证

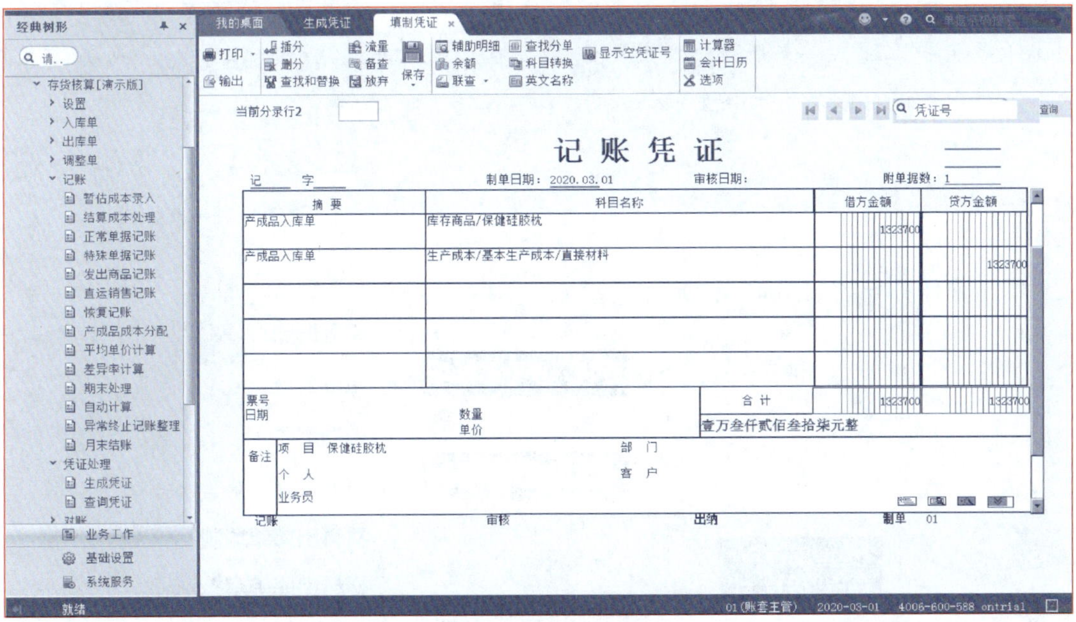

图 4-74　填制凭证

（13）单击〖保存〗按钮或按下［F6］功能键，如图 4-75 所示凭证左上角出现“已生成”字样，完成产成品入库业务的制单处理。

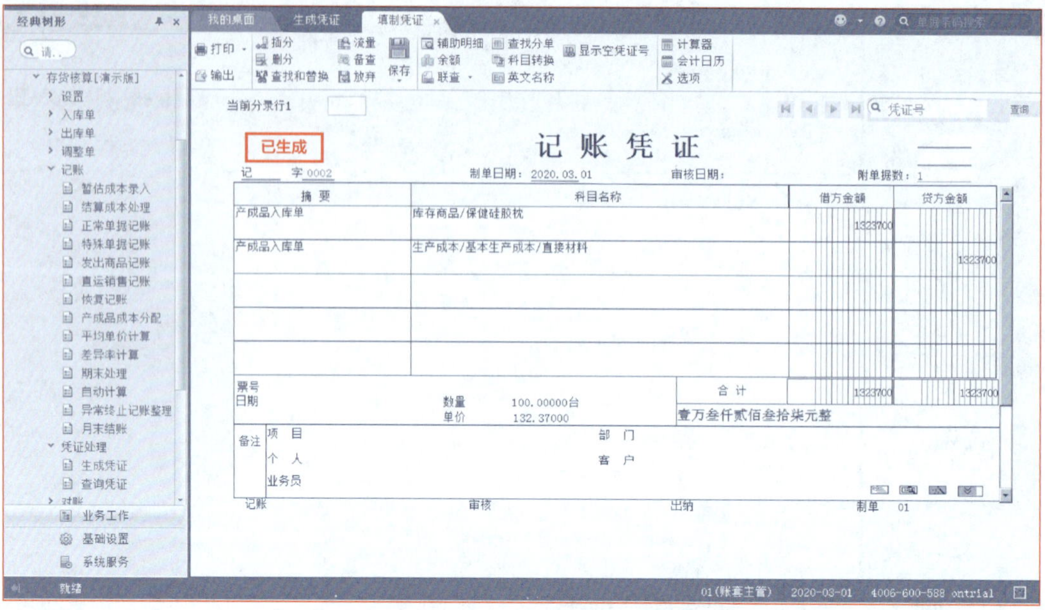

图 4-75　凭证生成

【重要提示】

以实际价格核算的入库单没有成本时，系统会根据入库单成本的设置方式进行处理，如选择参照手工输入，系统不允许记账，需要在记账时单击右键手工录入，或通过单据录入处对单据进行修改单价和金额的操作。

【任务总结】

本工作任务导图如图 4-76 所示。

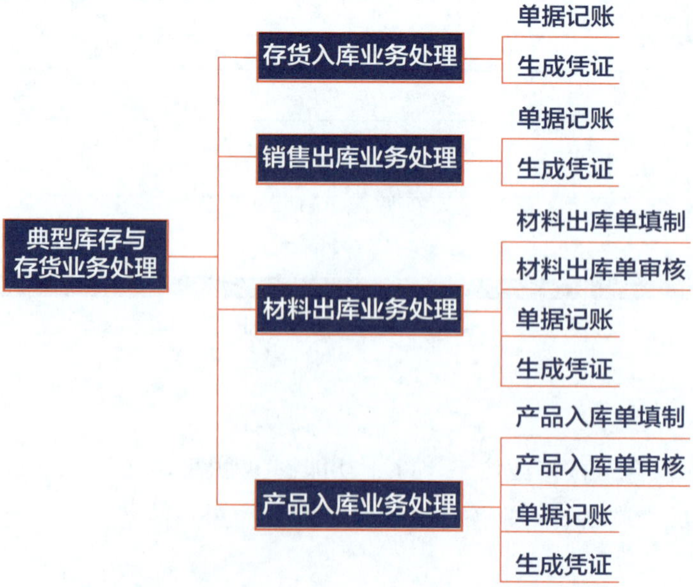

图 4-76　典型库存与存货业务处理导图

工作领域五
增值税业务处理

“增值税业务处理”工作领域主要是依托业财一体信息化平台用友税务服务云模块，基于企业的实际管理需求，建立了业、财和税之间的数据联系和逻辑关系，有效贯通了原本割裂的金税管理系统和企业财务信息管理系统，架起了企业内外业财税数据传输的桥梁，实现了业财税的同步联动和集成管理。其内容包括：增值税发票管理、开具、验证和申报。

该工作领域的具体工作为：

1. 增值税发票管理

根据税法及企业财务制度规定，在业财一体信息化平台对进项发票、销项发票和电子发票与纸质发票进行同步管理，动态监控企业税负情况，并与行业平均税负率进行比对。

2. 增值税发票开具

在业财一体信息化平台对商品档案和客户档案等基本开票信息进行维护管理，正确开具增值税普通发票、专用发票和电子普通发票，掌握已经开具发票的取消操作，对发票数据进行统计，为报税和纳税申报提供数据准备。

3. 增值税发票验证

根据税法及企业财务制度规定，在业财一体信息化平台进行电子普通发票的上传与查验，在国税平台对已收到的外来增值税发票进行发票真伪验证，在税务系统进行发票登记与认证业务的处理。

4. 增值税纳税申报

根据税法及企业财务制度规定，在业财一体信息化平台正确计算进项税、销项税及应交增值税数据，准确填制《增值税纳税申报表（适用于增值税一般纳税人）》和《增值税纳税申报表附列资料》，完成税费缴纳，并根据缴款回执在信息化平台中生成凭证。

工作任务 1　增值税发票管理

【能力目标】

通过训练，使学生能够在业财一体信息化平台上完成增值税进项发票录入、增值税电子普通发票上传、纸质发票登记、销项发票管理、增值税电子普通发票开具申请、专用发票开具与登记，以及税负平衡预测等工作。使学生具有独立完成增值税发票管理的能力，达到胜任基于业财一体信息化平台企业税务会计基础工作的职责目标。

【任务情境】

北京美庭商贸有限公司是一家销售家居用品的商贸公司，属于一般纳税人，公司具有独立进行发票开具管理的资格，公司的增值税发票管理业务是通过业财一体信息化平台操作的，对增值税进项和销项发票分类管理，并动态监控税负情况。

【知识准备】

完成此任务，需要了解企业增值税发票的相关内容。增值税发票有两种，分别是适用于增值税一般纳税人的增值税专用发票和适用于增值税一般纳税人及小规模纳税人的增值税普通发票。按介质分类有纸质发票和电子发票，目前电子发票均为增值税普通发票，2020 年上半年，国家税务总局已经开始启动增值税专用发票电子化试点工作。

任务 1.1　进项发票管理

任务要求

能根据税法规定及企业财务制度规定，在业财一体信息化平台发票管理模块中录入增值税进项发票，并对增值税电子普通发票上传、纸质发票登记，以便统一管理增值税进项发票信息。

业务操作

1. 登录用友税务服务云模块

登录用友税务服务云登录页面，如图 5-1 所示。

图 5-1 用友税务服务云登录

输入账号和密码后，点击〖登录〗按钮，进入如图 5-2 所示的首页。

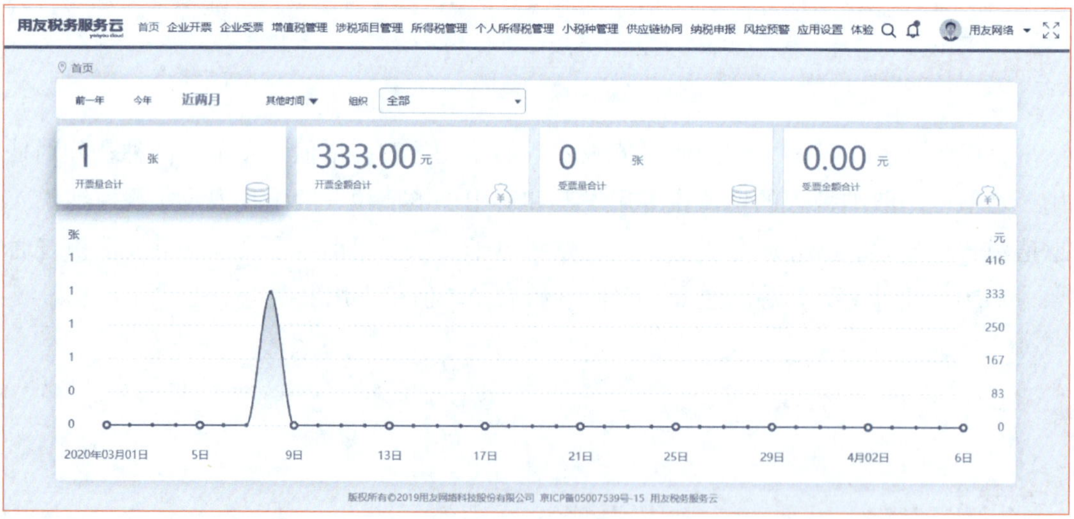

图 5-2 首页

2. 录入增值税进项发票

从【企业受票】—【采购台账】进入如图 5-3 所示的包括所示企业数据的“采购台账”界面。

单击页面下部的〖上传〗按钮，进入如图 5-4 所示的“发票上传”界面。

单击〖点击选择文件〗按钮，打开如图 5-5 所示的“选择文件”界面，选择“美庭商贸采购电子普票.pdf”文件。

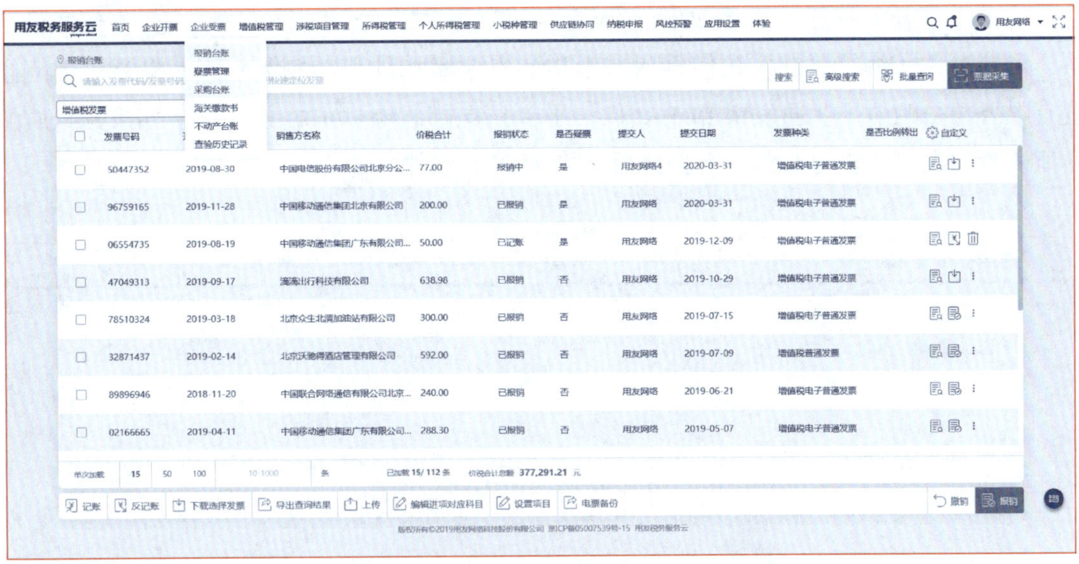

图 5-3　采购台账

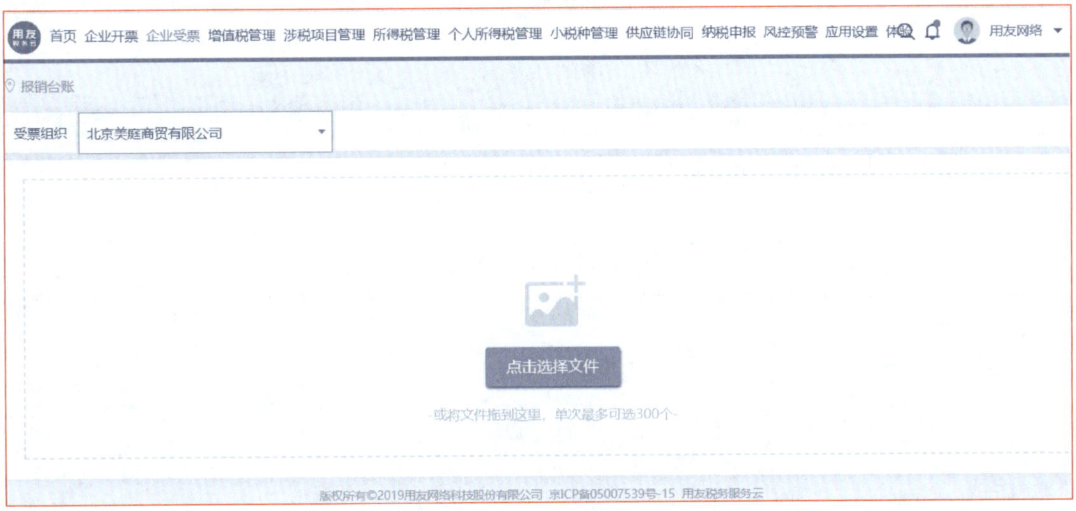

图 5-4　发票上传

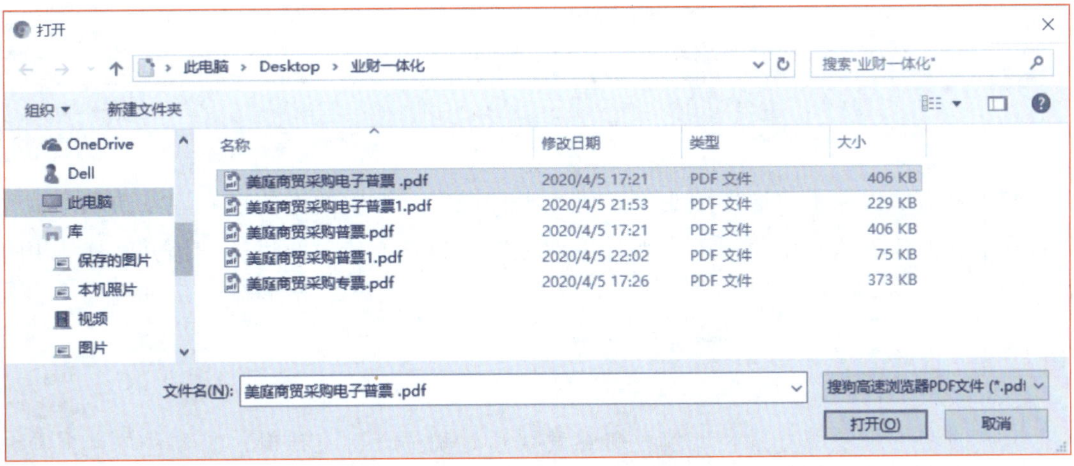

图 5-5　选择文件

单击〖打开〗按钮，发票文件进入上传准备状态，如图 5-6 所示。如果有多张发票，可以单击〖继续添加〗按钮将所有上传的发票添加进来。本例上传的是北京美庭商贸有限公司采购电子普通发票 PDF 文件，平台只支持上传 PDF 格式文件，如果是纸质的增值税专用发票和普通发票，需扫描后转换为 PDF 文件上传。

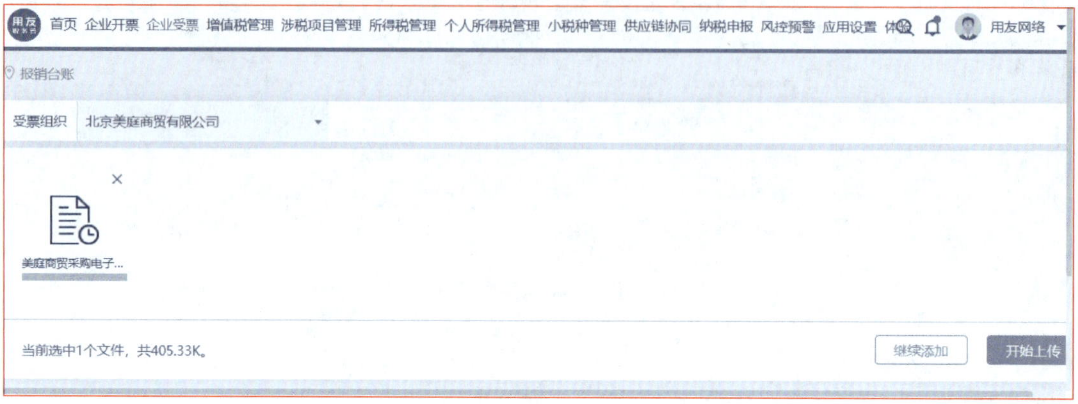

图 5-6　上传发票

添加完所有的发票后，单击〖开始上传〗按钮，在状态栏显示上传进度，全部上传完成后，状态栏显示本次上传结果。如图 5-7 所示。

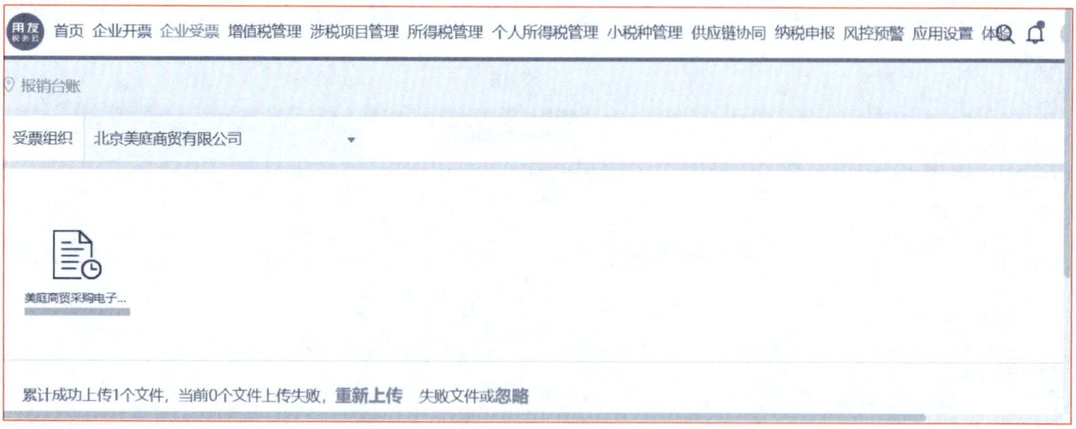

图 5-7　上传成功

本例以增值税电子普通发票为例，进行上传操作，纸质的增值税专用发票和增值税普通发票的上传方法与增值税电子普通发票相同，只是上传前要进行扫描并转换为 PDF 文件。

【重要提示】

纸质的增值税专用发票和增值税普通发票通过扫描设备上传时，需要先安装对应扫描设备的插件，才可以进行扫描上传。

任务 1.2 销项发票管理

任务要求

2020 年 3 月 1 日，在税控盘申领增值税电子普通发票 15 张。根据税法规定及企业财务制度规定，在业财一体信息化平台发票管理模块中对销项发票进行管理，并进行增值税电子普通发票开具申请、专用发票登记等业务，以便统一管理销项发票信息。

业务操作

在图 5-8 所示的首页，从【应用设置】—【税控发票管理】—【税控盘管理】进入如图 5-9 所示的“税控盘管理”界面。

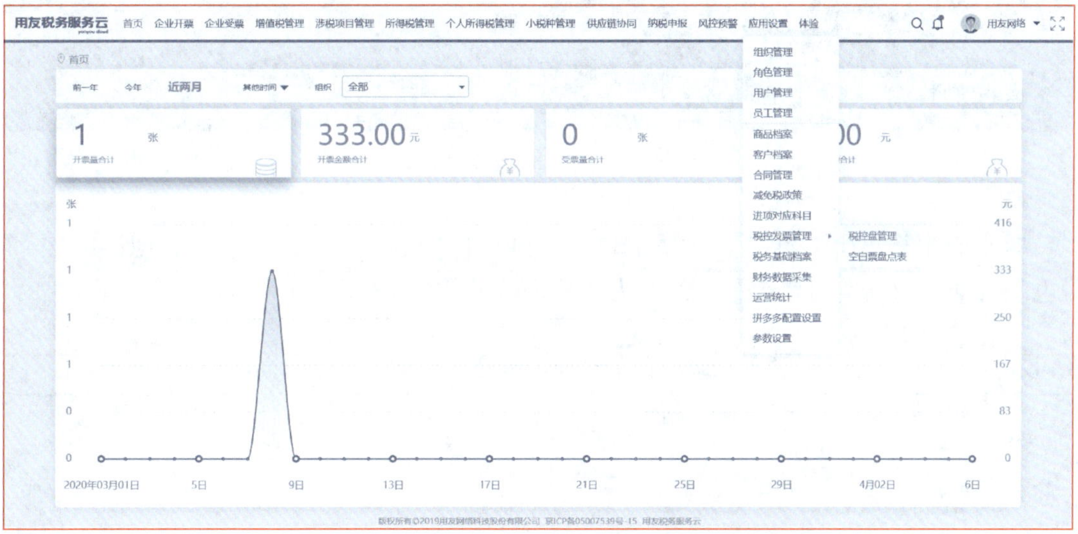

图 5-8 首页

图 5-9 税控盘管理

“税控盘管理”界面列示了企业所有的税控盘，选择增值税电子普通发票税控盘记录行，单击该税控盘的〖领购〗按钮，弹出如图5-10所示的领购数量录入界面。

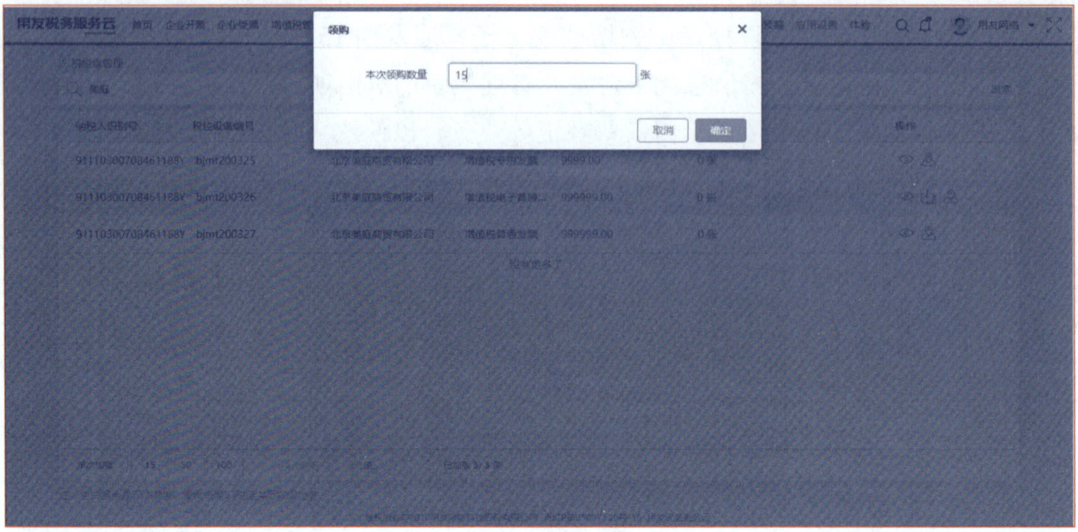

图5-10　领购数量录入

输入领购数量15，单击〖确定〗按钮，弹出操作成功提示，如图5-11所示，增值税电子普通发票的空白票余量已经变为刚才领购的数量15张。

图5-11　领购完成

增值税专用发票和增值税普通发票的申领，可以在地方电子税务局在线申领，由于地区不同操作略有不同，这里不一一介绍。

【重要提示】

主流的税控盘有航信和百旺两种，操作的方式略有不同。

任务 1.3 税负率统计

任务要求

能根据业务部门的需求在业财一体信息化平台中进行税负率统计。

业务操作

1. 应交增值税统计

在用友税务服务云首页，从【涉税项目管理】—【应交增值税统计表】进入如图 5–12 所示的“应交增值税统计表”界面。

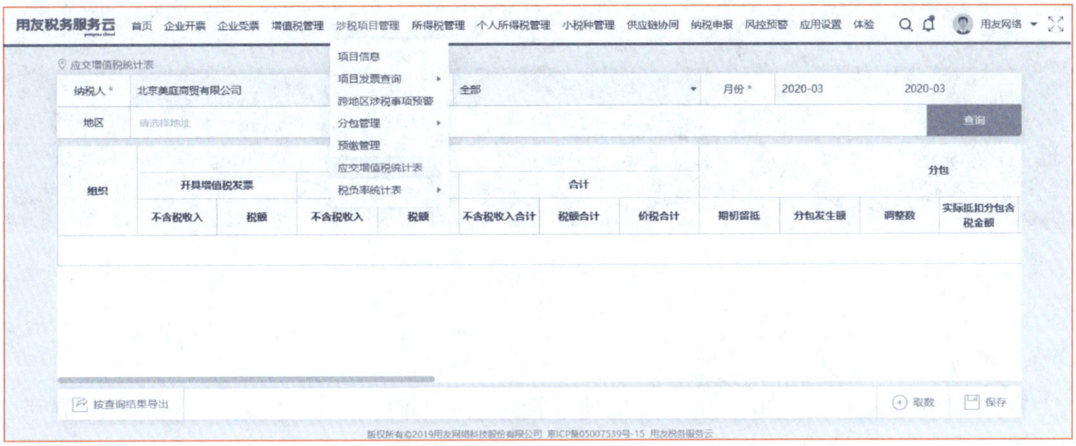

图 5–12　应交增值税统计表

在纳税人表中选择北京美庭商贸有限公司，月份选择 2020–03，单击〖查询〗按钮，弹出操作成功提示，如图 5–13 所示。

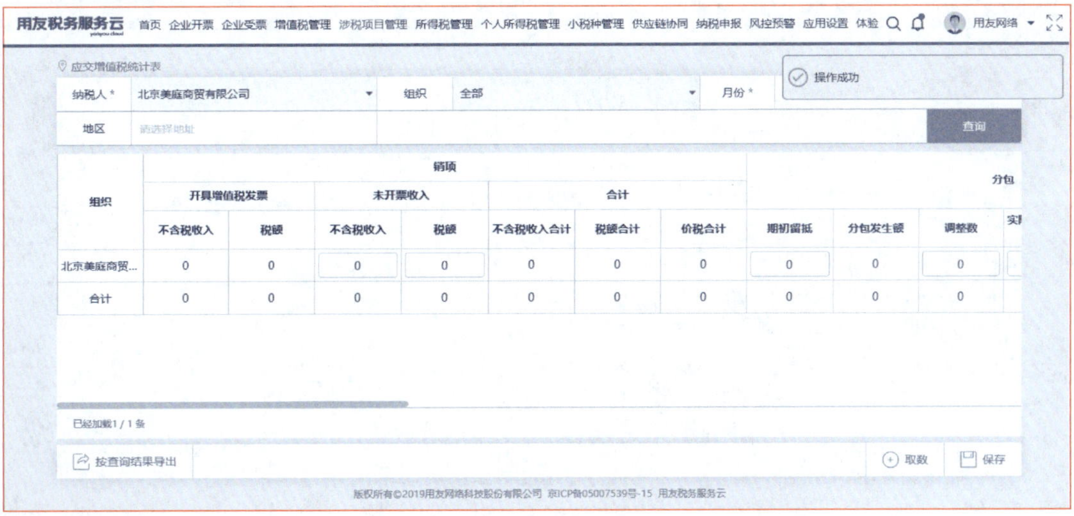

图 5–13　数据录入

单击〖取数〗按钮，弹出“取数”界面，选择纳税人为北京美庭商贸有限公司，月份选择 2020-03，依次单击〖确定〗和〖保存〗按钮，完成取数操作。如图 5-14 所示。

图 5-14　取数

2. 税负率统计

在用友税务服务云首页，从【涉税项目管理】—【税负率统计表】—【一般税负率统计表】进入如图 5-15 所示的“一般税负率统计表”界面。

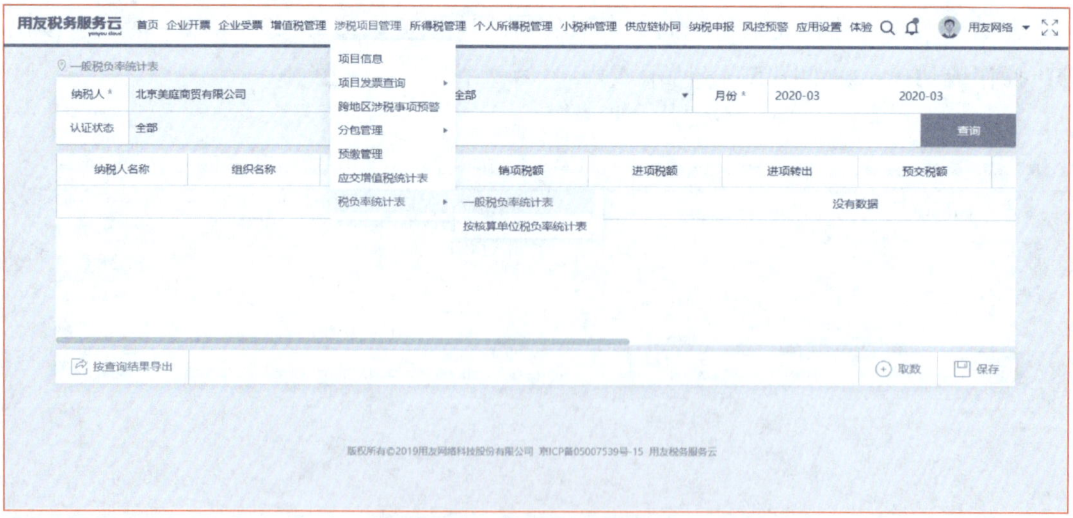

图 5-15　一般税负率统计表

在纳税人表中选择北京美庭商贸有限公司，月份选择 2020-03，依次单击〖查询〗和〖取数〗按钮，弹出操作成功提示，如图 5-16 所示。

图 5-16　企业税负率统计

【重要提示】

税务云模块中税负率数据来源为企业开票与企业受票数据及行业税负率数据。

【任务总结】

本工作任务导图如图 5-17 所示。

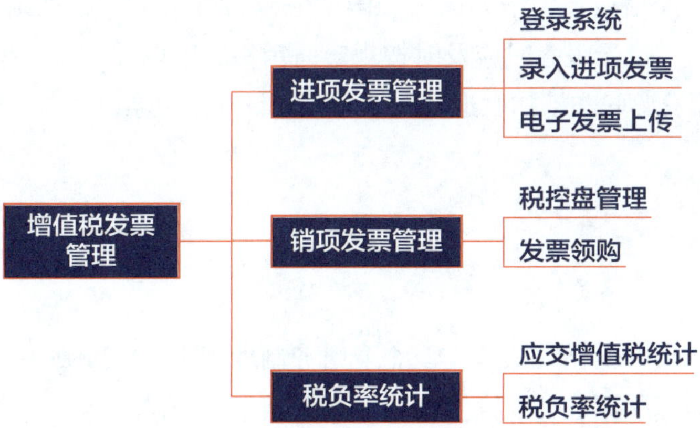

图 5-17　增值税发票管理导图

工作任务 2　增值税发票开具

【能力目标】

通过训练，使学生能够在业财一体信息化平台上完成开票基本信息维护，增值税专用发票、增值税普通发票、增值税电子普通发票开具，发票取消，已开具增值税发票数据统计等工作，使学生具有独立完成增值税发票开具的能力，达到胜任基于业财一体信息化平台企业税务会计基础工作的职责目标。

【任务情境】

北京美庭商贸有限公司是一家销售家居用品的商贸公司，属于一般纳税人，公司具有独立进行发票开具管理的资格，公司通过业财一体信息化平台进行客户信息和商品档案管理、增值税发票（含专用发票、普通发票和电子普通发票）的开具和取消业务，并对增值税发票开票数据进行统计。

【知识准备】

发票的开具是基于经济业务活动的基础上，真实、完整、正确地记录经济业务内容的过程。销货方须严格按《中华人民共和国增值税暂行条例实施细则》规定开具发票，购买方在购买商品、接受服务时应及时按规定向销售方索取并核验发票。未付货款未作账务处理，并将原发票联和抵扣联退还时，方可开具红字发票。

任务 2.1　基本信息维护

任务要求

2020 年 3 月 1 日，根据税法规定及企业财务制度规定，在业财一体信息化平台税务服务云模块中增加“深圳宝马汇商业中心”客户档案和“硅胶床垫”商品档案，进行开票基本信息维护。

业务操作

1. 增加客户档案

在用友税务服务云首页，从【应用设置】—【客户档案】进入如图 5-18 所示的“客户档案”界面。

单击〖新增〗按钮，弹出如图 5-19 所示“新增客户档案”界面，具体填写信息如下：

客户名称：深圳宝马汇商业中心；

纳税人识别号：910440301710936858；

开户行及账号：中国工商银行深圳市红围支行 4000021219200065217；

地址、电话：深圳市福田区农林路 69 号深国投广场二号楼 0755-21512288。

单击〖确定〗按钮，完成新增客户档案操作。

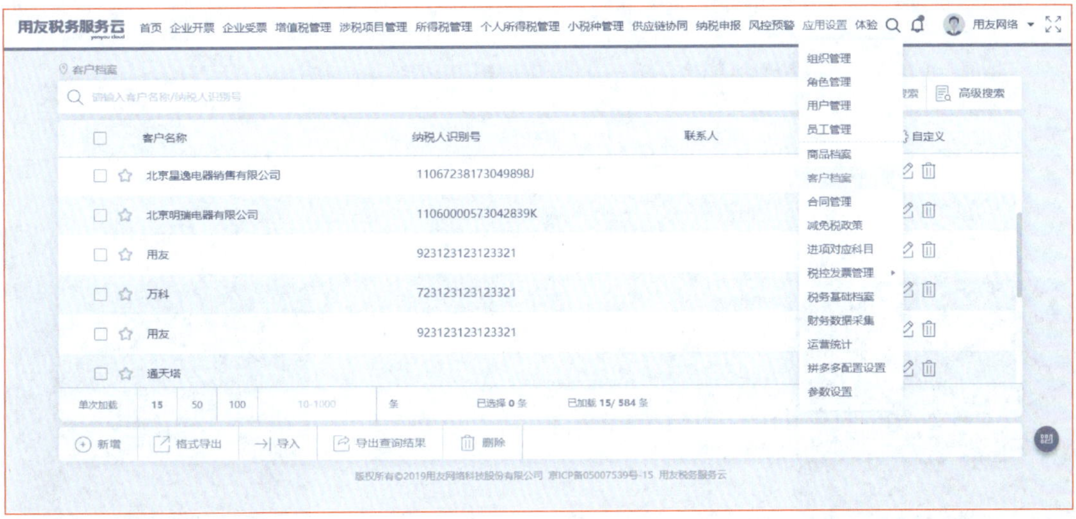

图 5-18　客户档案

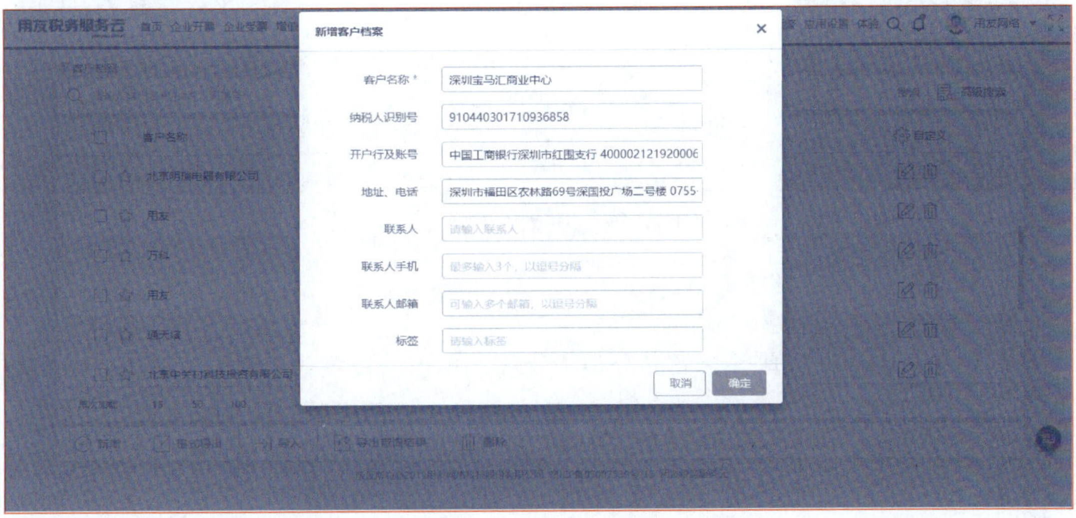

图 5-19　新增客户档案

2. 增加商品档案

从【应用设置】—【商品档案】进入如图 5-20 所示的“商品档案”界面。

选择左侧商品分类中的货物，单击底部的〖新增〗按钮，弹出如图 5-21 所示“新增商品档案”界面。所属组织和商品编码系统自动填充。

图 5-20 商品档案

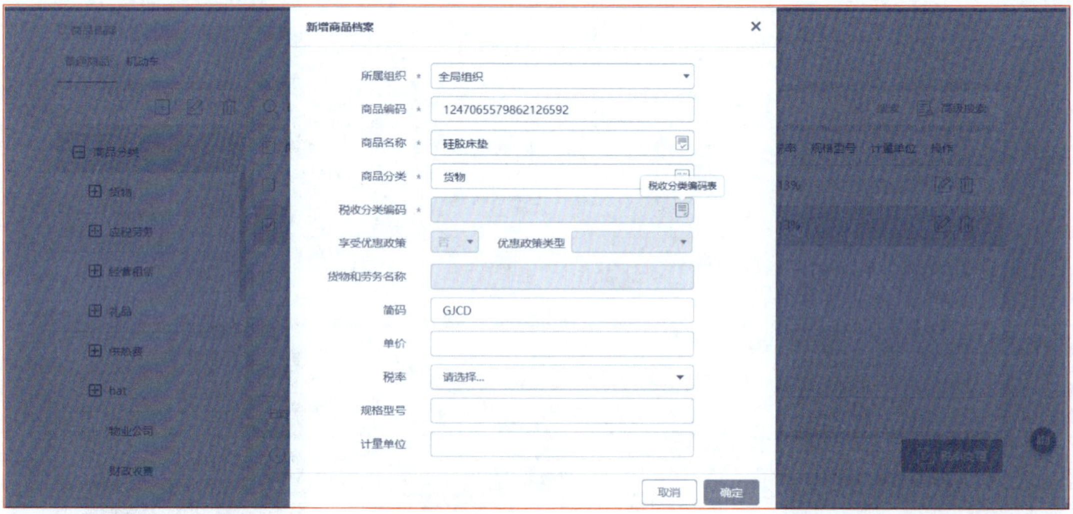

图 5-21 新增客户档案

填写商品名称为硅胶床垫，商品分类为货物，单击〖税收分类编码〗按钮，弹出如图 5-22 所示“税收分类编码表”界面，在搜索栏录入日用橡胶，再单击〖搜索〗按钮，选择列表中的日用橡胶制品记录行，单击〖确定〗按钮后，税收分类编码自动填充到商品档案中。

单击〖确定〗按钮，完成新增商品档案操作。

【重要提示】

商品档案中税收分类编码必须与国家税务总局税收分类编码一致。

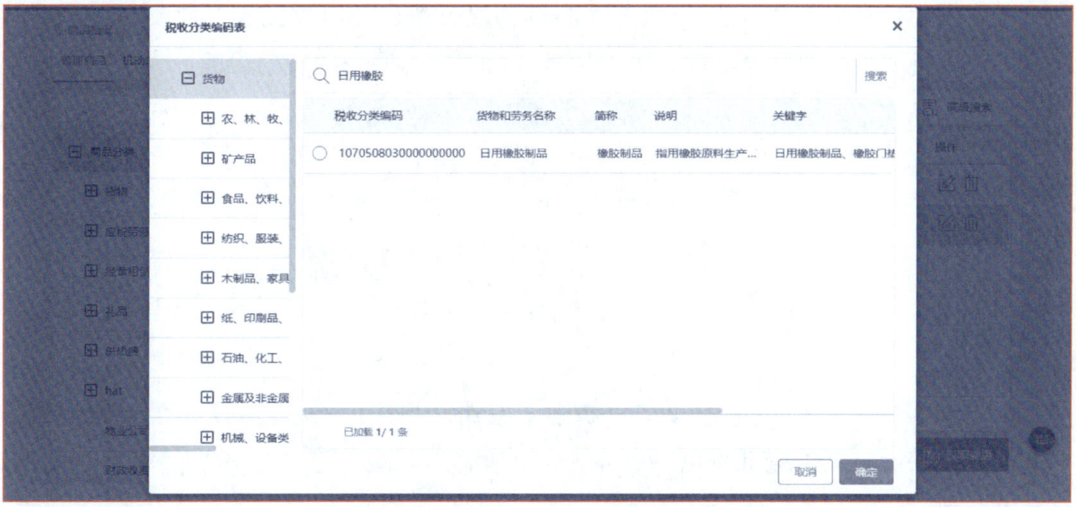

图 5-22　税收分类编码

任务 2.2　发票开具

任务要求

能根据税法规定及企业财务制度规定及业务部门需求，在业财一体信息化平台中正确开具增值税专用发票、增值税普通发票、增值税电子普通发票。

业务操作

在用友税务服务云首页，从【企业开票】—【开具蓝票】—【增值税电子普通发票】进入如图 5-23 所示的“开具蓝票”界面。

图 5-23　开具蓝票

在列表中选择开票组织为北京美庭商贸有限公司，弹出如图 5–24 所示的“切换组织，将会清空发票明细”提示框，单击〖确定〗按钮返回空白发票界面。

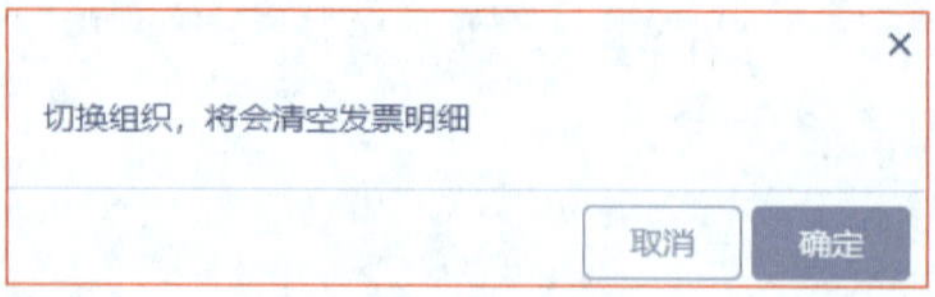

图 5–24　提示框

单击购买方名称栏后面的〖客户档案〗按钮，弹出如图 5–25 所示的“客户档案”界面。选择深圳宝马汇商业中心后，单击右下角的〖添加至发票〗按钮，该客户的信息自动填充到发票中，并返回发票界面。

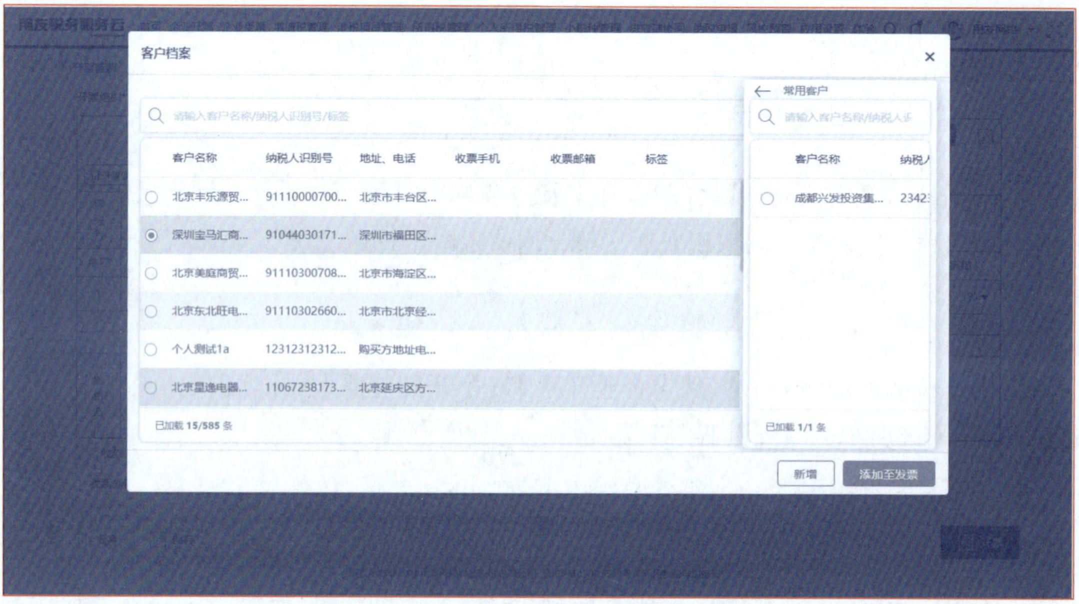

图 5–25　客户档案参照

单击项目名称栏后面的〖商品档案〗按钮，弹出如图 5–26 所示的“商品档案”界面。在搜索栏录入保健硅胶枕，并单击〖搜索〗按钮，在列表中选择保健硅胶枕后，单击右下角的〖添加至发票〗按钮，该商品档案信息自动填充到发票中，并返回发票界面。

依次录入单位为个、数量为 200、单价为 180 等信息，单击右下角的〖开票〗按钮，弹出如图 5–27 所示的“开票中”的提示信息，并返回发票界面。

开票成功后，弹出如图 5–28 所示的操作成功的提示框。

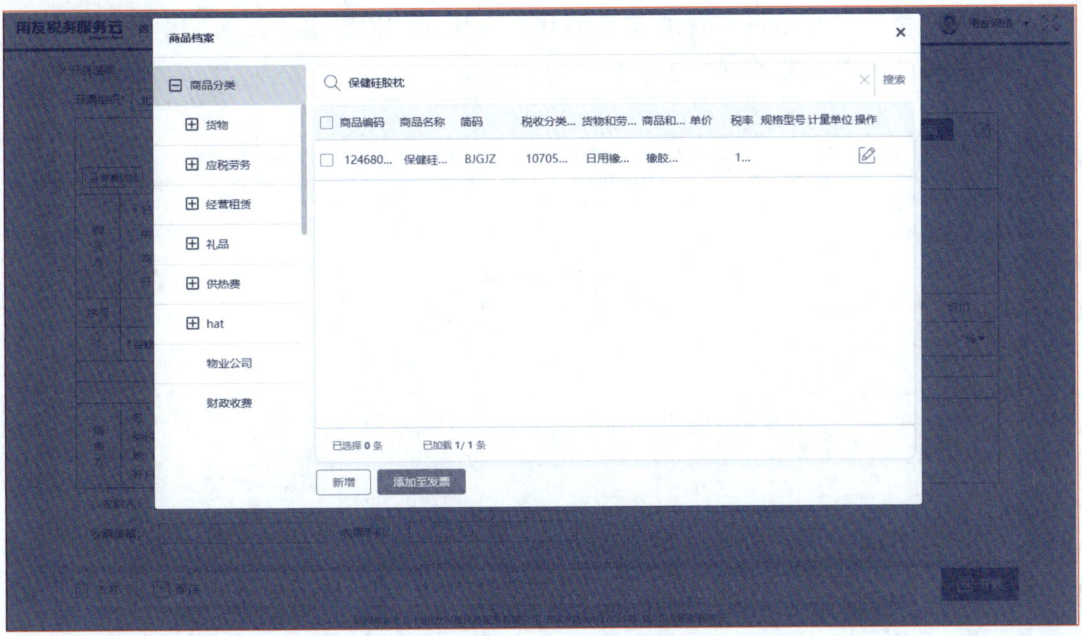

图 5-26 商品档案参照

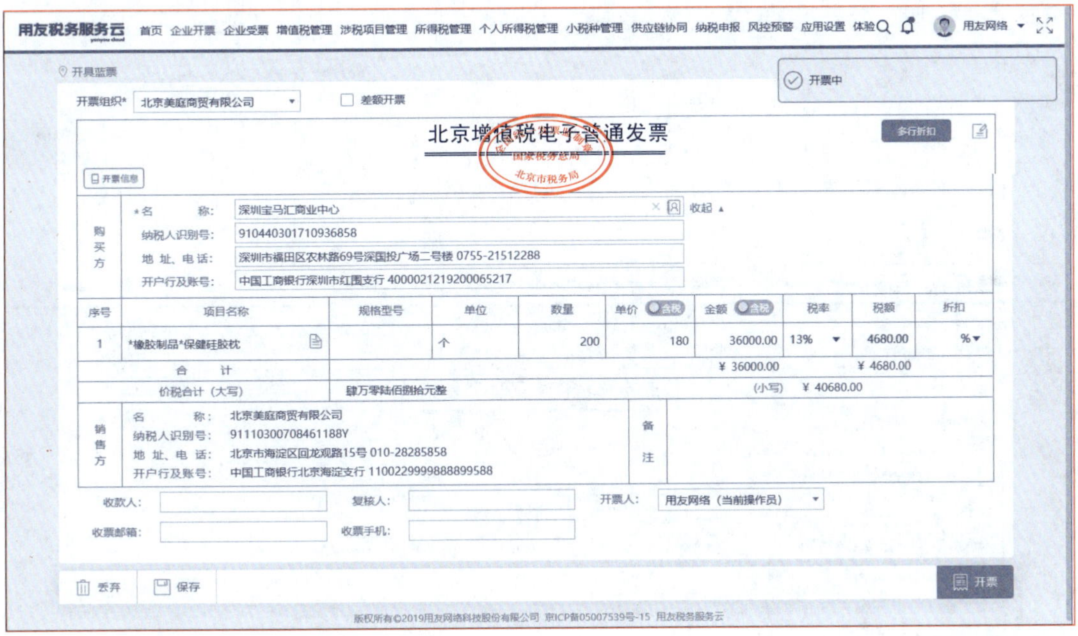

图 5-27 开票

图 5-28 操作成功

增值税专用发票和增值税普通发票的开具方法与增值税电子普通发票的方法相同，这里不再赘述。开票结果如图 5-29、图 5-30 所示。

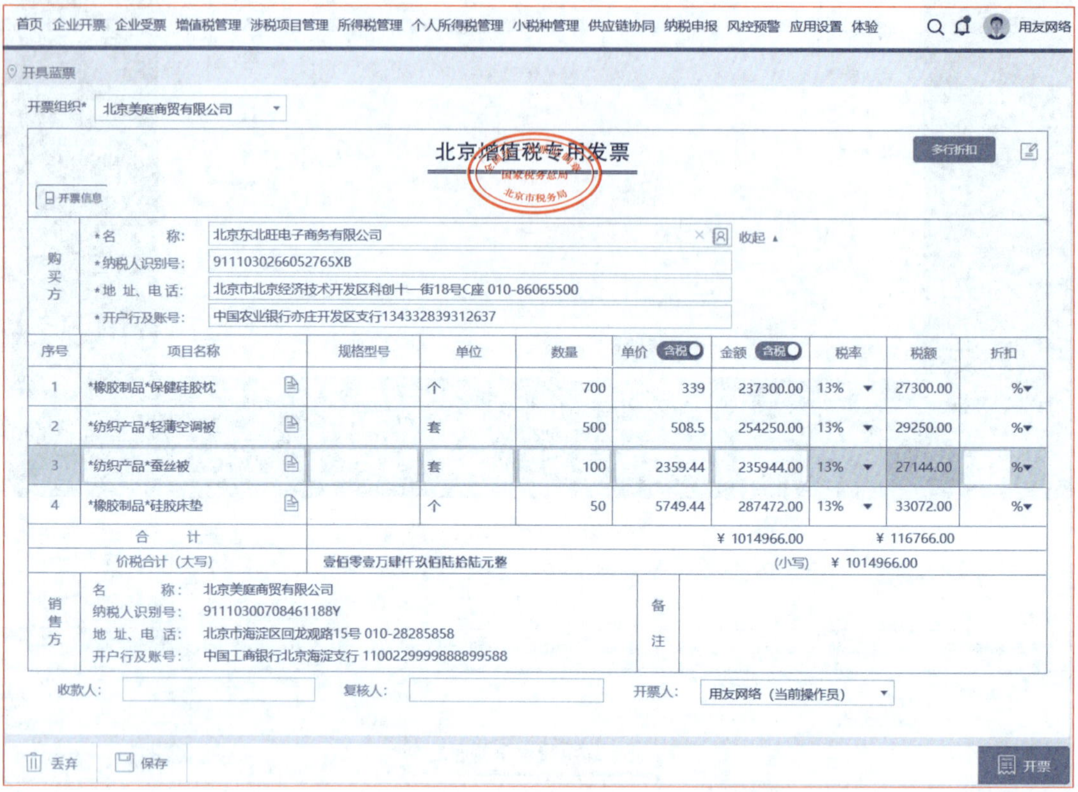

图 5-29 增值税专用发票

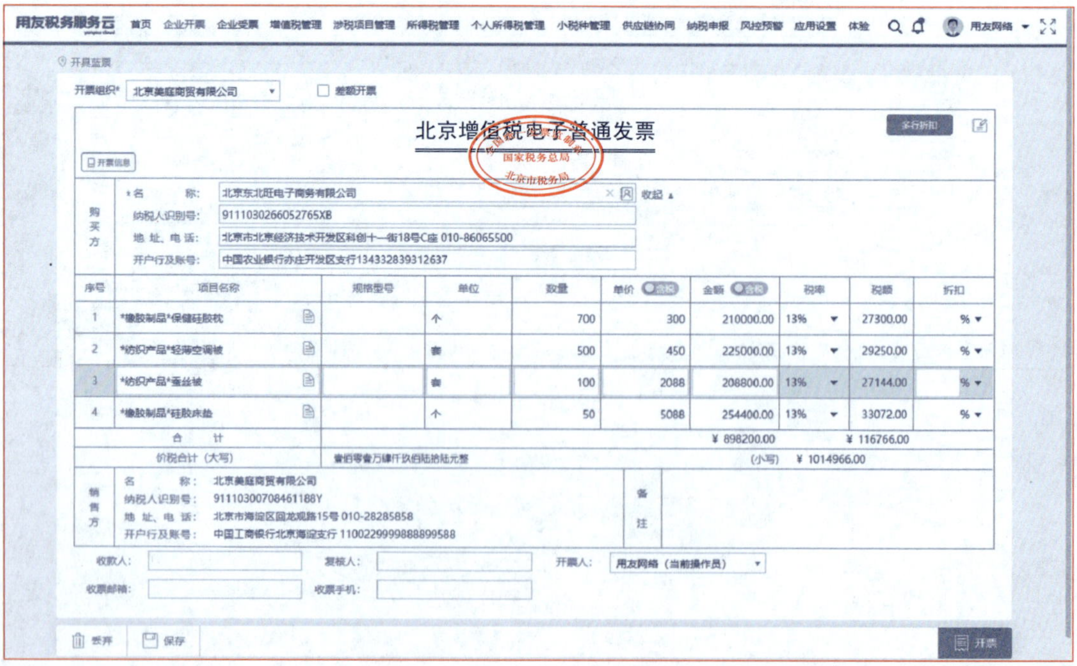

图 5-30 增值税电子普通发票

【重要提示】

纸质发票开具时，发票号码必须与在系统中申请的发票号码完全一致。

任务 2.3 发票取消

任务要求

能根据税法规定及企业财务制度规定及业务部门需求，在业财一体信息化平台中进行发票取消操作。

业务操作

在业财一体信息化平台中进行发票取消操作主要是对已开具的发票进行反向操作，即发票作废或开红票。当月作废发票可以直接在金税系统里将发票作废（受票方未对发票进行后续处理且已收回纸质发票或开票方未将发票发出），跨月后，就只能开具红字发票进行负数冲平及时冲销。具体操作步骤为先在税控盘同步发票信息，然后在发票管理功能下进行发票修复，已抵扣发票由购买方开红票，未抵扣由销售方开红票，提交开红票信息，税控系统审核通过后下载红字发票信息，导入发票信息并补充完整发票信息，打印发票完成操作。在税务云模块开红票的方法如下：

从【企业开票】—【已开票】进入“已开票”界面。选择开红票的记录行，单击该记录行后的更多图标，如图 5-31 所示“已开票”界面可以进行开发票操作。但此方式仅支持开具增值税红字专用发票。

从【企业开票】—【开红票】进入如图 5-32 所示的“开具红票”界面。填写详细红票信息即可以进行开发票操作。此方式支持开具各种增值税红字发票。

图 5-31 已开票

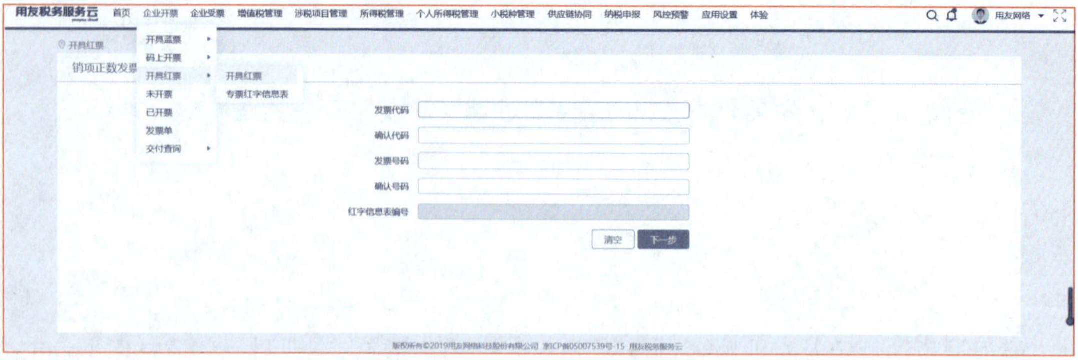

图 5-32　开具红票

【重要提示】

红字发票的开具均须税控系统审核，否则无法成功开具红票。

任务 2.4　增值税发票统计

任务要求

能在业财一体信息化平台中对已开具的增值税发票进行统计，为报税与纳税申报提供数据准备。

业务操作

用友税务服务云提供进项发票和销项发票分别统计功能。从【增值税管理】—【销项发票统计】进入如图 5-33 所示的“销项发票统计”界面。分别选择发票统计的月份、发票种类、税号或纳税人名称及开票组织，单击〖查询〗按钮，完成销项发票统计操作。单

图 5-33　销项发票统计

击左下角的〖导出查询结果〗按钮，可将查询结果以 Excel 文件格式保存到本地电脑中。

从【增值税管理】—【进项发票统计】—【报销统计表】进入如图 5-34 所示的“报销统计表”界面。分别选择开票日期、提交日期、发票种类、税号、受票组织及查询分类等信息，单击〖查询〗按钮，完成进项发票统计操作。单击左下角的〖导出查询结果〗按钮，可将查询结果以 Excel 文件格式保存到本地电脑中。

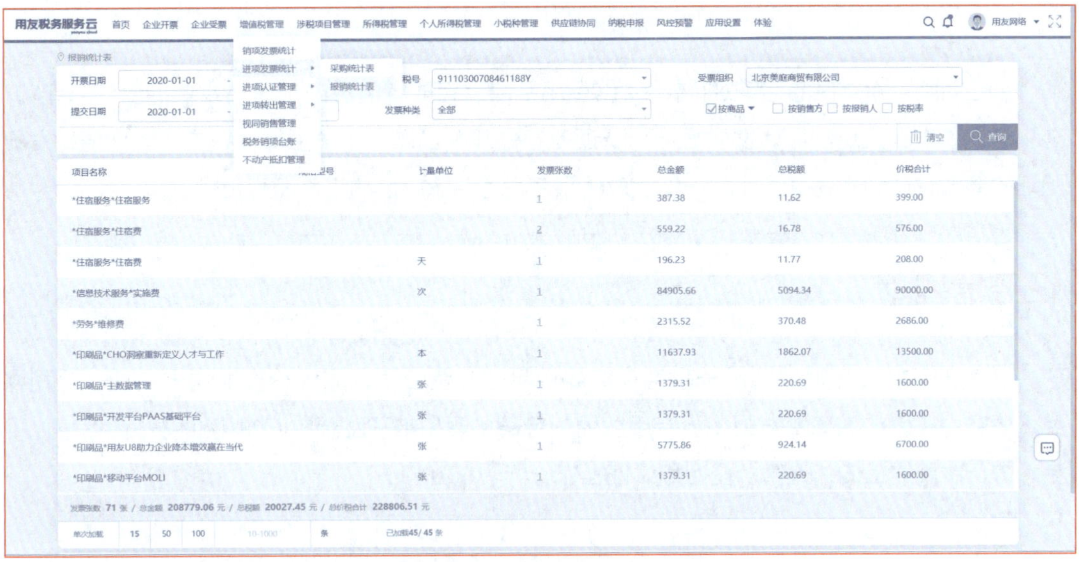

图 5-34　报销统计表

【重要提示】

用友税务服务云支持按商品、销售方和税率等详细信息的分类查询。

【任务总结】

本工作任务导图如图 5-35 所示。

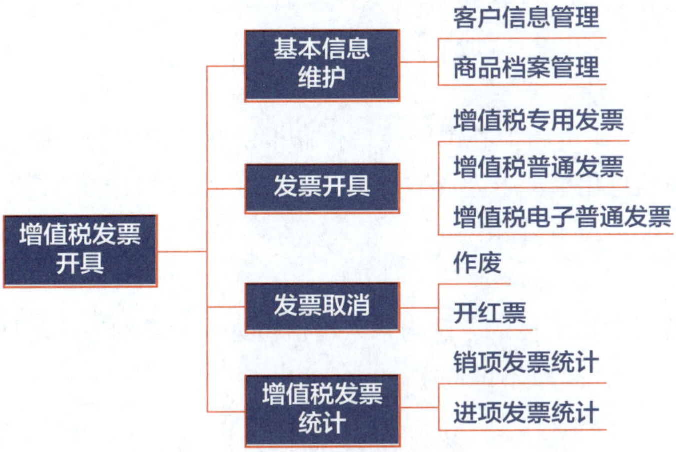

图 5-35　增值税发票开具导图

工作任务 3　增值税发票验证

【能力目标】

通过训练，使学生能够在业财一体信息化平台上完成增值税电子普通发票的上传与查验，外来增值税发票真伪验证，发票登记与认证业务处理等工作。使学生具有独立完成增值税发票验证的能力，达到胜任基于业财一体信息化平台税务会计岗位的工作职责目标。

【任务情境】

北京美庭商贸有限公司是一家销售家居用品的商贸公司，属于一般纳税人企业，公司将经济业务中收到的增值税发票（含专用发票、普通发票和电子发票）归集到业财一体信息化平台，进行发票的上传、验伪、登记和认证操作。

【知识准备】

完成此任务需要了解，验证增值税发票需要企业向税务机关申请网上认证开户，获取网上认证权限，主管税务机关审批后给企业发放密钥文件并开通权限。税务会计通过扫描发票或录入发票信息的方式生成待认证数据文件，并将待认证数据文件上传，然后进行认证查询，抵扣联发票数据上传认证完成后需及时查询和确认认证结果，企业应于次月申报期内登录电子税务局下载当月的认证结果文件。

任务 3.1　增值税电子普通发票上传

任务要求

2020 年 3 月 28 日，市场中心销售经理崔磊报销业务招待费，提供增值税电子普通发票，在业财一体信息化平台中进行增值税电子普通发票的上传与查验。

业务操作

增值税电子普通发票上传的方法与录入增值税进项发票的方法相同，详细操作指导参考本工作领域任务 1.1 这里不再赘述。

【重要提示】

电子发票必须为正式发票，若发票有问题，则会上传失败。

任务 3.2　发票真伪验证

任务要求

能在国税平台对已收到的外来增值税发票进行发票真伪验证。财务会计黄玉玲将崔磊提交的如图 5-36 所示的餐费发票和公司收到供应商开具的如图 5-37 所示的采购商品

北京增值税电子普通发票

发票代码：010200210856
发票号码：01838592
开票日期：2020年3月28日
校验码：01928 39769 43972 67201

机器编号：499140936062

购买方	名称：北京美庭商贸有限公司 纳税人识别号：91110300708461188Y 地址、电话：北京市海淀区回龙观路15号010—28285858 开户行及账号：中国工商银行北京市海淀支行1100229999888899588			密码区	035926>3>2<0230937-8>1*26906 374*91/- +588247>>/*6+>-89233 785926>3>2<0230937*57+89>097 4/ 737-++ 690195*6067/ /53+9-39		
货物或应税劳务、服务名称	规格型号	单位	数量	单价	金额	税率	税额
*餐饮服务*餐费					1698.11	6%	101.89
合　计					¥1,698.11		¥101.89
价税合计（大写）	⊗壹仟捌佰元整				（小写）¥1,800.00		
销售方	名称：北京海川阁餐饮管理有限公司 纳税人识别号：91102938374729202S 地址、电话：北京市海淀区上地七街29号010—67362917 开户行及账号：招商银行股份有限公司海淀区分行2919847591210335			备注			

收款人：　　复核：　　开票人：彭■峰　　销售方：（章）

图 5-36　餐费发票

1100202150　　北京增值税专用发票　　№ 21014537　　1100202150　21014537

机器编号：423620352000　　开票日期：2020年3月29日

购买方	名称：北京美庭商贸有限公司 纳税人识别号：91110300708461188Y 地址、电话：北京市海淀区回龙观路15号010—28285858 开户行及账号：中国工商银行北京海淀支行1100229999888899588			密码区	</*401<+/>*<8600807</65*+**+*<5 724</53*+*<48284<4441##<*#4647# +*</56791*+#<1667</70145*<7868* <<20877*8379<6166##<*#8441>->**		
货物或应税劳务名称	规格型号	单位	数量	单价	金额	税率	税额
*橡胶制品*保健硅胶枕		个	200	180	36000.00	13%	4680.00
合　计					¥36,000.00		¥4,680.00
价税合计（大写）	⊗肆万零陆佰捌拾元整				（小写）¥40,680.00		
销售方	名称：北京家居用品有限公司 纳税人识别号：110317800012322222 地址、电话：北京市朝阳区劳动街501号0412-5632318 开户行及账号：建行北京朝阳支行210015368800032			备注			

收款人：略　　复核：略　　开票人：略　　购买方：（章）

税总函〔2019〕144号中钞光华印刷有限公司

第三联：发票联　购货方记账凭证

图 5-37　专用发票

专用发票交由财务部实习生查验真伪。

业务操作

财务部实习生登录国家税务总局全国增值税发票查验平台网站，如图 5–38 所示，在线对电子发票进行手动查验。输入发票的发票代码、发票号码、开票日期、开具金额，单击〖查验〗按钮，查验发票真伪。

国家税务总局全国增值税发票查验平台
支持增值税专用发票、增值税普通发票（折叠票）、增值税普通发票（卷票）、增值税电子普通发票（含收费公路通行费增值税电子普通发票）、机动车销售统一发票、二手车销售统一发票在线查验。
首页
发票常识
常见问题
操作说明
相关下载
发票查验说明
查验结果说明
发票真伪识别方法
*发票代码：
发票代码有误!
*发票号码：
请输入发票号码
*开票日期：
YYYYMMDD
请输入开票日期
*开具金额(不含税)：
请输入开具金额
*验证码：
请输入验证码
点击获取验证码
点击图片刷新
查验
重置
1、首次查验前请点此安装根证书。
2、当日开具发票当日可查验。
3、每份发票每天最多可查验5次。
4、可查验最近5年内增值税发票管理新系统开具的发票。
5、纳税咨询服务，可拨打12366。
6、如遇IE8浏览器无法查验，请更换谷歌浏览器或升级操作系统。

图 5–38　增值税发票查验平台

【重要提示】

若发票有问题，则会提示“未查询到此发票”。

任务 3.3　发票登记与认证

任务要求

在税务系统进行发票登记与认证业务的处理。财务会计黄玉玲负责将本公司 3 月采购商品收到的专用发票进行登记认证，为纳税抵扣和纳税申报做准备。

业务操作

发票认证需将税控盘连接到金税系统，连接成功的状态如图 5–39 所示。

在【企业受票】—【采购台账】中，单击台账列表中发票信息操作列的〖认证〗按钮，可以对发票进行手工认证，如图 5–40 所示。

在弹出的窗口中，单击〖确定〗按钮，完成发票认证操作，如图 5–41 所示，系统提示认证成功。

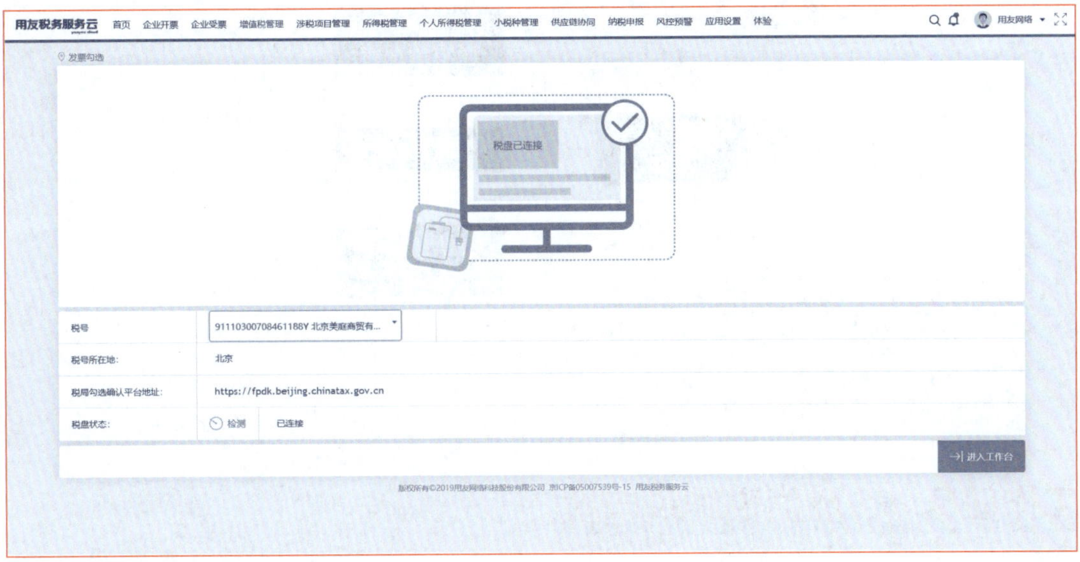

图 5-39　税控盘连接成功

图 5-40　手工认证

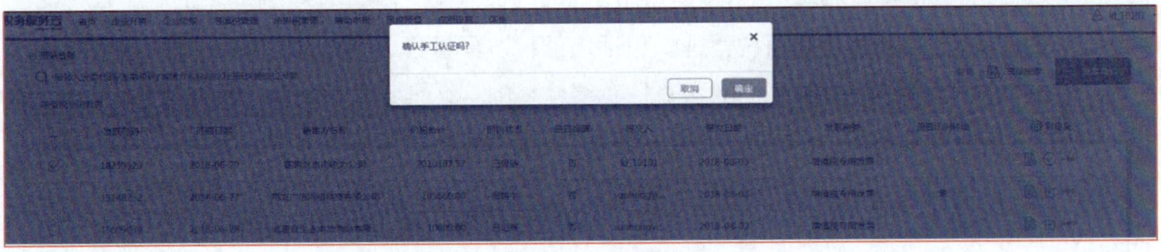

图 5-41　认证确认

【重要提示】

若发票有问题，则发票认证失败。

【任务总结】

本工作任务导图如图 5-42 所示。

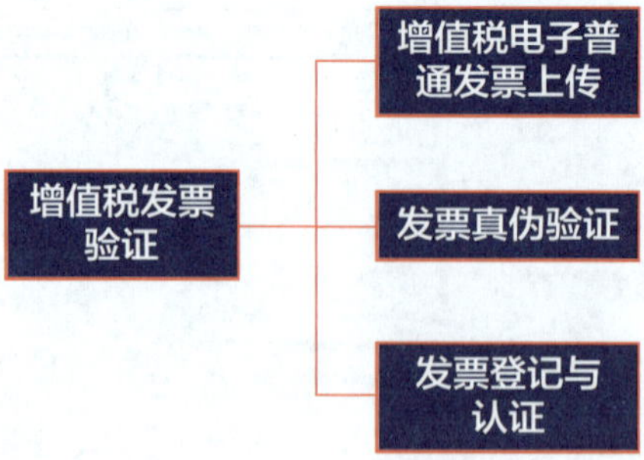

图 5-42 增值税发票验证导图

工作任务 4 增值税纳税申报

【能力目标】

通过训练，使学生能够在业财一体信息化平台上完成进项税额、销项税额及应交增值税数据计算，增值税纳税申报表及附表填制，税费缴纳并生成凭证等工作。使学生具有在相关人员指导下完成增值税纳税申报的能力，达到胜任基于业财一体信息化平台税务会计岗位的工作职责目标。

【任务情境】

北京美庭商贸有限公司是一家销售家居用品的商贸公司，属于一般纳税人企业，公司已使用业财一体信息化平台进行增值税管理，包括增值税发票管理、增值税发票开具、增值税进项发票验证、增值税纳税申报等。现财务会计需要在业财一体信息化平台上对公司本月的增值税进行纳税申报。

【知识准备】

增值税纳税申报需要掌握增值税纳税申报表的构成（主表及附表），各申报表之间的基本关系，增值税计算的基本原理和申报所需的相关信息。

任务 4.1 增值税发票数据统计查询

任务要求

2020 年 3 月 31 日，在业财一体信息化平台中查询本月进项税、销项税、应交增值税数据。

业务操作

1. 销项数据查询

点击【增值税管理】—【销项发票统计】，可以查询销项发票汇总表、销项发票明细表、销售统计表，默认进入到销项发票汇总表页面。输入月份、发票种类等条件可以筛选不同条件下的销项信息，为增值税纳税申报进行准备或进行统计管理使用。界面如图5-43所示。

图 5-43　销项发票统计

根据查询条件得出的结果支持导出，单击左下方〖导出查询结果〗按钮可导出查询到的销项统计结果。

【注意】如果在查询之前，没有进行税盘上的开票数据采集同步到平台，应先单击右上角〖数据采集〗按钮。

2. 进项数据查询

单击【增值税管理】—【进项发票统计】，可以查询采购统计表和报销统计表，分别可以查询采购类进项数据和报销类进项数据。

（1）单击【增值税管理】—【进项发票统计】，单击采购统计表，进入“采购统计表”页面，依次选择查询条件，可以查询到对应的采购进项数据统计，界面如图5-44所示。

查询后，单击〖导出查询结果〗按钮，可对查询条件及结果进行导出操作。

（2）点击【增值税管理】—【进项发票统计】，单击报销统计表，进入“报销统计表”页面，依次选择查询条件，可以查询到对应的报销进项数据统计，界面如图5-45所示。

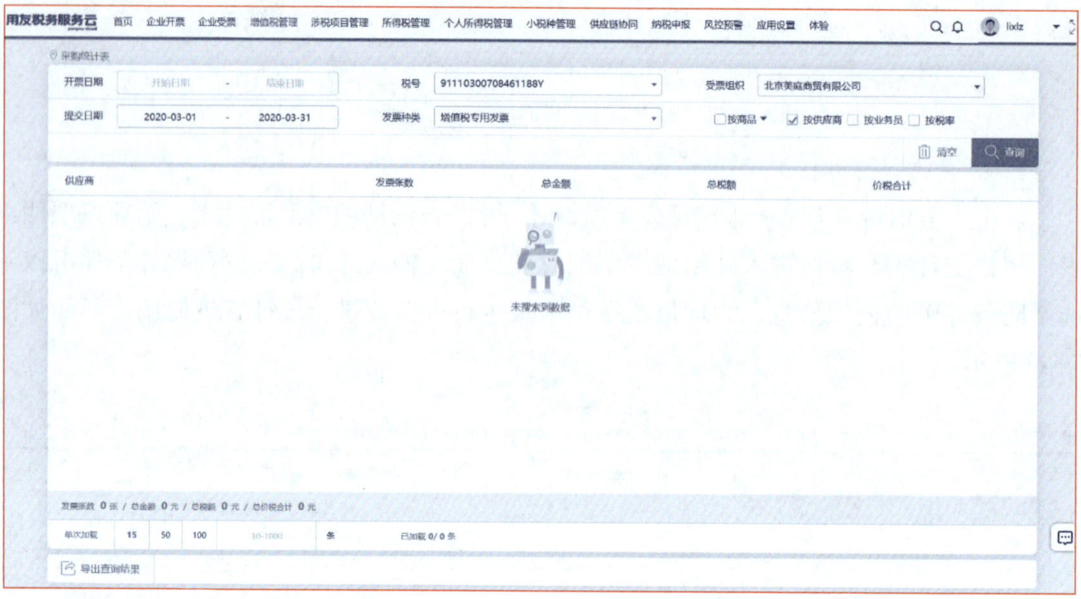

图 5-44　采购统计表

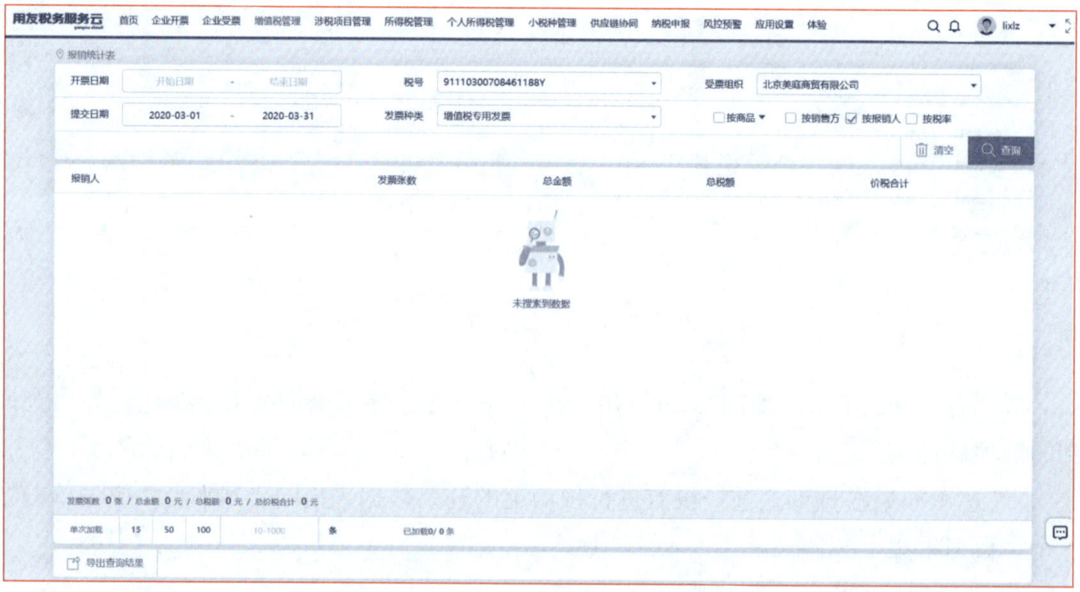

图 5-45　报销统计表

查询后，单击〖导出查询结果〗按钮，可对查询条件及结果进行导出操作。

【重要提示】

报销统计表中的发票张数列，可通过点击〖发票张数〗按钮，穿透进入报销台账列表，并显示符合条件的发票数据。

任务 4.2　增值税纳税申报表附列资料填制

任务要求

能在增值税申报系统正确填制《增值税纳税申报表附列资料（一）》(本期销售情况明细)、《增值税纳税申报表附列资料（二）》(本期进项税额明细)、《增值税纳税申报表附列资料（三）》(应税服务扣除项目明细)、《固定资产进项税额抵扣情况表》。2020 年 3 月 31 日，查询本月经营数据，完成增值税纳税申报及缴纳。在业财一体信息化平台上查询本期销售情况明细，填制《增值税纳税申报表附列资料（一）》；在业财一体信息化平台上查询本期进项情况明细，填制《增值税纳税申报表附列资料（二）》。

业务操作

点击【纳税申报】—【增值税申报表】进入“增值税申报表”页面。

北京美庭商贸有限公司是一般纳税人，其增值税纳税申报表分为主表、附表一、附表二、附表三、附表四、增值税减免税申报明细表，共 6 张表，对应 6 个页签。增值税纳税申报时应按照先填写附表，最后填写主表的顺序进行填写。

1. 附表一

在“增值税申报表”页面点击附表一页签，单击〖取数〗按钮可自动生成增值税纳税申报表附表一的数据，界面如图 5-46 所示。

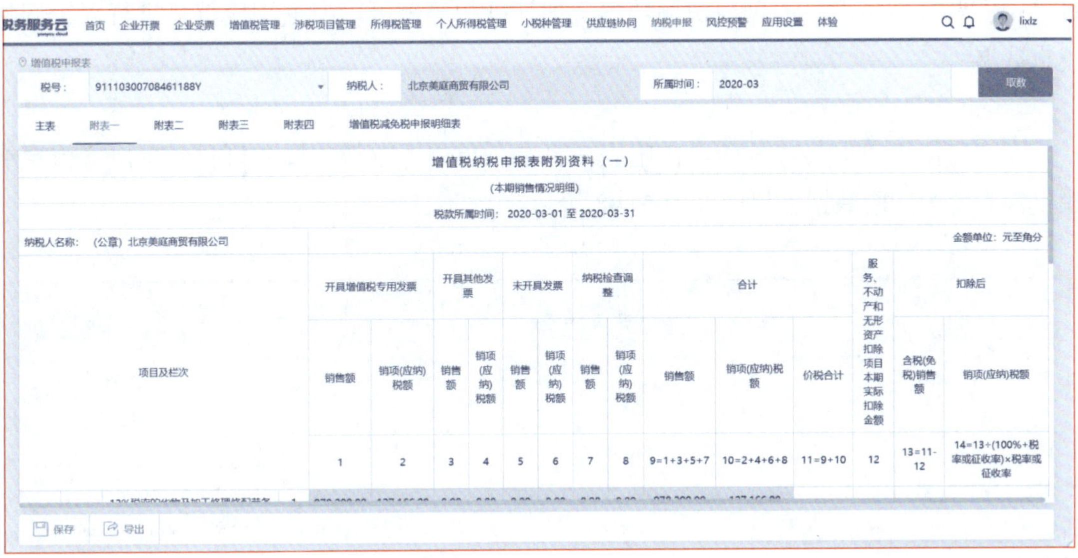

图 5-46　附表一

【提示】上述数据可以与任务 4.1 中查询导出的销项数据进行比对，另外增值税销项计算中涉及特殊情形（如未开票销售、纳税检查调整等）可以根据相应信息进行人工调整申报数据。

2. 附表二

在“增值税申报表”页面点击附表二页签，单击〖取数〗按钮可自动生成增值税纳税申报表附表二的数据，界面如图 5-47 所示。

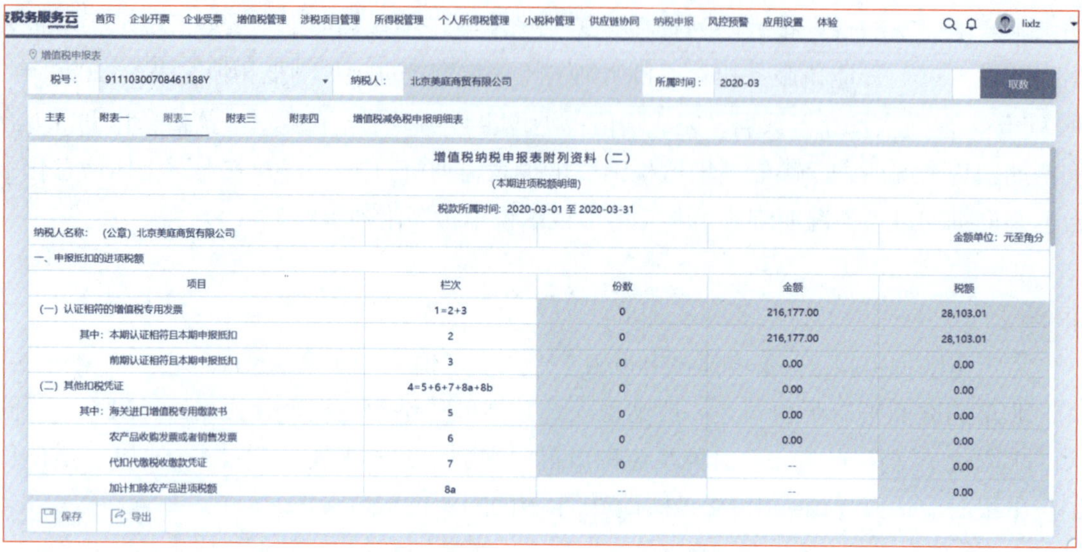

增值税纳税申报表附列资料（二）

（本期进项税额明细）

税款所属时间：2020-03-01 至 2020-03-31

纳税人名称：（公章）北京美庭商贸有限公司　　金额单位：元至角分

一、申报抵扣的进项税额

项目	栏次	份数	金额	税额
（一）认证相符的增值税专用发票	1=2+3	0	216,177.00	28,103.01
其中：本期认证相符且本期申报抵扣	2	0	216,177.00	28,103.01
前期认证相符且本期申报抵扣	3	0	0.00	0.00
（二）其他扣税凭证	4=5+6+7+8a+8b	0	0.00	0.00
其中：海关进口增值税专用缴款书	5	0	0.00	0.00
农产品收购发票或者销售发票	6	0	0.00	0.00
代扣代缴税收缴款凭证	7	0	--	0.00
加计扣除农产品进项税额	8a	--	--	0.00

图 5-47　附表二

【提示】上述数据可以与任务 4.1 中查询导出的进项数据进行比对，另外增值税进项计算中涉及特殊情形（如进项税额转出、加计抵扣等）可以根据相应信息进行人工调整申报数据。

3. 附表三

在“增值税申报表”页面单击附表三页签，单击〖取数〗按钮可自动生成增值税纳税申报表附表三的数据，界面如图 5-48 所示。

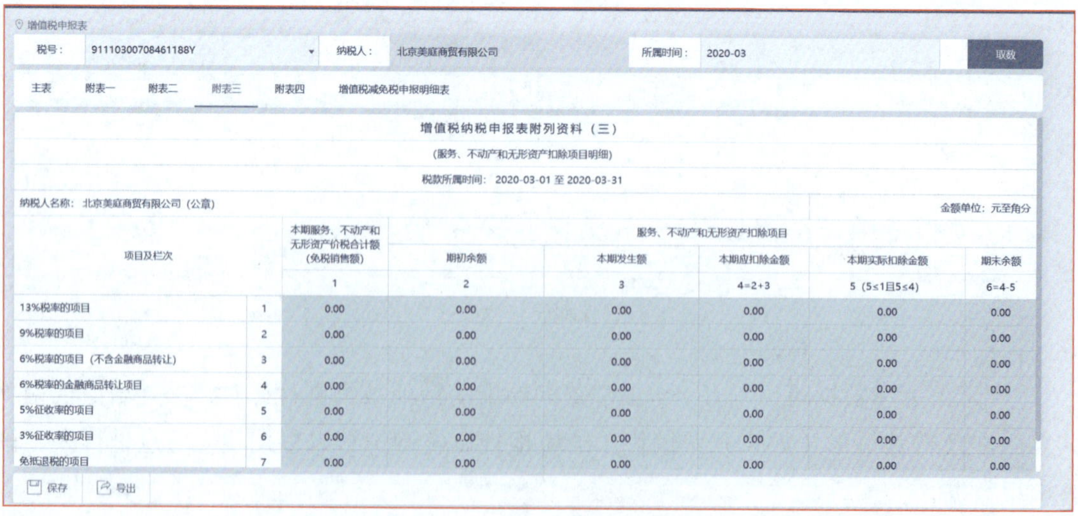

增值税纳税申报表附列资料（三）

（服务、不动产和无形资产扣除项目明细）

税款所属时间：2020-03-01 至 2020-03-31

纳税人名称：北京美庭商贸有限公司（公章）　　金额单位：元至角分

项目及栏次		本期服务、不动产和无形资产价税合计额（免税销售额）	服务、不动产和无形资产扣除项目				
			期初余额	本期发生额	本期应扣除金额	本期实际扣除金额	期末余额
		1	2	3	4=2+3	5（5≤1且5≤4）	6=4-5
13%税率的项目	1	0.00	0.00	0.00	0.00	0.00	0.00
9%税率的项目	2	0.00	0.00	0.00	0.00	0.00	0.00
6%税率的项目（不含金融商品转让）	3	0.00	0.00	0.00	0.00	0.00	0.00
6%税率的金融商品转让项目	4	0.00	0.00	0.00	0.00	0.00	0.00
5%征收率的项目	5	0.00	0.00	0.00	0.00	0.00	0.00
3%征收率的项目	6	0.00	0.00	0.00	0.00	0.00	0.00
免抵退税的项目	7	0.00	0.00	0.00	0.00	0.00	0.00

图 5-48　附表三

4. 附表四

在“增值税申报表”页面单击附表四页签，单击〖取数〗按钮可自动生成增值税纳税申报表附表四的数据，界面如图 5-49 所示。

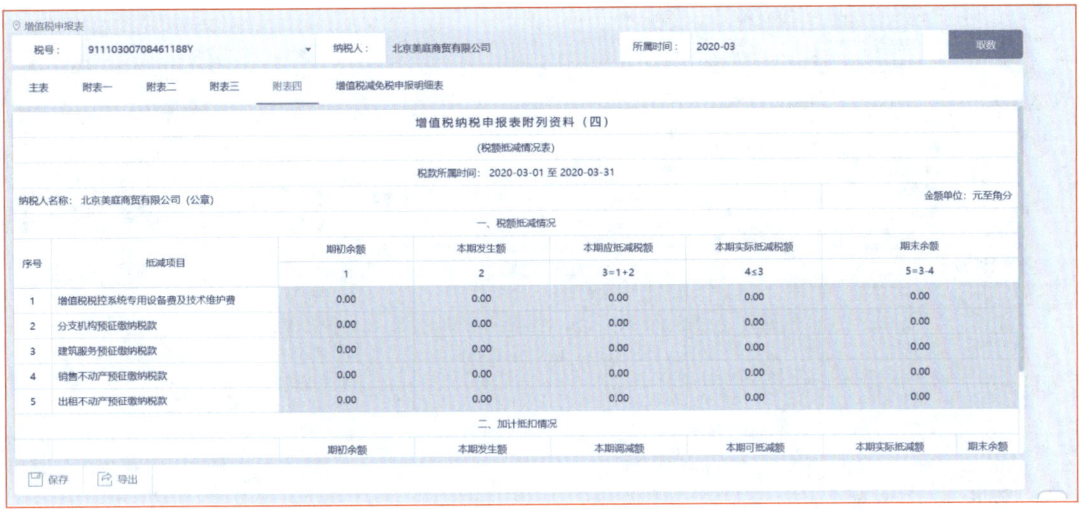

图 5-49 附表四

【重要提示】

申报表数据来源于企业销项发票数据、企业进项发票抵扣数据和不动产管理数据。企业需开通增值税管理及开票、受票、认证功能，才能自动生成增值税数据。同时对于特殊情形下的增值税业务需要人工进行申报调整，这是由于增值税的特殊性和复杂性所决定的。

任务 4.3 增值税纳税申报表填制

任务要求

2020 年 3 月 31 日，在增值税申报系统正确填制《增值税纳税申报表（适用于增值税一般纳税人）》。

业务操作

在“增值税申报表”页面点击主表页签，单击〖取数〗按钮可自动将附表信息同步传递至主表，生成增值税纳税申报表主表数据。界面如图 5-50 所示。

【提示】增值税减免税申报明细表按照增值税相关要求，满足特定减免税条件的企业进行填写。

图 5-50　主表

【重要提示】

申报表数据与附表存在数据逻辑关系，必须与队列资料的数据匹配。

任务 4.4　完税凭证生成

2020 年 3 月 31 日，根据缴费凭单生成本次缴纳增值税的会计凭证。

任务要求

2020 年 3 月 31 日，在增值税申报系统中完成税费缴纳，并根据缴费凭单在业财一体信息化平台中生成本次缴纳增值税的会计凭证。

业务操作

完税凭证的生成需要与 U8 系统连接，最后传递到 U8 账务系统。在税务云系统对所有发票进行记账处理，根据已经记账的发票进项与销项差额进行税款缴纳，并生成会计凭证。

【重要提示】

如果税务云模块与 U8 账务系统没有连通，只需在总账直接编制税款缴纳会计凭证即可。

【任务总结】

本工作任务导图如图 5-51 所示。

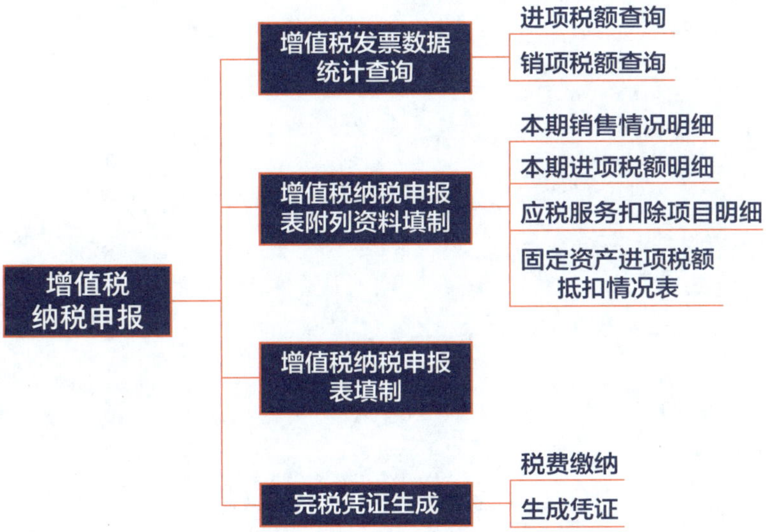

图 5-51　增值税纳税申报导图

工作领域六

月末处理及会计档案管理

“月末处理及会计档案管理”工作领域主要是企业当期经营数据的总结与整理，即本期间内应计提的费用计提后，将所有收入类和费用类科目余额结转至本年利润，生成财务报表，并形成会计档案。其内容包括：月末业务处理、月末财务处理、财务报表编制和会计档案电子化管理。

月末结账的规则是业务模块先结账，然后是财务模块结账，最后是总账结账，具体流程为采购和销售两个业务模块最先进行月末处理，即锁定月末内外数据交换而引起的变化；其次是库存和存货模块进行月末处理，将所有仓库关闭进行成本核算；再次是应收应付模块进行月末结账，确定收付业务数据；最后是薪资和固定资产等财务模块均完成月末处理后，再进行总账结账，并形成电子会计档案。

该工作领域的具体工作为：

1. 月末业务处理

根据企业财务制度规定，在业财一体信息化平台对采购模块、销售模块结账后，进行库存与存货对账并完成库存模块月末结账，存货与总账对账并完成存货模块月末结账，然后依次对应收应付模块、固定资产模块和薪资模块进行结账处理。

2. 月末财务处理

根据企业财务制度规定，在业财一体信息化平台准确地定义期末损益结转的模板，并生成损益结转记账凭证，完成总账与明细账、总账与辅助账数据核对工作后，进行总账模块的月末结账。

3. 财务报表编制

根据现行企业会计准则规定，在业财一体信息化平台中依据系统提供的报表模板做简单的维护，准确地生成资产负债表、利润表和现金流量表。

4. 会计档案电子化管理

根据会计基础工作规范及会计档案管理办法，在业财一体信息化平台进行原始凭证文件的影像采集与上传，整理电子会计档案并进行归档处理，并与实体档案同步管理，进行电子会计档案的查询、借阅，以及纸质档案的上架、下架、外借、归还等操作。

工作任务 1 月末业务处理

【能力目标】

通过训练，使学生能够在业财一体信息化平台各模块中完成采购业务月末结账、销售业务月末结账、库存与存货对账及结账、存货与总账对账及结账、应收应付业务月末检查及结账、固定资产模块与总账模块对账及结账和薪资模块月末结账等工作。使学生具有独立完成月末业务处理的能力，达到胜任基于业财一体信息化平台会计报表岗位的工作职责目标。

【任务情境】

北京美庭商贸有限公司 2020 年 3 月发生的经济业务在业财一体信息化平台上均已处理完成，进入月末处理阶段。

【知识准备】

完成此任务，需要了解在业财一体信息化平台的月末业务处理时必须按平台的内在逻辑关系进行。主要原则是先对业务模块进行月末处理，再进行财务模块的月末处理。具体的处理顺序为在供应链模块依次对采购管理、销售管理、库存管理和存货核算等业务进行月末处理后，再在总账模块进行应收应付款管理的月末处理。而固定资产管理和薪资管理模块也必须在总账模块月末处理前做结账处理（未启用成本模块）。所有业务模块均已结账后，才可以进行总账的结账处理。

任务 1.1 采购管理月末结账

任务要求

2020 年 3 月 31 日，根据业务部门相关资料检查并确认本会计期间采购工作已结束，在业财一体信息化平台采购管理模块中熟练完成月末结账。

业务操作

采购管理月末结账就是将当月发生的所有采购业务单据的数据进行封存，业务数据不再发生变化，便于对当月的采购数据进行核算并记入相关账表。月末结账后，不能再录入结账月的单据。

（1）操作员 007 刘艳登录业财一体信息化平台，从【业务工作】—【供应链】—【采购管理】—【月末结账】—【月末结账】进入如图 6–1 所示的采购管理“结账”界面。

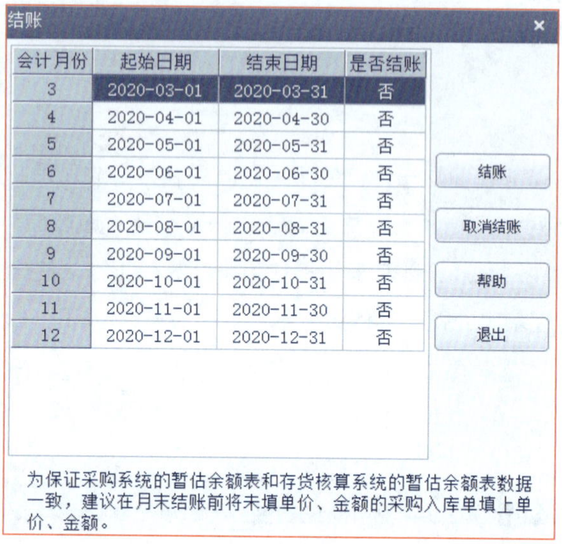

图 6–1　采购结账

（2）在会计月份列表中选择要结账的月份，本例是 3 月份，结账月份必须连续选择，上月未结账，本月不允许结账。单击〖结账〗按钮，弹出如图 6–2 所示的“月末结账”界面。

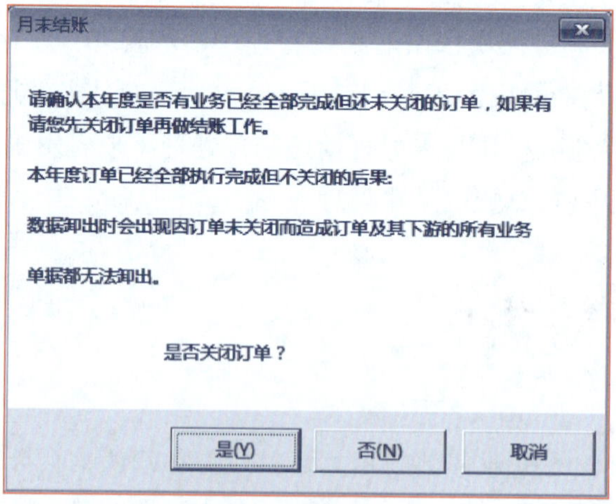

图 6–2　关闭订单

（3）单击〖是（Y）〗按钮，弹出如图 6–3 所示的“采购订单列表”界面，录入查询条件，找到要关闭的订单，关闭订单。关闭订单后重复前两步的操作，继续进行月末结账处理。

图 6-3　采购订单列表

（4）若没有要关闭的订单，单击〖否（N）〗按钮，系统自动进行月末结账，出现如图 6-4 所示的“结账”界面。单击〖退出〗按钮返回。

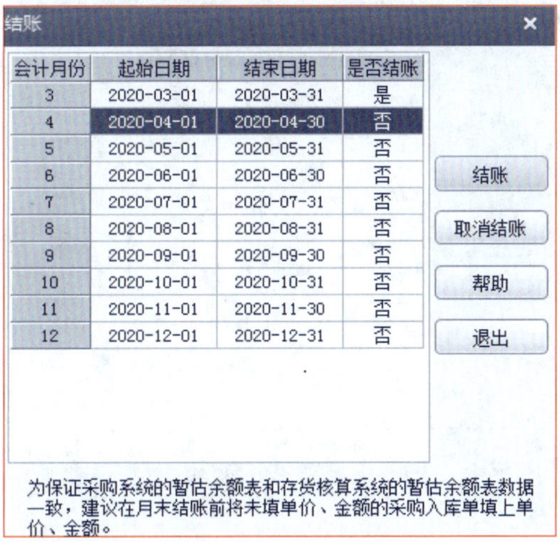

图 6-4　结账

月末结账后，可逐月取消结账，选中已结账的最后月份，单击〖取消结账〗，取消该月的月末结账。

【重要提示】

结账前应确认本月工作已全部完成，期初没有记账，将不允许月末结账。

上月未结账，不影响本月日常业务的处理，但本月不能结账。

任务 1.2 销售管理月末结账

任务要求

2020 年 3 月 31 日，根据业务部门相关资料检查并确认本会计月销售工作已结束，在业财一体信息化平台销售管理模块中熟练完成月末结账。

业务操作

销售管理月末结账就是将当月发生的所有销售业务单据的数据进行封存，业务数据不再发生变化，便于对当月的销售数据进行核算并记入相关账表。月末结账后，不能再录入结账月的单据。

操作流程

（1）操作员 012 姜刚登录业财一体信息化平台，从【业务工作】—【供应链】—【销售管理】—【月末结账】—【月末结账】进入如图 6-5 所示的销售管理“结账”界面。

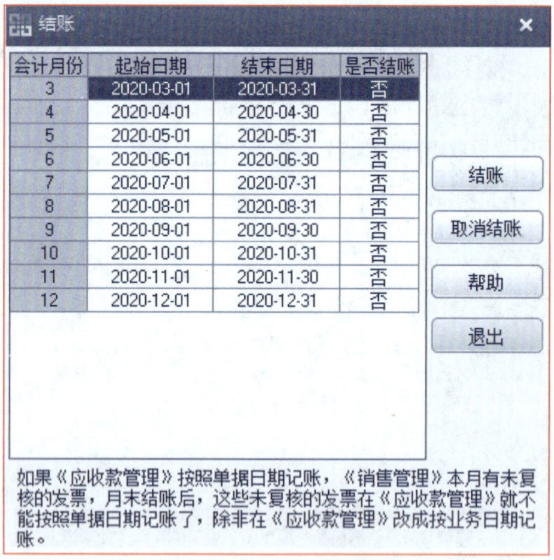

图 6-5 销售结账

（2）在会计月份列表中选择要结账的月份，本例是 3 月份，结账月份必须连续选择，上月未结账，本月不允许结账。单击〖结账〗按钮，弹出如图 6-6 所示的“月末结账”界面。

（3）单击〖是（Y）〗按钮，弹出如图 6-7 所示的“销售订单列表”界面，录入查询条件，找到要关闭的订单，关闭订单。关闭订单后重复前两步的操作，继续进行月末结账处理。

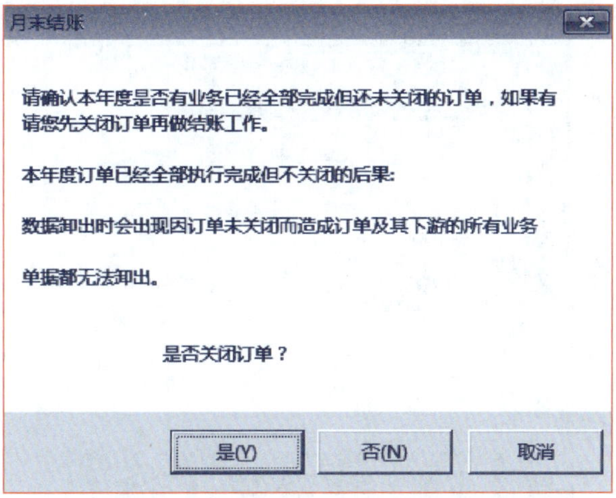

图 6-6　是否关闭订单

图 6-7　销售订单列表

（4）若没有要关闭的销售订单，单击〖否（N）〗按钮，系统自动进行月末结账，出现如图 6-8 所示的“结账”界面。

月末结账后，可逐月取消结账，选中已结账的最后月份，单击〖取消结账〗，则取消该月的月末结账。单击〖退出〗按钮返回。

【重要提示】

结账前应确认本月工作已全部完成，期初没有记账，将不允许月末结账。

上月未结账，不影响本月日常业务的处理，但本月不能结账。

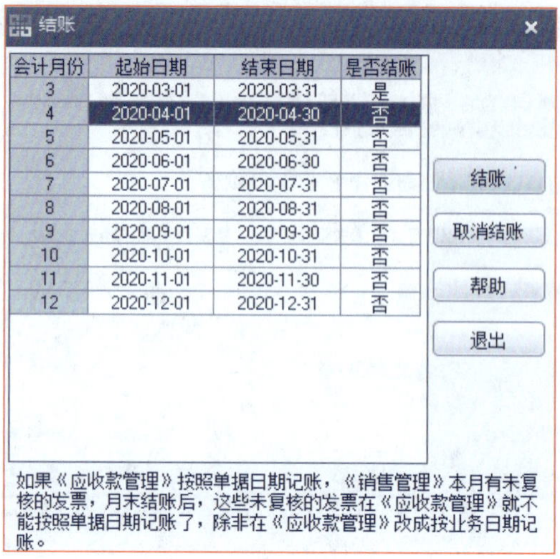

图 6-8　结账

任务 1.3　库存管理月末结账

任务要求

2020 年 3 月 31 日，熟练进行库存与存货对账，核对无误后，在业财一体信息化平台库存管理模块中对所有仓库进行月末结账处理。

业务操作

库存管理月末结账是将当月的所有出入库单据逐笔封存，便于统计核算，同时将出库数据记入相关账表。月末结账后，不能再录入结账月的出入库单据。

（1）操作员 008 刘明登录业财一体信息化平台，从【业务工作】—【供应链】—【库存管理】—【月末处理】—【月末结账】进入如图 6-9 所示的库存管理“结账”界面。

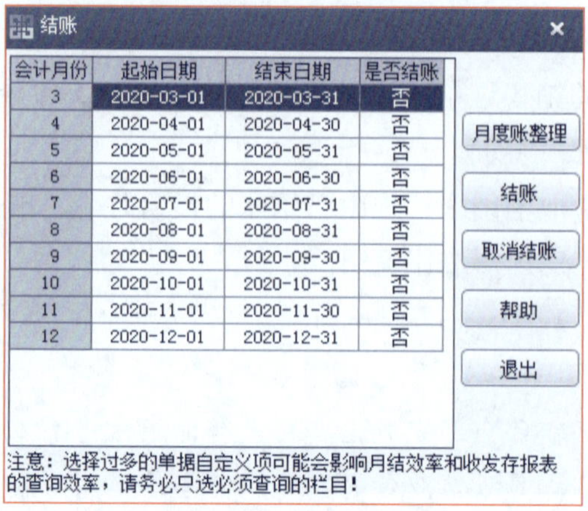

图 6-9　库存结账

（2）在会计月份列表中选择要结账的月份，本例是 3 月份，结账月份必须连续选择，上月未结账，本月不允许结账。单击〖结账〗按钮，弹出如图 6-10 所示的“库存管理”界面。

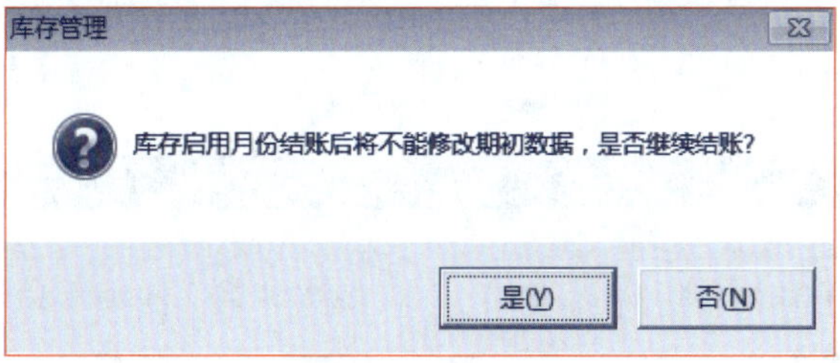

图 6-10　提示框

（3）单击〖是（Y）〗按钮，弹出如图 6-11 所示的“结账”界面。

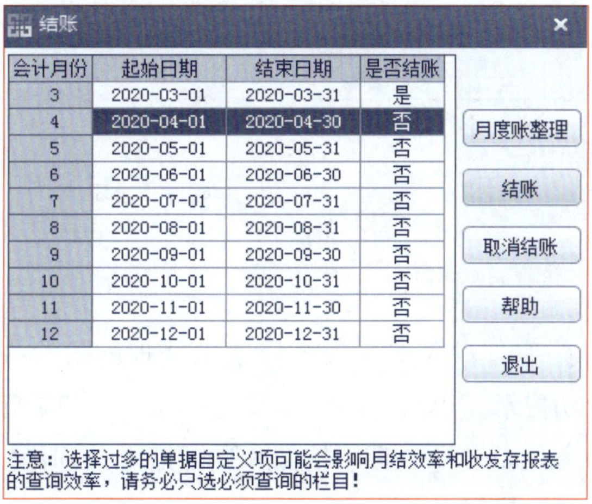

图 6-11　结账

【重要提示】

业财一体信息化平台不允许跨月结账，上月未结账，本月不能结账，但本月单据可以正常操作，不影响日常业务的处理。

任务 1.4　存货核算月末结账

任务要求

2020 年 3 月 31 日，进行存货与总账对账，对账无误后，在业财一体信息化平台存货核算模块中对所有存货进行月末结账处理。

业务操作

当采购、销售和库存管理模块日常业务全部完成后，方可进行存货核算模块的期末处理，期末处理的主要功能是按约定的成本计算方式进行成本的核算。

（1）操作员 008 刘明登录业财一体信息化平台，从【业务工作】—【供应链】—【存货核算】—【记账】—【期末处理】进入如图 6-12 所示的存货核算“期末处理—3 月”界面。

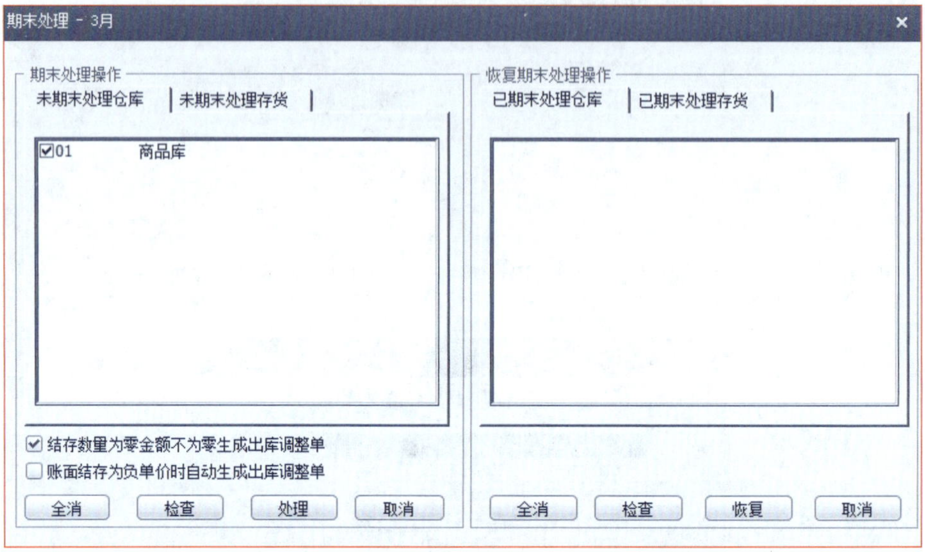

图 6-12　存货核算期末处理

（2）单击〖检查〗按钮，对所选对象进行期末处理前的检查核对，弹出如图 6-13 所示的存货核算检测成功提示。单击〖确定〗按钮，返回“期末处理”界面。

（3）检查正确后，方可单击〖处理〗按钮，进行期末处理操作，系统弹出如图 6-14 所示的存货核算期末处理完毕提示。

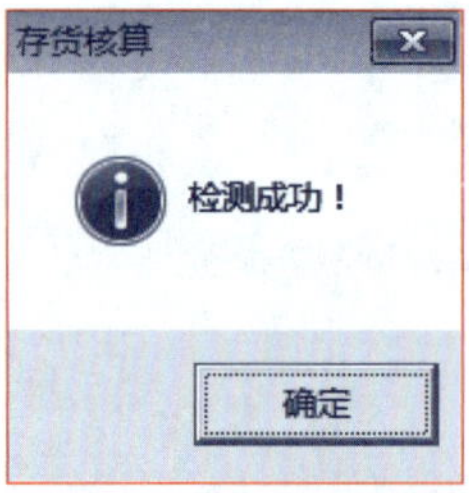

图 6-13　检测成功

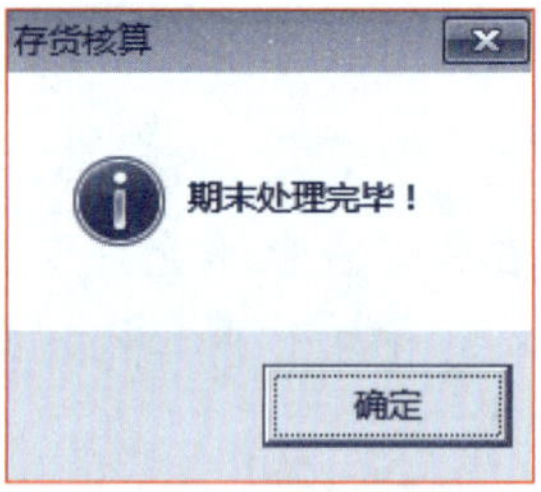

图 6-14　期末处理完毕

（4）单击〖确定〗按钮，选定的处理对象移动到右侧的已期末处理仓库栏，如图 6-15 所示。

期末处理并不等于月末结账，月末结账操作才是本月账簿做结账的标志。月末结账后，只能做下月的工作，本月工作宣告结束。

（5）从【业务工作】—【供应链】—【存货核算】—【记账】—【月末结账】进入如图 6-16 所示的存货核算“结账”界面。

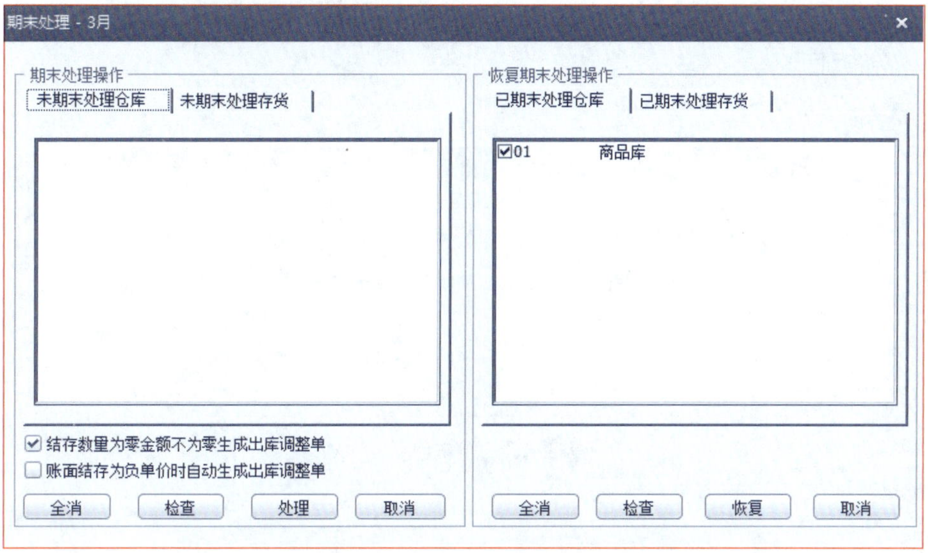

图 6-15　期末处理

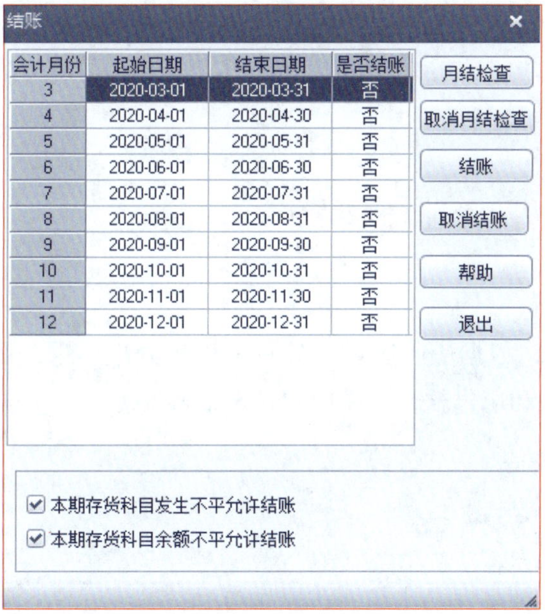

图 6-16　结账

（6）单击〖月结检查〗按钮，弹出如图 6-17 所示的存货核算检测成功提示，单击〖确定〗按钮返回。

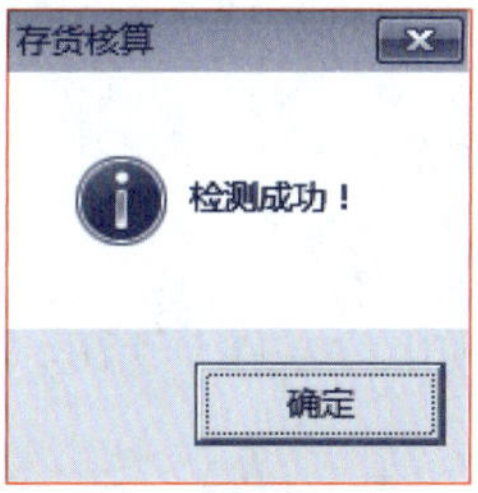

图 6-17　检测成功

（7）单击〖结账〗按钮，弹出如图 6-18 所示的存货核算月末结账完成提示，单击〖确定〗按钮返回。

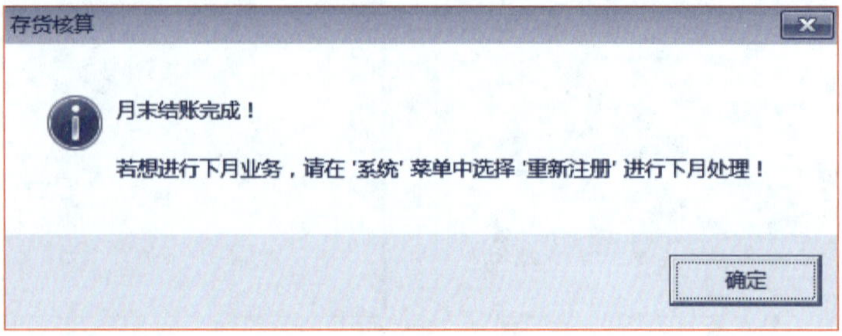
存货核算
月末结账完成！
若想进行下月业务，请在 '系统' 菜单中选择 '重新注册' 进行下月处理！
确定

图 6-18　月末结账完成

【重要提示】

当前会计期间所有工作全部完成后，才能进行月末结账，月末结账之前应进行数据备份，防止造成无法挽回的后果。月末结账后无法再做当前会计期间的业务，只能做下个会计期间的日常业务。

任务 1.5　应收应付款管理月末结账

任务要求

2020 年 3 月 31 日，根据应收应付业务月末检查处理结果，在业财一体信息化平台中准确完成应收款管理和应付款管理模块的月末结账处理。

业务操作

1. 应收款管理

当本月的各项应收款管理工作全部处理完毕，方可执行月末结账功能，月末结账后，将无法进行当月的业务处理。当应收款管理模块与销售管理模块集成使用时，必须在销售管理模块结账后，应收款管理模块才能进行结账处理。

（1）操作员 004 柳源登录业财一体信息化平台，从【业务工作】—【财务会计】—【应收款管理】—【期末处理】—【月末结账】进入如图 6-19 所示的应收款管理“月末处理”界面。

（2）双击选择要结账的月份，单击〖下一步〗按钮，弹出如图 6-20 所示的应收款管理处理情况提示界面。

（3）单击〖完成〗按钮，弹出如图 6-21 所示的应收款管理 3 月份结账成功的提示。单击〖确定〗按钮返回。

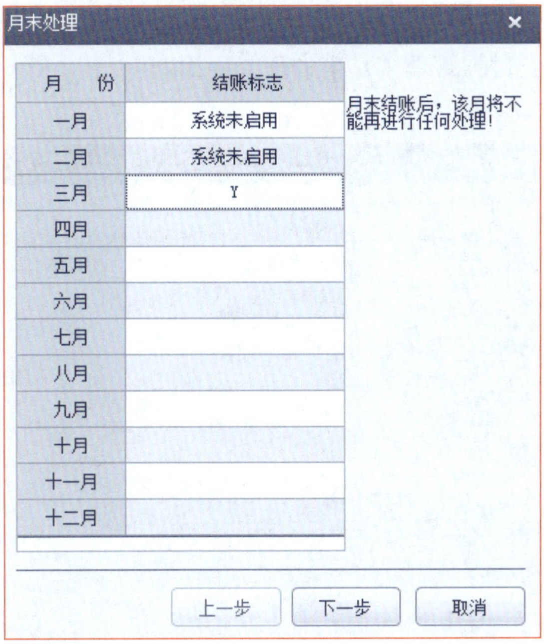

图 6-19　应收月末处理

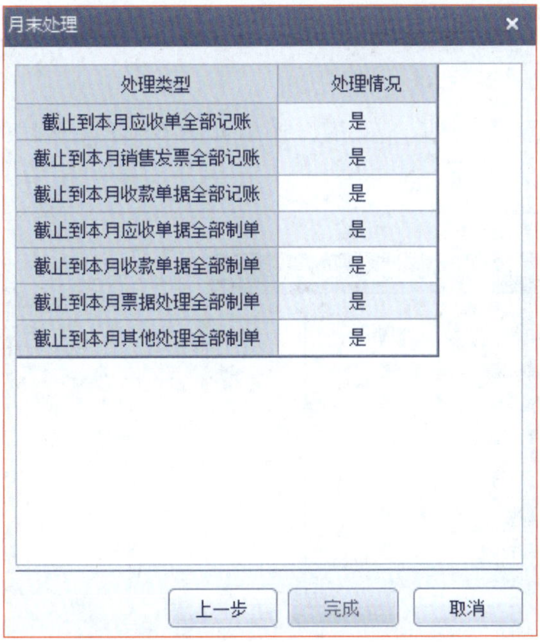

图 6-20　应收款业务处理情况提示

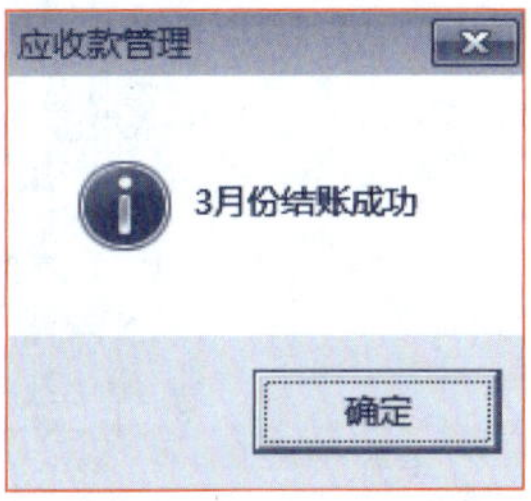

图 6-21　结账成功

2. 应付款管理

当本月的各项应付款管理工作全部处理完毕，方可执行月末结账功能，月末结账后，将无法进行当月的业务处理。当应付款管理模块与采购管理模块集成使用时，必须在采购管理模块结账后，应付款管理模块才能进行结账处理。

（1）从【业务工作】—【财务会计】—【应付款管理】—【期末处理】—【月末结账】进入如图 6-22 所示的应付款管理“月末处理”界面。

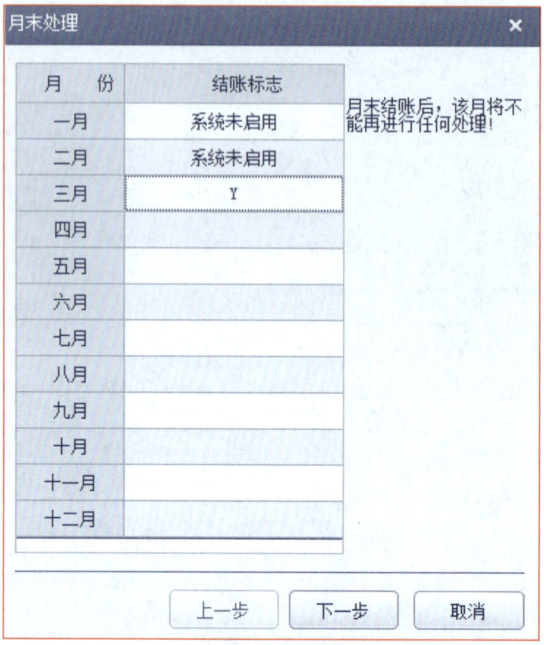

图 6-22　月末处理

（2）双击选择要结账的月份，单击〖下一步〗按钮，弹出如图 6-23 所示的应付款业务处理情况提示界面。

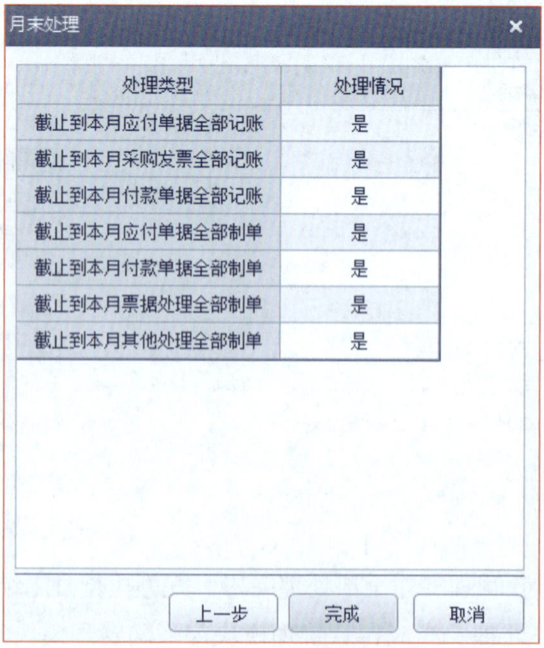

图 6-23　应付款业务处理情况提示

（3）单击〖完成〗按钮，弹出如图 6-24 所示的应付款管理 3 月份结账成功的提示。单击〖确定〗按钮返回。

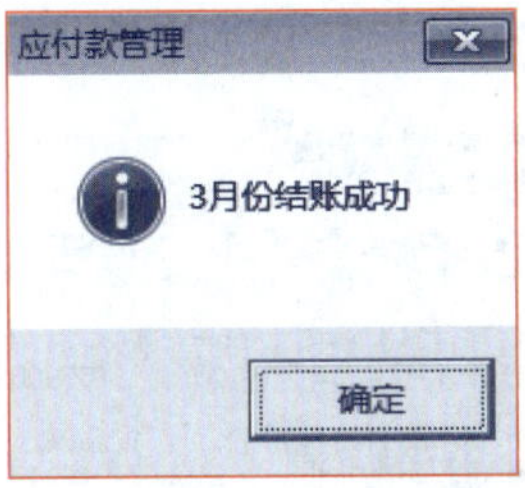
应付款管理
3月份结账成功
确定

图 6-24　结账成功

【重要提示】

应收应付月末结账必须在采购管理、销售管理模块结账之后进行。

任务 1.6　固定资产管理月末结账

任务要求

2020 年 3 月 31 日，在业财一体信息化平台中进行固定资产模块与总账模块对账，确认无误后完成固定资产管理模块的月末结账处理。

业务操作

当本月的固定资产相关业务全部处理完毕，且已经完成本月的折旧计提工作后，方可进行月末结账处理，结账后当期的数据不能修改。

（1）操作员 005 孙秀登录业财一体信息化平台，从【业务工作】—【财务会计】—【固定资产】—【期末处理】—【月末结账】进入如图 6-25 所示的固定资产“月末结账”界面。

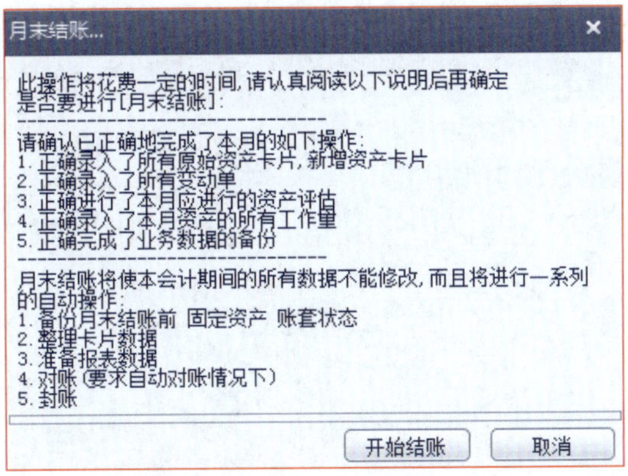
月末结账...
此操作将花费一定的时间，请认真阅读以下说明后再确定是否要进行[月末结账]:
请确认已正确地完成了本月的如下操作:
1. 正确录入了所有原始资产卡片，新增资产卡片
2. 正确录入了所有变动单
3. 正确进行了本月应进行的资产评估
4. 正确录入了本月资产的所有工作量
5. 正确完成了业务数据的备份
月末结账将使本会计期间的所有数据不能修改，而且将进行一系列的自动操作:
1. 备份月末结账前 固定资产 账套状态
2. 整理卡片数据
3. 准备报表数据
4. 对账（要求自动对账情况下）
5. 封账
开始结账
取消

图 6-25　固定资产月末结账

（2）单击〖开始结账〗按钮，弹出如图 6–26 所示的“与总账对账结果”界面。单击〖确定〗按钮返回。

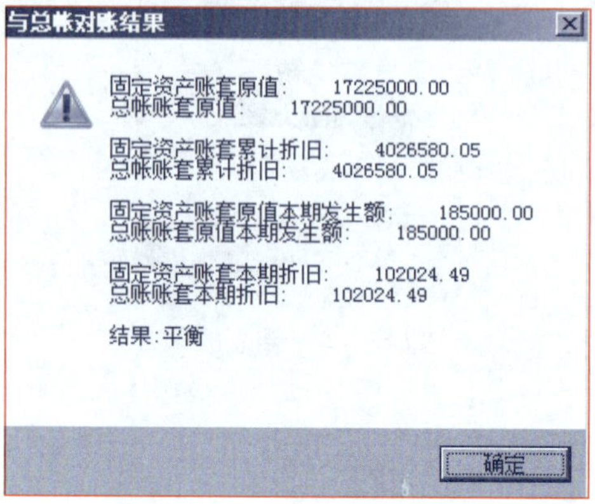

图 6–26　与总账对账结果

（3）单击〖确定〗按钮，弹出如图 6–27 所示的固定资产月末结账成功完成的提示。

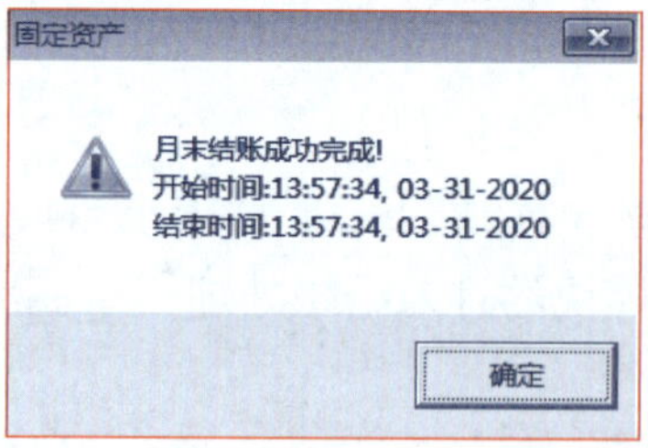

图 6–27　固定资产月末结账成功完成

（4）单击〖确定〗按钮，弹出如图 6–28 所示的“固定资产”界面，提示系统的可操作日期已转成下一会计期间。单击〖确定〗按钮返回。

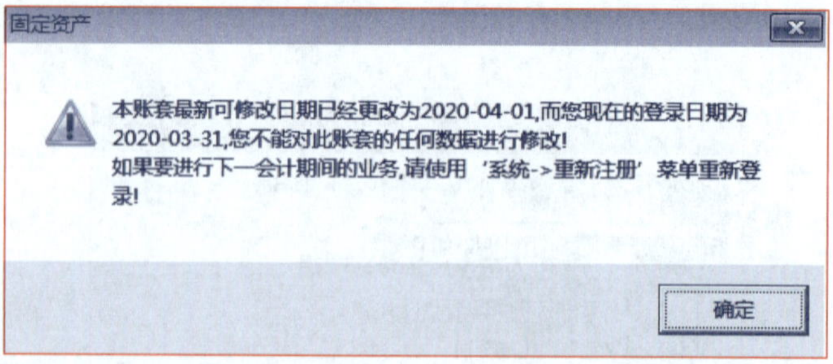

图 6–28　信息提示框

【重要提示】

月末结账后当期的数据不能修改，必须保证本期所有业务均已制单完成才能结账。

任务 1.7　薪资管理月末结账

任务要求

2020 年 3 月 31 日，确认本会计月工资数据处理工作已结束，并在业财一体信息化平台完成薪资管理模块的月末结账处理。

业务操作

当本月的薪资相关业务全部处理完毕，且已经完成本月的工资计提及费用分摊工作后，方可进行月末结账处理，结账后当期的数据不能修改。

（1）操作员 006 黄成登录业财一体信息化平台，从【业务工作】—【财务会计】—【薪资管理】—【业务处理】—【月末结账】进入如图 6-29 所示的薪资管理“月末处理”界面。

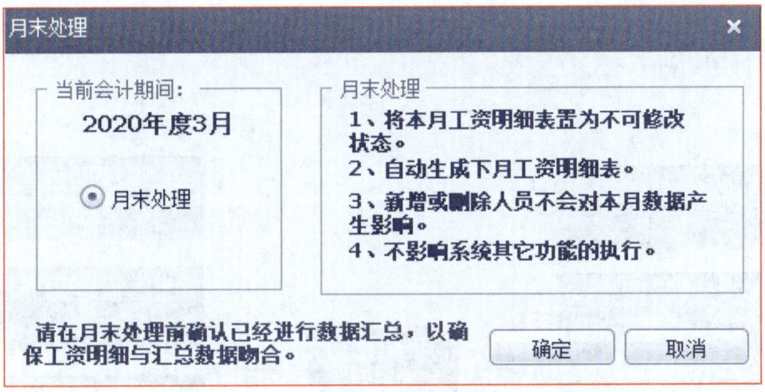
月末处理
当前会计期间:
2020年度3月
月末处理
月末处理
1、将本月工资明细表置为不可修改状态。
2、自动生成下月工资明细表。
3、新增或删除人员不会对本月数据产生影响。
4、不影响系统其它功能的执行。
请在月末处理前确认已经进行数据汇总，以确保工资明细与汇总数据吻合。
确定
取消

图 6-29　薪资月末处理

（2）单击〖确定〗按钮，弹出如图 6-30 所示的薪资管理月末处理提示界面。

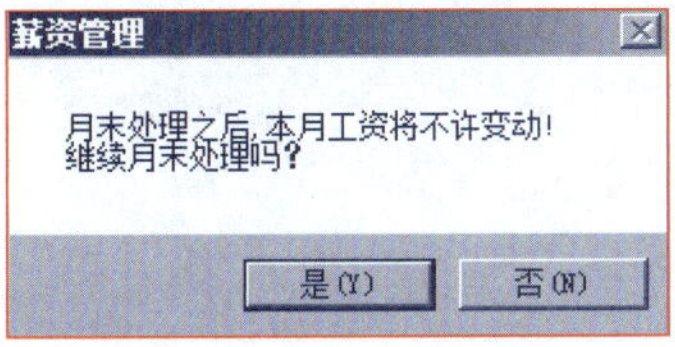
薪资管理
月末处理之后,本月工资将不许变动!
继续月末处理吗?
是(Y)
否(N)

图 6-30　月末处理提示

（3）单击〖是（Y）〗按钮返回，弹出如图 6-31 所示的薪资管理是否选择清零项的提示。

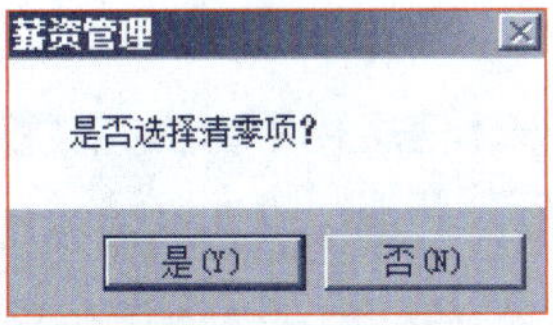
薪资管理
是否选择清零项?
是(Y)
否(N)

图 6-31　清零提示

（4）单击〖否（N）〗按钮，弹出如图 6-32 所示的薪资管理月末处理完毕的提示。单击〖确定〗按钮返回。

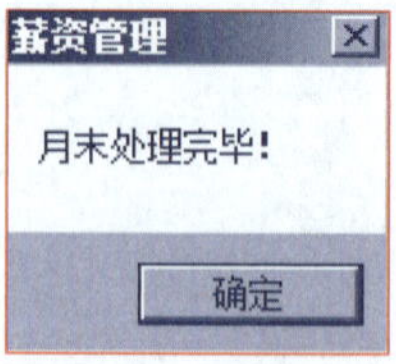

图 6-32　信息提示框

【重要提示】

月末前必须保证本期所有业务均已制单后才能结账。

【任务总结】

本工作任务导图如图 6-33 所示。

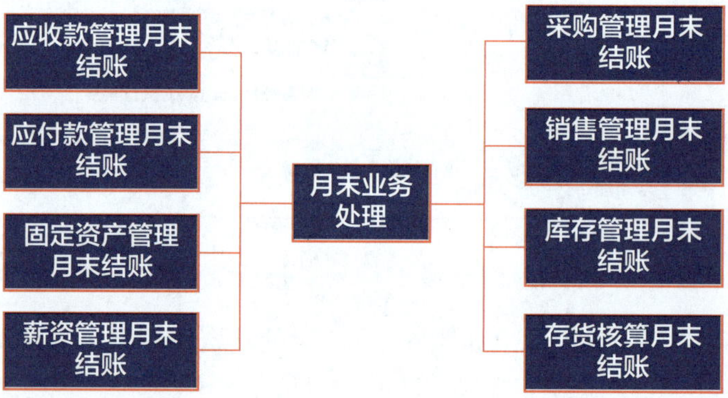

图 6-33　月末业务处理导图

工作任务 2　月末财务处理

【能力目标】

通过训练，使学生能够在业财一体信息化平台上完成期末损益结转模板定义并生成损益结转凭证，总账与明细账、总账与辅助账数据核对，总账模块月末结账等工作。使学生具有独立完成月末财务处理的能力，达到胜任基于业财一体信息化平台会计报表岗位的工作职责目标。

【任务情境】

北京美庭商贸有限公司业财一体信息化项目运行一个月，达到了预期的目标，所有业务、财务相关的经济业务均已完成核算，现在业财一体信息化平台进行期末损益的设置、结转，并对本期业务进行结账处理。

【知识准备】

完成此任务需要了解，企业对某一会计期间的经营活动成果进行总结，必须在期末进行结账处理。期末处理前须按企业财务管理和成本核算要求，进行成本费用的结转及期末调汇和期间损益结转等工作。期间损益结转主要是对管理费用、销售费用、财务费用、营业收支、营业外收支等科目的结转。月末财务处理主要包括结转损益和期末结账两个方面的工作，如果是年底结转，还必须结平“本年利润”和“利润分配”账户。

任务 2.1　期间损益结转模板定义

任务要求

2020 年 3 月 31 日，在业财一体信息化平台中熟练、准确地定义期末损益结转的模板，将每个月月末结账前要进行的期间损益结转设置结转公式。

业务操作

一个会计期间结束，必须将损益类科目的余额归集到本年利润科目中，准确反映企业当期的盈亏情况。期间损益结转主要是对本期管理费用、销售费用、财务费用、主营业务收入、主营业务成本、营业外收入、营业外支出等科目的余额进行结转。期间损益结转是每个会计期间都要进行的常规工作，企业通常是采用定义模板公式的形式完成。

（1）操作员 003 黄玉玲登录业财一体信息化平台，从【业务工作】—【财务会计】—【总账】—【期末】—【转账定义】—【期间损益】进入如图 6–34 所示的“期间损益结转设置”界面。

（2）将光标移动到界面右上方的“本年利润科目”栏，单击栏目右侧的参照按钮或按下［F2］功能键，弹出如图 6–35 所示的“科目参照”界面。

（3）在“科目参照”界面找到并选择本年利润科目，单击〖确定〗按钮，本年利润科目 4103 填入本年利润科目栏内，单击〖确定〗按钮返回。

【重要提示】

损益科目结转表中的本年利润科目必须为末级科目，且为本年利润入账科目的下级科目。

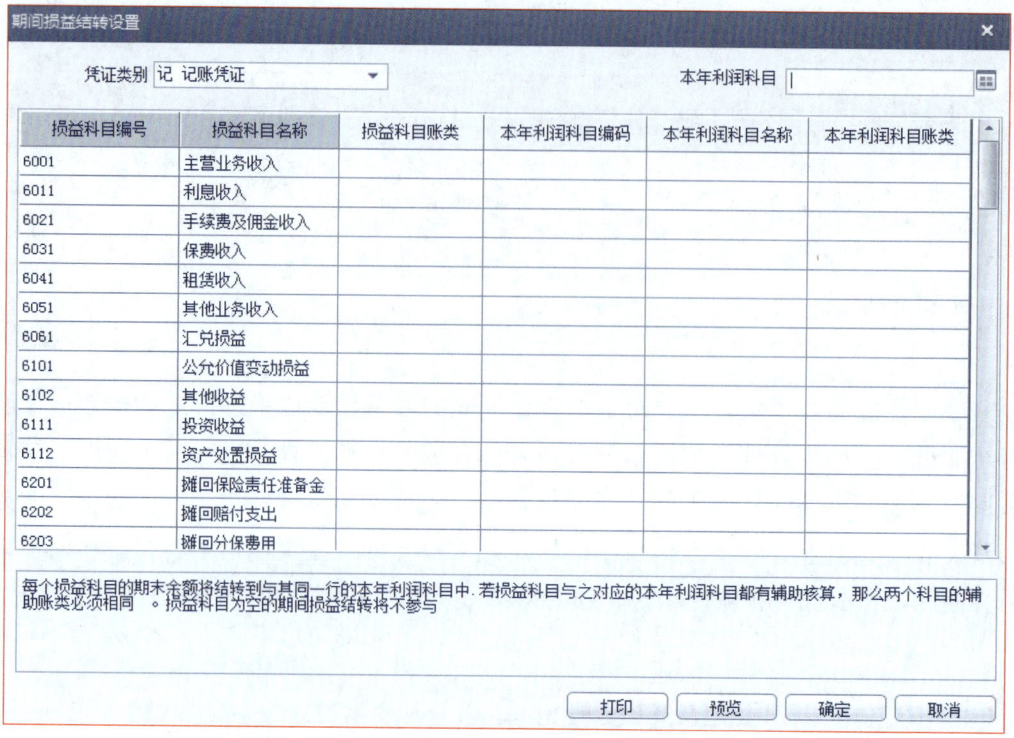

图 6-34　期间损益结转设置

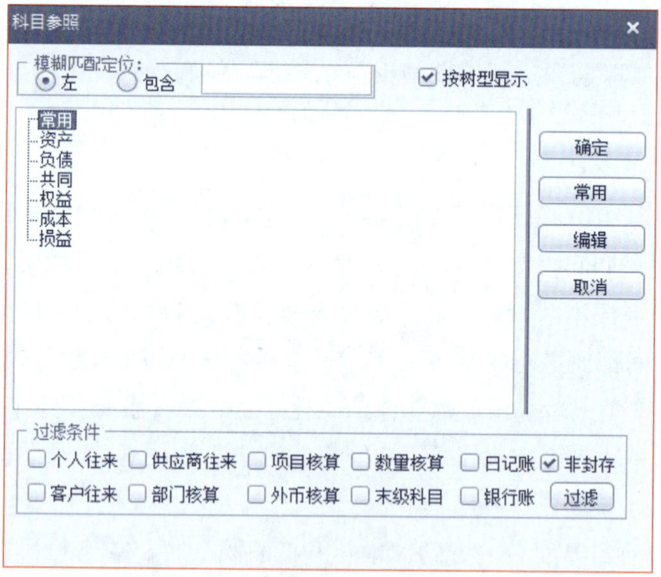

图 6-35　科目参照

任务 2.2　期间损益结转

任务要求

2020 年 3 月 31 日，在业财一体信息化平台中根据定义的模板生成本月所有期间费用结转的凭证。

业务操作

月末，对本期的损益类科目进行结转的时候，可以利用已经设置好的期间损益结转公式进行损益类科目的归集。

（1）操作员 003 黄玉玲登录业财一体信息化平台，从【业务工作】—【财务会计】—【总账】—【期末】—【转账生成】进入如图 6-36 所示的“转账生成”界面。

（2）在“转账生成”界面左侧的转账生成项目中选择期间损益结转，如图 6-37 所示

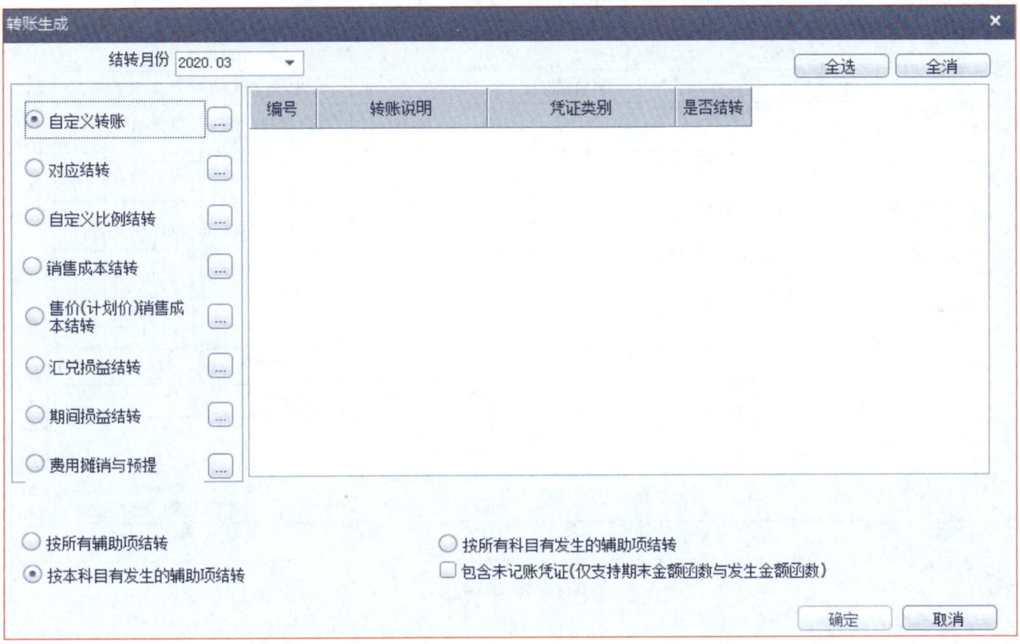

图 6-36　转账生成

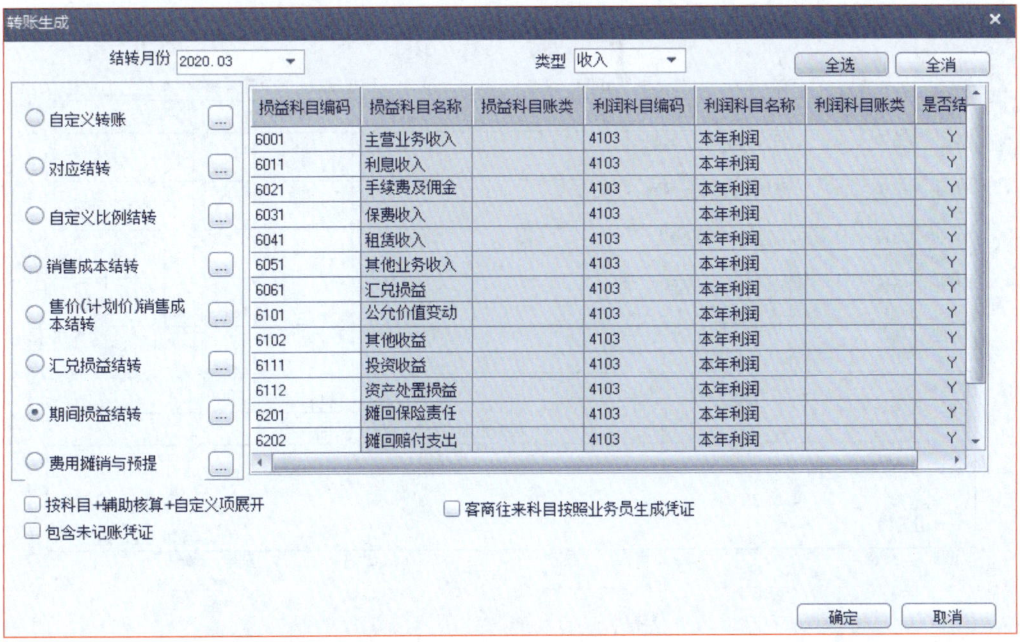

图 6-37　转账生成科目

示，在右侧的栏目中显示所有的损益类科目。

（3）在类型栏中有三个选项，即“全部”“收入”和“支出”，可以选择其中一个类型进行，本例选择“全部”，然后单击〖全选〗按钮，再单击〖确定〗按钮，弹出如图6-38~图6-40所示的“记账凭证”界面。

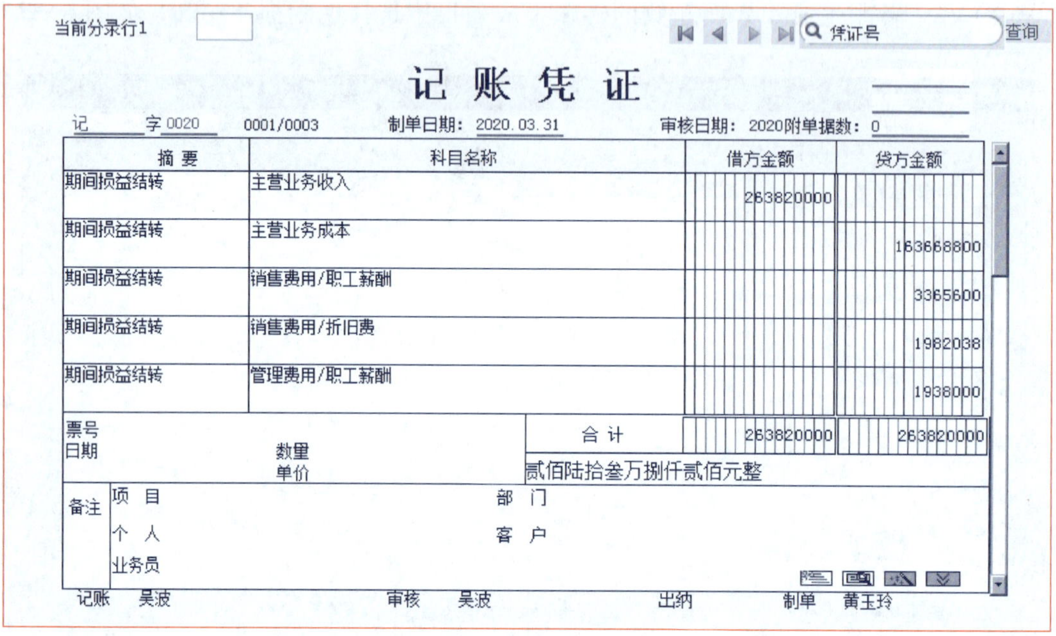
当前分录行1　　凭证号　查询

记 账 凭 证

记　字 0020　0001/0003　制单日期：2020.03.31　审核日期：2020附单据数：0

摘要	科目名称	借方金额	贷方金额
期间损益结转	主营业务收入	263820000	
期间损益结转	主营业务成本		163668800
期间损益结转	销售费用/职工薪酬		3365600
期间损益结转	销售费用/折旧费		1982038
期间损益结转	管理费用/职工薪酬		1938000
票号 日期　数量 单价	合计 贰佰陆拾叁万捌仟贰佰元整	263820000	263820000

备注　项目　部门
个人　客户
业务员

记账 吴波　审核 吴波　出纳　制单 黄玉玲

图6-38　记账凭证（一）

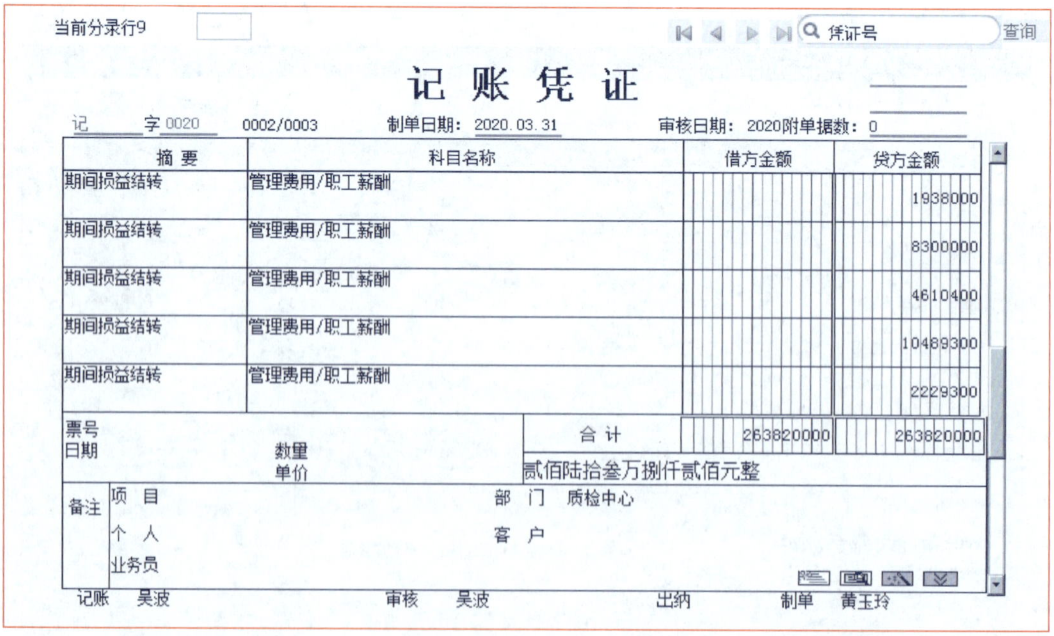
当前分录行9　　凭证号　查询

记 账 凭 证

记　字 0020　0002/0003　制单日期：2020.03.31　审核日期：2020附单据数：0

摘要	科目名称	借方金额	贷方金额
期间损益结转	管理费用/职工薪酬		1938000
期间损益结转	管理费用/职工薪酬		8300000
期间损益结转	管理费用/职工薪酬		4610400
期间损益结转	管理费用/职工薪酬		10489300
期间损益结转	管理费用/职工薪酬		2229300
票号 日期　数量 单价	合计 贰佰陆拾叁万捌仟贰佰元整	263820000	263820000

备注　项目　部门 质检中心
个人　客户
业务员

记账 吴波　审核 吴波　出纳　制单 黄玉玲

图6-39　记账凭证（二）

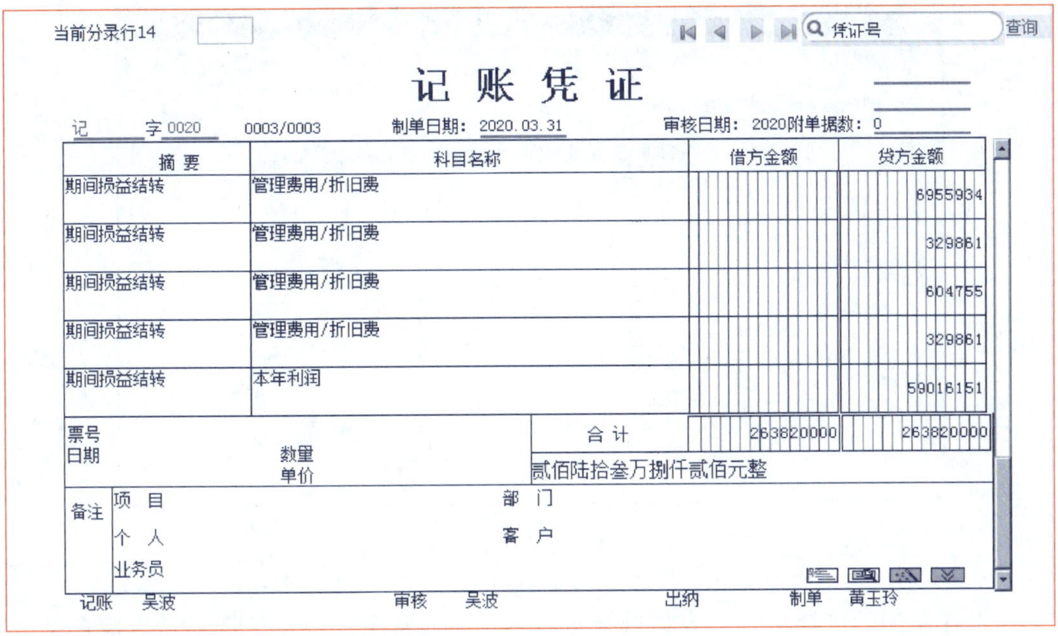

当前分录行14　　凭证号　查询

记账凭证

记 字 0020　0003/0003　制单日期：2020.03.31　审核日期：2020附单据数：0

摘要	科目名称	借方金额	贷方金额
期间损益结转	管理费用/折旧费		6955934
期间损益结转	管理费用/折旧费		329861
期间损益结转	管理费用/折旧费		604755
期间损益结转	管理费用/折旧费		329861
期间损益结转	本年利润		59016151
票号 日期	数量 单价	合计 263820000	263820000
		贰佰陆拾叁万捌仟贰佰元整	

备注　项目　部门　个人　客户　业务员

记账 吴波　审核 吴波　出纳　制单 黄玉玲

图 6-40　记账凭证（三）

（4）单击〖保存〗按钮或按下［F6］功能键，凭证左上角出现已生成字样，凭证保存成功。同样的操作过程和方法可以生成收入和支出类的凭证，如果已经生成了全部类型的凭证，就无须生成收入和支出类凭证；生成了收入和支出类型的凭证，就无须生成全部类型凭证，两种方案只结转一个即可。

【重要提示】

总账期末结账前必须对损益类科目进行处理，不允许漏掉任何一个科目。

在结转期间损益前，须将所有未记账凭证记账，否则，生成的转账凭证数据可能有误。

任务 2.3　账务数据核对

任务要求

2020 年 3 月 31 日，在业财一体信息化平台中核对本月发生的总账与明细账、总账与辅助账，确保账证相符、账账相符。

业务操作

月末结账前，必须对账簿数据进行核对，重点检查数据是否完整、记账是否正确和账簿是否平衡。业财一体信息化平台主要通过核对总账与明细账、总账与辅助账数据来完成账证相符、账账相符的核对工作。

（1）操作员 003 黄玉玲登录业财一体信息化平台，从【业务工作】—【财务会计】—【总账】—【期末】—【对账】进入如图 6-41 所示的“对账”界面。

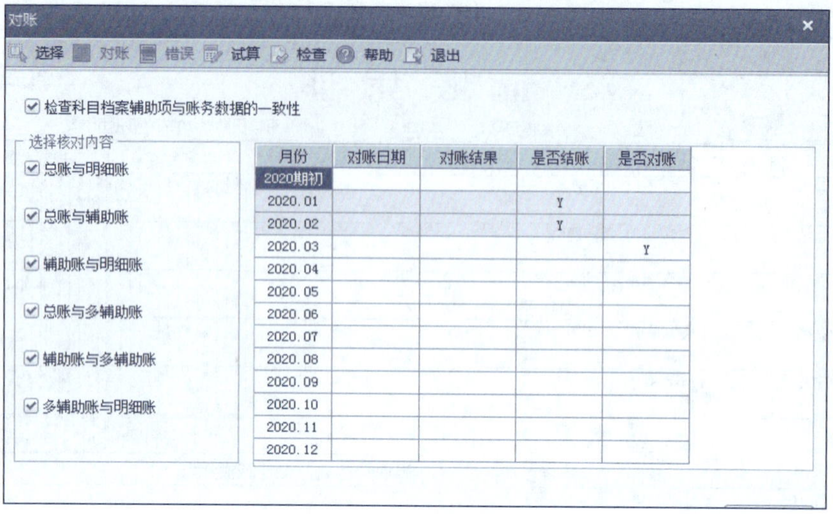

图 6-41　对账

（2）在左侧的选择核对内容栏选择核对内容，通常全部选中，选择是否检查科目档案辅助项与账务数据的一致性。选择要对账的月份，单击〖选择〗按钮。

（3）单击〖对账〗按钮，系统开始自动对账。

（4）对账完成后，对账正确结果如图 6-42 所示的“对账”界面。

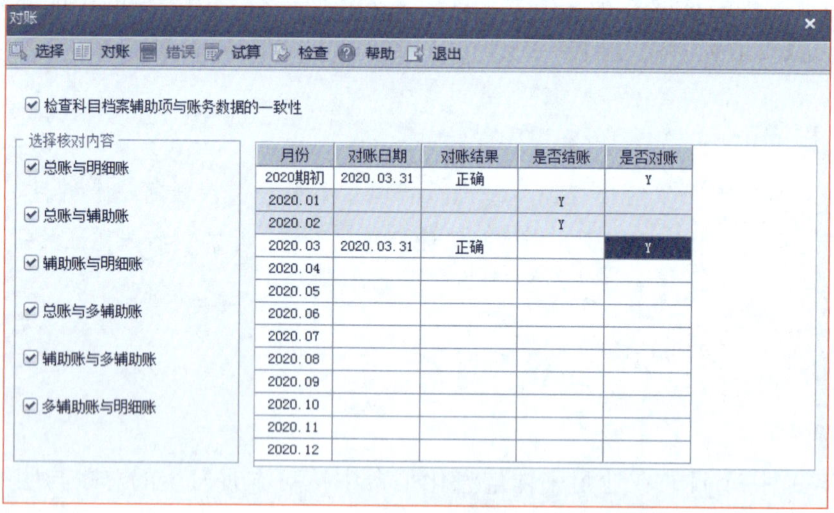

图 6-42　对账结果

（5）单击〖检查〗按钮，系统开始自动检查总账、辅助账、多栏辅助账和凭证数据，弹出如图 6-43 所示的总账数据检查界面。单击〖确定〗按钮返回。

若对账结果为账账不符，则对账月份的对账结果处显示“错误”，单击〖错误〗按钮显示对账错误信息表，查看引起账账不符的原因，以便修改。单击〖检查〗按钮，检查凭证、明细账、总账及辅助账各自数据的完整性。单击〖试算〗按钮，可以对各科目类别余额进行试算平衡。

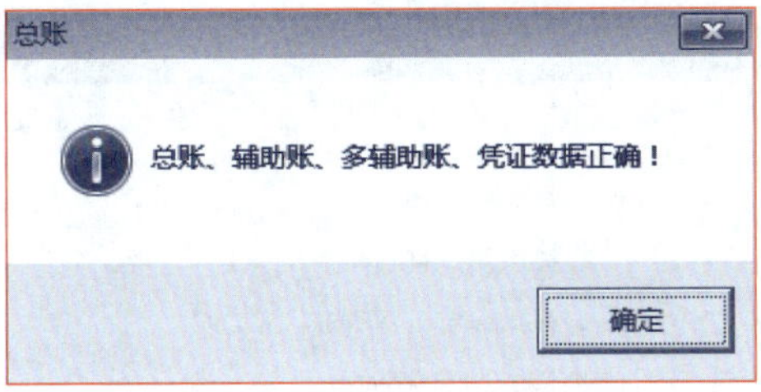

图 6-43　总账数据检查

【重要提示】

对账是对账簿数据进行核对，以检查数据、记账是否正确，以及账簿是否平衡。它主要是通过核对总账与明细账、总账与辅助账数据来完成账账核对。

任务 2.4　总账月末结账

任务要求

2020 年 3 月 31 日，在业财一体信息化平台中完成总账模块结账处理。

业务操作

结账是每个会计期间都要进行的常规工作，各账户记录暂告一个段落，将各账户余额结清或结转下期，并对当期的会计工作进行总结。

（1）001 吴波登录业财一体信息化平台，从【业务工作】—【财务会计】—【总账】—【期末】—【结账】进入如图 6-44 所示的“结账”界面。

（2）选择结账月份，在对应的是否结账栏出现字母“Y”，单击〖下一步〗按钮，弹出如图 6-45 所示的对账完毕的提示。

（3）单击〖下一步〗按钮，打开如图 6-46 所示的结账月度工作报告界面。

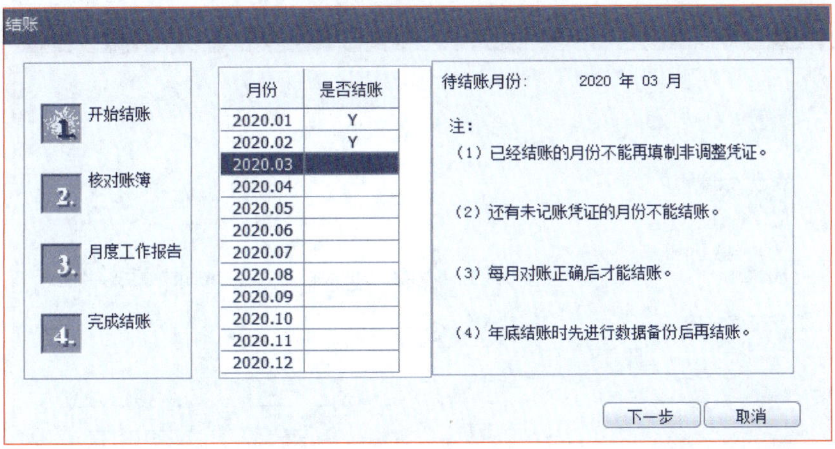

图 6-44　结账

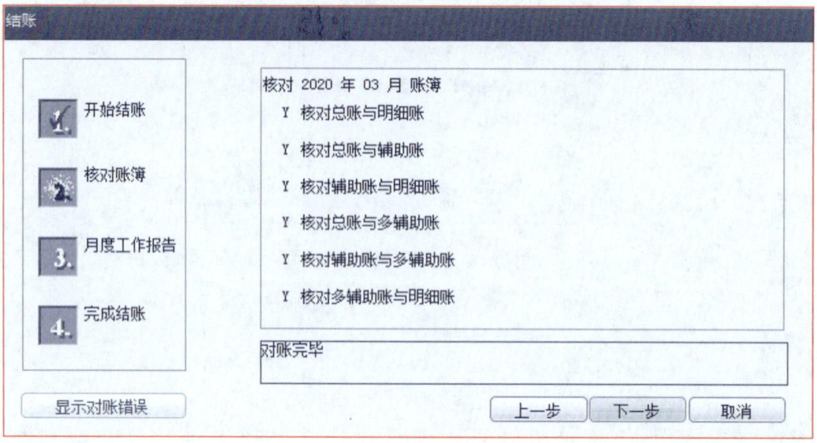

图 6-45　核对账簿

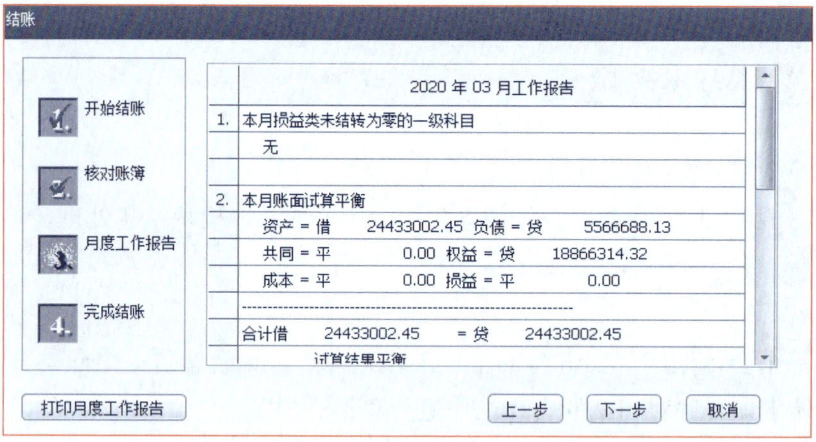

图 6-46　工作报告

（4）单击〖下一步〗按钮，弹出如图 6-47 所示的“结账”界面，单击〖结账〗按钮后返回。

若符合结账要求，系统将进行结账，否则不予结账。

上月未结账，则本月不能记账，但可以填制、复核凭证。

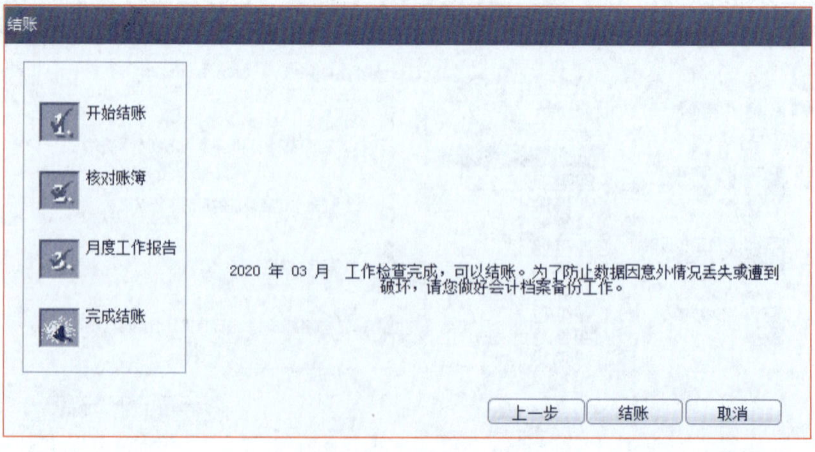

图 6-47　完成结账

如要取消结账，可同时按下［Ctrl+Shift+F6］键即可执行相关操作。

【重要提示】

损益科目结转前，将所有未记账凭证记账，否则将造成数据错误。

上期未结账，则本期不能记账，但可以进行凭证处理。

本期有未记账凭证，本期不能结账。

【任务总结】

本工作任务导图如图 6-48 所示。

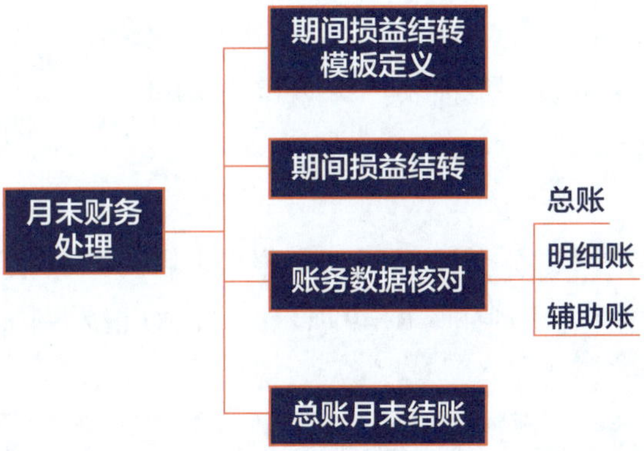

图 6-48　月末财务处理导图

工作任务 3　财务报表编制

【能力目标】

通过训练，使学生能够在业财一体信息化平台上完成资产负债表、利润表、现金流量表的编制工作。使学生具有独立完成法定财务报表编制的能力，达到胜任基于业财一体信息化平台会计报表岗位的工作职责目标。

【任务情境】

北京美庭商贸有限公司业财一体信息化项目运行一个月，达到了预期的目标，现按规定在业财一体信息化平台进行法定财务报表的编制、输出操作。

【知识准备】

财务报表反映了企业某一特定日期的财务状况和某一会计期间的经营成果、现金流量等会计信息。2019 年 4 月 30 日，财政部发布了财会〔2019〕6 号文《关于修订印发 2019 年度一般企业财务报表格式的通知》，确定了最新的企业财务报表格式。学习者应掌握最新的资产负债表、利润表和现金流量表结构，以保证在业财一体信息化平台中准确无误地生成报表并检查报表数据勾稽关系的正确性。

任务 3.1　生成资产负债表

资产负债表

任务要求

2020 年 3 月 31 日，根据会计准则规定，在业财一体信息化平台中依据 UFO 报表模板，准确地生成资产负债表。

业务操作

（1）从【业务工作】—【财务会计】—【UFO 报表】启动 UFO 报表模块，按下［Ctrl+N］快捷键或单击〖编辑〗按钮，出现如图 6-49 所示的“UFO 报表 -［report1］”界面。

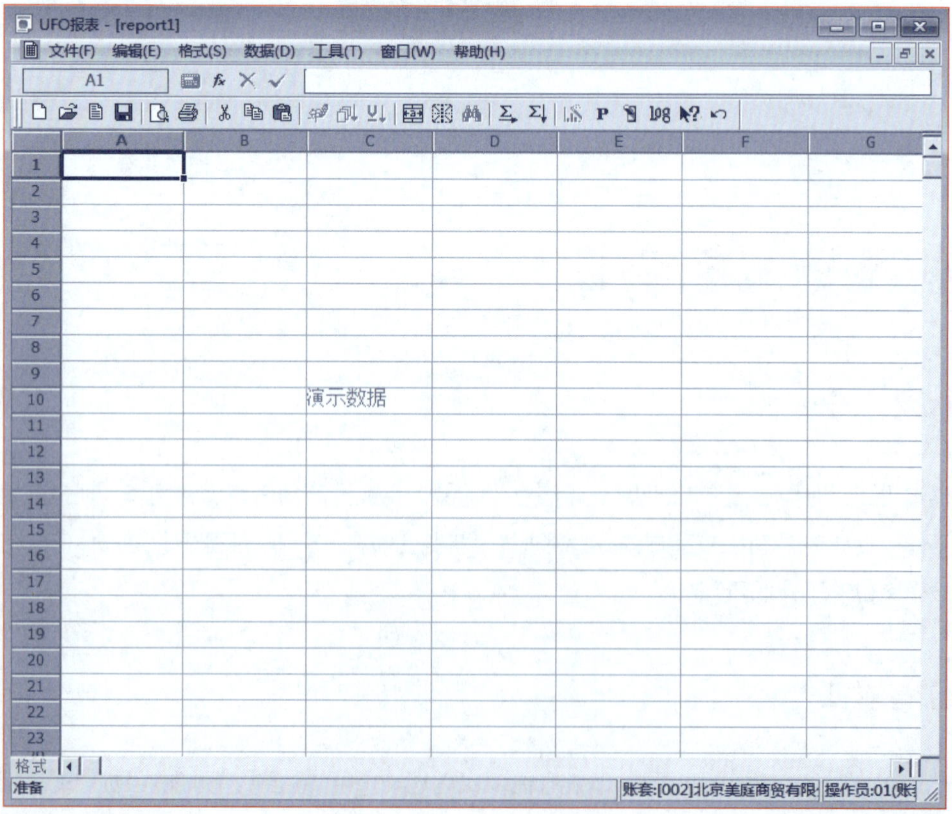

图 6-49　report1 报表

（2）单击格式菜单下的〖生成常用报表〗按钮，打开包括资产负债表、利润表和现金流量表在内的 8 个报表，如图 6-50 所示。

（3）将 report2、report3 和 report5 对应的资产负债表、利润表和现金流量表按最新的报表格式修改成对应的模板，保存到如图 6-51 所示报表模板文件夹中。

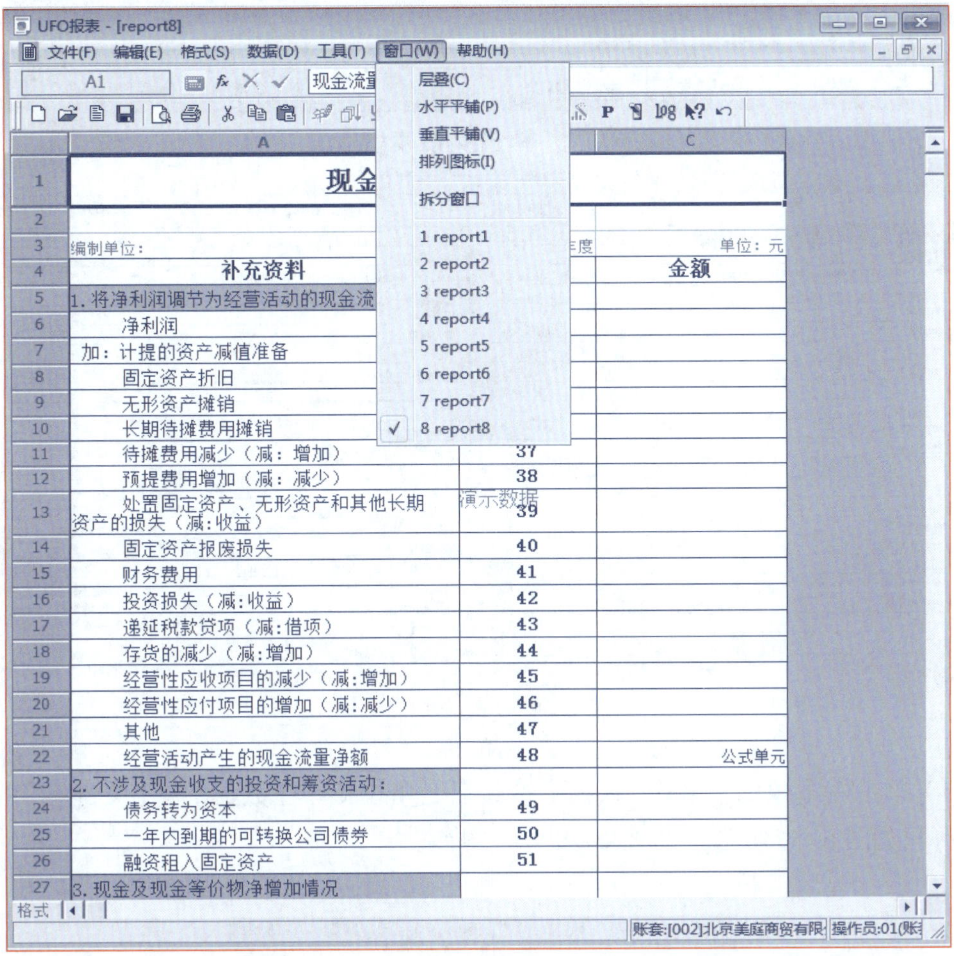

图 6-50　常用报表

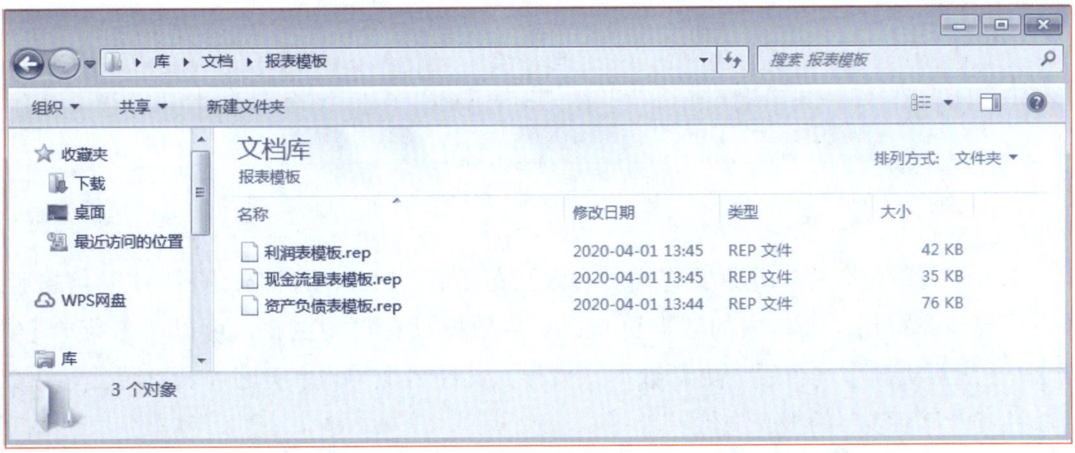

图 6-51　保存报表模板文件

（4）在 UFO 报表的主界面，打开报表模板文件夹中的资产负债表模板，如图 6–52 所示，按最新的报表格式修改。本例中使用适用于未执行新金融准则、新收入准则和新租赁准则的企业使用的一般企业财务报表格式。

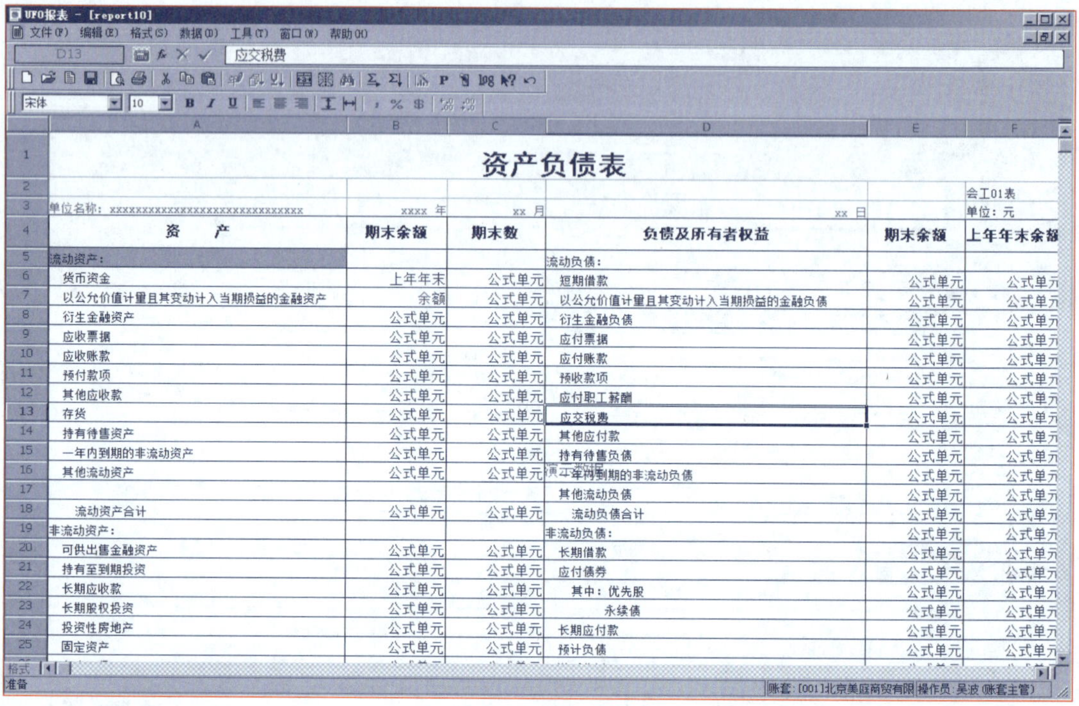

图 6–52　资产负债表

（5）单击左下角的〖格式 / 数据〗按钮后，单击菜单【数据】—【关键字】—【录入】，弹出如图 6–53 所示的“录入关键字”界面。

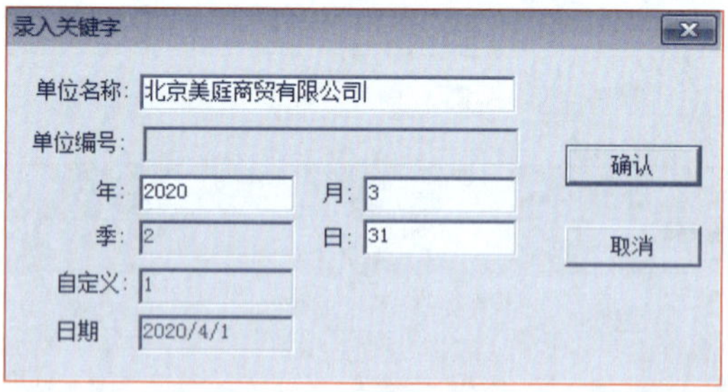

图 6–53　录入关键字

（6）录入单位名称：北京美庭商贸有限公司；年：2020；月：3；日：31 等信息后，单击〖确认〗按钮，表格内的数据更新，如果数据没有自动更新，可以单击菜单【数据】—【表页更新】进行手动更新数据，另存为文件名为“北京美庭商贸有限公司 2020 年 3 月资产负债表”的报表文件。

【重要提示】

报表模板须以财会〔2019〕6号文《关于修订印发2019年度一般企业财务报表格式的通知》确定的企业财务报表格式为准。报表模板制作好以后，每月都可以调用模板生成当月的报表文件。

系统提供常用的报表模板供参照使用，套用报表模板时要注意选择相应的行业性质。套用模板后原表的信息全部被覆盖。

在格式状态下可以修改表尺寸、行高列宽、单元属性、组合单元、关键字、可变区等报表格式，数据状态下可以进行输入数据、增加或删除表页、审核、舍位平衡、做图形、汇总、合并报表等数据方面的操作。

录入关键字以后一定要进行数据更新，保证报表数据为最新的企业经营数据。

任务 3.2　生成利润表

利润表

任务要求

2020年3月31日，根据会计准则规定，在业财一体信息化平台中依据UFO报表模板，准确地生成利润表。

业务操作

（1）从【业务工作】—【财务会计】—【UFO报表】启动UFO报表模块，进入如图所示的UFO报表界面。打开报表模板文件夹中的利润表模板，如图6–54所示。

（2）单击左下角的〖格式/数据〗按钮后，再单击【数据】—【关键字】—【录入】，弹出录入关键字界面。录入单位名称：北京美庭商贸有限公司；年：2020；月：3等信息后，单击〖确认〗按钮，表格内的数据更新，如果数据没有自动更新，可以通过菜单中【数据】—【表页更新】进行手动更新数据，文件名另存为“北京美庭商贸有限公司2020年3月利润表”的报表文件。

【重要提示】

报表格式必须与财会〔2019〕6号文《关于修订印发2019年度一般企业财务报表格式的通知》确定的企业财务报表格式相同。

录入关键字以后一定要进行数据更新，保证报表数据为最新的企业经营数据。

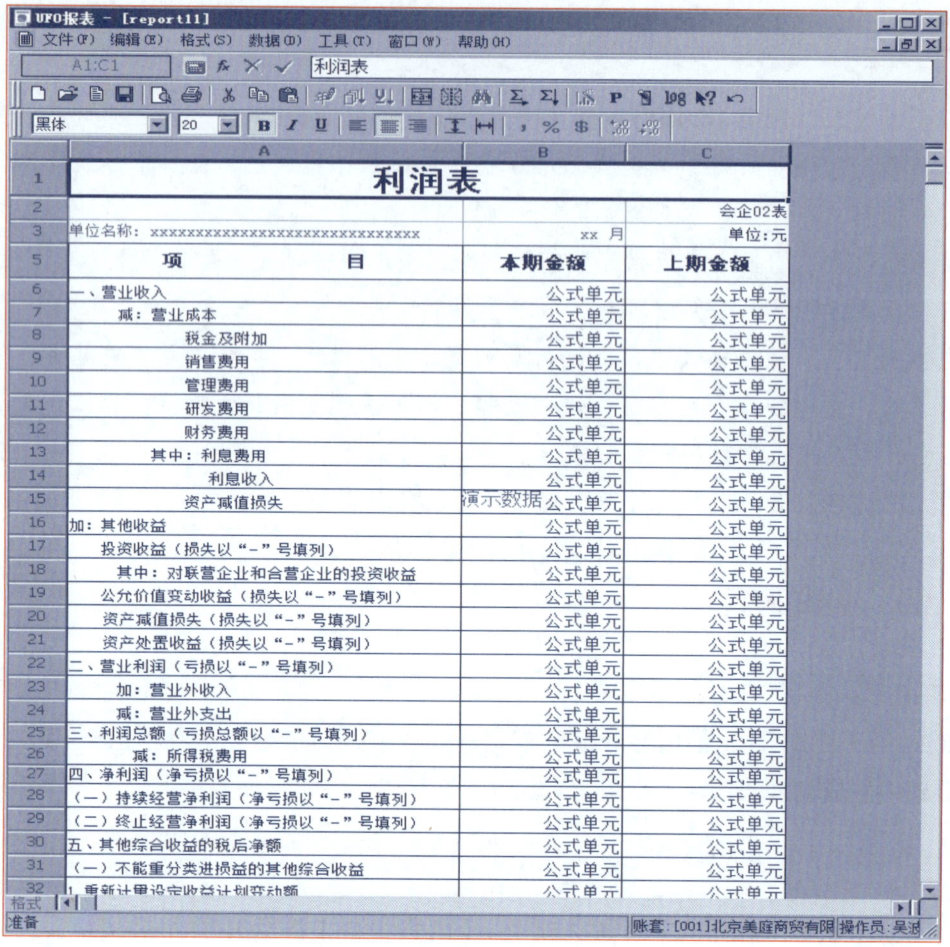

	A	B	C
1	利润表		
2			会企02表
3	单位名称：xxxxxxxxxxxxxxxxxxxxxxxxxxxxxxxx	xx 月	单位:元
5	项　　目	本期金额	上期金额
6	一、营业收入	公式单元	公式单元
7	减：营业成本	公式单元	公式单元
8	税金及附加	公式单元	公式单元
9	销售费用	公式单元	公式单元
10	管理费用	公式单元	公式单元
11	研发费用	公式单元	公式单元
12	财务费用	公式单元	公式单元
13	其中：利息费用	公式单元	公式单元
14	利息收入	公式单元	公式单元
15	资产减值损失	演示数据 公式单元	公式单元
16	加：其他收益	公式单元	公式单元
17	投资收益（损失以“-”号填列）	公式单元	公式单元
18	其中：对联营企业和合营企业的投资收益	公式单元	公式单元
19	公允价值变动收益（损失以“-”号填列）	公式单元	公式单元
20	资产减值损失（损失以“-”号填列）	公式单元	公式单元
21	资产处置收益（损失以“-”号填列）	公式单元	公式单元
22	二、营业利润（亏损以“-”号填列）	公式单元	公式单元
23	加：营业外收入	公式单元	公式单元
24	减：营业外支出	公式单元	公式单元
25	三、利润总额（亏损总额以“-”号填列）	公式单元	公式单元
26	减：所得税费用	公式单元	公式单元
27	四、净利润（净亏损以“-”号填列）	公式单元	公式单元
28	（一）持续经营净利润（净亏损以“-”号填列）	公式单元	公式单元
29	（二）终止经营净利润（净亏损以“-”号填列）	公式单元	公式单元
30	五、其他综合收益的税后净额	公式单元	公式单元
31	（一）不能重分类进损益的其他综合收益	公式单元	公式单元
32	[illegible]	公式单元	公式单元

图 6-54　利润表

任务 3.3　生成现金流量表

任务要求

2020 年 3 月 31 日，根据会计准则规定，在业财一体信息化平台中依据 UFO 报表模板，准确地生成现金流量表。

业务操作

（1）从【业务工作】—【财务会计】—【UFO 报表】启动 UFO 报表模块，进入如图所示的 UFO 报表界面。打开报表模板文件夹中的现金流量表模板，如图 6-55 所示。

（2）单击左下角的〖格式 / 数据〗按钮后，再点击菜单【数据】—【关键字】—【录入】，弹出“录入关键字”界面。录入单位名称：北京美庭商贸有限公司；年：2020；月：3 等信息后，点击〖确认〗按钮，表格内的数据更新，如果数据没有自动更新，可以菜单【数据】—【表页更新】进行手动更新数据，另存为文件名为“北京美庭商贸有限公司 2020 年 3 月现金流量表”的报表文件。

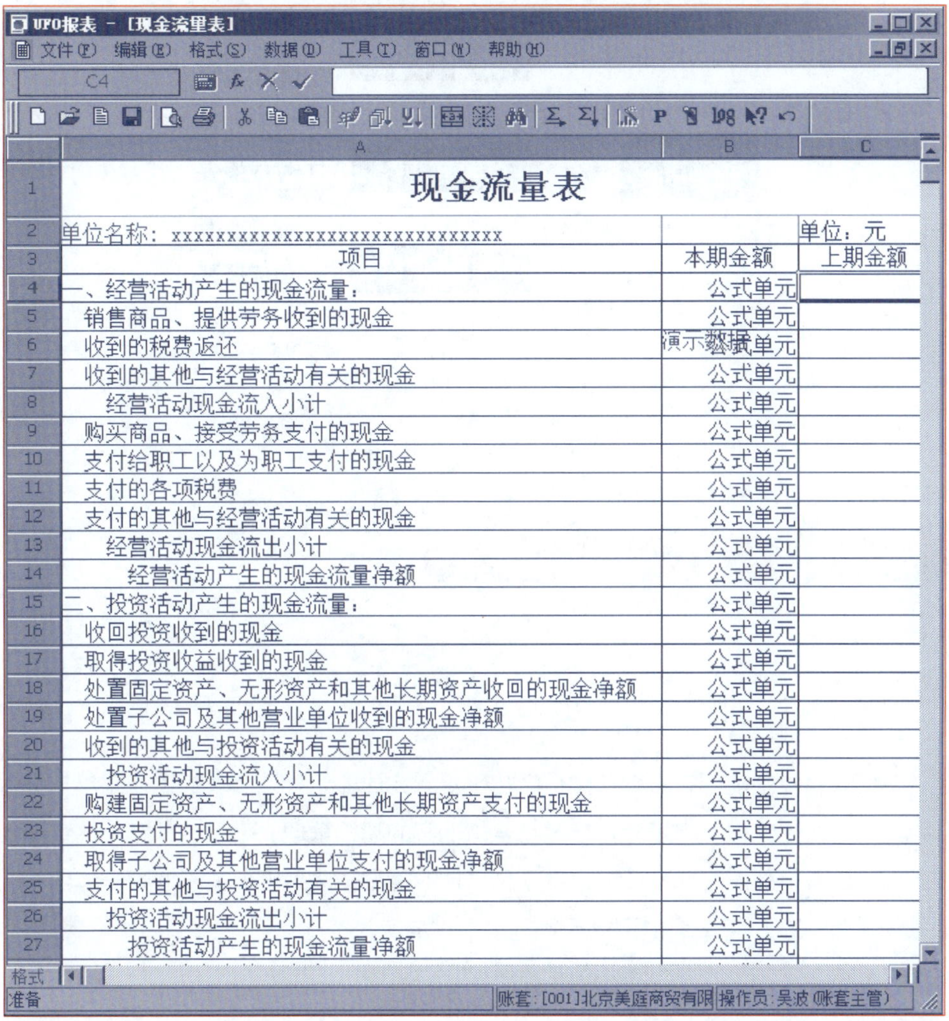

	A	B	C
1	现金流量表		
2	单位名称：xxxxxxxxxxxxxxxxxxxxxxxxxxxxxxxxx		单位：元
3	项目	本期金额	上期金额
4	一、经营活动产生的现金流量：	公式单元	
5	销售商品、提供劳务收到的现金	公式单元	
6	收到的税费返还	演示数据 公式单元	
7	收到的其他与经营活动有关的现金	公式单元	
8	经营活动现金流入小计	公式单元	
9	购买商品、接受劳务支付的现金	公式单元	
10	支付给职工以及为职工支付的现金	公式单元	
11	支付的各项税费	公式单元	
12	支付的其他与经营活动有关的现金	公式单元	
13	经营活动现金流出小计	公式单元	
14	经营活动产生的现金流量净额	公式单元	
15	二、投资活动产生的现金流量：	公式单元	
16	收回投资收到的现金	公式单元	
17	取得投资收益收到的现金	公式单元	
18	处置固定资产、无形资产和其他长期资产收回的现金净额	公式单元	
19	处置子公司及其他营业单位收到的现金净额	公式单元	
20	收到的其他与投资活动有关的现金	公式单元	
21	投资活动现金流入小计	公式单元	
22	购建固定资产、无形资产和其他长期资产支付的现金	公式单元	
23	投资支付的现金	公式单元	
24	取得子公司及其他营业单位支付的现金净额	公式单元	
25	支付的其他与投资活动有关的现金	公式单元	
26	投资活动现金流出小计	公式单元	
27	投资活动产生的现金流量净额	公式单元	

图 6-55 UFO 报表

【重要提示】

报表格式必须与财会〔2019〕6 号文《关于修订印发 2019 年度一般企业财务报表格式的通知》确定的企业财务报表格式相同。

录入关键字以后一定要进行数据更新，保证报表数据为最新的企业经营数据。

【任务总结】

本工作任务导图如图 6-56 所示。

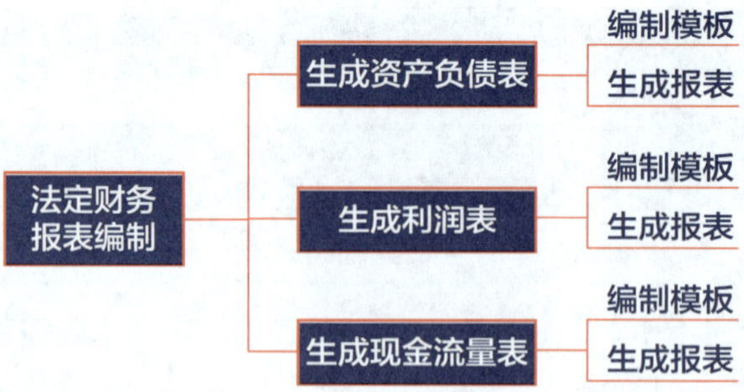

图 6-56　法定财务报表编制导图

工作任务 4　会计档案电子化管理

【能力目标】

通过训练，使学生能够在业财一体信息化平台上完成原始凭证文件的影像采集与上传，电子会计档案进行归档处理，电子会计档案与实体档案的建档管理，电子会计档案的查询、借阅等工作。使学生具有独立完成会计档案电子化管理的能力，达到胜任基于业财一体信息化平台会计档案管理岗位的工作职责目标。

【任务情境】

北京美庭商贸有限公司业财一体信息化项目运行一个月，达到了预期的目标，为规范电子会计档案管理，在业财一体信息化平台进行电子会计档案管理操作，实现会计档案的电子化处理。

【知识准备】

完成该任务前，需要了解电子会计档案相关基础概念。电子会计档案是指以电子介质储存的会计档案和反映经济业务的重要历史资料和证据，通常包括凭证、账簿、报表、其他会计核算资料等。已利用现代信息技术手段开展会计核算和会计档案管理并符合《企业会计信息化工作规范》（财会〔2013〕20 号）的要求，会计资料符合财政部、国家档案局联合印发的第 79 号《会计档案管理办法》第八条、第九条规定的电子会计档案归档条件的，可仅以电子形式归档保管会计档案。

任务 4.1　影像采集与上传

任务要求

2020 年 3 月 31 日，根据公司财务制度要求及《会计档案管理办法》，在业财一体信息化平台上进行电子会计档案相关系统管理设置、立卷、档案上传等工作。

业务操作

1. 系统管理

（1）系统管理员登录网址 https://idoc.yonyoucloud.com，进入业财一体信息化平台用友电子会计档案模块首页。依次单击【系统管理】—【单位管理】，进入如图 6-57 所示的“单位管理”界面。

（2）单击〖新增〗按钮，弹出如图 6-58 所示的“新增单位”界面。

图 6-57　单位管理

图 6-58　新增单位

（3）单位编码录入 66666，单位名称录入北京美庭商贸有限公司，然后单击〖确定〗按钮，返回如图 6–59 所示的“单位管理”界面。

图 6–59　新增单位

（4）依次单击【系统管理】—【档案室管理】，进入如图 6–60 所示的“档案室管理”界面。

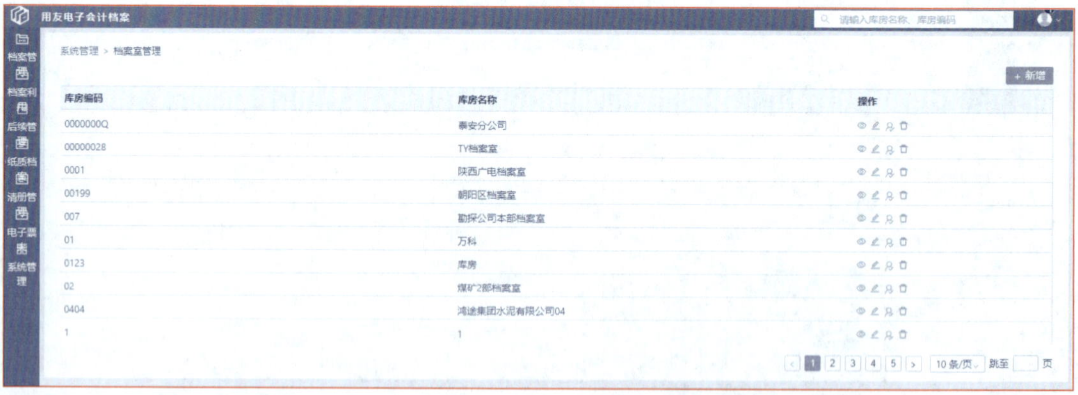

图 6–60　档案室管理

（5）单击〖新增〗按钮，弹出如图 6–61 所示的“新增档案室”界面。

（6）档案室名称录入美庭档案 01，档案室编码录入 6666601，柜组、柜号、门位、层级均为 01，格数为 91，然后单击〖确定〗按钮，返回如图 6–60 所示的“档案室管理”界面。

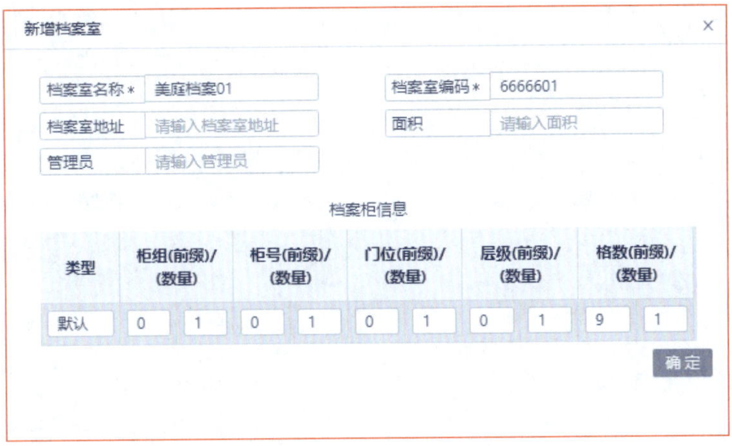

图 6-61　新增档案室

（7）依次单击【系统管理】—【用户管理】，进入如图 6-62 所示的“用户管理”界面。

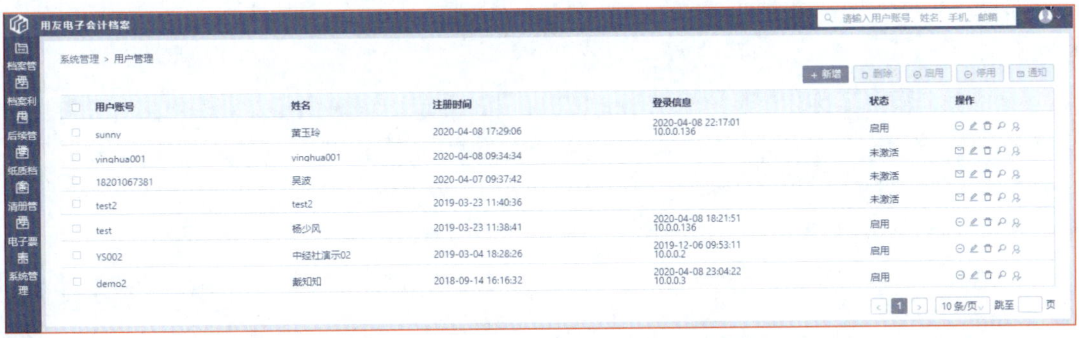

图 6-62　用户管理

（8）勾选黄玉玲记录行，单击〖授权〗按钮，弹出如图 6-63 所示的“用户授权”界面。

（9）勾选北京美庭商贸有限公司记录行，单击〖>〗按钮，将该记录移至右侧已授权框，单击〖确定〗按钮，返回如图 6-62 所示的“用户管理”界面。

2. 立卷

（1）黄玉玲（具有北京美庭商贸有限公司的管理员权限），进入如图 6-57 所示的用友电子会计档案首页。依次单击【档案管理】—【立卷】，进入如图 6-64 所示的“立卷”界面。

图 6-63　用户授权

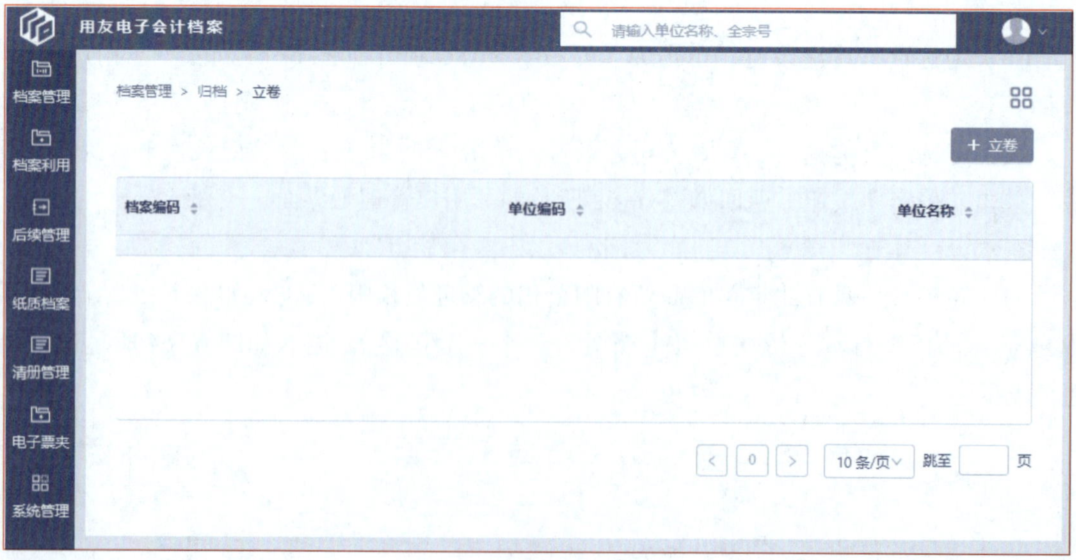

图 6-64　立卷

（2）单击〖立卷〗按钮，弹出如图 6–65 所示的“立卷”信息界面。

图 6–65　立卷信息

（3）单位名称选择北京美庭商贸有限公司，全宗号录入“BJMT”，起始年系统自动选择 2020 年 3 月，起始案卷号录入 1，档案目录自动选择一般企业会计档案，编码录入 KJ。然后单击〖确定〗按钮，返回如图 6–66 所示的“立卷”结果界面。

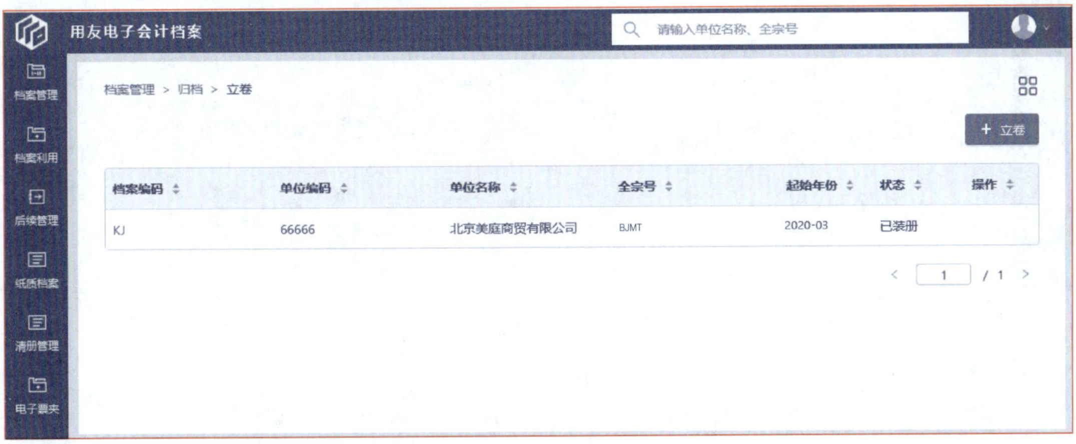

图 6–66　立卷结果

3. 档案上传

需要上传的档案文件包括会计凭证、会计账簿、会计报表、其他会计资料四类，需要将纸质会计凭证或业财一体信息化平台的会计信息电子化形成 PDF 格式文件，再进行上传操作。

（1）依次单击【档案管理】—【整理】，进入如图 6–67 所示的“整理”界面。

图 6-67 整理

（2）单击北京美庭商贸有限公司记录行左侧的蓝色字母“KJ”，弹出如图 6-68 所示的“待装册”界面。

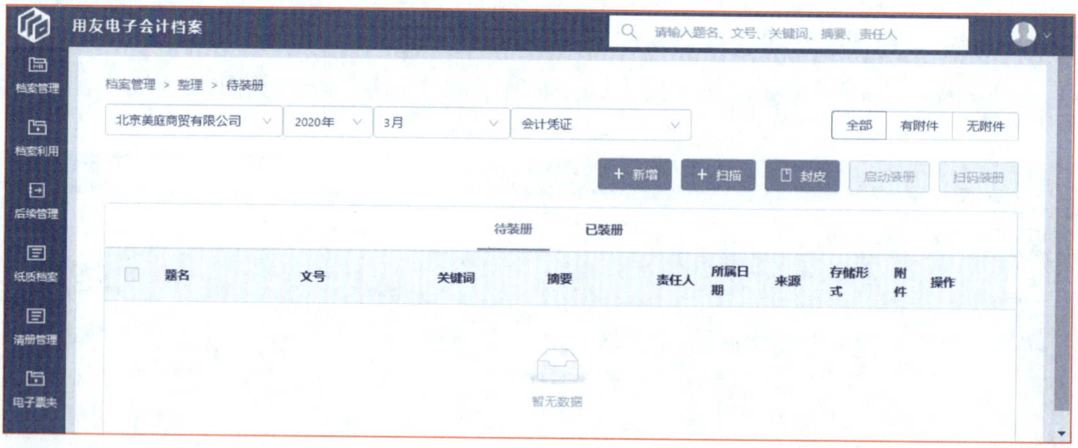

图 6-68 待装册

（3）调整将增加的文件类型，本例为会计凭证。单击〖新增〗按钮进入如图 6-69 所示的“数据采集”界面。输入文号为 1906001，关键词为采购，摘要为东北旺，责任人为李伟等信息。

（4）将鼠标移至界面左下角虚线框内选择“添加本地文件”功能，弹出如图 6-70 所示的打开文件界面。

图 6-69 数据采集

图 6-70 选择文件

（5）选择文件路径后，选中要添加的本地文件“美庭商贸采购电子普票”PDF 文件，单击〖打开〗按钮返回如图 6-71 所示的“附件采集”界面。

PDF 文件的文件名自动添加题名栏，重复“添加本地文件”操作添加其他文件，题名栏内会增加文件名，PDF 文件为等待上传状态。如果系统已经连接好高清扫描仪也可以通过拍照扫描文件功能进行上传文件。

（6）单击〖确定〗按钮返回如图 6-72 所示的“待装册”界面。

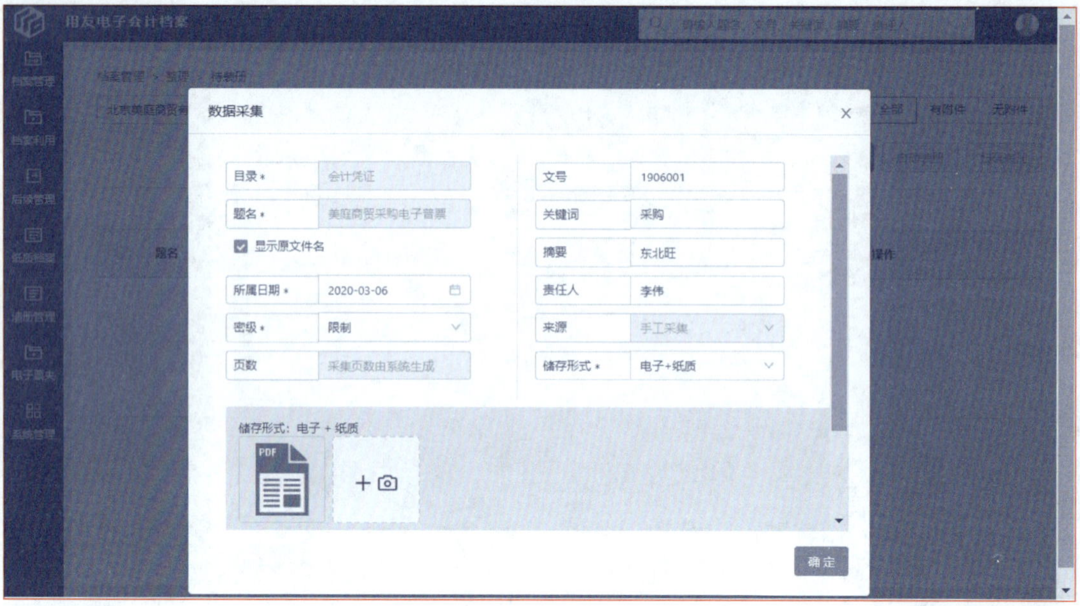

图 6-71　附件采集

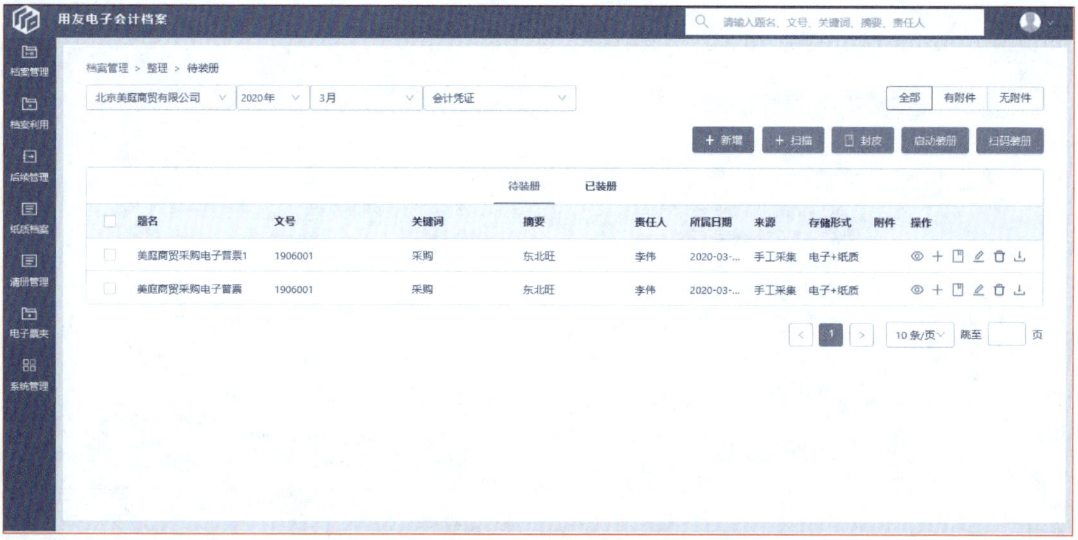

图 6-72　待装册

（7）以上两张电子普票已经上传成功，单击该记录后的功能按钮可以进行查看、新增、封皮、编辑、删除和下载等操作，单击电子普票记录行的〖✎〗按钮，返回如图 6-73 所示的“附件采集”界面。

（8）将关键词修改为销售，所属日期修改为 2020-3-31，单击〖确定〗按钮，返回如图 6-74 所示的“待装册”界面，其他记录查看文件有误也可同样修改。

其他类别的文件上传、修改、编辑的方法相同，这里不再赘述。

图 6-73　附件编辑

图 6-74　待装册

【重要提示】

可以通过拍照、扫描等方式将档案文件电子化并上传，须保证上传影像文件的清晰度。

任务 4.2　电子会计档案归档

任务要求

2020 年 3 月 31 日，依据会计基础工作规范及会计档案管理办法，在业财一体信息化平台中按照要求对本月会计档案进行一键归档处理，包括凭证归档、账表归档、报表归档、业务单据归档等。

业务操作

1. 装册

装册是电子会计档案模块的核心功能，对待装册的会计凭证、会计账簿、会计报表、其他会计资料等进行预览和装册操作，并加盖签章。

（1）在档案整理功能界面，选择不同类别的档案资料进行分类预览，如图 6-75、图 6-76 所示分别显示的会计凭证和科目明细账。

图 6-75　会计凭证

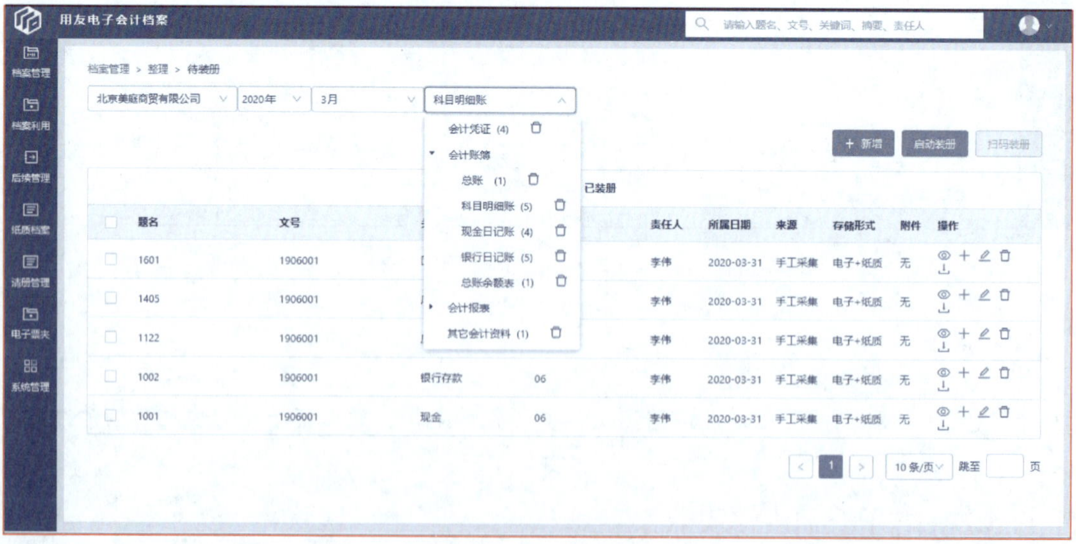

图 6-76　科目明细账

（2）单击某记账凭证记录后边的〖👁〗按钮，打开如图 6-77 所示的“附件详情”界面，仔细核对信息是否有误，此界面右侧如有错误信息，可返回单击〖✎〗按钮进行修改。

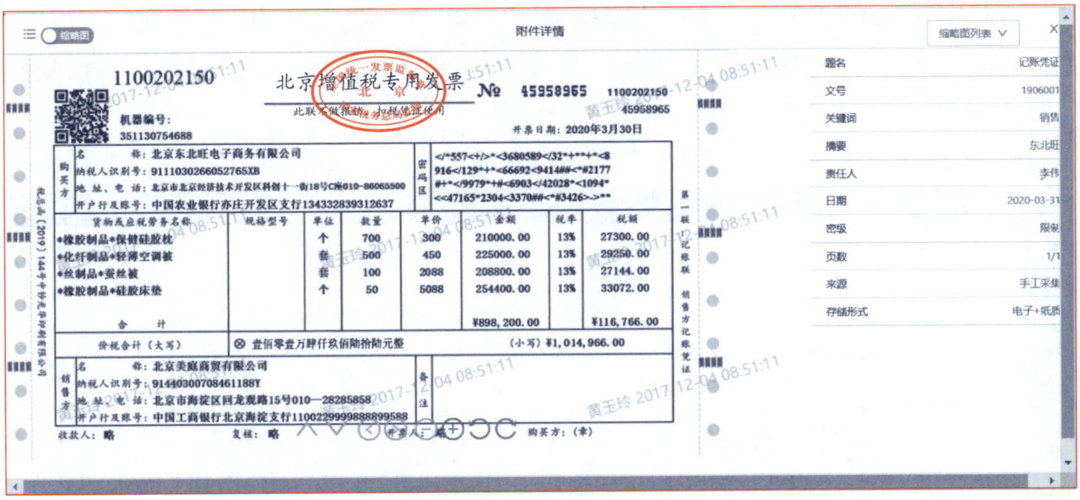

图 6–77 附件详情

（3）如需继续增加附件，可单击〖加号 +〗按钮增加，增加方法与档案上传的方法相同。

（4）所有上传的档案资料核对无误后，单击〖启动装册〗按钮，打开如图 6–78 所示的“装册”界面。单击〖启动装册〗按钮下方的图标，可以查看装册的期间信息。

（5）单击〖启动装册〗按钮，弹出如图 6–79 所示的“装册参数设置”界面，每册数据条数默认为 100，通常不做修改。

图 6–78 装册

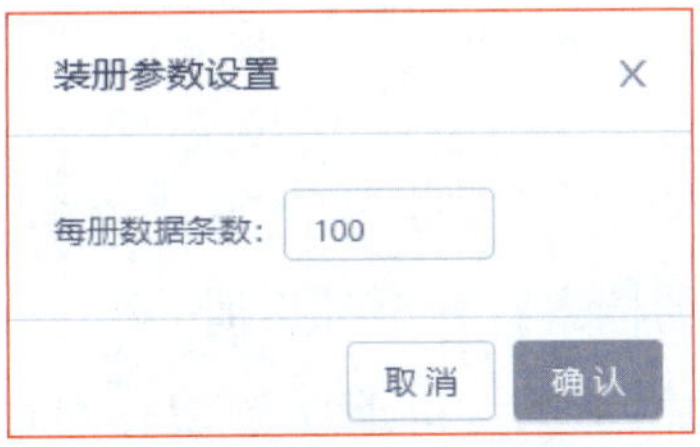

图 6–79 装册参数设置

（6）单击〖确认〗按钮，返回“待装册”界面，这里我们发现“待装册”界面已经没有数据，同时会计期间已经变为下一个会计期间。单击〖已装册〗功能，打开如图6-80所示的“已装册”界面。

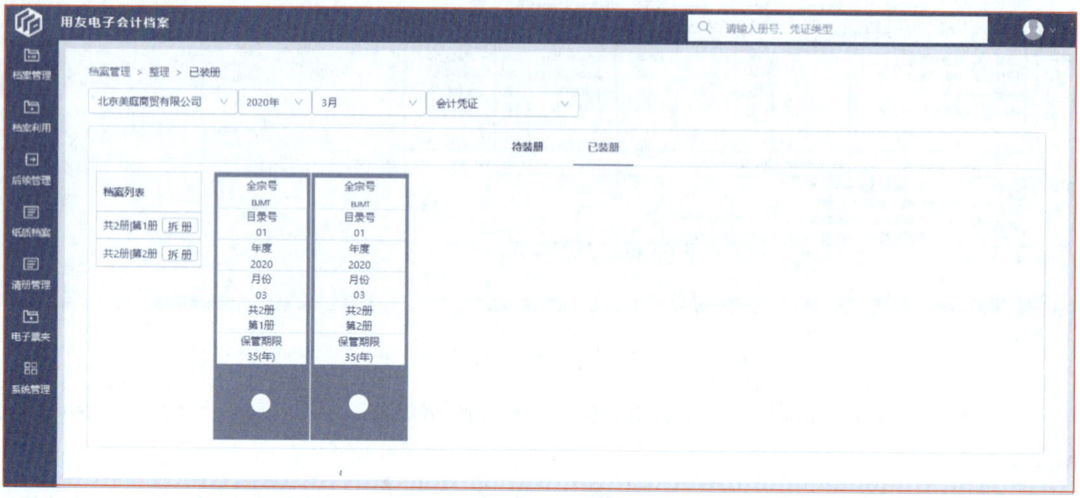

图6-80　已装册

（7）将鼠标移至界面左侧的“档案列表”下，单击共2册第1册位置，进入如图6-81所示该册的装册列表。单击列表中记录后边的对应图标可以分别进行预览和下载操作。

图6-81　装册列表

（8）在图6-82所示的界面中，点开月份的下拉菜单，点击3月旁边的〖一键拆册〗按钮，可以将3月所有已装册的档案资料全部拆册。

也可以单击档案列表目录树下的〖拆册〗按钮，对已装册的特定档案册进行拆分，拆分后档案恢复为待装册状态，需要重新装册才能进行归档操作。

图 6-82　一键拆册

2. 归档

（1）单击【档案管理】—【归档】，进入如图 6-83 所示的“归档”界面。

图 6-83　归档

（2）单击列表中记录的档案编码 KJ 字母，进入如图 6-84 所示的“待归档”界面。

（3）点开月份的下拉菜单，点击 3 月旁边的〖一键归档〗按钮，弹出如图 6-85 所示的是否对档案资料进行归档的提示框。

（4）单击〖确认〗按钮，弹出如图 6-86 所示的归档进度提示框，直至将 3 月所有已装册的档案资料全部归档完成，并提示已成功对档案资料进行归档，单击〖确定〗按钮退出。

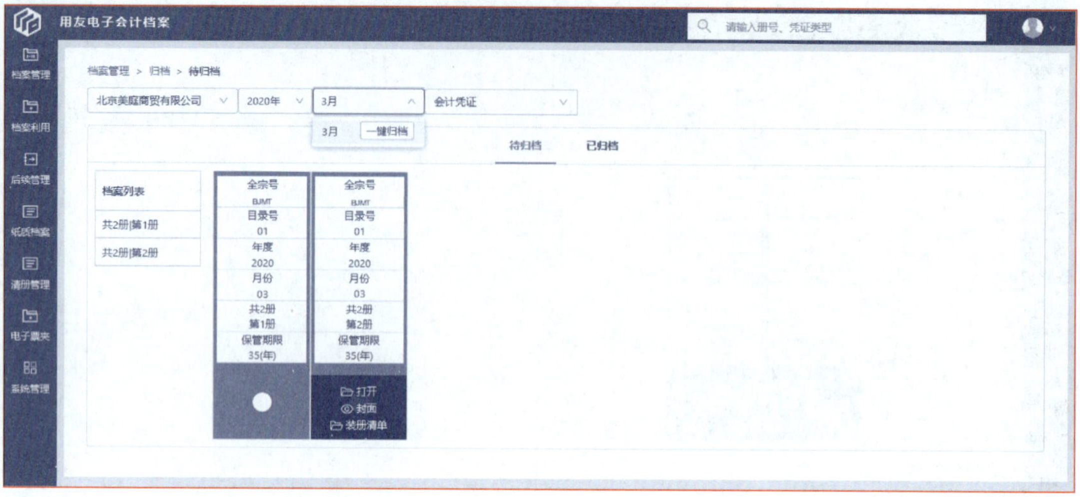

图 6-84　待归档

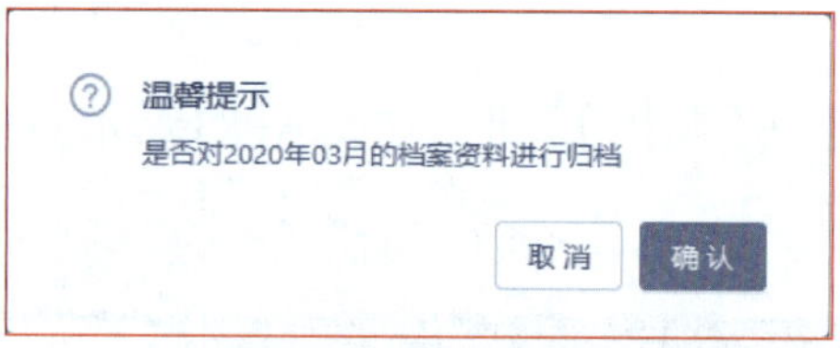

图 6-85　是否对档案资料进行归档提示

图 6-86　归档进度

（5）归档后如发现档案资料有错误，需重新归档，可以在如图 6-87 所示的“已归档”界面，点开月份的下拉菜单选择最后归档月份旁边的〖重新归档〗按钮，该档案变为待归档状态，可重新归档。

图 6-87　已归档

【重要提示】

装册、归档后，均可以进行取消操作，重新归档操作只能从最新归档的会计期间档案依次操作，不允许跳过最新期间重新归档；重新装册使用拆册功能，可以一键对所有目录拆册，也可以单独对任一目录拆册。

任务 4.3　纸质档案管理

任务要求

2020 年 3 月 31 日，依据会计基础工作规范及会计档案管理办法，在业财一体信息化平台中进行电子会计档案与实体档案的建档管理，进行立卷、整理、装册、归档等日常档案管理操作。档案管理员将纸质会计档案移交档案室。

业务操作

本任务在业财一体信息化平台上操作不多，主要是将纸质档案与业财一体信息化平台上的立卷、整理、装册、归档操作同步进行归档，即将纸质会计档案与在平台上进行归档操作确定的目录和在档案室的存放位置一一对应。

【重要提示】

纸质会计档案和电子会计档案的上下架须同步操作，纸质档案的外借须在电子会计档案模块做审批后方可执行。

任务 4.4　档案借阅管理

任务要求

能在业财一体信息化平台中处理电子会计档案的查询、借阅，登记纸质档案的上架、下架、外借、归还等信息。

业务操作

1. 档案上架

目前，我国还没有完全实现原始凭证的无纸化管理，会计档案由电子会计档案和纸质会计档案两部分组成，因此，建立电子会计档案的同时需同步管理纸质档案，将电子会计档案与纸质会计档案建立索引关系，实现互阅互查。

（1）单击【纸质档案】—【档案上架】，进入如图 6-88 所示的“档案上架”界面。

（2）单击列表中记录的档案编码 KJ 字母，进入如图 6-89 所示的“待上架”界面。

图 6-88　档案上架

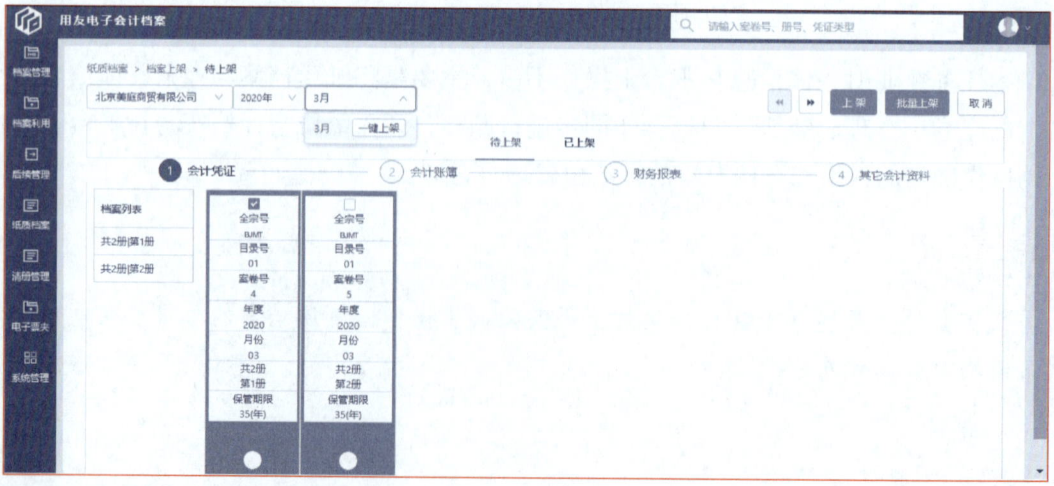

图 6-89　待上架

（3）勾选要上架的档案，单击〖上架〗或〖批量上架〗按钮，弹出如图 6–90 所示的“选择档案室”界面。

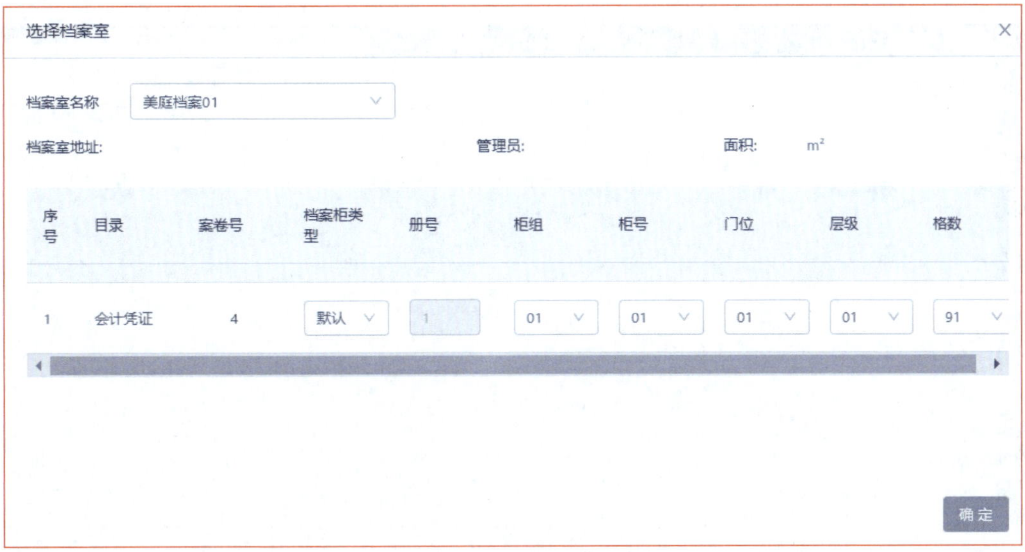

图 6–90 选择档案室

（4）选择档案室名称为美庭档案 01 后，单击〖确定〗按钮，系统提示操作成功，该档案变为已上架状态。系统还提供了一键上架的功能，点开月份的下拉菜单，单击 3 月旁边的〖一键上架〗按钮，弹出如图 6–91 所示的是否对档案资料进行上架的提示框。

（5）单击〖确认〗按钮，弹出如图 6–92 所示的“选择档案室”界面。

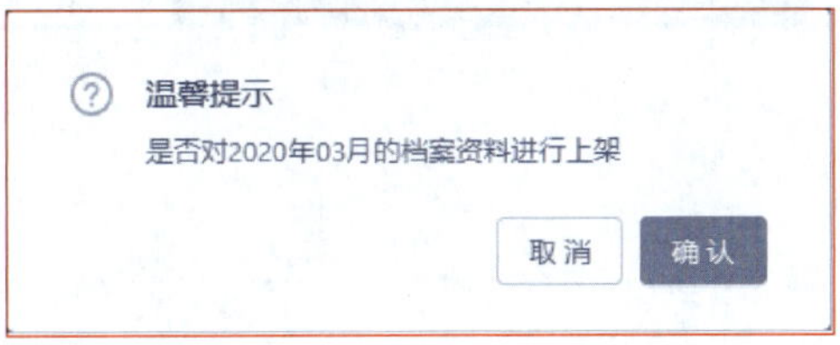

图 6–91 上架提示框

图 6–92 选择档案室

（6）选择档案室名称为美庭档案 01 后，单击〖确定〗按钮，弹出如图 6–93 所示的一键上架操作成功的系统提示，全部档案变为已上架状态。

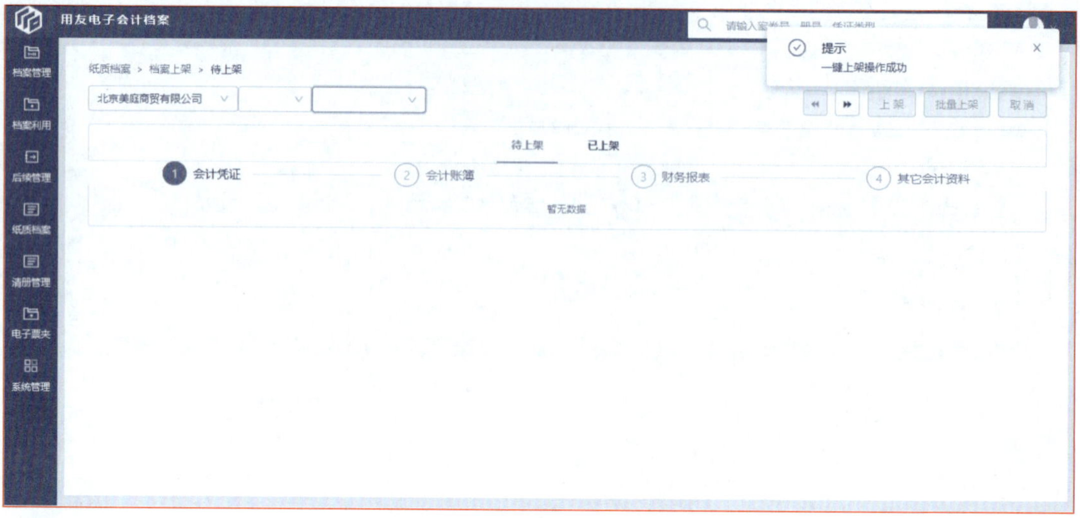

图 6–93　一键上架操作成功

2. 档案下架

（1）在如图 6–94 所示的“已上架”界面，点开月份的下拉菜单选择要下架 3 月份档案旁边的〖一键下架〗按钮。

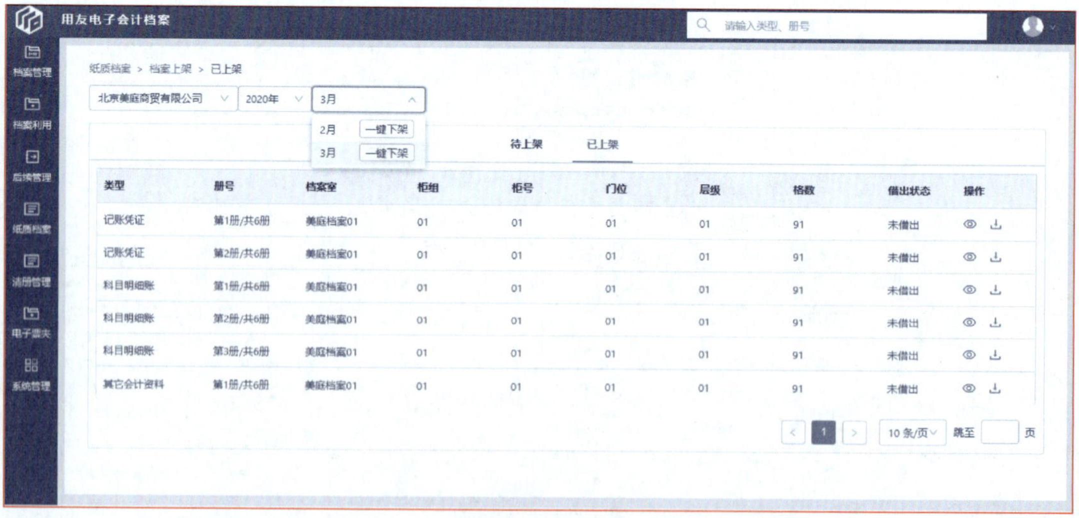

图 6–94　已上架

（2）弹出如图 6–95 所示的是否对档案资料进行全部下架的提示框。单击〖确认〗按钮，弹出操作成功提示框。

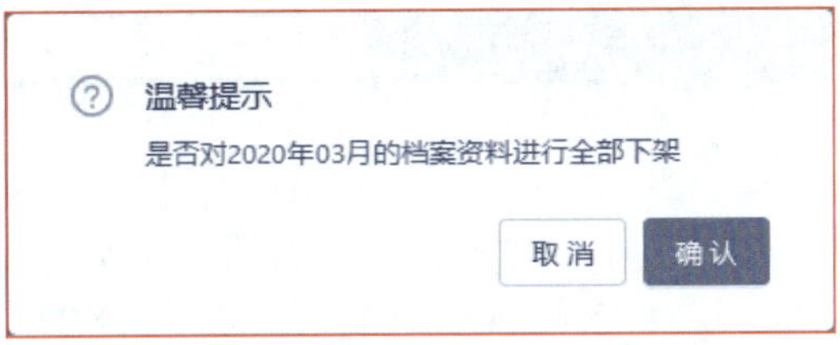

图 6-95 下架提示框

3. 电子会计档案查阅

（1）单击【档案利用】—【档案查询】，进入如图 6-96 所示的“档案查询”界面。

图 6-96 档案查询

（2）公司选择北京美庭商贸有限公司，年份选 2020 年，月份选 3 月，类别选择会计凭证，也可以在界面上部的搜索栏录入案卷号、册号或凭证类型等关键字查询。将鼠标移至要查阅的档案目录下部的打开图标处，单击该图标，打开如图 6-97 所示的“档案列表查询”界面。

（3）单击要查看的记录后边的◎图标，可以查看档案的详细信息。

4. 电子会计档案借阅

（1）单击【档案利用】—【档案借阅】，进入如图 6-98 所示的“档案借阅”界面。

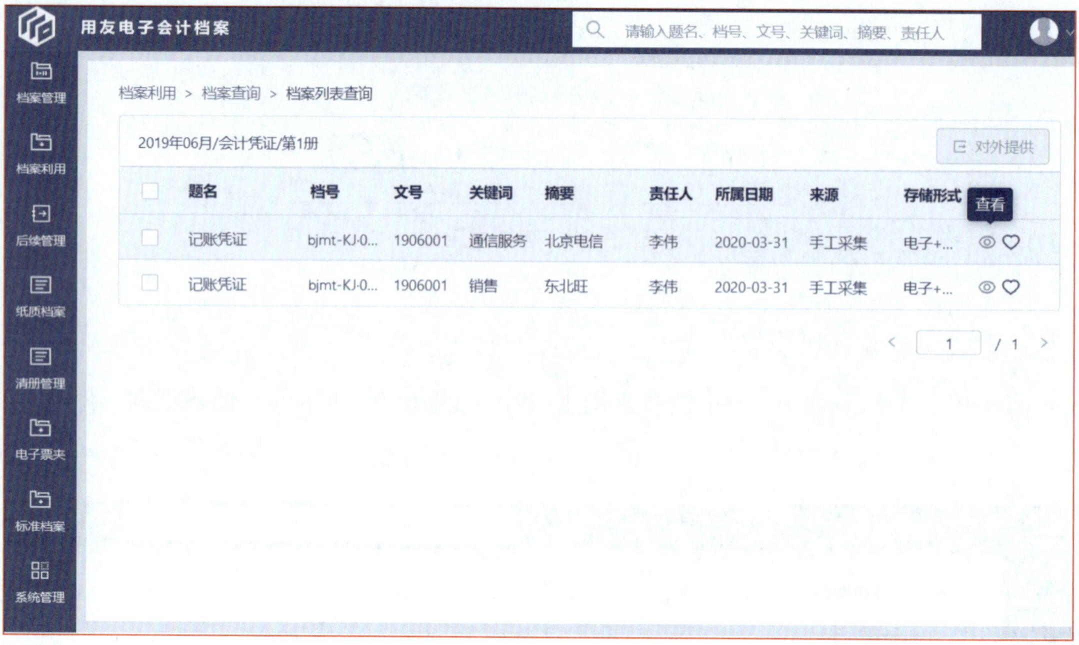

图 6-97 档案列表查询

图 6-98 档案借阅

（2）单击〖+借阅申请〗按钮，弹出如图 6-99 所示的“借阅申请”界面，填写借阅单位为北京美庭商贸有限公司，借阅时间为 2020-04-01—2020-04-03，借阅原因为对账，档案期间为 2020-03 等信息后，单击〖保存〗按钮提交。

（3）按审批流程有权限审批的操作员登录系统后，在右上角我的审批中对用户提交借阅申请进行审批处理，审批结果如图 6-100 所示。

图 6-99 借阅申请

图 6-100 审批结果

5. 纸质档案外借

（1）当纸质档案借出档案室时，需相关借阅人员提交纸质档案外借申请。单击【纸质档案】—【档案外借】，打开如图 6-101 所示的“档案外借”界面。

（2）单击〖外借申请〗按钮，弹出如图 6-102 所示的“外借申请”界面。

图 6-101　档案外借

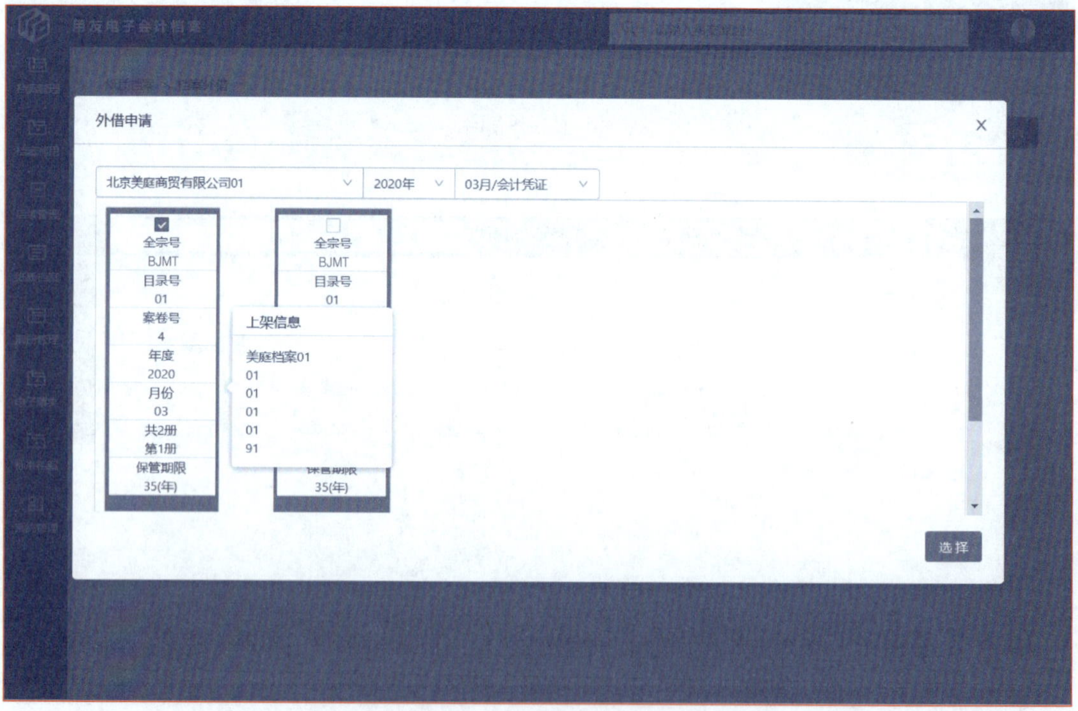

图 6-102　外借申请档案选择

（3）勾选外借档案的目录后，单击〖保存〗按钮，弹出如图 6-103 所示的“外借申请”信息填写界面。

借阅时间为 2020-04-01—2020-04-03，借阅原因为对账，使用部门为管理中心，借阅人为李伟，联系方式为 bjmt8888@126.com 等信息后，单击〖保存〗按钮，返回“档案外借”界面，按审批流程审批通过后的审批结果如图 6-104 所示。

图 6-103　外借申请信息

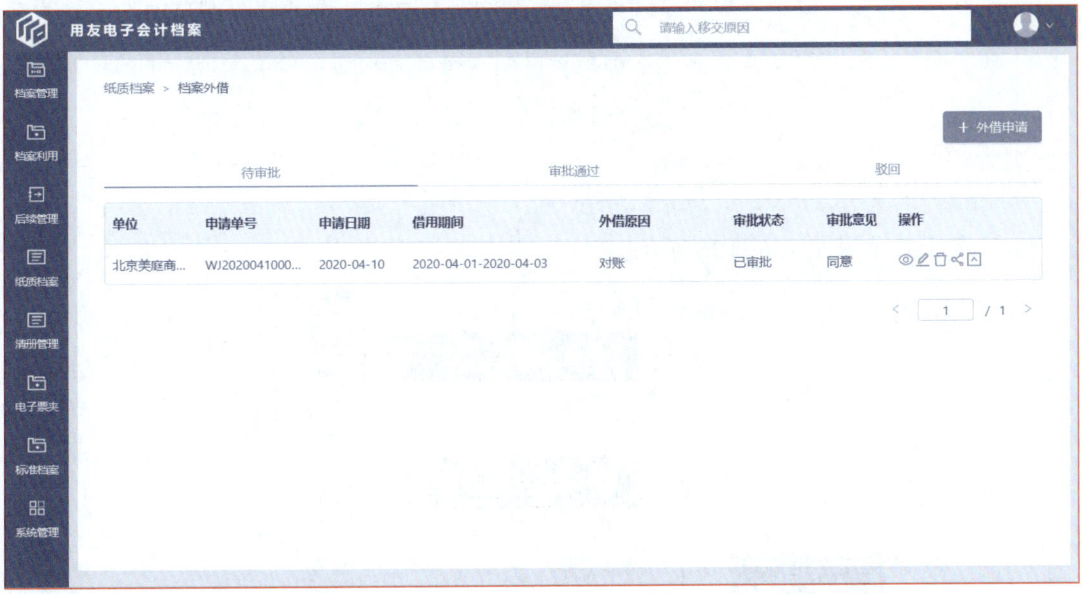

图 6-104　审批结果

6. 纸质档案归还

外借档案归还时，也需在业财一体信息化平台电子会计档案模块中进行归还操作，单击【纸质档案】—【档案归还】，打开如图 6-105 所示的“档案归还”界面，单击对应的外借单记录后面的归还图标，并进行确认，完成纸质档案归还操作。

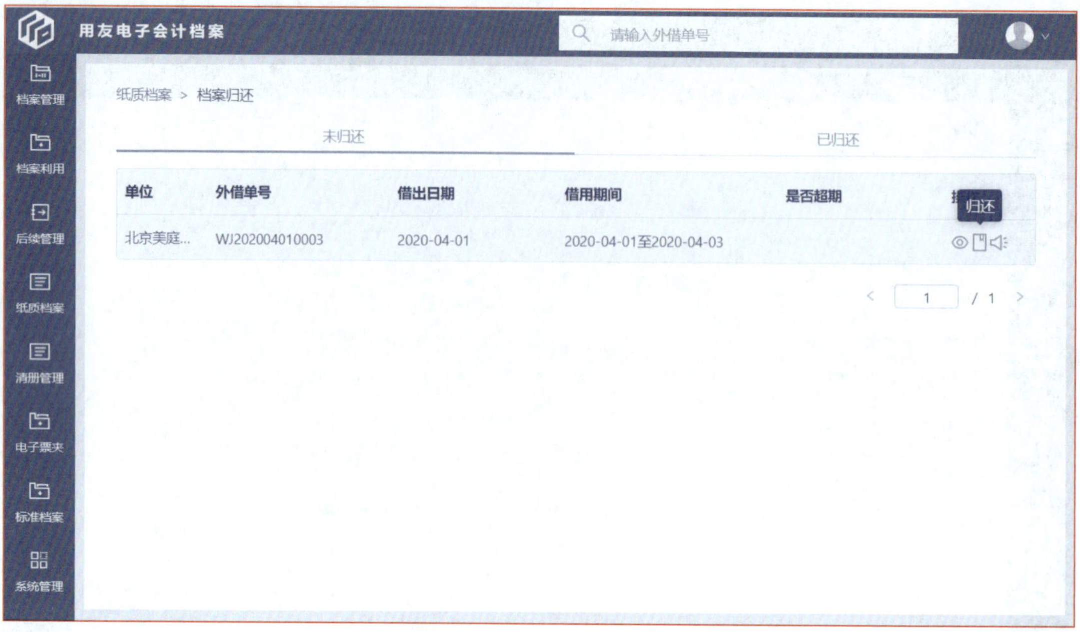

图 6-105　档案归还

【重要提示】

与取消归档不同，取消上架不受月份限制，可以选择已经上架的任何月份进行下架操作。系统开通电子会计档案查询权限具有时间限制，超过有效期，档案查询、借阅自动失效。

【任务总结】

本工作任务导图如图 6-106 所示。

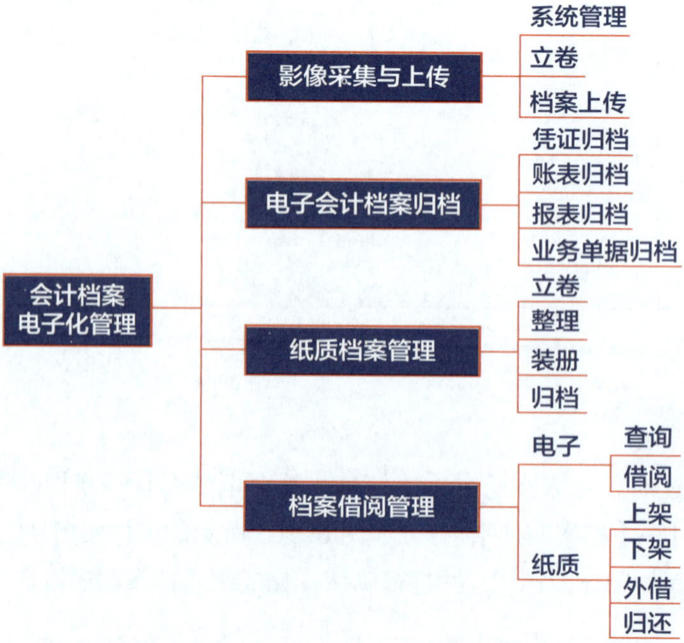

图 6-106　会计档案电子化管理导图

参考文献

[1] 业财一体信息化应用职业技能等级标准．新道科技股份有限公司．

[2] U8+ 中型企业互联网经营平台产品手册．用友网络科技股份有限公司．

[3] 孙义．会计信息化【M】．北京：高等教育出版社，2020．

[4] 张洪波．会计信息化【M】．2 版．北京：高等教育出版社，2015．

[5] 孙莲香．财务业务一体化实训教程【M】．北京：清华大学出版社，2019．

[6] 张莉莉．企业财务业务一体化实训教程【M】．北京：清华大学出版社，2014．

[7] 王新玲，汪刚．会计信息系统实验教程【M】．2 版．北京：清华大学出版社，2019．

郑重声明

资源服务提示

授课教师如需获取本书配套教辅资源，请登录“高等教育出版社产品信息检索系统”（http://xuanshu.hep.com.cn/），搜索本书并下载资源。首次使用本系统的用户，请先注册并进行教师资格认证。

资源服务支持电话：010-58581854 邮箱：songchen@hep.com.cn

高教社高职会计教师交流及资源服务QQ群：708994051